Tim Freytag:

Bildungswesen, Bildungsverhalten und kulturelle Identität.
Ursachen für das unterdurchschnittliche Ausbildungsniveau
der hispanischen Bevölkerung in New Mexico

ISBN 3-88570-118-9

HEIDELBERGER GEOGRAPHISCHE ARBEITEN

Herausgeber:

Bernhard Eitel, Hans Gebhardt,
Rüdiger Glaser und Peter Meusburger

Schriftleitung: Klaus Sachs

Heft 118

Im Selbstverlag des Geographischen Instituts der Universität Heidelberg

2003

Bildungswesen, Bildungsverhalten und kulturelle Identität

Ursachen für das unterdurchschnittliche Ausbildungsniveau
der hispanischen Bevölkerung in New Mexico

von

Tim Freytag

Mit 30 Abbildungen, 13 Tabellen und 19 Karten

Im Selbstverlag des Geographischen Instituts der Universität Heidelberg

2003

Die vorliegende Arbeit wurde von der Fakultät für Chemie und Geowissenschaften der Ruprecht-Karls-Universität Heidelberg als Dissertation angenommen.

Tag der mündlichen Prüfung: 21. Juli 2003

Gutachter: Prof. Dr. Peter Meusburger
Gutachter: Prof. Dr. Hans Gebhardt

Umschlaggestaltung: Stilisierte Darstellungen des Museumsgebäudes des *Institute of American Indian Art* in Santa Fe (vorn) und des Kunstwerks *Cultural Crossroads* von Robert Haozous auf dem Campus der University of New Mexico in Albuquerque (hinten).

ISBN 3-88570-118-9

Vorwort

Eine wichtige Anregung für die vorliegende Arbeit war das eindrucksvolle Erlebnis einer Lesung von Rudolfo Anaya im Deutsch-Amerikanischen Institut in Heidelberg im Sommer 1994. Die vorgestellten Passagen aus dem literarischen Werk dieses zeitgenössischen Schriftstellers weckten mein Interesse an der hispanischen Bevölkerung in New Mexico – an Menschen, deren kulturelle Identität sich buchstäblich im Zwischenraum von Mexiko und den Vereinigten Staaten bewegt. Hinzu kamen weitere Anregungen durch den Besuch verschiedener landeskundlicher Veranstaltungen zu Mittel- und Südamerika am Romanischen Seminar der Universität Heidelberg. Im Laufe meines Studiums und insbesondere durch intensive Beschäftigung mit dem Ansatz einer Geographie des Bildungs- und Qualifikationswesens von Professor Dr. Peter Meusburger, dem Betreuer meiner Dissertation, verdichtete sich das Interesse an der mit dem Begriff *Hispanics* bezeichneten, ursprünglich spanischen oder lateinamerikanischen Bevölkerung im US-amerikanischen Südwesten. Dies führte zur schrittweisen Konzeption eines Forschungsvorhabens, dessen Ergebnisse die vorliegende Arbeit zur Bildungssituation hispanischer Minderheiten in New Mexico dokumentiert.

Die Arbeit ist in Verbindung mit dem Forschungsprojekt „Bildungsinfrastruktur, Bildungsbeteiligung und Bildungserfolg der *Hispanics* im Südwesten der USA" von Professor Dr. Peter Meusburger mit Unterstützung der Deutschen Forschungsgemeinschaft entstanden. In den Ausführungen dieser Arbeit möchte ich verschiedene mit Hilfe quantitativer und qualitativer Verfahren gewonnene Erkenntnisse kritisch zueinander in Beziehung setzen, so daß sich ein facettenreiches Gesamtbild von der Bildungssituation der in New Mexico lebenden *Hispanics* ergibt. Die Beschäftigung mit der dortigen Entwicklung des Bildungswesens dient einer Einordnung der heutigen Bildungslandschaft in ihre historischen und gesellschaftlichen Zusammenhänge. Durch die Analyse von Massendaten wird ein differenzierter und empirisch fundierter Überblick über die Bildungssituation der Bevölkerung in New Mexico möglich. In Form von Interviews und vielfältigen Eindrücken, die beim Besuch von Archiven, Behörden, Schulen und Universitäten vor Ort gewonnen werden konnten, finden auch die unterschiedlichen Perspektiven von Bildungsteilnehmern und Schlüsselpersonen im Bildungswesen angemessene Berücksichtigung und tragen zu einem sachlich begründeten Gesamtverständnis der Situation dieser Menschen, ihrer Wertvorstellungen und ihrer kulturellen Identität als Grundlage für Bildungsentscheidungen bei.

Im Verlauf des Projekts hatte ich Gelegenheit zu mehreren Forschungsaufenthalten im Südwesten der USA. Ausgedehnte Besuche galten der *Zimmerman Library*, den Archiven des *Center for Southwestern Research* an der University of New Mexico in Albuquerque sowie verschiedenen bundesstaatlichen Behörden in Santa Fe und zahlreichen Schulen und Universitäten. Wichtige Anlaufpunkte außerhalb New Mexicos waren für mich die University of Texas in El Paso, die Arizona State University in Tempe, die University of Arizona in Tucson sowie die Jahrestreffen der *American Association of Geographers* in Pittsburgh und New York, die mir unter anderem als Forum dienten, einzelne Passagen meiner Arbeit vorzustellen. Neben der Teilnahme am internationalen Symposium *Knowledge, Education, and Space* im September 1999 in Heidelberg waren für mich im deutschsprachigen Raum die Anregungen und Erkenntnisse besonders wertvoll, die ich durch meine Beteiligung an der Ausrichtung der Heidelberger *Hettner-Lectures* und der dazugehörigen Seminare mit Derek Gregory, Doreen Massey, Michael Watts, John Agnew und David Livingstone gewinnen konnte. Weiterhin hatte ich Gelegenheit, ausgewählte Aspekte und Ergebnisse meiner Forschungsarbeit im Rahmen von Tagungen der in der Deutschen Gesellschaft für Geographie organisierten Arbeitskreise Nordamerika und Bildungsgeographie in mehreren Vorträgen zu präsentieren und mit führenden Vertretern des Faches zu diskutieren.

Mein besonderer Dank gilt den Interviewpartnern und zahlreichen weiteren Personen, die für meine Arbeiten in den Vereinigten Staaten vielfältige Anregungen und Unterstützung gegeben haben. In Heidelberg möchte ich den Hilfskräften Nicole Baur und Christoph Mager, die mich unter fachkundiger Anleitung der Kartographin Christine Brückner engagiert und zuverlässig unterstützt haben, ganz herzlich danken. Das gleiche gilt für die wissenschaftlichen Angestellten Michael Hoyler und Heike Jöns, mit denen mich in der gemeinsamen Phase als Doktoranden am Geographischen Institut in Heidelberg zahlreiche Erfahrungen und regelmäßige interessante Gespräche und Diskussionen verbinden. Besonders dankbar bin ich schließlich Professor Dr. Peter Meusburger für die anregende inhaltliche und praktische Betreuung meiner Dissertation.

Heidelberg, im August 2003   Tim Freytag

Inhaltsverzeichnis

Abbildungsverzeichnis	XIV
Tabellenverzeichnis	XVI
Kartenverzeichnis	XVII

1	**Einleitung**		**1**
2	**Breitere Forschungszusammenhänge der Untersuchung**		**13**
	2.1	Geographie des Bildungs- und Qualifikationswesens	13
	2.2	Bildungsverhalten	15
	2.3	Bildung und Entwicklung	17
	2.4	Ausbildungsniveau und soziale Reproduktion	20
	2.5	Ethnizität und Bildungsverhalten	24
3	**Entwicklung von Bildung und Bildungswesen in New Mexico**		**35**
	3.1	Spanische Kolonialzeit (1598–1821)	35
		3.1.1 Wirtschaftliche und gesellschaftliche Rahmenbedingungen	36
		3.1.2 Christliche Missionsschulen und privater Hausunterricht	39
		3.1.3 Verbreitung von Lese- und Schreibkundigkeit	45
		3.1.4 Gesellschaftliche Bedeutung von Bildungswesen und Alphabetisierung	50
	3.2	Mexikanische Unabhängigkeit (1821–1848)	51
		3.2.1 Entwicklung eines ambivalenten Verhältnisses zu den USA	51
		3.2.2 Versuche zur Errichtung eines staatlichen Bildungswesens	52
	3.3	Eingliederung in die Vereinigten Staaten (1848–1950)	53
		3.3.1 Wirtschaftliche und gesellschaftliche Veränderungen	53
		3.3.2 Entwicklung eines modernen Schulwesens	57
		3.3.3 Rapide Alphabetisierung	60
		3.3.4 Entstehung von höheren Bildungseinrichtungen	67
		3.3.5 Herausbildung einer hispanischen Minderheit	69

3.4		Bildungspolitische Veränderungen in den USA im 20. Jahrhundert	74
	3.4.1	Politische Initiativen der *Hispanics* und die Bürgerrechtsbewegung	75
	3.4.2	Bildungsbezogene Segregation, Desegregation und Resegregation	77
	3.4.3	Bilinguale Erziehung und Bildungsförderungsprogramme	82
3.5		Entwicklung des Bildungswesens in New Mexico seit 1950	87
	3.5.1	Wirtschaftliche und gesellschaftliche Rahmenbedingungen	87
	3.5.2	Ausbau und Diversifizierung des Bildungswesens	89
	3.5.3	Bildungslandschaft New Mexicos in den 1990er Jahren	92
3.6		Zwischenbilanz	97

4 Ausbildungsniveau im New Mexico der 1990er Jahre — 101

4.1		Räumliche und siedlungsstrukturelle Disparitäten des Ausbildungsniveaus	103
	4.1.1	New Mexico im US-amerikanischen Vergleich	103
	4.1.2	Räumliche Disparitäten auf Ebene der *Counties* in New Mexico	109
	4.1.3	Innerstädtische Disparitäten am Beispiel von Albuquerque	112
4.2		Disparitäten des Ausbildungsniveaus in demographischer Hinsicht	115
	4.2.1	Altersbezogene Unterschiede des Ausbildungsniveaus	115
	4.2.2	Geschlechtsbezogene Disparitäten des Ausbildungsniveaus	117
4.3		Sozioökonomische Rahmenbedingungen	121
	4.3.1	Ausbildungsniveau und eigene ökonomische Situation	121
	4.3.2	Soziale Herkunft, Bildungsverhalten und akademische Laufbahn	122
4.4		Ethnizitätsbezogene Unterschiede des Ausbildungsniveaus	132
4.5		Aktuelle Entwicklungen von Bildungsbeteiligung und -erfolg	140
	4.5.1	Sekundärer Bildungsbereich	140
	4.5.2	Tertiärer Bildungsbereich	145
4.6		Zwischenbilanz	149

Inhaltsverzeichnis

5	**Kulturelle Identität und Bildungsverhalten der *Hispanics***	**153**
	5.1 Kulturelle Identität in New Mexico	154
	5.2 Kulturelle Identität als Einflußfaktor für das Bildungsverhalten	162
	5.3 Die Universität als Institution angloamerikanischer Prägung	169
	5.4 Bildungsteilnehmer in New Mexico als Pendler zwischen zwei Welten	180
	5.5 Kulturelle Identität und Bereitschaft zu Karrieremobilität	188
6	**Zusammenfassende Schlußbetrachtung**	**193**
7	**Literaturverzeichnis**	**197**
8	**Quellenverzeichnis**	**227**
	8.1 Dokumente aus der spanischen Kolonialzeit	227
	8.2 Daten des *U.S. Census*	227
	8.3 Daten zu New Mexico (Behörden und Universitäten)	228
	8.4 Interviews	232
	8.5 Besuchte Schulen, Universitäten und Behörden	233
9	**Ergänzendes Datenmaterial**	**237**
10	**Ausgewählte Interviewtranskripte**	**259**
	10.1 My parents were first-generation Americans	260
	10.2 If you can't be rich, you have to be educated	266
	10.3 I was trying to work my way back	275
	10.4 My grandfather was a self-educated man	283
	10.5 Either we push education or we push our culture	295
	10.6 I can participate in my own culture and in the mainstream culture	304
	10.7 Your job is to teach the students you have	309

Abbildungsverzeichnis

Abb. 1:	Musterungsprotokoll für den Rekruten Martín Torres (1751)	47
Abb. 2:	Entwicklung der Einwohnerzahl und des Anteils der urbanen und ruralen Bevölkerung (New Mexico, 1850–1990)	56
Abb. 3:	Entwicklung der Schulbesuchsquoten nach Alter der Schüler in New Mexico und den USA (1910 und 1940)	56
Abb. 4:	Alphabetisierung in New Mexico, den USA und ausgewählten europäischen Staaten (1850–1990)	62
Abb. 5:	Institutionen und Strukturen des Bildungswesens der USA (1990er Jahre)	90
Abb. 6:	Räumliche Disparitäten des Ausbildungsniveaus der Bevölkerung ab 25 Jahren in den US-amerikanischen Bundesstaaten (1990)	106
Abb. 7:	Räumliche Disparitäten des Ausbildungsniveaus der Bevölkerung ab 25 Jahren (New Mexico, *Counties*, 1990)	110
Abb. 8:	Räumliche Disparitäten des Ausbildungsniveaus der Bevölkerung ab 25 Jahren nach Siedlungskategorien (New Mexico, 1990)	111
Abb. 9:	Ausbildungsniveau der Bevölkerung ab 25 Jahren nach Alter (New Mexico, 1990)	116
Abb. 10:	Ausbildungsniveau der Bevölkerung ab 25 Jahren nach Geschlecht (New Mexico, 1990)	116
Abb. 11:	Ausbildungsniveau der Bevölkerung ab 25 Jahren nach Altersgruppen und Geschlecht (New Mexico, 1990)	119
Abb. 12:	Ausbildungsniveau der Bevölkerung ab 16 Jahren nach sozio-ökonomischen Verhältnissen (New Mexico, 1990)	123
Abb. 13:	Soziale Herkunft und Motivation für die berufliche Karriere von Professoren der University of New Mexico (2001)	123
Abb. 14:	Ausbildungsniveau der Bevölkerung ab 25 Jahren nach Ethnizität (New Mexico, 1990)	133
Abb. 15:	Ausbildungsniveau der Bevölkerung ab 25 Jahren nach Ethnizität für ausgewählte Bundesstaaten (1990)	134
Abb. 16:	Ausbildungsniveau der Bevölkerung nach Ethnizität, Geschlecht und Altersgruppen (New Mexico, 1990)	136
Abb. 17:	Ausbildungsniveau der Bevölkerung ab 16 Jahren nach Ethnizität, Altersgruppen und Geschlecht (New Mexico, 1990)	139
Abb. 18:	Anteil der Schülerzahlen nach Ethnizität (New Mexico, 1992/93–2000/01)	142

Abbildungsverzeichnis XV

Abb. 19: Absolventen an *High Schools* nach Ethnizität (New Mexico, 1992/93–1999/2000) 142

Abb. 20: Studierende und Absolventen der University of New Mexico nach Ethnizität (1990–2002) 147

Abb. 21: Entwicklung der Studierendenzahlen an der University of New Mexico (Herbst 1928 – Herbst 1998) 148

Abb. 22: Anteile der weiblichen Absolventen an Hochschulen und *Community Colleges* in New Mexico (1990/91–1999/2000) 148

Abb. 23: Lehrer und Schulleiter im primären und sekundären Bildungsbereich nach Geschlecht und Ethnizität (New Mexico, 2000/01) 170

Abb. 24: Professoren der University of New Mexico nach Ethnizität (1993–2002) 170

Abb. 25: Neueinstellungen von Professoren an der University of New Mexico nach Ethnizität (1993–2002) 172

Abb. 26: Frauen- und Minderheitenanteile für eingestellte und neuberufene Professoren an der University of New Mexico (1993–2002) 172

Abb. 27: Lehrpersonal im primären und sekundären Bildungsbereich nach Geschlecht und Ethnizität (New Mexico, 2000/01) 255

Abb. 28: Schulleiter im primären und sekundären Bildungsbereich nach Geschlecht und Ethnizität (New Mexico, 2000/01) 255

Abb. 29: Lehrpersonal im primären Bildungsbereich nach Geschlecht und Ethnizität (New Mexico, 2000/01) 256

Abb. 30: Schulleiter im primären Bildungsbereich nach Geschlecht und Ethnizität (New Mexico, 2000/01) 256

Tabellenverzeichnis

Tab. 1:	Bevölkerungsanteile nach Ethnizität (1990)	24
Tab. 2:	Hispanische Bevölkerung nach Herkunft (1990)	25
Tab. 3:	Ausbildungsniveau der Bevölkerung nach Ethnizität (1990)	30
Tab. 4:	Räumliche Herkunft und Signierfähigkeit der Rekruten (New Mexico, 1732–1820)	48
Tab. 5:	Berufsstruktur und Signierfähigkeit der Rekruten (New Mexico, 1732–1820)	49
Tab. 6:	Räumliche Herkunft und Studienorte der ersten Präsidenten der University of New Mexico (1891–1927)	68
Tab. 7:	Stereotypen einer auf Dichotomien basierenden Wahrnehmung der angloamerikanischen und der hispanischen Bevölkerung	73
Tab. 8:	Aggregationsformen der verschiedenen Kategorien des Ausbildungsniveaus für die Daten des *U.S. Census 1990*	102
Tab. 9:	Dropout-Raten für Schüler der Klassenstufen 9 bis 12 nach Geschlecht und Ethnizität (New Mexico, 2000/01)	143
Tab. 10:	Ausbildungsniveau der Bevölkerung ab 25 Jahren (USA, Bundesstaaten, 1990)	238
Tab. 11:	Bevölkerung nach Ethnizität (USA, Bundesstaaten, 1990)	239
Tab. 12:	Einrichtungen des höheren Bildungswesens in New Mexico	242
Tab. 13:	Dropout-Raten und Schülerzahlen (New Mexico, Schulbezirke und Schulen, 2000/01)	244

Kartenverzeichnis

Karte 1:	Europäische Besiedlung Nordamerikas seit dem 16. Jh.	37
Karte 2:	Spanische Kolonialzeit: Missionsstationen und Siedlungen am Rio Grande	40
Karte 3:	Hispanische Besiedlung New Mexicos im 17. und 18. Jh.	41
Karte 4:	Entwicklung der Analphabetenrate in New Mexico nach *Counties* (1910, 1920, 1930)	66
Karte 5:	Städte und Verkehrswege New Mexicos im ausgehenden 20. Jh.	88
Karte 6:	*Counties* in New Mexico (Gebietsstand 1990)	93
Karte 7:	Schulbezirke in New Mexico (Gebietsstand 1990)	94
Karte 8:	Standorte von Universitäten und *Community Colleges* in New Mexico mit Zahl der Studierenden (1999/2000)	96
Karte 9:	Ausbildungsniveau der Bevölkerung ab 25 Jahren (USA, Bundesstaaten, 1990)	104
Karte 10:	Anteil der Bevölkerung ab 25 Jahren ohne abgeschlossene *High School* (USA, *Counties*, 1990)	108
Karte 11:	Bevölkerung mit bis zu acht Jahren Schulbesuch im Stadtgebiet von Albuquerque (*Census Tracts*, 1990)	113
Karte 12:	Bevölkerung mit abgeschlossener *High School* im Stadtgebiet von Albuquerque (*Census Tracts*, 1990)	113
Karte 13:	Bevölkerung mit abgeschlossenem Bachelorstudium im Stadtgebiet von Albuquerque (*Census Tracts*, 1990)	114
Karte 14:	Bevölkerung mit abgeschlossenem Masterstudium oder Promotion im Stadtgebiet von Albuquerque (*Census Tracts*, 1990)	114
Karte 15:	Abschlußraten und Ethnizität der Schüler an *High Schools* in den Schulbezirken von New Mexico (1998/99)	144
Karte 16:	Karriereverläufe ausgewählter Professoren der University of New Mexico mit Geburtsort außerhalb von New Mexico	175
Karte 17:	Karriereverläufe ausgewählter Professoren der University of New Mexico mit Geburtsort in New Mexico	176
Karte 18:	Anteil der *Hispanics* an der Gesamtbevölkerung (USA, *Counties*, 1990)	240
Karte 19:	Durchschnittliche Jahreseinkünfte je Einwohner (USA, *Counties*, 1990)	241

1 Einleitung

On the first day of school I awoke with a sick feeling in my stomach. It did not hurt, it just made me feel weak [...].

"You are to bring honor to your family," my mother cautioned. "Do nothing that will bring disrespect on our good name" [...].

"Ay! What good does an education do them," my father filled his coffee cup [...]. "In my own day we were given no schooling. Only the ricos [span. die Reichen] could afford school. Me, my father gave me a saddle blanket and a wild pony when I was ten. There is your life, he said, and he pointed to the llano [span. die Ebene]. So the llano was my school, it was my teacher, it was my first love — "

"Ay, but those were beautiful years," my father continued. "The llano was still virgin, there was grass as high as the stirrups of a grown horse, there was rain — and then the tejano [span. der Texaner] came and built his fences, the railroad came, the roads — it was like a bad wave of the ocean covering all that was good — "

Rudolfo Anaya, 'Bless Me, Ultima'

In seinem Roman *Bless Me, Ultima* entwirft Rudolfo Anaya ein Bild vom Leben hispanischer Siedler in den ländlichen Ebenen des *Llano Estacado* im östlichen New Mexico um die Mitte des zwanzigsten Jahrhunderts. Das Werk reflektiert die Perspektive des sechsjährigen Protagonisten Antonio Márez, der in einer spanischsprachigen Familie aufwächst und die *High School* an seinem ersten Schultag als eine sehr fremde, in vielerlei Hinsicht bedrohliche Welt empfindet. Dieses Gefühl wird durch die Blicke einiger seiner Mitschüler bestärkt, die ihn infolge seiner fehlenden englischen Sprachkenntnisse, seiner äußeren Erscheinung und seiner Eßgewohnheiten als Außenseiter stigmatisieren und über ihn lachen. In der eingangs zitierten Textpassage äußern die Eltern von Antonio ihre unterschiedlichen Einstellungen gegenüber dem Bildungswesen. Während die Mutter ihren Sohn um der Familienehre willen zu guten schulischen Leistungen anspornen möchte, bezweifelt der Vater den Nutzen einer angloamerikanischen Schulbildung. Dieser Punkt verdeutlicht die in der vorliegenden Arbeit zu behandelnde Problematik der engen Verknüpfung von Bildungsentscheidungen mit den geltenden gesellschaftlichen Wertvorstellungen und der kulturellen Identität der Bildungsteilnehmer.

Die Romanfigur des Antonio trägt unverkennbar biographische Züge des Schriftstellers Rudolfo Anaya, der 1937 als Sohn einer Großfamilie in Pastura, einem kleinen ärmlichen Dorf in den weiten Ebenen des *Llano Estacado* im Osten New Mexicos geboren wurde. Anayas Familie glich den übrigen Dorfbewohnern spanisch-mexikanischer Herkunft, lebte in ärmlichen Verhältnissen, besaß keine höhere Schulbildung und sprach beinahe ausschließlich spanisch. Nachdem seine Eltern in das benachbarte Santa Rosa umgezogen waren, das sich aufgrund seiner

Lage am *Highway 66* und an einer bedeutenden Eisenbahnlinie zu einer kleinen Stadt hatte entwickeln können, besuchte Anaya die dortige *High School* und begann – wie Antonio, der Protagonist des eingangs zitierten Romans *Bless Me, Ultima* – englisch zu lernen und kam mit der angloamerikanischen Kultur und dem institutionellen Bildungswesen in Berührung. Nach dem Zweiten Weltkrieg zog die Familie vom Land in eine der städtischen Agglomerationen, in denen es leichter war, Arbeit zu finden. Die Anayas folgten damit einem allgemeinen Migrationstrend, der in Zusammenhang mit einer ökonomischen Umstrukturierung New Mexicos zu verstehen ist, und siedelten sich in der Großstadt Albuquerque im *Barrio* Barelas an. In dieser Stadt schloß Anaya 1955 die *High School* ab und nahm nach anfänglichem Besuch einer *Business School* ein Studium der englischen Sprache und Literatur an der University of New Mexico auf. Anaya erwarb 1963 den *Bachelor* und 1968 den *Master*. Zugleich arbeitete er seit Anfang der 1960er Jahre als Lehrer an verschiedenen öffentlichen Schulen in Albuquerque und schrieb mit *Bless Me, Ultima* seinen ersten Roman, der 1972 veröffentlicht und mit dem Literaturpreis *Premio Quinto Sol* prämiert wurde. Zwischen 1974 und 1993 war er Professor für Literatur am *English Department* der University of New Mexico und lebt heute als Schriftsteller in der Stadt Albuquerque.

Die Biographie Rudolfo Anayas kann wegen seines hohen Ausbildungsniveaus und seiner außergewöhnlichen sozialen Mobilität sicherlich kaum als repräsentativ für die hispanische Bevölkerung New Mexicos gelten. Im Unterschied zu vielen anderen *Hispanics* vermochte er auf seinem Bildungsweg zahlreiche Hindernisse und Restriktionen zu überwinden, welche die Bildungssituation um die Mitte des zwanzigsten Jahrhunderts ebenso wie in der Gegenwart prägen. Angesichts der oft eher ungünstigen sozioökonomischen Verhältnisse und des spezifischen sprachlichen und kulturellen Hintergrunds der hispanischen Bevölkerung gilt es heute gemeinhin bereits als Erfolg, wenn ein *Hispanic* die *High School* abschließt, während von einem beachtlichen Anteil der weißen nichthispanischen Bevölkerung erwartet werden kann, daß nach Absolvieren der Schule ein Universitätsstudium aufgenommen wird.

Gegenstand der vorliegenden Arbeit ist die heutige Bildungssituation der hispanischen Bevölkerung im US-amerikanischen Bundesstaat New Mexico, und zwar einschließlich ihrer historischen Aspekte. Der an der Grenze zu Mexiko gelegene Bundesstaat ist über weite Teile ein sogenannter *Majority Minority State*, das heißt die quantitative Bevölkerungsmehrheit konstituiert sich aus der statusbezogenen Minderheit der hispanischen Bevölkerung, deren Anteil dem *U.S. Census* von 1990 zufolge in einigen *Counties* mehr als fünfzig Prozent beträgt und in einzelnen Fällen sogar Werte von achtzig Prozent erreicht. Dies ist eine Folge der nach wie vor bedeutenden Zuwanderung aus Mexiko und zugleich Ergebnis der historischen Entwicklung dieser Region und ihrer Bevölkerung. Im sechzehnten Jahrhundert war New Mexico als Kolonie der spanischen Krone unterstellt, Anfang des neunzehnten Jahrhunderts wurde es Bestandteil des unabhängigen Mexiko, und nur wenige Jahrzehnte später erlangte es den Status eines US-amerikanischen Territoriums.

Heute zählt New Mexico zu den am schwächsten besiedelten und wirtschaftlich ärmsten Bundesstaaten der Vereinigten Staaten.

Das Beispiel des zeitgenössischen hispanischen Schriftstellers Rudolfo Anaya verdeutlicht, daß der Besuch von Schule und Universität jeweils in einen spezifischen räumlichen, zeitlichen und gesellschaftlichen Kontext eingebettet erscheint. Vor diesem Hintergrund ist das Bildungsverhalten eines Menschen als Bewegung innerhalb eines Spannungsfelds zu verstehen, das durch eine Vielzahl von Faktoren und Begleitumständen aufgebaut wird. Das Bildungsverhalten Anayas ist eng gebunden an eine räumliche und berufliche Mobilität. Dieses dynamische Element wird unterstrichen durch die wechselnde Position Anayas im Bildungswesen, der als Schüler, Studierender und Lehrender in Erscheinung tritt. Auch wenn Anayas Bildungs- und Karriereweg sicherlich Ausnahmecharakter besitzt, so verdeutlicht sein Beispiel doch, daß Bildungsverhalten erst aus einem breiteren sozialen Kontext heraus verstanden und erklärt werden kann. Deshalb beschränkt sich die vorliegende Arbeit in ihrer Analyse nicht auf das vorhandene umfangreiche bildungsstatistische Datenmaterial, sondern versucht, das Bildungsverhalten der hispanischen Bevölkerung in New Mexico aus verschiedenen Perspektiven zu beleuchten. Basierend auf der Vorstellung, daß Bildungsverhalten sich stets als kontextgebundene Handlung vollzieht, werden in der Arbeit sowohl das Bildungswesen in seiner historischen Entwicklung als auch das Bildungsverhalten in Zusammenhang mit verschiedenen heutigen Einflußfaktoren dargestellt. Somit ist letztlich nicht nur ein Vergleich des Bildungsverhaltens von *Hispanics* und anderen Bevölkerungssegmenten das Ziel der Arbeit, sondern auch ein differenzierteres Verstehen der in starkem Maße von gesellschaftlichen Wertvorstellungen und kultureller Identität geprägten Zusammenhänge, innerhalb derer sich Bildungsentscheidungen der hispanischen Bevölkerung vollziehen.

Während die Bedeutung sozioökonomischer Einflußfaktoren auf das Bildungsverhalten unter anderem in den wegweisenden Arbeiten zur gesellschaftlichen Reproduktion von Pierre Bourdieu und Jean-Claude Passeron sehr eingehend behandelt wurden (BOURDIEU / PASSERON 1970), wurden die Einflüsse von Ethnizität und kultureller Herkunft im Bereich der Bildungsgeographie zwar wiederholt empirisch als statistischer Zusammenhang festgestellt, nicht aber in ihrer Wirkungsweise differenziert untersucht und theoretisch konzeptualisiert. In verschiedenen bildungs- und stadtgeographischen Arbeiten wurde bereits in den 1970er Jahren belegt, daß für Bildungsteilnehmer unterschiedlicher Konfession und unterschiedlicher ethnischer Herkunft signifikante Unterschiede im Bildungsverhalten bestehen (vgl. MEUSBURGER 1979). Zur Erklärung des vergleichsweise geringen Ausbildungsniveaus zum Beispiel von Gastarbeiterkindern und Zigeunern wurden jedoch nur in einem recht pauschalen Befund abweichende Normen und Wertvorstellungen als negativer Einfluß auf das Bildungsverhalten ins Feld geführt, ohne daß dabei geprüft wurde, wie und warum diese Einflüsse wirksam werden (MEUSBURGER 1998, 354–367). Die Notwendigkeit einer differenzierten Untersuchung von Wechselwirkungen zwischen Bildung, Gesellschaft und Kultur wurde mit der

Veröffentlichung der Ergebnisse des *Programme for International Student Assessment* (PISA) auch in Deutschland verstärkt in das Bewußtsein einer breiten Öffentlichkeit gebracht. Eine zuverlässige Interpretation der nationalen Vergleichsdaten für Schülerleistungen kann jedoch nur unter Berücksichtigung der jeweils geltenden räumlichen, bildungsinfrastrukturellen, allgemein gesellschaftlichen und kulturspezifischen Rahmenbedingungen erfolgen.

An diesem Punkt setzt die vorliegende Arbeit an und versucht, die im *U.S. Census* erhobene statistische Variable der Ethnizität als Ausdruck einer kulturellen Identität zu verstehen. Das Hauptanliegen der räumlich auf New Mexico fokussierten Untersuchung ist damit nicht der bloße Nachweis ethnisch-kultureller Disparitäten des Ausbildungsniveaus, sondern eine Erklärung derselben. Der in dieser Form für die Bildungsgeographie neue Forschungsansatz ist zumindest teilweise an einem *Cultural turn* der Humangeographie orientiert, dessen wichtigste Impulse seit den späten 1980er Jahren aus dem angelsächsischen Raum kommen (JACKSON 1997; SAHR 2002; 2003). In diesem Sinne kann Kultur als ein semiotisches Zeichen- und Kommunikationssystem verstanden werden. Die kritische Auseinandersetzung mit der sozialen Konstruktion von Kultur wird damit zu einer wichtigen Forschungsaufgabe. Auch die Beschäftigung mit Identität als Ausdruck von kultureller und gesellschaftlicher Zugehörigkeit sowie mit Kultur als Austragungsfeld politischer und gesellschaftlicher Konflikte zählt zu den Forschungsthemen einer neuen Kulturgeographie und ihrer sozialwissenschaftlichen Nachbardisziplinen.

In der aktuellen Diskussion des Begriffs „Identität" und der Formen kultureller Identität bleiben Aspekte des Bildungswesens und des Bildungsverhaltens jedoch bislang weitgehend unberücksichtigt. Die Mehrzahl der einschlägigen Lehrbücher zur *New Cultural Geography* vernachlässigt die Begriffe Bildungswesen, Bildung und Qualifikation (z. B. JACKSON 1989; PILE / THRIFT 1995; MITCHELL 2000). Lediglich im Bereich von Wissen und insbesondere der kritischen Auseinandersetzung mit der Produktion von Wissen ist eine kulturgeographische Annäherung an bildungsbezogene Themenfelder zu beobachten (z. B. ANDERSON u. a. 2003). Dabei ist der prägende Einfluß von Schulen und Universitäten auf die heranwachsende Bevölkerung kaum zu unterschätzen. Dies wird in Europa und den USA besonders deutlich in der staatlichen Organisation des Bildungswesens und der inhaltlichen Gestaltung der Curricula seit der Nationalstaatenbildung im neunzehnten Jahrhundert bis in die Gegenwart (z. B. TOMIAK 1991). Ein fortdauerndes Problem ist die Frage nach einer angemessenen Integration ethnisch-kultureller Minderheiten im Bildungswesen. Dies betrifft sowohl die Lehrplangestaltung als auch die Interaktion im Klassenzimmer sowie die Einstellung von Lehrpersonen unterschiedlicher Ethnizität. Die genannten Beispiele machen deutlich, daß Wechselwirkungen zwischen Bildungsverhalten und kultureller Identität, wie sie im Rahmen der vorliegenden Arbeit untersucht werden sollen, durchaus existiert haben und existieren und daß deren wissenschaftliche Betrachtung möglicherweise auch Impulse für die Entwicklung einer neuen Kulturgeographie zu geben vermag.

Die Untersuchung beschränkt sich nicht auf das „Ausbildungsniveau" als ein in Bildungseinrichtungen vermitteltes und in Form von Bildungsabschlüssen zertifiziertes Wissen, das in historischer Dimension auch als Lese- und Schreibkundigkeit gefaßt werden kann. In einem weiteren Sinne sollen auch außerschulische und außeruniversitäre Formen von Wissen Berücksichtigung finden, wie zum Beispiel innerhalb der Familie oder im Freundeskreis vermittelte Überzeugungen und Orientierungen in kultureller oder religiöser Hinsicht sowie allgemeiner gefaßte Kenntnisse und Qualifikationen. Diese verschiedenen Wissensformen können – im Unterschied zum spezifischen schulischen oder universitären Ausbildungsniveau – in einem weiter gefaßten Sinne als „Bildung" bezeichnet werden. Auch wenn das erreichte Ausbildungsniveau im heutigen New Mexico als Qualifizierungsmerkmal unmittelbaren Einfluß auf die Möglichkeiten am Arbeitsmarkt hat und dem Bildungswesen damit eine gesellschaftliche Schlüsselrolle zukommt, soll Bildungserwerb und insbesondere der Erwerb höherer Bildungsabschlüsse in der vorliegenden Arbeit nicht prinzipiell als etwas Positives und ein für jeden Menschen anzustrebendes Gut bewertet werden. Gleichwohl ist es unbestritten, daß der Zugang zu institutionalisierter Bildung aufgrund der gegebenen Verknüpfung von Ausbildungsniveau, Arbeitsmarkt und sozioökonomischen Verhältnissen für die gesamte Bevölkerung in gleicher Weise gewährleistet sein sollte, damit keine Benachteiligung besteht. Die Arbeit folgt der Vorstellung, daß sich die wechselnden Bedeutungen von Bildung und Bildungswesen jeweils aus einem breiteren gesellschaftlich-kulturellen Kontext ergeben, der bei der Konzeption von Bildungseinrichtungen und dem Formulieren und Reformulieren von Bildungsinhalten wirksam wird. Ein zentrales Anliegen der Arbeit besteht schließlich darin zu vermitteln, daß und weshalb der Blick auf das Bildungswesen und die Einstellungen gegenüber dem Bildungserwerb je nach ethnisch-kultureller Zugehörigkeit der Bildungsteilnehmer stark variieren können.

Mit dem Ziel, das Ausbildungsniveau und das Bildungsverhalten der hispanischen Bevölkerung in New Mexico zu erklären, basiert die vorliegende Untersuchung methodisch auf drei Grundannahmen. Erstens wird angenommen, daß mit dem Bildungsverhalten ein individuelles Handeln vorliegt, das auf einer überindividuellen gesellschaftlichen Ebene in mehr oder weniger stark ausgeprägten regelhaften Strukturmustern beobachtet sowie im Rahmen einer Analyse typisiert und klassifiziert werden kann. In Anlehnung an die *Theory of Structuration* von Anthony GIDDENS (1984) besteht die zweite Grundannahme darin, daß sich Struktur und Handlung in einer dynamischen Wechselwirkung befinden und daß ein Verständnis des Bildungsverhaltens deshalb nur unter Einbeziehung dieser beiden Analyseebenen möglich ist (vgl. S. 22). Die dritte Grundannahme schließlich geht davon aus, daß ein umfassendes Verständnis und eine differenzierte Bewertung der gegenwärtigen Situation nicht ohne Berücksichtigung der zeitlichen Dimension möglich ist. Erst aus der vergleichenden Gegenüberstellung von Gegenwart und Vergangenheit lassen sich Veränderungen und Brüche im Bildungsbereich und innerhalb der Gesellschaft erkennen und bewerten. Auch zeitlich persistente Strukturmuster lassen sich auf diese Weise identifizieren.

Das der Arbeit zugrundeliegende Raumverständnis ist nur teilweise an den territorialen Grenzlinien von Nationalstaaten, US-amerikanischen Bundesstaaten und *Counties* orientiert, welche die Grundlage für eine räumliche Darstellung der im *U.S. Census* erhobenen Daten bilden. Obgleich die politischen Grenzen das Bildungswesen in manchmal entscheidender Weise strukturieren, werden die Gebietskategorien unterschiedlichen Maßstabs nicht als abgeschlossene Grundeinheiten verstanden, sondern es sollen neben den räumlichen auch raumübergreifende zeitliche, sozioökonomische, demographische und ethnisch-kulturelle Verteilungsmuster bildungsbezogener Disparitäten dargestellt und interpretiert werden. Ohne die kontrovers geführte Diskussion um Benno Werlens Forderung nach einer Geographie ohne Raum und der Abschaffung des raumwissenschaftlichen Paradigmas (WERLEN 1993, 1995, 1997; MEUSBURGER 1999) an dieser Stelle ausführlicher erörtern zu wollen, versteht sich die vorliegende Untersuchung neben einer Vielzahl anderer Forschungsarbeiten als Beleg dafür, daß *erstens* eine sozialgeographische Analyse unter Berücksichtigung eines spezifischen räumlichen Kontexts grundsätzlich möglich ist, ohne dabei in der Argumentation zwangsläufig einem Geodeterminismus verfallen zu müssen. *Zweitens* zeigt die Arbeit, daß eine Betrachtung räumlicher Verteilungsmuster sozialgeographischer Variablen auf unterschiedlichen Maßstabsebenen einen heuristischen Informations- oder Erkenntnisgewinn erbringen kann, dessen Interpretation allein unter Verwendung der raumwissenschaftlichen Kategorien einer *Spatial Analysis* und ohne Berücksichtigung gesellschaftlicher und politischer Zusammenhänge freilich problematisch erscheinen kann. *Drittens* verdeutlicht die Arbeit in mehrfacher Hinsicht, daß eine Betrachtung des räumlichen Kontexts sehr wichtige Informationen zum Verständnis von Bildungsverhalten und anderen Handlungen zu liefern vermag. So lassen sich etwa mit den Begriffspaaren Zentrum / Peripherie oder rural / urban verschiedene raumstrukturelle Faktoren fassen, welche zum Beispiel im Hinblick auf die Lage und Erreichbarkeit von Bildungseinrichtungen wirksam werden. Zum anderen kann die Betrachtung des räumlichen Kontexts aber auch helfen, das Bildungsverhalten der Bevölkerung und deren Einstellungen gegenüber dem Bildungswesen zu verstehen. Entsprechende Zusammenhänge erschließen sich etwa aus den jeweils raumspezifischen historisch-politischen Entwicklungen und der ethnisch-kulturellen Herkunft der Bevölkerung.

Vor diesem Hintergrund werden auch das methodische Vorgehen und die Gliederung der vorliegenden Arbeit verständlich. Den Mittelpunkt bildet eine Analyse der Disparitäten des Ausbildungsniveaus auf Grundlage der im *U.S. Census* von 1990 erhobenen Daten für New Mexico unter Einbezug verschiedener sozioökonomischer, demographischer und ethnisch-kultureller Variablen. Für ein tiefergehendes Verständnis der aufgezeigten bildungsbezogenen Strukturmuster werden im Verlauf der Arbeit zwei verschiedene Interpretationszusammenhänge entwickelt. Zum einen wird die bildungsgeschichtliche Entwicklung vor dem Hintergrund allgemein gesellschaftlicher und politischer Veränderungen in New Mexico herausgearbeitet. Zum anderen wird versucht, die wichtigsten Einflußfaktoren für das Bildungsverhalten aus Sicht der Bildungsteilnehmer zu verstehen. Letzteres geschieht auf der Grundlage von vielfältigen Informationen, die im Rahmen mehrerer Forschungsreisen in das Untersuchungsgebiet beim Besuch von Schulen, Universitäten und Behörden durch Interviews, Gespräche und Beobachtungen gewonnen werden konnten. Dieses Konzept soll in den Kapiteln der Arbeit schrittweise realisiert werden.

Das der Einleitung folgende zweite Kapitel zeigt zunächst verschiedene Leitlinien einer raumbezogenen Bildungsforschung auf. Nach einem disziplingeschichtlichen Überblick zur Bildungsgeographie werden die wichtigsten Einflußfaktoren des Bildungsverhaltens vorgestellt. Daraufhin sollen die vielschichtigen Zusammenhänge von Bildung und Entwicklung kritisch diskutiert und im Kontext der Frage nach einer sozialen Reproduktion im Bildungswesen erörtert werden. Abschließend wendet sich das zweite Kapitel der in der wissenschaftlichen Forschung kontrovers diskutierten Bedeutung von Ethnizität für das Bildungsverhalten zu.

Nach der einführenden Darstellung der thematisch relevanten Forschungszusammenhänge sollen im dritten Kapitel die Etappen und Leitlinien der Entwicklung des Bildungswesens in New Mexico seit der spanischen Kolonialepoche im späten siebzehnten Jahrhundert herausgearbeitet werden. Auf diese Weise entsteht ein Interpretationsrahmen, der beim Einordnen, Verstehen und Bewerten der gegenwärtigen Bildungssituation helfen kann. Die Rekonstruktion der Bildungsgeschichte in New Mexico erfolgt auf der Grundlage des in den Archiven des *Center for Southwest Research* an der University of New Mexico erschlossenen historischen Quellenmaterials, bei dem es sich vorwiegend um Statistiken und zeitgenössische Berichte handelt (vgl. Quellenverzeichnis S. 227–228). Weiterhin werden wegweisende Forschungsarbeiten (insbesondere SÁNCHEZ 1940; 1941; GALLEGOS 1992; VÉLEZ-IBÁÑEZ 1996) kritisch aufgearbeitet sowie einige unveröffentlichte Dissertationen und einzelne publizierte Forschungsarbeiten zu verschiedenen Aspekten der Bildungsgeschichte New Mexicos herangezogen, die in der *Zimmerman Library* der University of New Mexico in Albuquerque zugänglich sind (ACKERMAN 1933; ATHEARN 1974; ATKINS 1982; BUSTAMANTE 1982; CÓRDOVA 1979; MOYERS 1941; READ 1911; SCHOLES 1935; SEYFRIED 1934). Durch die Betrachtung eines Zeitraums von mehreren Jahrhunderten und damit von sehr unterschiedlichen Epochen sollen die großen Entwicklungen und Umbrüche in der Bildungsgeschichte New Mexicos erkennbar werden, denen in den eben genannten Studien zu einzelnen Ereignissen oder Phasen nur untergeordnetes Interesse entgegengebracht wird – mögen diese Studien selbst auch noch so detailliert sein. Im einzelnen sollen im Verlauf des dritten Kapitels folgende Leitfragen behandelt werden:

- Welche entscheidenden Impulse und Umbrüche zeigen sich in der Entwicklung des Bildungswesens in New Mexico? Welche bildungsgeschichtlichen Phasen lassen sich auf dieser Grundlage bestimmen?

- Wie haben Kirche und Staat zur Institutionalisierung des Bildungswesens in New Mexico beigetragen?

- Wie hoch war der Alphabetisierungsgrad der Bevölkerung während der spanischen Kolonialzeit? Wann und auf welche Weise hat sich der Übergang zu einer modernen und weitgehend alphabetisierten Gesellschaft vollzogen?

- Lassen sich in historischer Perspektive Gemeinsamkeiten und Unterschiede hinsichtlich der Alphabetisierung und des Bildungsverhaltens der hispanischen und der angloamerikanischen Bevölkerung von New Mexico identifizieren?

- Wann, wie und weshalb haben sich höhere Bildungseinrichtungen und Universitäten in New Mexico entwickelt?

- Welche räumlichen und organisatorischen Strukturen prägen das Bildungswesen im gegenwärtigen New Mexico?

Im vierten Kapitel sollen die gegenwärtigen Strukturen des Ausbildungsniveaus und Bildungsverhaltens der Bevölkerung von New Mexico differenziert herausgearbeitet werden. Eine unentbehrliche Datengrundlage sind dabei der *U.S. Census* von 1990 und die darauf basierende 5-Prozent-Stichprobe des *Public Use Micro Sample (PUMS)*, mit deren Hilfe Analysen auf Individualdatenbasis möglich sind. Der *U.S. Census* des Jahres 2000 stand zum Zeitpunkt der Bearbeitung ausschließlich in aggregierter Form zur Verfügung und konnte deshalb nur für einen Teil der untersuchten Aspekte Berücksichtigung finden. So werden die Daten für das Bezugsjahr 2000 an geeigneter Stelle flankierend eingesetzt, um die Ausführungen möglichst aktuell zu halten. Eine detaillierte Übersicht der verwendeten Daten kann dem Quellenverzeichnis der Arbeit entnommen werden.

Insgesamt zielen die Auswertungen darauf, bildungsbezogene Disparitäten in räumlicher, sozioökonomischer, demographischer und ethnisch-kultureller Hinsicht darzustellen. Auf diese Weise lassen sich strukturelle Zusammenhänge aufdecken, die ihrerseits Aufschluß über mögliche Einflußfaktoren auf Bildungsverhalten und Ausbildungsniveau geben können. Wie sich zeigen wird, kommt der Ethnizität der Bevölkerung in diesem Zusammenhang eine besonders wichtige Rolle zu.

In einem zweiten Schritt werden anhand weiterer empirischer Daten zum Bildungsverhalten aktuelle Trends und etwaige derzeitige Veränderungen im Ausbildungsniveau untersucht. Es geht dabei vorwiegend um Bildungsbeteiligung und Bildungserfolg der *Hispanics* an den verschiedenen Einrichtungen des sekundären und des tertiären Bildungsbereichs (im einzelnen vgl. S. 90–91). Die Untersuchungen stützen sich auf diverse Statistiken und Berichte der nationalen und bundesstaatlichen Bildungsbehörden sowie verschiedener schulischer und universitärer Bildungseinrichtungen in New Mexico, die im Quellenverzeichnis dieser Arbeit umfassend dokumentiert sind. Mit Hilfe dieser Informationen, die durch

Besuche vor Ort und mittels Internetrecherchen erschlossen wurden, lassen sich auch kleinräumig differenzierte Analysen zum Bildungsverhalten in den einzelnen Klassenstufen und Studienabschnitten vornehmen. Besonders aufschlußreich ist es, die entscheidenden Momente des Schul- oder Studienabbruchs zu identifizieren und bestehende Unterschiede im Bildungserfolg von Schülern und Studierenden unterschiedlicher Ethnizität zu betrachten.

Im einzelnen werden im vierten Kapitel die folgenden Leitfragen behandelt:

- Wie ist das gegenwärtige Ausbildungsniveau der Bevölkerung in New Mexico im Vergleich zu anderen US-amerikanischen Bundesstaaten zu bewerten? Welche räumlichen Disparitäten des Ausbildungsniveaus bestehen auf Ebene der *Counties* und der *School Districts* in New Mexico?

- Ist ein Zusammenhang zwischen bildungsbezogenen Disparitäten innerhalb der Bevölkerung und sozioökonomischen oder demographischen Variablen festzustellen? Welche Bedeutung hat dabei die Ethnizität der Bildungsteilnehmer?

- Wie läßt sich das Bildungsverhalten der hispanischen Bevölkerung im Vergleich zu anderen Bevölkerungssegmenten charakterisieren?

- Welche Trends, Muster und Strukturen lassen sich im Bildungserwerb beobachten? Welche Disparitäten bestehen hinsichtlich der Abbruchquoten in den unterschiedlichen Bildungsbereichen? Welche Aspekte erweisen sich als kritisch, problematisch oder förderlich beim Übertritt in die nächsthöhere Bildungseinrichtung?

Das fünfte Kapitel knüpft an die bis dahin zu erarbeitenden Ergebnisse an. Wie sich in den Datenanalysen des vierten Kapitels zeigen wird, besitzt die Ethnizität der Bildungsteilnehmer eine hohe Bedeutung für das Bildungsverhalten, und es lassen sich Unterschiede in der Bildungsbeteiligung besonders gut im Übergangsbereich von der *High School* in den tertiären Bildungsbereich sowie während der ersten Studienjahre beobachten. Vor dem Hintergrund jüngerer Forschungsarbeiten aus dem Bereich einer *New Cultural Geography* zielt das fünfte Kapitel darauf, Ethnizität als Ausdruck einer kulturellen Identität begreiflich zu machen und die engen Wechselbeziehungen zwischen kultureller Identität und Bildungsverhalten herauszuarbeiten. Wichtiger als der *U.S. Census* und die genannten bildungsstatistischen Quellen werden in diesem Zusammenhang eigene Beobachtungen und Erkenntnisse sein, die beim Besuch zahlreicher Bildungseinrichtungen und Behörden in New Mexico und den angrenzenden Bundesstaaten gewonnen werden konnten. Neben einer Vielzahl formeller und informeller Gespräche besteht das Kernmaterial der Auswertungen für dieses Kapitel jedoch in semistrukturierten Interviews, die mit einer geschichteten Zufallsauswahl von sechzehn Professoren an der University of New Mexico, zwei ausgewählten Entscheidungträgern derselben Universität sowie dem Schriftsteller und emeritierten Professor Rudolfo Anaya geführt wurden (vgl. Quellenverzeichnis S. 232–233). Thematisch waren die Einzelinterviews in zwei Teilbereiche untergliedert. Der erste Teil behandelte den biographischen Hintergrund des Interviewpartners einschließlich seiner sozialen Herkunft und der Stationen seiner Karrieremobilität. Im zweiten Teil wurde der Interviewpartner nach seiner Einschätzung der Studierenden, ihrer Motivation und ihren Problemen im Studium sowie nach allgemeinen Veränderungen im Hochschulbereich während der letzten zwanzig bis dreißig Jahre gefragt. Zur Analyse wurden die Interviews vollständig transkribiert und durch wiederholte Lesevorgänge sukzessive zu einzelnen Themenbereichen und verbindenden Argumentationssträngen synthetisiert. Dieses Verfahren erlaubt es, Gemeinsamkeiten und Unterschiede zwischen den Interviews abstrahierend herauszuarbeiten, ohne daß jeweils der direkte inhaltliche Bezug zum Einzelinterview verloren geht. Um den sprachlichen Ausdruck und die Wortwahl möglichst originalgetreu abzubilden, werden in die Argumentation des fünften Kapitels neben paraphrasierenden Passagen gezielt auch ausgewählte Interviewausschnitte eingebunden, die durch die ihnen eigene Unmittelbarkeit entscheidend zum Verständnis beitragen können.

Inhaltlich soll im Verlauf des fünften Kapitels zunächst herausgearbeitet werden, wie eine kulturelle Identität zu fassen ist und in welchem Verhältnis sie im Fall der *Hispanics* zu deren Ethnizität steht. Daraufhin kann die entscheidende Frage behandelt werden, in welcher Weise kulturelle Identität auf das Bildungsverhalten Einfluß zu nehmen vermag. Es wird sich zeigen, daß die Wirkungsrichtung nicht nur von der kulturellen Identität auf das Bildungsverhalten, sondern auch in entgegengesetzter Richtung zu beobachten ist. Innerhalb dieser Wechselbeziehung kommt den Bildungsinstitutionen eine bedeutende Rolle zu. Dies wird am Beispiel der stark angloamerikanisch geprägten University of New Mexico besonders deutlich. Vor allem im universitären Bereich kann für Bildungsteilnehmer ethnischer Minderheiten häufig beobachtet werden, daß sich diese gewissermaßen als Pendler im Spannungsfeld zwischen zwei Kulturen bewegen. An dieser Stelle werden sich aufschlußreiche Querverbindungen zu den bildungsgeschichtlichen Ausführungen des dritten Kapitels herstellen lassen. Da die kulturelle Identität der hispanischen Bevölkerung in New Mexico – wie sich zeigen wird – nicht nur sozial verankert, sondern auch stark räumlich gebunden ist, ergeben sich beachtliche ethnisch-kulturelle Unterschiede in der Bereitschaft zu einer räumlichen Mobilität, die im Bereich von Hochqualifizierten meist als selbstverständlich gilt.

Im Verlauf des fünften Kapitels sollen sowohl für die hispanische als auch für die angloamerikanische Bevölkerung in New Mexico die folgenden Fragen behandelt werden:

- In welchem Verhältnis steht die Variable Ethnizität zur kulturellen Identität der Bevölkerung? Wie läßt sich kulturelle Identität im räumlichen Kontext von New Mexico fassen?

- Welche Bedeutung hat die kulturelle Identität für das Bildungsverhalten? Wie wirkt sich diese mit anderen Einflußfaktoren auf das Bildungsverhalten aus? Lassen sich auch wechselseitige Einflüsse zwischen Bildungsverhalten und kultureller Identität beobachten?

- Mit welchen Bildungsbarrieren und Problembereichen sehen sich hispanische und angloamerikanische Studierende in New Mexico konfrontiert? Auf welche Weise erfahren die betreffenden Studierenden Unterstützung durch die Universität oder von anderer Seite?

- Welche Rolle kommt in diesem Zusammenhang der Bildungseinrichtung und ihrer kulturellen Ausrichtung zu? Welche Bedeutung hat die Ethnizität der Lehrenden für das Bildungsverhalten? Welche diesbezüglichen Unterschiede lassen sich zwischen dem schulischen und dem universitären Bildungsbereich beobachten?

- Wie verhalten sich Bildungsteilnehmer, die sich im Zwiespalt zwischen ihrem eigenen kulturellen Hintergrund und der kulturellen Ausrichtung einer Schule oder Universität sehen? Wann und wie kommt es zu kulturellen Assimilierungserscheinungen bei den Bildungsteilnehmern?

- Unter welchen Voraussetzungen kann sich kulturelle Identität auf die Bereitschaft zu räumlicher Mobilität auswirken? Welche Rückschlüsse ergeben sich daraus für Hochqualifizierte in ihrem Ausbildungs- und Karriereverhalten?

In der Schlußbetrachtung werden die in der Arbeit entwickelten Argumentationsstränge und die gewonnenen Erkenntnisse noch einmal zusammenfassend dargestellt. Es ergeben sich einige anknüpfende Forschungsfragen, welche die engen und vielfältigen Querverbindungen im Spannungsfeld von Bildungsgeographie, Politischer Geographie und Neuer Kulturgeographie verdeutlichen.

Im Quellenverzeichnis sind das verwendete Archivmaterial und die zahlreichen statistischen Quellen dokumentiert. Weiterhin sind die in der Arbeit zitierten Interviewpassagen, Schul- und Universitätsbesuche, Unterrichtshospitationen und andere als wichtig erachtete Kontakte und Gespräche aufgeführt. Der Anhang enthält zudem ergänzendes Informationsmaterial in Form von Tabellen, Karten und Abbildungen. Den Abschluß bilden sieben ausgewählte Interviewtranskripte, die mit Einwilligung der betreffenden Gesprächspartner in leicht gekürzter und zur besseren Lesbarkeit auch textlich geringfügig redigierter Form abgedruckt sind. Auf diese Weise vermag der Leser die Ergebnisse der vorliegenden Arbeit mit den individuellen Aussagen und Erfahrungen der Interviewpartner zu kontrastieren und sich den in der Arbeit behandelten Fragestellungen auf einer persönlichen Ebene anzunähern.

2 Breitere Forschungszusammenhänge der Untersuchung

Die Erforschung von Bildungswesen und Bildungsverhalten wird von zahlreichen wissenschaftlichen Disziplinen betrieben, die jeweils unterschiedliche Aspekte in den Vordergrund ihrer Betrachtungen stellen. Inzwischen liegt eine kaum noch überschaubare Anzahl von Forschungsarbeiten vor, welche die vielfältigen Disparitäten in der US-amerikanischen Bildungslandschaft hinsichtlich der Organisationsstruktur des Bildungswesens, des Ausbildungsniveaus und Bildungsverhaltens der Bevölkerung sowie zahlreicher weiterer Aspekte thematisieren. Bei der überwiegenden Zahl der vorwiegend ethnologischen, soziologischen, pädagogischen oder psychologischen Untersuchungen handelt es sich entweder um Fallstudien oder um aggregierte Analysen auf Nationalebene. Die meisten dieser Arbeiten befassen sich mit didaktisch-pädagogischen, gesellschaftlichen, ethnisch-kulturellen, politischen oder wirtschaftlichen Fragestellungen, während räumliche Aspekte in der Regel vernachlässigt oder nur sehr undifferenziert behandelt werden.

Dies hängt unter anderem damit zusammen, daß in den Vereinigten Staaten bislang nur sehr wenige Geographen im Bereich der Bildungsforschung tätig waren und sich dort keine bildungsgeographische Teildisziplin herausbilden konnte, wie es etwa im deutschsprachigen Raum der Fall ist. Für die vorliegende Arbeit sind vor allem diejenigen Untersuchungen relevant, die auf der Makroebene arbeiten und das Bildungsverhalten theoretisch oder empirisch in breitere sozioökonomische oder politische Zusammenhänge einordnen. Weniger interessant sind Fallstudien, die sich ausgehend vom Individuum mit psychologischen oder didaktischen Aspekten befassen.

Im folgenden sollen die Geographie des Bildungs- und Qualifikationswesens als Teildisziplin vorgestellt und einschlägige bildungsbezogene Forschungszusammenhänge skizziert werden, innerhalb derer sich die vorliegende Arbeit zum Bildungsverhalten der hispanischen Bevölkerung im US-amerikanischen Bundesstaat New Mexico situiert.

2.1 Geographie des Bildungs- und Qualifikationswesens

Nachdem sich die Geographie auf internationaler Ebene als eigenständige Hochschuldisziplin hatte etablieren können, kam es in der ersten Hälfte des zwanzigsten Jahrhunderts – abgesehen von einzelnen deskriptiven landeskundlichen Abhandlungen eher kompilatorischen Charakters – zunächst nur zu sehr wenigen Arbeiten, die sich etwas eingehender mit dem Bildungswesen, der Bildungsinfrastruktur, dem Ausbildungsniveau oder dem Bildungsverhalten der Bevölkerung beschäftigten (MEUSBURGER 1998, 197–201). In Anlehnung an die *Münchner Schule* der Sozialgeographie wurde in der deutschsprachigen Geographie der 1960er Jahre vor allem auf Betreiben von Robert GEIPEL (1968; 1969) der Forschungszweig einer Bildungsgeographie begründet. Diese neue humangeographische Teildisziplin sah ihre wichtigsten Aufgaben in einer raumbezogenen Analyse von Bildungsinfrastruktur und Bildungsverhalten der Bevölkerung. In der Forschungspraxis versuchte man zunehmend, einen Anwendungsbezug zu den Aufgaben und Problemen der regionalen Bildungsplanung herzustellen (GEIPEL 1976; 1995; MEUSBURGER 1979; 1991; 1995; WAGNER 1993).

Im Zuge der Bildungsexpansion und des Hochschulausbaus gewann dieser Forschungszweig innerhalb der Geographie wie auch in den benachbarten Sozialwissenschaften seit Mitte der 1960er Jahre stark an Bedeutung. Im Dezember 1967 konstituierte sich ein interdisziplinärer „Arbeitskreis Regionale Bildungsforschung", der in der Akademie für Raumforschung und Landesplanung in Hannover organisiert war. Ein eigener „Arbeitskreis Bildungsgeographie" wurde 1983 im Verband der Geographen an Deutschen Hochschulen gegründet (WENZEL / MAYR 1994). Die seitdem entstandenen Forschungsarbeiten, deren Dokumentation unter anderem in der Literaturdatenbank Regionale Bildungsforschung am Geographischen Institut der Universität Heidelberg erfolgt (HOYLER / FREYTAG / BAUMHOFF 1997), untersuchen vielfältige bildungsbezogene Fragestellungen in räumlichem Kontext. Für unterschiedliche Räume und Regionen wurden beispielsweise Ausbildungsniveau und Bildungsverhalten der Bevölkerung, schulische und universitäre Bildungsinfrastruktur, Hochschulstandorte und deren Einzugsbereiche sowie Aspekte der Studienortwahl, regionalwirtschaftliche Auswirkungen von Hochschulneugründungen, die Feminisierung des Lehrerberufs, Auswirkungen von Forschung und Entwicklung sowie Karriereverläufe und räumliche Mobilität von Hochqualifizierten untersucht. Thematisch sind diese Fragestellungen eng mit den jeweils gegebenen wirtschaftlichen und gesellschaftlichen Rahmenbedingungen verknüpft. Untersucht wurden etwa Strukturen des Arbeitsmarktes, Aspekte von Regionalentwicklung und Wettbewerbsfähigkeit, bestehende siedlungshierarchische Unterschiede in wirtschaftlicher und anderer Hinsicht sowie sozioökonomische Disparitäten der Bevölkerung. Eine aktuelle Auswahl der vielfältigen bildungsgeographischen Themenfelder findet sich im unlängst erschienenen Band „Bildung und Kultur" des Nationalatlas Bundesrepublik Deutschland (INSTITUT FÜR LÄNDERKUNDE 2002).

Anders als in den praktisch orientierten und überwiegend deskriptiv vorgehenden Arbeiten der Bildungsgeographie betreibt MEUSBURGER (1991; 1998; 2001a) seit Anfang der 1990er Jahre das Projekt der Integration verschiedener sozialwissenschaftlicher Konzepte als theoretischer Bausteine bildungsgeographischer Forschung. Besonderes Interesse bringt er dabei dem polyvalenten Verhältnis zwischen Wissen und Macht beziehungsweise Zentralität entgegen, das sowohl aus organisationstheoretischer wie auch aus konflikt- oder symboltheoretischer Perspektive erklärt werden kann. Meusburger erachtet Bildung und Wissen als ein maßgebliches Strukturprinzip, das sowohl räumlich als auch gesellschaftlich wirkt und in einem komplexen Gefüge vielfältiger Disparitäten seinen Ausdruck findet. Dieser breite Ansatz einer Geographie des Bildungs- und Qualifikationswesens vermag verschiedene theoretische Ansätze zu integrieren und wertvolle Impulse zur Behandlung einiger zentraler Fragen der Sozial- und Wirtschaftsgeographie zu liefern. Mit der jeweiligen Situation des Bildungswesens hängen vorherrschende gesellschaftliche und räumliche Strukturmuster zusammen. Aufgrund ihrer gegenseitigen Bedingtheit vermag einerseits das Bildungswesen die gesellschaftliche Struktur zu erklären, umgekehrt kann aber auch von der gesellschaftlichen Situation auf die Struktur des Bildungswesens geschlossen werden. Besonders signifikant erscheinen dabei Aspekte des unterschiedlichen Zugangs, des gegenseitigen Austauschs sowie der Kontrolle und Generierung von Wissen und Information. Von grundlegender Bedeutung für die vorliegende Untersuchung sind zudem die im folgenden skizzierten Forschungszusammenhänge von Entwicklung, sozialer Reproduktion und Ethnizität im Hinblick auf bildungsbezogene Fragestellungen.

2.2 Bildungsverhalten

Als vier grundlegende Einflußfaktoren für das Bildungsverhalten lassen sich mit MEUSBURGER (1998) unter anderem der familiäre Hintergrund des Bildungsteilnehmers, dessen individuelle Fähigkeiten und Motivation, die Erreichbarkeit und Qualität der vorhandenen Bildungsinfrastruktur sowie die jeweils geltenden allgemeinen gesellschaftlichen Rahmenbedingungen benennen.

Der familiäre Hintergrund prägt in entscheidendem Maße die Einstellungen und Erwartungen eines Bildungsteilnehmers gegenüber dem Bildungswesen. Der gemeinhin als Aspirationsniveau bezeichnete angestrebte Bildungsabschluß orientiert sich in der Regel am elterlichen Ausbildungsniveau und an der sozioökonomischen Situation des Elternhauses. Weiterhin wird ein familiärer Einfluß wirksam, wenn ein Schüler oder Student während seiner Ausbildung seitens der Eltern entweder Unterstützung erfährt oder in seinem Bildungsgang bestärkt wird. Umgekehrt können sich aber geäußerte Zweifel und eine anders ausgerichtete Erwartungshaltung der Familienmitglieder auch als Hemmnis für den Bildungsteilnehmer erweisen. So besteht in bildungsfernen Schichten häufig die Erwartung, daß ein Heranwachsender möglichst bald einen bezahlten Beruf ergreifen sollte, und der Nutzen einer höheren Ausbildung wird grundsätzlich in Frage gestellt. Demgegenüber gilt der Erwerb höherer Bildungsabschlüsse in anderen gesellschaftlichen Kreisen als selbstverständlich. Die Erziehung ist dementsprechend stark darauf ausgerichtet, daß die Kinder dem Beispiel der Eltern folgend ein Universitätsstudium absolvieren und dabei auf die volle Unterstützung des Elternhauses zählen können.

Neben dem familiären Hintergrund wirken selbstverständlich auch die persönliche Begabung und ein individueller Aufstiegs- und Karrierewille auf das Bildungsverhalten. Die Begeisterung für ein Studienfach oder das entschlossene Streben nach sozialer Mobilität, die mit Hilfe eines höheren Bildungsabschlusses realisiert werden soll, erzeugen beim Bildungsteilnehmer ein großes Motivationspotential, das die Lehrenden durch Anerkennung und Förderung zur Entfaltung bringen können. Anreize und Motivation für das Bildungs- und Lernverhalten sind je nach familiärem Umfeld unterschiedlich stark ausgeprägt und werden vom Bildungsteilnehmer in individuell unterschiedlicher Art und Weise aufgenommen und verarbeitet. Dies erklärt, weshalb durch das familiäre Umfeld zwar zunächst unterschiedliche Ausgangsvoraussetzungen bestehen, der Bildungsweg eines Heranwachsenden dann aber keineswegs als determiniert gelten darf. So gibt es auch Fälle, in denen die Ausbildung oder die spätere Berufssparte mehr oder weniger gegen den Elternwillen angestrebt und erreicht werden.

Weiterhin unterliegt das Bildungsverhalten infrastrukturellen Faktoren, wie etwa der Lage und Erreichbarkeit einer Schule oder Universität. Gegebenenfalls werden auch leistungsbezogene oder finanzielle Zulassungsbedingungen für den Besuch einer Bildungseinrichtung wirksam. Die Mobilitätsbereitschaft eines Bildungsteilnehmers, das heißt der zeitliche und monetäre Aufwand, den dieser zum Besuch einer Schule oder Universität in Kauf zu nehmen bereit ist, richtet sich unter anderem nach dem Grad seiner Motivation. Im Falle eines Wohnortwechsels kann zudem die Gebundenheit an Familie und Heimatort wirksam werden. Das familiäre Umfeld vermag die Bildungsentscheidung in fördernder oder hemmender Weise zu beeinflussen. Insbesondere für Studierende aus bildungsfernem Milieu ist häufig zu beobachten, daß ein Verlassen der gewohnten Umgebung und das damit verbundene Auflockern bestehender sozialer Bindungen eine Verbesserung der Studienleistungen nach sich zieht. Beim Besuch einer Schule oder Hochschule richtet sich der Bildungserfolg letztlich in nicht unerheblichem Maße nach der Qualität des Unterrichts, der Qualifikation des Lehrpersonals, der Klassenstärke und der finanziellen und technischen Ausstattung der Bildungseinrichtung.

Ebenfalls hohe Bedeutung für das Bildungsverhalten besitzt das vorherrschende politische, ökonomische und kulturelle Umfeld. Diese Rahmenbedingungen beeinflussen die Einstellung des Bildungsteilnehmers gegenüber dem Bildungswesen und eröffnen ihm bei erfolgreichem Absolvieren von Schule oder Hochschule unter Umständen besonders attraktive berufliche Möglichkeiten. An diesem Punkt wird deutlich, daß Bildung *per se* keinen universellen Wert darstellt. Sie ist stets kontextuell definiert und damit ein normativer Begriff. Der Erwerb von Wissen und Bildung ist an spezifische Wertvorstellungen geknüpft, die beispielsweise einem klassischen Bildungsideal folgen oder aber an einem unmittelbaren materiellen Nutzen orientiert sein können. Letzteres tritt ein, wenn der Erwerb eines Bildungszertifikats als Grundlage für attraktive Einstellungsmöglichkeiten, sozialen Aufstieg oder für die Verwirklichung ähnlicher Ziele genutzt werden soll. Innerhalb einer Gesellschaft wird Wissen und genauer auch unterschiedlichen Arten von Wissen jeweils ein bestimmter Wert von unterschiedlichem Rang beigemessen. Dies gilt für Wissen, das durch Bildungseinrichtungen vermittelt wird, ebenso wie für Wissen oder Fertigkeiten, die auf anderem Wege erworben oder weitergegeben werden.

2.3 Bildung und Entwicklung

Bis in die Gegenwart ist die antike – und in der Neuzeit seit der philosophischen Aufklärung besonders virulente – Vorstellung weit verbreitet, daß schulische Bildung ein probates Mittel sei, um einer Gesellschaft zu Wohlstand und Fortschritt zu verhelfen. Mit diesem Argument wurden in den modernen Staaten der westlichen Welt bereits im ausgehenden achtzehnten und neunzehnten Jahrhundert Gründung und Ausbau schulischer Einrichtungen entschlossen vorangetrieben, um die Masse der Bevölkerung zu alphabetisieren und das nationale Ausbildungsniveau anzuheben. Neben der meist über die Einführung einer allgemeinen Schulpflicht erreichten Vermittlung von Lese- und Schreibkenntnissen wurden Mathematik, künstlerische Fertigkeiten und zunehmend auch die Inhalte anderer Fächer gelehrt. Die Standardisierung eines zu vermittelnden Grundwissens und dessen schriftliche Fixierung in den Curricula bewirkte die Herausbildung eines Bildungskanons bürgerlicher Prägung und diente zugleich der Vermittlung nationaler Werte und Identität.

Die vor allem in England, Frankreich und Deutschland wirkenden und meist in Gesellschaften oder Vereinen assoziierten sogenannten Moralstatistiker suchten mit ihren sozialreformerischen Vorstellungen den im Zeitalter einer frühen Industrialisierung für weite Teile der Bevölkerung katastrophalen Lebensbedingungen zu begegnen. Während diese auch als Pauperismus bezeichneten sozialen Mißstände aus einer heutigen Sicht vor allem mit dem starken natürlichen Bevölkerungswachstum im Zuge des demographischen Übergangs und mit der rasch fortschreitenden Urbanisierung der Bevölkerung in Verbindung gebracht werden können, folgten die Moralstatistiker der Vorstellung, daß die Mißstände auf Unwissen und mangelhafter moralischer Erziehung basierten. Im neunzehnten Jahrhundert wurden Daten zur Bildungsinfrastruktur sowie zum Ausbildungsniveau und den sozioökonomischen Verhältnissen der Bevölkerung systematisch erhoben und in Moral- und Kriminalitätsstatistiken zusammenfassend dokumentiert. Gemeinsam mit den Ergebnissen der nationalen Volkszählungen gingen diese Daten in verschiedene zeitgenössische empirische Untersuchungen ein, die überwiegend dem Ansatz der Moralstatistiker verpflichtet waren und eine Verbesserung der allgemeinen Lebensbedingungen zum Ziel hatten.

Als wegweisend gelten nach Meusburgers Einschätzung die Arbeiten von Dupin und Booth. Der Franzose Dupin stellte im Jahre 1827 Entwicklungsunterschiede zwischen Nord- und Südfrankreich unter Verwendung des Indikators der Schulbesuchsquote auf Ebene der *Départements* kartographisch dar und argumentierte in seinen Ausführungen mit dem volkswirtschaftlichen Nutzen einer gebildeten Bevölkerung. Charles Booth zeichnete im Zuge des *Social Survey Movement* mit einer kleinräumigen Kartierung sozioökonomischer Disparitäten ein differenziertes Bild der Bevölkerung von London im ausgehenden 19. Jahrhundert (MEUSBURGER 1998, 191–196). In Anlehnung an Dupin und Booth entstanden zahlreiche weitere bildungsbezogene Arbeiten, die in ihrer Analyse auf das schnell anwachsende Datenmaterial aus Volkszählungen und anderen statistischen Erhebungen in unterschiedlichen Ländern rekurrieren konnten.

Später erfuhr die raumbezogene Bildungsforschung entscheidende Impulse durch den während der 1960er und 1970er Jahre in einem ursprünglich wirtschaftswissenschaftlichen Kontext konzipierten Humankapitalansatz. Dieser steht ebenso wie die Arbeiten der Moralstatistiker in der philosophischen Tradition der Aufklärung, ist jedoch nicht primär durch ein zivilisatorisch-kulturelles Sendungsbewußtsein seiner Vertreter motiviert. Der Humankapitalansatz basiert auf der modernisierungstheoretischen Vorstellung, daß sich Wirtschaft und Gesellschaft in einem kontinuierlichen Entwicklungsprozeß befinden, der sich auf Grundlage eines zunehmenden Wissens und einer zunehmenden Qualifikation der Bevölkerung vollzieht. Der Ansatz geht davon aus, daß sich mit Hilfe bildungs- und wissensbasierter Investitionen wirtschaftliche und gesellschaftliche Modernisierung und Entwicklung induzieren lassen. Weiterhin folgt der Humankapitalansatz dem Grundgedanken, daß es sich bei Bildung und Wissen um ökonomische Ressourcen handelt, die dem Markt oder einer Volkswirtschaft in Form von Arbeitskräften zur Verfügung stehen. Aus diesem Blickwinkel lassen sich beispielsweise staatliche oder private Investitionen in Bildung und Ausbildung, Migrationsbewegungen von Hochqualifizierten oder Standortentscheidungen von Unternehmen in ihrer ökonomischen Dimension interpretieren. Eine Steigerung des Qualifikationsniveaus der Erwerbstätigen ist in diesem Sinne gleichzusetzen mit einer Vermehrung des Humankapitals. Vor diesem Hintergrund ist es für einen Staat volkswirtschaftlich sinnvoll und für ein Unternehmen gewinnbringend, in die Qualifizierung der Bevölkerung beziehungsweise die Weiterbildung der Beschäftigten zu investieren.

Rückblickend läßt sich bereits für die Phase der Modernisierung und Industrialisierung der westlichen Welt im neunzehnten Jahrhundert eine Verbindung zwischen Bildung oder Alphabetisierung, technischem Fortschritt und Industrieentwicklung herstellen. Bildung im Sinne von Wissensvorsprung und Innovationsgeist sowie von technischem Know-how und beruflicher Qualifikation zählen bis heute zu den Voraussetzungen wirtschaftlicher Entwicklung. Aus dieser empirischen Beobachtung wurden wiederholt allgemeingültige Stufen eines Entwicklungsprozesses abgeleitet. Besondere Beachtung hat das Modell eines stadiengeleiteten *Take-offs* von ROSTOW (1960) gefunden. Während der Zusammenhang von Ausbildungsniveau und wirtschaftlicher Entwicklung auf einer großräumigen Betrachtungsebene über einen längeren Zeitraum von mehreren Jahrzehnten für zahlreiche europäische Staaten als nachgewiesen erachtet werden kann, kommen kleinräumige

2.3 Bildung und Entwicklung

Fallstudien bisweilen zu dem Ergebnis, daß sich der angenommene Zusammenhang im Einzelfall nicht ohne weiteres belegen läßt (z. B. GRAFF 1981; 1987b). Entsprechend konstatiert auch HOYLER (1995; 1998) für die englische Grafschaft Leicestershire, daß die Frühphase der Industrialisierung zumindest zeitweise mit einem abnehmenden Ausbildungsniveau der Bevölkerung einherging und daß Industriestandorte nicht bevorzugt in Gebieten entstanden, deren Bevölkerung einen vergleichsweise hohen Alphabetisierungsgrad aufwies. Dies mag als Hinweis darauf gewertet werden, daß Alphabetisierung und Industrialisierung gleichermaßen als Phänomene des gesellschaftlichen und wirtschaftlichen Wandels im Zeitalter der Modernisierung gelten können, deren gegenseitiges Verhältnis manchmal widersprüchlich und in jedem Fall wesentlich komplexer strukturiert ist, als es das Modell einer einfachen Kausalbeziehung wiederzugeben vermag. Mit dieser Feststellung wird die Existenz des auf der Makroebene beobachteten Zusammenhangs zwischen Ausbildungsniveau und wirtschaftlicher Entwicklung jedoch keineswegs in Frage gestellt, sondern es zeigt sich, daß die vorhandenen übergeordneten großen Trends in einem lokalen oder regionalen Kontext einem Kräftefeld von sehr unterschiedlichen und in ihrer Wirkung oft gegenläufigen Einflußfaktoren und Rahmenbedingungen ausgesetzt sind. Der Verlauf von Entwicklungen ist in einem kleinräumigen Untersuchungsgebiet oft sprunghaft und stark abhängig von der Initiative einzelner Akteure, bei denen es sich – wie das Beispiel New Mexico verdeutlichen wird – durchaus um räumlich mobile Personen handeln kann, die als Träger innovativer Ideen fungieren und das zu deren Verwirklichung erforderliche ökonomische Kapital bereitstellen.

Es sollte an dieser Stelle keineswegs der Eindruck entstehen, Entwicklung sei quasi automatisch durch Anheben des Ausbildungsniveaus zu erreichen. Zum Verständnis von Entwicklungsprozessen gilt es vielmehr, den jeweiligen zeitlichen und räumlichen Kontext möglichst genau zu erfassen (MEUSBURGER 1998). Modernisierung und Entwicklung sind also keine rein wirtschaftlich gesteuerten Prozesse, sondern gehen aus dem komplexen Zusammenspiel vielfältiger wirtschaftlicher, politischer, sozialer und sicherlich auch kultureller Rahmenbedingungen in Raum und Zeit hervor. Hinzu kommt die entscheidende Initiative einzelner Akteure. Im Bereich des Arbeitsmarktes werden die wechselseitigen Verbindungen zwischen Bildung, Wirtschaft und Gesellschaft besonders deutlich. Als ein Beispiel mag die zunehmende Professionalisierung und Qualifizierung der Erwerbstätigen in den Industriestaaten während der zweiten Hälfte des zwanzigsten Jahrhunderts angeführt werden. Noch bedeutender werden diese Verbindungen in der nach dem gleichnamigen früheren russischen Wirtschaftsminister als fünfter Kondratieff-Zyklus bezeichneten Phase der Expansion des quartären Wirtschaftssektors wissensbasierter oder wissensintensiver Dienstleistungen auf der Grundlage moderner Informations- und Kommunikationstechnologie seit dem ausgehenden zwanzigsten Jahrhundert. Die weitreichende Dynamik dieses grundlegenden und umfassenden Strukturwandels kommt in den Begriffen Wissensrevolution und Wissensgesellschaft zum Ausdruck (z. B. STEHR / MEJA 1981; STEHR 1994).

Aus diesem Blickwinkel erscheint die moderne Gesellschaft als Leistungsgesellschaft. In einem leistungsbezogenen Wettbewerb konkurrieren die Erwerbstätigen um die attraktivsten Arbeitsplätze, während Unternehmen und Betriebe darauf zielen, möglichst qualifizierte und leistungsfähige Arbeitskräfte einzustellen. Grundannahme dieses Gesellschaftsmodells ist, daß dem Individuum bei absoluter Chancengleichheit und Vorherrschen eines strengen Leistungsprinzips alle Möglichkeiten offenstehen, sich entsprechend seinen geistigen und körperlichen Fähigkeiten einen Platz innerhalb der Gesellschaft zu erarbeiten. In diesem Sinne ist ein gehobenes Ausbildungsniveau die Grundlage für einen gesellschaftlich anerkannten und gutbezahlten Arbeitsplatz.

Diese am Leistungsprinzip orientierte Grundhaltung wurde auch vom US-amerikanischen Präsidenten Bill Clinton vertreten. Er formulierte Anfang des Jahres 2000 – dem utopisch anmutenden Ideal einer Chancengleichheit verpflichtet – das Ziel einer umfassenden Bildungsreform, die jedem Kind die Chance einer guten schulischen Ausbildung eröffnen sollte. Bildung sei für die kommenden Generationen der Schlüssel zur Zukunft, denn die Möglichkeiten zu gesellschaftlichem Aufstieg seien eng an Ausbildungsniveau und Leistungsbereitschaft geknüpft. Zur Verwirklichung einer sozialen Chancengleichheit gelte es deshalb sicherzustellen, daß alle Kinder gleichermaßen in den Besitz des Schlüssels schulischer Bildung kommen.

> First and foremost, we need a 21st century revolution in education, guided by our faith that every single child can learn. Because education is more than ever the key to our children's future, we must make sure all our children have that key (CLINTON 2000).

Diese Aussage Clintons sollte selbstverständlich weniger als politisches Programm aufgefaßt werden, denn als Signal an die Wählerschaft und als politisches Bekenntnis zur Tradition der Bürgerrechtsbewegung. Aus sozialwissenschaftlicher Perspektive erscheint das formulierte Ziel vollkommen unrealistisch, da das Bildungswesen durch die Zertifizierung unterschiedlicher Ausbildungsniveaus innerhalb der Gesellschaft eine in ihrer Bedeutung kaum zu unterschätzende Strukturierungsfunktion innehat.

2.4 Ausbildungsniveau und soziale Reproduktion

Schulen und Universitäten qualifizieren ihre Absolventen nicht nur für deren späteren Beruf und den Wettbewerb auf dem Arbeitsmarkt, sondern sie verleihen mit den Bildungsabschlüssen auch Zertifikate, die als Gütesiegel oder Qualitätsnachweis dienen können. Unterschiede bezüglich der gestaffelten Bildungsabschlüsse, des Prestiges der verschiedenen Bildungseinrichtungen und der in Noten gemessenen Leistungen der Schüler und Studierenden bestimmen gerade in den USA in maßgeblicher Weise die beruflichen Chancen und damit auch die künftige gesellschaftliche Positionierung der Bildungsteilnehmer. Deshalb verwundert es nicht, daß das

2.4 Ausbildungsniveau und soziale Reproduktion

Ausbildungsniveau der Bevölkerung innerhalb der empirischen Sozialforschung als einer der zuverlässigsten Indikatoren für soziale und sozioökonomische Disparitäten gilt (MEUSBURGER 1998). Dies bedeutet aber zugleich, daß durch das Bildungswesen eine erhebliche soziale Strukturierung vorgenommen wird, die einer gesellschaftlichen Stratifizierung gleichkommt. Neben ihrer Qualifizierungsfunktion tragen Bildungseinrichtungen durch die Verleihung von Abschlüssen also auch zur Herausbildung von Bildungsschichten bei und lassen das Ausbildungsniveau zu einem gesellschaftlichen Distinktionsmerkmal werden.

Entgegen der Vorstellung, daß sich über das Bildungswesen und den Arbeitsmarkt eine leistungsbezogene Strukturierung der Gesellschaft verwirklichen lasse, wurde spätestens seit Anfang der 1960er Jahre in einer Vielzahl empirischer Arbeiten nachgewiesen, daß Aufstiegsmöglichkeiten in dieser idealisierten Weise nicht tatsächlich existieren. Vielmehr ist mit BOURDIEU und PASSERON (1970) eine ausgesprochen starke Persistenz hinsichtlich des Ausbildungsniveaus zu beobachten. Primär richten sich die Bildungschancen eines Heranwachsenden nach dem elterlichen Ausbildungsniveau und der damit einhergehenden beruflichen und gesellschaftlichen Position. Die Durchlässigkeit zwischen den verschiedenen Bildungsschichten ist auch über mehrere Generationen hinweg nur äußerst gering, so daß man im Bereich des Bildungswesens von einem starken Trend zur sozialen Reproduktion sprechen kann.

Die wichtigsten Ursachen für diese Persistenz sehen BOURDIEU und PASSERON (1970; 1985) im reglementierten Zugang zu Bildungseinrichtungen, in den elterlichen Bildungsabschlüssen und dem im familiären Umfeld geprägten Aspirationsniveau sowie schließlich in den unterschiedlichen materiellen Voraussetzungen zur Bildungsbeteiligung. In seiner theoretischen Erklärung der sozialen Reproduktion benennt Bourdieu als Steuerungselemente drei Formen von Kapital, die in enger Beziehung zueinander stehen: ökonomisches, soziales und kulturelles Kapital. Basierend auf der Grundannahme, daß Individuen danach trachten, ihr Kapital zu halten oder nach Möglichkeit zu vermehren und später an die eigenen Kinder weiterzugeben, skizziert Bourdieu die Möglichkeiten zur Konvertierung und Vererbung dieser drei Kapitalformen. Demzufolge vermögen Eltern je nach Umfang ihres ökonomischen Kapitals in Form von Geld und Besitz und je nach Reichweite ihres sozialen Kapitals in Form von sozialen Kontakten und Beziehungen in die Bildung ihrer Kinder oder in ihre eigene Weiterbildung zu investieren. Bildungszertifikate gelten ebenso wie Allgemeinbildung, kulturelles Wissen und Umgangsformen als kulturelles Kapital, das in entsprechenden Einrichtungen erworben und vermehrt werden kann. Auf der Grundlage kulturellen Kapitals – und hier schließt sich der Kreis der sozialen Reproduktion – lassen sich im Erwerbsleben wie in anderen Lebensbereichen sowohl ökonomisches als auch soziales Kapital erwirtschaften. Aus dieser Perspektive erscheinen Bildungseinrichtungen als Steuerungselemente innerhalb eines mehrschichtigen Prozesses einer sozialen Reproduktion. Daher dient für Bourdieu und Passeron der Bildungserwerb primär dem Erhalt – und im Lichte eines vermeintlich leistungsorientierten Prinzips letztlich auch der

Legitimation – der bestehenden gesellschaftlichen Strukturen und Machtverhältnisse.

Die theoretische Konzeptualisierung von Bildungserwerb als Mechanismus der sozialen Reproduktion besitzt zwar erhebliches Erklärungspotential für vorhandene bildungsbezogene und sozioökonomische Disparitäten sowie für deren strukturelle Persistenz. Wandel und soziale Bildungsmobilität jedoch vermag ein strukturell argumentierender Ansatz nicht zu erklären, da er die individuelle Motivation und Begabung der Bildungsteilnehmer vernachlässigt. Dies ist ein grundsätzliches Problem von theoretischen Ansätzen, die entweder auf rein struktureller Ebene oder rein handlungsorientiert argumentieren.

Die vermeintliche Unvereinbarkeit von Struktur und Handlung löst Anthony Giddens in seiner *Theory of Structuration* auf, indem er das dialektische Verhältnis zwischen diesen beiden Betrachtungsebenen aufzeigt und deren Zusammentreffen in der strukturierenden Wirkung der menschlichen Handlung konzeptualisiert (GIDDENS 1984; 1991). Im Sinne der Strukturationstheorie vollzieht sich jede Handlung zwar eingebettet in vorhandene Strukturen, besitzt zugleich aber das Potential, ihrerseits prägend auf diese Strukturen einzuwirken. Anders als etwa Benno Werlen, der die gegenseitige Bedingtheit von Struktur und Individuum zwar zunächst im Sinne der Strukturationstheorie anerkennt, dann aber aus dem Blickwinkel eines methodologischen Individualismus argumentiert, daß jede Struktur letztlich auf eine vorausgegangene Handlung zurückgeführt werden könne und deshalb die Handlungstheorie konsequenterweise Basis der Sozialwissenschaften sein oder werden müsse (WERLEN 1995; 1997), mißt Bourdieu den Strukturen stärkere Bedeutung für die Handlung des Individuums bei. Der französische Soziologe beschreibt seinen Ansatz als genetischen oder konstruktivistischen Strukturalismus, das heißt er geht von dem Vorhandensein objektiver Strukturen mit eigener Wirkungskraft aus, die anders als die Zeichen und Symbole einer rein strukturalistischen Perspektive auch eine ausgeprägte materielle Dimension besitzen und unmittelbares Produkt gesellschaftlicher Praxis sind.

In seiner *Théorie de la Pratique* führt Bourdieu als vermittelnde Instanz zwischen Individuum und Gesellschaft den Begriff des *Habitus* ein. Der *Habitus* bezeichnet in diesem Sinne die objektivierte Gesamtheit kultureller Dispositionen und Praktiken (z. B. bezüglich Konsum, Sprache und Bildung) einer gesellschaftlichen Schicht. Vor diesem Hintergrund lassen sich spezifische Einstellungen und Handlungen im Kontext von Familie, Schule und Kulturindustrie als Ausdruck der Zugehörigkeit zu einer bestimmten gesellschaftlichen Schicht interpretieren (BOURDIEU 1972; 1979; 1980). Unterschiede hinsichtlich dieser Einstellungen und daraus resultierender Handlungen verweisen auf die Zugehörigkeit zu unterschiedlichen gesellschaftlichen Schichten und identifizieren den *Habitus* als soziales Distinktionsmerkmal und als Mechanismus einer sozialen Verortung.

2.4 Ausbildungsniveau und soziale Reproduktion

> Les conditionnements associés à une classe particulière de conditions d'existence produisent des habitus, systèmes de dispositions durables et transposables, structures structurées disposées à fonctionner comme structures structurantes, c'est-à-dire en tant que principes générateurs et organisateurs de pratiques et de représentations qui peuvent être objectivement adaptées à leur but sans supposer la visée consciente de fins et la maîtrise expresse des opérations nécessaires pour les atteindre, objectivement "réglées" et "régulières" sans être en rien le produit de l'obéissance à des règles, et, étant tout cela, collectivement orchestrées sans être le produit de l'action organisatrice d'un chef d'orchestre (BOURDIEU 1980, 88–89).

Durch das Festhalten am marxistischen Konzept der gesellschaftlichen „Klassen" bietet Bourdieu seinen Kritikern einige Angriffsfläche (z. B. HARKER 2000). Ob etwa das Konzept der gesellschaftlichen Lebensstile tatsächlich einen geeigneten Gegenentwurf darstellt, um einem postmodernen Trend zur Pluralität von Lebensformen und dem Aufbrechen traditioneller Grenzen zwischen gesellschaftlichen Klassen oder Schichten Rechnung zu tragen, wird durchaus kontrovers diskutiert und von HARTMANN (1995) sogar grundsätzlich in Frage gestellt. Weiterhin setzt sich Bourdieu dem Vorwurf aus, daß er die sozioökonomischen Verhältnisse der Bildungsteilnehmer als Einflußfaktor des Bildungsverhaltens überbetont und Aspekte der ethnisch-kulturellen Herkunft wie auch der konfessionellen Zugehörigkeit der Bildungsteilnehmer vernachlässigt.

Für den Kontext der vorliegenden Arbeit liegt die Bedeutung von Bourdieu deshalb nicht so sehr im bloßen Befund einer starken sozialen beziehungsweise sozioökonomischen Reproduktion im Bildungswesen, sondern in der Erklärung derselben durch Einführung des Habituskonzepts. Bildungsverhalten und Ausbildungsniveau werden aus diesem Blickwinkel zur Praxis einer gesellschaftlichen Positionierung beziehungsweise Reproduktion und zugleich auf einer strukturellen Ebene zum Ausdruck gesellschaftlicher Stratifizierung. Handlungen und Struktur verbinden sich in der aktiven Bildungsteilnahme, mit der sich das Individuum innerhalb der vorhandenen Strukturen verortet. Letztere sind in ihrer Reichweite nicht auf das Bildungswesen beschränkt, sondern umfassen ein breites sozioökonomisches Spektrum.

Im Verlauf der vorliegenden Arbeit soll am Beispiel der Bildungssituation in New Mexico geprüft werden, inwieweit sich das Habituskonzept auch auf den ethnisch-kulturellen Hintergrund der Bildungsteilnehmer anwenden läßt und ob die bei Bourdieu gegenüber den sozioökonomischen Verhältnissen stark vernachlässigte kulturelle Identität der Bildungsteilnehmer in analoger Weise als entscheidender Einflußfaktor auf das Bildungsverhalten konzeptualisiert werden kann.

2.5 Ethnizität und Bildungsverhalten

Ebenso wie die jeweiligen sozioökonomischen Verhältnisse vermag die mit dem Begriff der Ethnizität bezeichnete kulturelle und familiäre Herkunft der Bildungsteilnehmer deren Bildungsverhalten je nach situativem Kontext zu beeinflussen. Die Qualität dieses Faktors ist jedoch nicht ohne Schwierigkeiten zu bestimmen, da eine kulturell bedingte Einstellung gegenüber dem Bildungswesen keineswegs unveränderlich ist und mit unterschiedlichen Rahmenbedingungen sehr unterschiedliche Formen anzunehmen vermag. Mit der vorliegenden Untersuchung wird ein Versuch unternommen, Ethnizität als Ausdruck einer kulturellen Identität der Bildungsteilnehmer zu begreifen und in ihrer Bedeutung für das Bildungsverhalten im räumlichen Kontext des US-amerikanischen Bundesstaates New Mexico zu konzeptualisieren.

Tab. 1: Bevölkerungsanteile nach Ethnizität (1990)

| | Anteile der Bevölkerung | | | |
| | New Mexico | | USA | |
Ethnizität	Non-Hispanic	Hispanic	Non-Hispanic	Hispanic
White	50,5	25,3	75,8	4,6
Black	1,8	0,1	11,8	0,3
Native American	8,5	0,4	0,8	0,1
Asian	0,8	0,1	2,8	0,1
Other	0,1	12,2	0,2	3,8
Summe (von Rundungsfehlern bereinigt)	61,9	38,1	91,2	8,8

Quelle: U.S. CENSUS 1990. Eigene Berechnungen.

In den Vereinigten Staaten läßt sich die Bevölkerung differenziert nach Ethnizität neben der angloamerikanischen weißen Mehrheitsbevölkerung in vier große Bevölkerungsminderheiten unterscheiden: die hispanische, die schwarze, die indianische und die asiatische Bevölkerung. Nach Angaben der Volkszählung waren 1990 etwa zwölf Prozent der Bevölkerung Schwarze, drei Prozent Asiaten und ein Prozent Indianer. Weiterhin gaben knapp neun Prozent der Bevölkerung bei der Beantwortung einer separaten Frage des Erhebungsbogens an, hispanischer Herkunft oder Abstammung zu sein. Innerhalb dieser Kategorie der *Hispanics* stellen Personen mexikanischer Herkunft mit mehr als sechzig Prozent den größten Anteil.

2.5 Ethnizität und Bildungsverhalten

Im Bundesstaat New Mexico zeigen die ethnizitätsbezogenen Bevölkerungsanteile eine andere Verteilung. Während die schwarze und die asiatische Bevölkerung stark unterrepräsentiert sind, erreichen sowohl die indianische als auch die hispanische Bevölkerung mit achteinhalb beziehungsweise achtunddreißig Prozent höhere Werte als in jedem anderen US-amerikanischen Bundesstaat (vgl. Tabelle 11, S. 239). Aktuelle Erhebungen der Volkszählung aus dem Jahre 2000 zeigen ein rasches Ansteigen des Anteils der *Hispanics* in New Mexico mit zweiundvierzig Prozent und in den USA mit zwölfeinhalb Prozent (U.S. BUREAU OF THE CENSUS 2002; 2001). Von einer hispanischen Minderheit kann in New Mexico unter diesen Umständen nur gesprochen werden, wenn das zugrundeliegende Definitionskriterium einer Minderheit nicht primär quantitativ gefaßt wird, sondern auf generell vergleichsweise ungünstigen sozioökonomischen Lebensverhältnissen beruht.

Tab. 2: Hispanische Bevölkerung nach Herkunft (1990)

| | Bevölkerung | | | |
| | New Mexico | | USA | |
Ethnizität	absolut	*relativ*	absolut	*relativ*
Hispanic (differenziert nach Herkunft)				
Mexiko	329 233	*21,7*	13 393 208	*5,4*
Puerto Rico	2 632	*0,2*	2 651 815	*1,1*
Kuba	690		1 053 197	*0,4*
Dominikanische Republik	255		520 151	*0,2*
Guatemala	709		268 779	*0,1*
Honduras	69		131 066	*0,1*
Nicaragua	321		202 658	*0,1*
Panama	423		92 013	
El Salvador	466		565 081	*0,2*
übriges Mittelamerika	168		64 233	
Kolumbien	361		378 726	*0,2*
Ecuador	85		191 198	*0,1*
Peru	236		175 035	*0,1*
übriges Südamerika	675		290 643	*0,1*
sonstige (nicht spezifizierte) hispanische Herkunft	240 386	*15,9*	1 922 286	*0,8*
Summe Hispanic (von Rundungsfehlern bereinigt)	**576 709**	***38,1***	**21 900 089**	***8,8***
Non-Hispanic	938 360	*61,9*	226 809 784	*91,2*
Gesamtbevölkerung	1 515 069		248 709 873	

Quelle: U.S. CENSUS 1990. Eigene Berechnungen.

Das Kriterium der Ethnizität ist gebunden an eine Selbsteinschätzung der Probanden und basiert auf deren Zugehörigkeitsgefühl bezüglich Sprache, Kultur und Abstammung. Somit ist diese Kategorie nicht etwa primär biologisch definiert, sondern in starkem Maße sozial konstruiert. Ergänzend zu den genannten ethnizitätsbezogenen Hauptkategorien sieht die US-amerikanische Volkszählung eine Vielzahl spezifizierender Unterkategorien sowie mit der Rubrik „Sonstige" eine weitere Hauptkategorie vor.

Das Festlegen und Abgrenzen der Kategorien ist mit einigen Schwierigkeiten verbunden und – wie es die mit jeder Volkszählung wechselnden Definitionen und Kategorien verdeutlichen – keineswegs dauerhaft oder gar eindeutig. So galten die in den USA lebenden Mexikaner und die spanischsprachige Bevölkerung in den Volkszählungen bis 1930 als eine identische Gruppe, während 1940 die Weißen mit spanischer Muttersprache gesondert erfaßt wurden. In den Volkszählungen von 1950 und 1960 erfolgte in den Bundesstaaten Kalifornien, Arizona, New Mexico, Colorado und Texas eine Erhebung der weißen Bevölkerung mit spanischem Familiennamen. Neben dem Familiennamen wurde 1970 auch nach dem kulturellen Erbe (*Spanish Heritage*) gefragt. Seit 1980 wird die familiäre Herkunft (*Hispanic Origin*) erfaßt und differenziert nach Mexikanern, Puertoricanern, Kubanern, Mittel- und Südamerikanern und *Other Hispanics* dokumentiert. Auf individueller Ebene ist die Entscheidung für eine bestimmte vorgegebene Kategorie nicht selten problematisch. Denn eine wachsende Zahl von US-Amerikanern besitzt einen als bi- oder polykulturell zu bezeichnenden Hintergrund, so daß die kulturelle Zugehörigkeit hybrid beziehungsweise je nach Kontext variabel sein kann (MELVILLE 1988). Die Festlegung der Kategorien und ihrer Definitionskriterien ist von besonderer Brisanz und stets umstritten, da die Wahl der Kategorien erwiesenermaßen die Entscheidung der Probanden und damit letztlich auch das Ergebnis der vermeintlich objektiven Erhebung in einer Größenordnung zu beeinflussen vermag, die mehrere Prozentpunkte ausmacht. Die Volkszählungsergebnisse zur ethnischen Zusammensetzung der Bevölkerung besitzen eine immense politische Bedeutung, da der ermittelte Proporz als verbindliche Berechnungsgrundlage bei Entscheidungen über die Entsendung von Interessenvertretern in öffentliche Gremien sowie den Umfang finanzieller Zuschüsse und als Rahmen für zahlreiche weitere politische Entscheidungen dient.

In Zusammenhang mit dem Ziel, einer offenen oder verdeckten Diskriminierung im Bildungswesen und in anderen Lebensbereichen entgegenzuwirken, ist Ethnizität spätestens seit dem Aufkommen der Bürgerrechtsbewegung und den politischen Unruhen der 1960er Jahre ein bestimmendes Thema im öffentlichen Diskurs der USA. Bereits Mitte des zwanzigsten Jahrhunderts war mit *An American Dilemma* (MYRDAL u. a. 1944) eine Monographie erschienen, welche die Unterdrückung der schwarzen Bevölkerung in den Vereinigten Staaten kritisiert und dabei argumentiert, daß sich die US-amerikanische Gesellschaft im Widerspruch und moralischen Dilemma zwischen dem offenen Bekenntnis zu demokratischen Werten und der

2.5 Ethnizität und Bildungsverhalten

Praxis einer Diskriminierung und Unterdrückung der schwarzen Bevölkerung befindet.

Im Bereich des Bildungswesens zeigt sich, daß ethnische Minderheiten bis in die Gegenwart meist unterdurchschnittlich qualifiziert sind. Die hispanische, schwarze und indianische Bevölkerung ist in den höheren Bildungsabschlüssen generell nur sehr schwach vertreten. Lediglich ein Teil der Asiaten vermag diesbezüglich mit der weißen Bevölkerung Schritt zu halten beziehungsweise diese sogar noch zu übertreffen. Da die ethnischen Disparitäten des Ausbildungsniveaus ihre Entsprechung in anderen sozioökonomischen Bereichen finden und die beruflichen Möglichkeiten in entscheidender Weise durch das Ausbildungsniveau bestimmt sind, kommt dem Bildungswesen eine gesellschaftliche Schlüsselrolle zu. Aus diesem Grund waren ethnische Minderheiten in der bis weit ins zwanzigste Jahrhundert stark ethnisch segregierten US-amerikanischen Gesellschaft bestrebt, gleiche Zugangsvoraussetzungen zu den Bildungseinrichtungen zu erlangen, wie sie für die angloamerikanische weiße Bevölkerung gelten.

Zur Neuregelung des Bildungszugangs gab es in der zweiten Hälfte des zwanzigsten Jahrhunderts zahlreiche gerichtliche Entscheidungen auf sämtlichen juristischen und administrativen Hierarchieebenen, auf deren Grundlage die ethnische Segregation im US-amerikanischen Bildungswesen sukzessive abgebaut werden sollte (vgl. S. 77–82). Nicht nur die Zugangsberechtigung zu Schulen und Hochschulen war dabei Verhandlungsgegenstand, sondern auch die Einzugsgebiete von Schulen. Durch die räumliche Organisation in den Grenzen der Schulbezirke wurde die innerstädtische Segregation der Wohnstandorte in zahlreichen Fällen auf die Schulen übertragen. Dies wirkte sich umso nachhaltiger auf den Bildungserfolg der Schüler aus, als die qualitativen Unterschiede der Schulen kleinräumig stark variieren. Denn Organisation und Finanzierung liegen bis in die heutige Zeit im wesentlichen in der Verantwortung der Schulbezirke und der Schulen.

Um einer allzu starken ethnischen Segregation an den Schulen entgegenzuwirken, wurden auf der Grundlage gerichtlicher Beschlüsse spezielle Fahrdienste eingerichtet. So sollten zahlreiche Schüler zu entfernteren Schulen gebracht und auf diese Weise die Grenzen der Schulbezirke und die segregierte Struktur der Wohnbevölkerung überwunden werden. Diese als *Busing* bezeichnete Praxis stieß jedoch auf teilweise sehr heftigen Protest der Bevölkerung und vermochte die Segregation an den Schulen nicht wirklich zu verhindern, da diese sich vielfach im Klassenverband in Form des sogenannten *Tracking* fortsetzte (OAKES 1997; vgl. S. 81–82). Einen Beleg dafür, daß die Segregation an den Schulen und die territoriale Organisation der Schulbezirke nach wie vor von hoher politischer und gesellschaftlicher Bedeutung sind, liefert ALBRECHT (1990b) am Beispiel der Schulentwicklungsplanung in der Stadt Tucson im Bundesstaat Arizona.

Ein wichtiger Impuls für mehrere evaluierende Studien zum Bildungswesen in den USA war der sogenannte Sputnik-Schock, der in den USA nach der erfolgreichen

Entsendung des russischen Weltraumsatelliten die Furcht schürte, daß das nationale Bildungswesen der USA dem der Sowjetunion unterlegen sei und infolgedessen ein technologischer Rückstand entstehen könne. Vor diesem Hintergrund kam es mit der Verabschiedung des *National Defense and Education Act* von 1958 zu einem bis dahin in der Geschichte der Vereinigten Staaten in dieser Form noch nicht dagewesenen Eingreifen in das Bildungswesen auf nationaler Ebene. Nachfolgend wurden verschiedene großangelegte Studien durchgeführt, um fundierte Erkenntnisse zur Situation an den Schulen und Hochschulen sowie über die zugrundeliegenden Strukturen und Mechanismen zu gewinnen. Gegenstand dieser Untersuchungen waren unter anderem die Qualität der Ausbildung und der Erfolg der Bildungsteilnehmer. Es wurden nicht nur die Leistungen an verschiedenen Schulen verglichen, sondern auch schulübergreifend die Leistungen von Schülern aus unterschiedlichen sozioökonomischen und ethnisch-kulturellen Verhältnissen. Um das Bildungswesen qualitativ zu verbessern, die Bildungsbeteiligung und den Bildungserfolg der Bevölkerung zu steigern sowie den Bildungszugang für ethnische Minderheiten und andere Bevölkerungssegmente zu erleichtern, wurde im Zuge einer Politik der *Affirmative Action* eine Vielzahl von nationalen Bildungsprogrammen ins Leben gerufen.

Pilotcharakter besitzt der 1966 im Auftrag des US-amerikanischen Bildungsministeriums angefertigte *Coleman Report*. Sein Zweck war, das Bildungswesen zu evaluieren sowie die Bildungschancen und den Bildungserfolg von weißen Schülern und Schülern ethnischer Minderheiten miteinander zu vergleichen. Die Erhebung wurde an etwa fünf Prozent aller amerikanischen Schulen durchgeführt und umfaßte eine Stichprobe von 645 000 Schülern unterschiedlicher Klassenstufen. Die Studie bestätigte, daß Minderheitenkinder mit Ausnahme von Asiaten schlechter abschneiden, daß an den untersuchten Schulen eine starke ethnische Segregation besteht und daß die Mehrzahl der Schüler von Lehrern der gleichen ethnischen Zugehörigkeit unterrichtet wird. Weiterhin wurde festgestellt, daß die curriculum- und ausstattungsbezogenen Unterschiede zwischen den Schulen eher gering sind und daß der unterschiedliche Bildungserfolg der Schüler vor allem auf sozioökonomische und andere außerschulische Faktoren des familiären Umfelds zurückzuführen ist (COLEMAN u. a. 1966).

Spätere Studien auf Grundlage des *Coleman Reports* und aktualisierter bildungsstatistischer Daten kommen ebenfalls zum Ergebnis, daß Programme und Reformen an Schulen nicht geeignet sind, um ethnizitätsbezogene gesellschaftliche Disparitäten hinsichtlich des Einkommens und der sozioökonomischen Situation aufzulösen (z. B. JENCKS u. a. 1972). Die Ursache liege entsprechend den Erkenntnissen des *Coleman Reports* nicht so sehr in den Schulen selbst, sondern primär in den familiären Verhältnissen der Bildungsteilnehmer begründet.

In der öffentlichen Wirkung ähnlich stark wie der Sputnik-Schock war der Anfang der 1980er Jahre erschienene Bericht *A Nation at Risk* mit dem alarmierenden Befund, daß sich das US-amerikanische Bildungswesen – abgesehen von einer

2.5 Ethnizität und Bildungsverhalten

kleinen Zahl privater Schulen und Universitäten – in einem katastrophalen Zustand befindet und hinter den internationalen Maßstäben deutlich zurücksteht (NATIONAL COMMISSION ON EXCELLENCE IN EDUCATION 1983).

Seitdem sind zahlreiche weitere Forschungsarbeiten entstanden, die entweder als Fallstudie oder auf der breiten Datenbasis von Volkszählungen und anderen Massenerhebungen sowie teilweise im Auftrag des oder in Zusammenarbeit mit dem *National Center for Education Statistics (NCES)* durchgeführt wurden und zusammen mit mehreren hunderttausend Einträgen zum US-amerikanischen Bildungswesen in der umfassenden *online*-Datenbank des *Educational Resources Information Center (ERIC)* dokumentiert sind. Es gilt als erwiesen, daß die USA – ebenso wie zahlreiche andere Länder – bis in die Gegenwart durch erhebliche ethnizitätsbezogene Unterschiede im Bildungsverhalten und Ausbildungsniveau der Bevölkerung geprägt sind. Das Ausbildungsniveau der weißen Bevölkerung liegt weiterhin deutlich über dem durchschnittlichen Ausbildungsniveau der US-amerikanischen Gesamtbevölkerung. Demgegenüber sind die als ethnische Minderheiten bezeichneten Segmente der schwarzen, der indianischen und der hispanischen Bevölkerung gleichermaßen durch ein unterdurchschnittliches Ausbildungsniveau und durch hohe Abbrecherquoten an Schulen und Hochschulen gekennzeichnet. Pointiert und nicht ohne Sarkasmus folgert Katrin Hummel in einem Beitrag für die *Frankfurter Allgemeine Zeitung* vom 21. November 1998, daß in Amerika junge Schwarze „eher erschossen [werden], als daß sie einen College-Abschluß machen." Für die asiatische Bevölkerung verzeichnet man demgegenüber einen weit überdurchschnittlichen Bildungserfolg, und sie wird daher gelegentlich pauschal als *Model Minority* mit Vorbildcharakter tituliert, auch wenn differenziertere Untersuchungen zeigen, daß zum Beispiel die vietnamesische Bevölkerung durch ein vergleichsweise niedriges Ausbildungsniveau gekennzeichnet ist (GAMERITH 2002).

Die Ursachen für die anhaltend stark ausgeprägten ethnizitätsbezogenen Disparitäten des Ausbildungsniveaus erscheinen äußerst komplex und lassen sich wie auch das Bildungsverhalten selbst erst aus dem Zusammenwirken individueller und struktureller Faktoren erklären. Die Gründe dafür liegen zum einen, wie bereits der erwähnte *Coleman Report* betont, nicht allein im Bereich der Bildungseinrichtungen, sondern sind in entscheidendem Maße im familiären und sozialen Umfeld der Bildungsteilnehmer zu suchen. So bringt auch die unlängst vorgelegte umfassende sozialgeographische Untersuchung der Bildungssituation ethnischer Minderheiten in den Vereinigten Staaten von GAMERITH (1996; 2002) mangelnden Bildungserfolg ethnischer Minderheiten primär mit deren ungünstigen sozioökonomischen Verhältnissen in Verbindung. Auf Grundlage des *U.S. Census* von 1990 und zahlreicher weiterer Quellen belegt er die Persistenz erheblicher bildungsbezogener Disparitäten innerhalb der USA, die sowohl eine räumliche als auch eine gesellschaftliche Dimension besitzen. Diese Unterschiede verschärfen sich infolge des Nebeneinanders von staatlichen und privaten Bildungseinrichtungen sowie

Tab. 3: Ausbildungsniveau der Bevölkerung nach Ethnizität (1990)

Ethnizität	Anteile der Bevölkerung ab 25 Jahren mit									
	abgeschlossener High School		Studienerfahrung		Teilstudium Associate Degree		Grundstudium Bachelor		höherem Studienabschluß	
	NM	USA	NM	USA	NM	USA	NM	USA	NM	USA
Hispanic	59,6	49,8	27,7	28,3	12,2	14,0	8,7	9,2	3,3	3,3
White (Non-Hispanic)	92,4	80,5	67,1	48,7	40,5	29,1	34,1	22,7	14,1	8,1
Black	74,7	63,1	49,4	35,2	20,2	16,7	14,2	11,4	5,7	3,8
Native American	58,2	65,5	27,7	36,5	11,4	15,7	5,8	9,3	2,1	3,2
Asian	80,8	77,5	60,3	59,0	44,4	44,3	38,7	36,6	18,9	13,9
Other	59,7	43,4	26,4	23,0	11,0	10,2	7,6	6,0	2,6	1,9
Bevölkerung (insgesamt)	75,1	75,2	46,4	45,2	25,5	26,5	20,4	20,3	8,3	7,2

Quelle: U.S. CENSUS 1990. Eigene Berechnungen.

durch die Tendenz einer dezentralen und oft lokalen Entscheidungsgewalt in bildungspolitischen Fragen. Es wird ein Zusammenhang zwischen geringem Ausbildungsniveau und einem Katalog damit statistisch korrelierender negativer Einflußfaktoren aufgedeckt, die vor allem den familiären Hintergrund der Bildungsteilnehmer und das soziale Milieu ihrer Wohnstandorte betreffen. Die Erklärung der bildungsbezogenen Disparitäten erfolgt schließlich über ein Modell, das die Wechselbeziehungen zwischen den verschiedenen Einflußfaktoren in Form kausaler Bezüge darstellt. Schulabbruch ist demzufolge Bestandteil eines Teufelskreises, der meist durch ungünstige Verhältnisse im Elternhaus initiiert wird, wie zum Beispiel niedriges Ausbildungsniveau, geringes Einkommen oder Arbeitslosigkeit, geschiedene oder alleinerziehende Eltern, Alkohol- und Drogenkonsum oder Delinquenz von Familienmitgliedern. Ein entsprechend ungünstiges familiäres Umfeld erhöht die Wahrscheinlichkeit, daß ein Schüler dem Unterricht fernbleibt, schwache Leistungen erbringt, sexuelle Beziehungen mit dem Risiko früher Schwangerschaften eingeht und auf längere Sicht schließlich die Schule abbricht und über subkriminelles Verhalten und Bandenaktivität am Ende selbst in die Kriminalität abgleitet (GAMERITH 1996, 162).

Ethnische Minderheiten sind, wie Gamerith ausführt, in besonderer Weise für dieses Phänomen anfällig. Er kommt deshalb zum pessimistischen Fazit, daß mit dem Bildungserfolg fatalerweise auch der einzige Ausweg aus der sozialen Misere quasi von Anfang an verbaut und das Scheitern damit weitgehend vorprogrammiert ist. Die Verantwortung wird primär in einer oft außerschulisch bedingten mangelnden Selbstdisziplin und Leistungsbereitschaft der Bildungsteilnehmer gesehen. Weiterhin werden verschiedene strukturelle Einflußfaktoren aus dem Bereich der Bildungseinrichtungen selbst benannt, wie etwa deren materielle Ausstattung sowie

2.5 Ethnizität und Bildungsverhalten

die unterschiedliche Qualifikation und Fluktuation von Lehrpersonal, die ebenso wie das zweigliedrige Modell der teils staatlichen und teils privaten Organisation des US-amerikanischen Bildungswesens, keineswegs zum Abbau von Disparitäten beitragen. Bei einem traditionell vergleichsweise geringem staatlichen Einfluß auf Struktur und Gestaltung des Bildungswesens besitzt der Bildungsteilnehmer die Möglichkeit, sich innerhalb eines breiten Spektrums qualitativ stark variierender Bildungseinrichtungen zu entscheiden und ist in seiner Wahl lediglich durch die wirksamen finanziellen und leistungsbezogenen Aufnahmekriterien beschränkt.

Auch aus verschiedenen anderen Arbeiten geht hervor, wie gerade in den Schulen und Hochschulen auch Mechanismen der Diskriminierung auf das Bildungsverhalten einwirken, wenn zum Beispiel das Lehrpersonal weißen und nichtweißen Schülern eine unterschiedliche Erwartungshaltung in Bezug auf deren Leistungsfähigkeit entgegenbringt (CLIFTON 1997; ERICKSON 1997; MCFADDEN / WALKER 1997). Interessanterweise unterscheidet sich das Bildungsverhalten signifikant, je nach dem ob Schüler die gleiche oder eine andere Ethnizität besitzen als das betreffende Lehrpersonal. Dieses Phänomen kann mit den Begriffen *peer group* und *Role Model* theoretisch konzeptualisiert werden und ist ebenso wie das Vorhandensein deutlicher bildungsbezogener Disparitäten innerhalb identischer ethnischer Bevölkerungssegmente ein starkes Argument gegen biologistisch argumentierende Ansätze, wie etwa die unter dem Titel *The Bell Curve* veröffentlichte Studie (HERRNSTEIN / MURRAY 1994) mit der provozierenden These, daß ein unterdurchschnittlicher Intelligenzquotient der schwarzen Bevölkerung in den USA deren geistige Unterlegenheit belegt.

Einen weiteren interessanten Aspekt beleuchten verschiedene ethnologische Arbeiten von John OGBU (1978; 1982; 1983). Ihm zufolge unterscheiden sich die Einstellungen ethnischer Minderheiten in starkem Maße je nach Einwanderungszeitpunkt und Einwanderungsmotiv. Ogbu belegt, daß die freiwillige Einwanderung einen besonders intensiven Motivationsschub für eine schnelle und aktive soziale Eingliederung durch Bildungserfolg auslöst, während die erzwungene Einwanderung sich in der Regel deutlich weniger positiv auf die Leistungen der Bildungsteilnehmer auswirkt. Doch auch im Fall der freiwilligen Einwanderung ist festzustellen, daß die anfängliche Motivation für eine engagierte Bildungsbeteiligung in der zweiten und dritten Generation stark nachläßt. Dieses Phänomen erklärt Ogbu durch eine zunehmende Resignation der in den Vereinigten Staaten lebenden ethnischen Minderheiten, die sich trotz anfänglichen Engagements nicht gesellschaftlich anerkannt, sondern im Alltag vielfach diskriminiert sehen. Die gleiche Beobachtung macht Ogbu für nichtimmigrierte indigene Minderheiten, deren Einstellung gegenüber der Gesellschaft ebenfalls durch die von ihnen erlebte Diskriminierung geprägt ist und die Hoffnungen der erst kürzlich eingewanderten Minderheiten nicht zu teilen vermag (OGBU 1987a; 1987b). Während nichtimmigrierte indigene Minderheiten in der Regel eine durch alltägliche Diskriminierung geprägte Identität als Außenseiter ausgebildet haben, suchen zugewanderte Minderheiten ihren Weg unvoreingenommen in raschem schulischem, beruflichem und gesellschaftlichem Erfolg und betrachten vor allem Sprache und fehlende Ausbildung als Hürde – sehr viel weniger die eigene Ethnizität. Die Untersuchungen von Ogbu stellen die Leistungsfähigkeit des US-amerikanischen Bildungswesens im Hinblick auf die Integration von Immigrantenkindern stark in Frage und betonen zugleich, daß die Einstellungen und die Erwartungshaltung gegenüber dem Bildungswesen sowie gegenüber den auch vom erreichten Bildungsabschluß abhängigen beruflichen Perspektiven von entscheidendem Einfluß auf das Bildungsverhalten sind.

Ein Versuch zur Konzeptualisierung der unterschiedlichen Erwartungen und Verhaltensmuster von Bildungsteilnehmern wird in der *Resistance Theory* unternommen (MCFADDEN / WALKER 1997). Basierend auf der Annahme, daß sich im Bildungswesen keine reibungslose Reproduktion vollzieht, sondern jeder Bildungsteilnehmer mit vielfältigen Erwartungen, Widerständen und Möglichkeiten konfrontiert wird, entwirft die *Resistance Theory* ein breites Spektrum unterschiedlicher Szenarien. So vermag sich bei Bildungsteilnehmern unterschiedlicher Ethnizität, unterschiedlicher sozioökonomischer Verhältnisse und unterschiedlichen Geschlechts – je nach dem wie die entsprechende Bildungseinrichtung erlebt wird – ein Bildungserfolg oder -mißerfolg und damit ein Verlassen des ursprünglichen sozioökonomischen und kulturellen Hintergrundes oder ein Verharren in demselben einzustellen. Demzufolge kann Bildungsverhalten eine sehr unterschiedliche Dynamik entwickeln und folgt dabei nicht nur strukturellen Kräften, sondern auch den Entscheidungen und Handlungen des Bildungsteilnehmers, die sich als Reaktion auf das individuelle Erleben einer Bildungseinrichtung interpretieren lassen.

Die verschiedenen Forschungsansätze verbindet letztlich die Frage nach geeigneten Maßnahmen, um die soziale Integration und den Bildungserfolg von in den USA lebenden Minderheiten, von Einwanderern und deren Kindern zu fördern. In der Verfolgung des gemeinsamen Ziels eines Abbaus vorhandener Disparitäten und der Herstellung von geschlechts- und ethnizitätsunabhängiger Chancengleichheit gibt es sehr unterschiedliche Strategien. Zielgruppenspezifische Stipendienprogramme sind genauso umstritten wie die Einführung regulierender Zulassungsquoten und andere Maßnahmen. Ebenso heftig diskutiert wird die Auswahl und Gestaltung der Lehrinhalte in den Curricula. Ein weiterer Konfliktpunkt ist die Frage mehr- oder fremdsprachigen Unterrichts. Haben ethnische Minderheiten einen gerechtfertigten Anspruch auf Unterricht in ihrer Muttersprache, oder sollten sie besser nur in englischer Sprache unterrichtet werden, um möglichst schnell und direkt in die Gesellschaft integriert zu werden? Diese Fragen werden insbesondere in den US-amerikanischen Bundesstaaten mit hohen Anteilen hispanischer Bevölkerung seit den 1970er Jahren kontrovers diskutiert. Die Verständigung auf ein von allen Seiten als befriedigend erachtetes Ergebnis wurde bislang jedoch noch nicht erreicht.

3 Entwicklung von Bildung und Bildungswesen in New Mexico

Die Bildungsgeschichte New Mexicos ist eng an Veränderungen der politischen Machtverhältnisse dieser Region geknüpft, die in der Neuzeit geprägt wurde durch die Epochen der spanischen Kolonialherrschaft, der mexikanischen Unabhängigkeit und der sukzessiven Eingliederung in die Vereinigten Staaten – zunächst als *Territory*, später als US-amerikanischer Bundesstaat. Im Kontext dieser politischen Umbrüche und sich wandelnder gesellschaftlicher und wirtschaftlicher Bedingungen vollzogen sich die Entwicklung von Bildung und Bildungswesen und damit auch die Alphabetisierung und der zunehmende Bildungserwerb der Bevölkerung in New Mexico.

Auch wenn sich erst mit Einführung der allgemeinen Schulpflicht zum Ende des neunzehnten Jahrhunderts ein allgemeines Schulwesen für die breite Bevölkerung von New Mexico zu entwickeln begann, so muß doch betont werden, daß bereits weit über zweihundert Jahre zuvor unter der spanischen Kolonialherrschaft ein institutionalisiertes Bildungswesen bestand, das freilich nur einen Teil der ansässigen Bevölkerung zu bedienen vermochte und hinsichtlich der Organisation und der zu vermittelnden Bildungsinhalte eng mit der katholischen Kirche und Religion verknüpft war.

Deshalb soll in diesem Kapitel die jeweilige Beschaffenheit und insbesondere die Unterschiedlichkeit von Bildung und Bildungswesen in den verschiedenen Epochen herausgearbeitet werden. Auf der Grundlage historiographischer Arbeiten und verschiedener Archivalien wird eine chronologische Übersicht geschaffen, die deutlich machen soll, wie Bildungseinrichtungen in New Mexico entstehen und sich entwickeln konnten, welche Ideen und Zielvorstellungen an ihre Existenz geknüpft und wie diese Einrichtungen jeweils in spezifische historische und geographische Kontexte eingebunden waren. Weiterhin soll nachvollzogen werden, wie und weshalb das Ausbildungsniveau der Bevölkerung im Laufe der Jahrhunderte angestiegen ist und mit welchen gesellschaftlichen Implikationen dieser Prozeß verbunden war. Im Mittelpunkt der historischen Betrachtung stehen die zu beobachtenden Diskontinuitäten sowie deren mögliche Ursachen und Auswirkungen, so daß die gegenwärtige Bildungslandschaft in New Mexico als eine historisch gewachsene Struktur erscheint, und zwar in einer Momentaufnahme, deren eigentliches Verständnis sich erst aus der Vergangenheit erschließt.

3.1 Spanische Kolonialzeit (1598–1821)

Im Zeitraum zwischen 1598 und 1821 stand das Gebiet des heutigen New Mexico bekanntlich unter der Herrschaft der spanischen Krone und wurde durch den

Vizekönig Neuspaniens verwaltet, der in Mexiko-Stadt residierte. Für die Lokal- und Regionalverwaltung wurden Statthalter eingesetzt, wie zum Beispiel der Duque de Alburquerque, ein Adliger spanischer Herkunft, auf dessen Namen heute noch die 1706 als strategischer Posten an der Fernstraße des *Camino Real* gegründete Siedlung Albuquerque verweist. Auch wenn die Bevölkerung in der damaligen Zeit zum überwiegenden Teil noch nicht alphabetisiert war und im Gebiet von New Mexico nur sehr wenige Schulen angesiedelt waren, so liegen die Anfänge des institutionalisierten Bildungswesens doch in der Phase der spanischen Kolonialzeit.

3.1.1 Wirtschaftliche und gesellschaftliche Rahmenbedingungen

Das von Pueblo, Navajo, Apache und anderen Indianerkulturen besiedelte Gebiet von New Mexico war während des sechzehnten Jahrhunderts Ziel mehrerer spanischer Expeditionen unter der Führung von Cabeza de Vaca (1536), Fray Marcos de Niza (1539) und Francisco Vásquez de Coronado (1540–42). Juan de Oñate gelang es, die Region 1598 unter spanische Herrschaft zu stellen und in den darauffolgenden Jahren kleinere Siedlungen im nördlichen New Mexico zu errichten, zu denen neben San Juan de los Caballeros und San Gabriel auch das heutige Santa Fe zählt. Die Motivation für die spanische Territorialexpansion lag zum einen in der Hoffnung auf Funde von Gold und anderen Bodenschätzen begründet, zum anderen in der christlichen Missionierung von Indianern.

Die indianische Bevölkerung sah die Gebietserschließung und Missionierung durch die Spanier mit durchaus gemischten Gefühlen und versuchte wiederholt, sich dagegen zur Wehr zu setzen. Aber erst mit der Pueblorevolte von 1680, zu der sich verschiedene Indianerstämme gegen die Spanier verbündet hatten, gelang es, die spanischen Siedler und Geistlichen mit vereinten Kräften zu schlagen. Die überlebenden Spanier wurden gewaltsam vertrieben und sahen sich gezwungen, in El Paso oder noch weiter im Süden Zuflucht zu suchen, so daß es zu einer Unterbrechung der hispanischen Siedlungskontinuität in New Mexico kam.

Eine planmäßige hispanische Wiederbesiedlung leitete Don Diego de Vargas in den Jahren 1692/93 ein. Die Herkunftsgebiete dieser neuen Generation spanischer Siedler, bei denen es sich vorwiegend um Mestizen handelte, lagen den überlieferten zeitgenössischen Quellen zufolge vor allem in Mexiko-Stadt, San Luis Potosí und Zacatecas (LISS 1975). Unter anfangs sehr schwierigen Lebensbedingungen – allein im Winter 1695 verhungerten etwa zweihundert Siedler (ATHEARN 1974, 40) – mußten sich einige Spanier gegen freie Kost bei Puebloindianern als Wasserträger oder Holzfäller verdingen. In den folgenden Jahrzehnten besserte sich die Situation nur langsam, und New Mexico blieb eine periphere und wirtschaftlich wenig attraktive Region mit entsprechend geringer Zuwanderung aus Neuspanien, dessen eigene wirtschaftliche Situation sich sehr viel besser darstellte. Denn weite

3.1 Spanische Kolonialzeit (1598–1821)

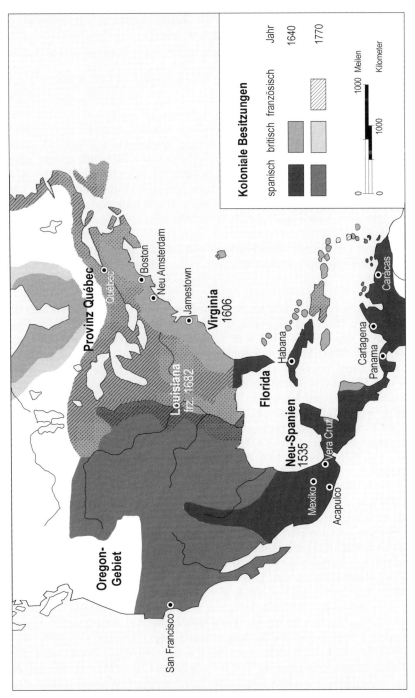

Karte 1: Europäische Besiedlung Nordamerikas seit dem 16. Jahrhundert
Quelle: Eigene Darstellung; verändert nach KINDER / HILGEMANN (1984, 276).

Teile Neuspaniens hatten durch die unter der Bourbonenherrschaft in Spanien eingeführten Wirtschaftsreformen entscheidende Impulse für eine zunehmende Prosperität erfahren, die während des gesamten achtzehnten Jahrhunderts andauern sollte (ESTRADA 1984).

In New Mexico jedoch blieb die Erwerbsbevölkerung, wie aus Musterungslisten des achtzehnten Jahrhunderts hervorgeht, zu mehr als achtzig Prozent mittel- oder unmittelbar im Agrarsektor beschäftigt. Daneben existierten mehrere Bergbaustandorte sowie zahlreiche Textilmanufakturen und Webereien, wie etwa in Albuquerque, dessen Erwerbsbevölkerung nach Angaben einer Volkszählung von 1790 zu 38 Prozent in diesem Wirtschaftszweig beschäftigt war (RIOS BUSTAMANTE 1978, 369). Gesellschaftlich bildete sich in New Mexico während der spanischen Kolonialzeit eine schmale Elite von Großgrundbesitzern heraus, die vom Schafhandel mit Chihuahua lebten und vor allem im Rio Abajo südlich von Santa Fe angesiedelt waren. Abgesehen von den nicht besonders zahlreichen Regierungsbeamten, Soldaten, Geistlichen, Handwerkern und Lehrern lebte der überwiegende Teil der Bevölkerung in einer recht ärmlichen Subsistenzwirtschaft (WEBER 1982, 210–212).

Handelsverbindungen bestanden zu den verschiedenen ansässigen Indianerkulturen, zu den südlich angrenzenden Kolonialgebieten Neuspaniens mit der Stadt Chihuahua und dem Zentrum Mexiko-Stadt sowie in sehr sporadischer Form zu französischen Kaufleuten, die aus den nordöstlich angrenzenden und zur damaligen Zeit noch weitgehend unerschlossenen Gebieten bis nach Santa Fe oder Taos reisten, um ihre Waren auf den dortigen Märkten anzubieten. Der Grund für den zurückhaltenden Handel mit Vertretern der französischen wie auch der britischen Kolonialmacht war ein entsprechender Erlaß der spanischen Krone, der den Kolonisten jegliche Kontakte dieser Form streng untersagte. Zum Ende der spanischen Kolonialherrschaft lebten im Jahre 1821 etwa 10 000 Puebloindianer und 30 000 als *Vecinos* bezeichnete Siedler in New Mexico, zu denen Europäer, Mestizen und hispanisierte Indianer zählten (GALLEGOS 1992, 12–13).

Angesichts des historischen Leitbilds einer von der Ostküste ausgehenden Erschließung des nordamerikanischen Kontinents im Zuge der als *Frontier* bezeichneten westlichen Siedlungsexpansion jenseits der Appalachen wird die sogenannte *spanische Frontier* im US-amerikanischen Südwesten in ihrer kultur- und siedlungsgeschichtlichen Bedeutung gelegentlich unterschätzt. Dabei ist die spanische Besiedlung in ihrer räumlichen und zeitlichen Dimension durchaus nicht unbekannt (MEINIG 1971; 1986; 1993; WEBER 1988; 1992; vgl. Karte 1, S. 37). Es lassen sich neben den dominierenden spanischen Namen und Ortsbezeichnungen auch verschiedene physiognomische Charakteristika, wie etwa die zentrale *Plaza*, im gegenwärtigen Stadtbild zahlreicher Siedlungen identifizieren (HOFMEISTER 1970, 45–52; 1971, 233–236; 1996, 120–128). Im Hinblick auf eine starke sprachliche und kulturelle Homogenität und Identität der im nördlichen New Mexico ansässigen hispanischen Bevölkerung prägten CARLSON (1969; 1990; 1996) und NOSTRAND

3.1 Spanische Kolonialzeit (1598–1821)

(1970; 1980) die Begriffe einer *American Culture Region* und eines *Hispano Homeland*.

3.1.2 Christliche Missionsschulen und privater Hausunterricht

Nach der Eroberung New Mexicos durch die spanischen Konquistadoren wurden im Laufe des siebzehnten Jahrhunderts christliche Missionsstationen in zahlreichen indianischen Siedlungen errichtet, die mit der spanischen Bezeichnung für Dorf *Pueblo* genannt wurden. Diese in den meisten Fällen vom Orden der Franziskaner unterhaltenen Stützpunkte katholischer Missionsarbeit wurden zwar während der gewaltsamen Pueblorevolte von 1680 zerstört, wenige Jahre später jedoch im Zuge der planmäßigen Neubesiedlung und einer zunehmenden Verständigung mit den ansässigen Puebloindianern wieder errichtet und fortan dauerhaft etabliert. Nach der Pueblorevolte hatten die Spanier einen Kompromiß in dem Sinne erzielt, daß den Indianern ein Ende von Zwangsarbeit und Tributzahlungen sowie das Recht auf eine weitgehend freie Religionsausübung, die Anerkennung ihrer territorialen Ansprüche und eine begrenzte Kommunalautonomie zugebilligt wurden. Im Gegenzug unterwarfen sich die Puebloindianer der spanischen Krone, ließen den Wiederaufbau christlicher Missionsstationen in ihren Siedlungen zu und waren sogar bereit, eine nicht unerhebliche Zahl von Soldaten für das spanische Militär zu stellen (GALLEGOS 1992, 11–12). Der räumliche Schwerpunkt der kolonialen Besiedlung und der christlichen Missionsstationen lag im nördlichen New Mexico im Bereich des oberen Rio Grande (vgl. Karten 2 und 3, S. 40 und 41).

In der Regel betreute der für eine Missionsstation verantwortliche Geistliche neben der Kirche und dem Gottesdienst auch einen kleineren Schulbetrieb mit täglichem Unterricht für die indianische Bevölkerung, an dem in Einzelfällen auch die Kinder hispanischer Siedler teilnehmen konnten. Die Gründung der ersten Missionsschule dieser Art in New Mexico belegt READ (1912, 326) bereits für das Jahr 1599 durch den Franziskanerorden. Eine der ersten nach 1680 in ihrer Existenz überlieferten institutionellen Bildungseinrichtungen in New Mexico ist die von Fray Antonio de Acevedo geführte Schule in Santa Fe. Im Jahre 1721 wurden ebenfalls in Santa Fe Pläne zur Errichtung von Schulen in sämtlichen *Pueblos* und spanischen Siedlungen von New Mexico verabschiedet, die auf Dekret des spanischen Königs unter anderem vorsahen, daß jede Gemeinde zur Versorgung ihres Lehrers ein Feld bebauen sollte. Auch wenn in der Volkszählung von 1790 für das gesamte Gebiet von New Mexico nicht mehr als drei Lehrer ausgewiesen sind, die in Santa Fe, Isleta und Los Chávez tätig waren, muß angenommen werden, daß es auch an verschiedenen anderen Standorten kleinere Missionsschulen gab, in denen Geistliche neben ihrer Missionsarbeit unterrichteten und demzufolge in der Volkszählung nicht als Lehrer dokumentiert sind (OLMSTEAD 1975).

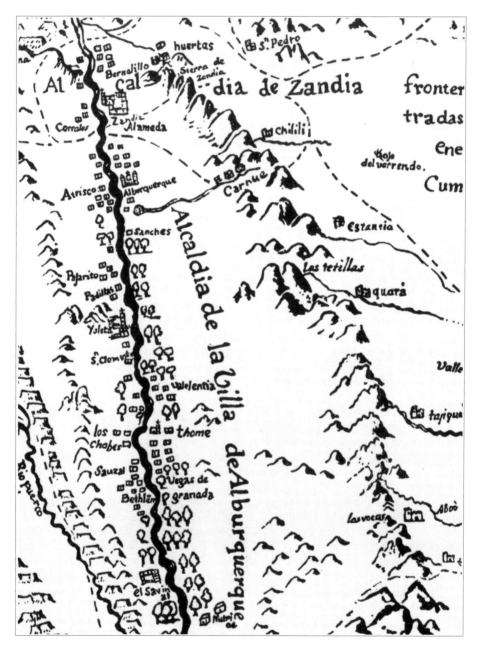

Karte 2: Spanische Kolonialzeit: Missionsstationen und Siedlungen am Rio Grande
Quelle: Historische Karte; abgedruckt in SIMMONS (1982, 63).

3.1 Spanische Kolonialzeit (1598–1821)

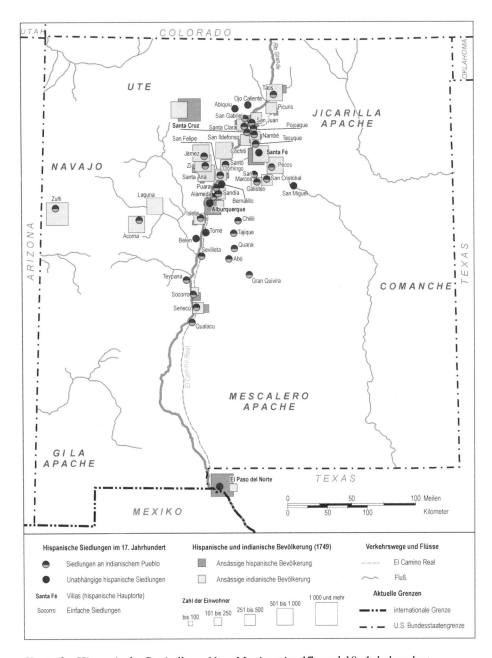

Karte 3: Hispanische Besiedlung New Mexicos im 17. und 18. Jahrhundert
Quelle: Eigener Entwurf; verändert nach BECK / HAASE (1969, 17).

In den Missionsschulen wurden Grundkenntnisse im Lesen und Schreiben der lateinischen und der spanischen Sprache sowie im Katechismus und im Spielen von Musikinstrumenten vermittelt. Ein kirchlicher Bericht von 1795 konstatiert für die Missionsschulen in den indianischen *Pueblos* einen regelmäßigen Unterrichtsablauf. Dieser Quelle zufolge werden in sämtlichen Missionsstationen die sogenannten *Doctrinarios* jeden Tag morgens und nachmittags unterrichtet, die übrige Bevölkerung am Samstag und Sonntag (SPANISH ARCHIVES OF NEW MEXICO II, reel 21, frame 536). Zum Ende desselben Berichts wird ersichtlich, welche Bedeutung dem Erwerb der spanischen Sprache für kirchliche und religiöse Zwecke zugeschrieben wurde. Denn als Hauptgrund für die nur langsamen Fortschritte der Indianer in der Unterweisung im christlichen Glauben werden deren mangelhafte Kenntnisse der spanischen Sprache angeführt (SPANISH ARCHIVES OF NEW MEXICO II, reel 21, frame 539).

Zielgruppe des Unterrichts waren entsprechend dem Missionierungsgedanken nicht so sehr die hispanischen Siedler, sondern primär die indianische Bevölkerung der *Pueblos* – und zwar Kinder ab sechs Jahren, unverheiratete Erwachsene und jüngere verheiratete Frauen ohne Kinder. Dies geht etwa aus einer Schilderung des zweifellos um eine positive Darstellung seines Unterrichts bemühten Fray Joaquín Ruiz in Jémez Pueblo hervor:

> [Morgens] wird die Glocke zur gleichen Stunde geläutet wie für den Gottesdienst – und abends vor Sonnenuntergang. Es kommen alle Unverheirateten, auch wenn sie alt sind, und einige junge verheiratete Frauen, die noch keine Kinder geboren oder ohne gute Kenntnis der christlichen Lehre geheiratet haben, sowie alle Kinder ab sechs Jahren. Im Sommer versammeln sie sich im Nordportal, im Winter auf dem Friedhof [...]. Alle kommen sie an den genannten Plätzen zusammen, und die Jungen bilden drei entsprechend ihrem Alter geordnete Reihen, so daß die kleinen vorn sind – mit etwas Abstand zueinander, um sie vom Reden abzuhalten. Die Frauen nehmen ihre Plätze auf die gleiche Weise ein. Vor den Frauen befinden sich die Chorknaben in der gleichen Anordnung wie zu den Sonntagsgottesdiensten in der Kirche [...]. Nachdem sie am Nachmittag mit Lobpreisung und Kommunion geschlossen haben, singen sie die Antwort, und der Geistliche gibt den Ton an für Verse und Gebet. Für diesen Anlaß geht der Küster in den Turm und läutet die Glocke (eigene Übersetzung nach ADAMS / CHAVEZ 1956, 310).

Vereinzelt dokumentieren die überlieferten Quellen aber auch Probleme oder Mißstände im Bereich des Bildungswesens. Ein anschauliches Beispiel bietet ein Brief des im Santa Clara Pueblo wohnhaften Indianers José Manuel Silva aus dem Jahre 1820, in dem dieser sich an den Gouverneur von New Mexico wendet, um mit der gebotenen Höflichkeit eine finanzielle Unterstützung zur Anschaffung von Büchern und Schreibpapier zu erbitten:

> Señor Gobernador Don Facundo Melgares,
>
> José Manuel Silva, anerkannter Sohn von Juan Antonio Poyajua und María Gertrudes Silva, gebürtigen Indianern des *Pueblo* von Santa Clara in der Provinz Neu-Mexiko. [Ich] trete an Euch heran, Euer Gnaden, [...] und erkläre, daß ich seit zweieinhalb Jahren die Schule besuche, welche in diesem *Pueblo* auf Befehl unseres Herrn und Königs – Gott schütze ihn –

3.1 Spanische Kolonialzeit (1598–1821)

errichtet wurde. Wie Ihr aus diesem Brief erfahren sollt, mache ich im Schreiben und Wissen aus mehreren Gründen keine Fortschritte. Zuallererst, weil Indianer von Natur aus faul sind. Zweitens, weil wir weder Bücher noch Lehrfibeln besitzen, aus denen wir lernen könnten; denn unsere Eltern sind zu arm, um uns diese besorgen zu können. Und drittens, weil wir kein Papier haben, um das Schreiben zu üben, denn, wenn wir zu den Kaufleuten gehen, verlangen diese mindestens zwei Real je Blatt. Und angesichts unserer Armut – wie sollen wir zu dem Geld kommen, nach dem die Reichen suchen, ohne es finden zu können? Deshalb erbitte ich Eure wohlbekannte Gnade und rufe um Eure Hilfe an, damit wir im Schreiben bessere Fortschritte machen können als es zur Zeit der Fall ist (eigene Übersetzung von ARCHIVE OF THE ARCHDIOCESE OF NEW MEXICO, reel 68, frame 171).

Neben der christlichen Missionierung sollten die Missionsschulen zugleich auch einer planmäßigen Akkulturation der indianischen Bevölkerung durch das Erlernen der spanischen wie auch der lateinischen Sprache dienen und auf diese Weise ein langsames Vertrautwerden mit Kultur und Tradition der Spanier bewirken (CÓRDOVA 1979). Dies unterstreichen die Worte des im Santo Domingo Pueblo tätigen Fray Antonio Camargo. Im Jahre 1717 empfiehlt er, daß aus den *Pueblos* im Umland von Santa Fe, Santa Cruz und Albuquerque jeweils vier ausgewählte indianische Kinder die städtische Missionsschule besuchen sollten. Der als Lehrer fungierende Geistliche solle sich bemühen, bei den indianischen Eltern und Stammesangehörigen um Verständnis für diese Praxis zu werben, und auf diese Weise einen möglichst breiten Akkulturationsprozeß einleiten:

Ich habe die schriftliche Anweisung des Vizekönigs von Neuspanien und des Königs von Spanien, daß die Indianer die kastilische Sprache lernen sollen, damit sie mit weniger Schwierigkeiten unterwiesen werden können in den Grundlagen unseres heiligen katholischen Glaubens. Mit diesem Ziel sollten Schulen errichtet werden mit Lehrern, die sie [die indianische Bevölkerung] unterweisen [...]. Dies zu verwirklichen erscheint ausgeschlossen, da die Provinz zu groß ist und erst vor so kurzer Zeit erobert wurde [...]. Da wir in unserer Situation den bestmöglichen Weg wählen müssen, wird die Lösung darin bestehen, in der *Villa* Santa Fe eine Schule zu errichten und von jedem der benachbarten *Pueblos* vier Indianerkinder auszuwählen, die den Unterricht besuchen. Ein Laienpriester soll die Schule führen, sie [die Indianerkinder] erziehen und belehren sowie deren Eltern und Familien vorsichtig daran gewöhnen, daß die Kinder von ihm unterrichtet werden [...]. Die Häuptlinge und Vorsteher der *Pueblos* sollen mit viel Behutsamkeit und warmen Worten über diesen Plan in Kenntnis gesetzt werden [...]. Und auch die Geistlichen in den Missionsstationen sollen dieser Anweisung nachkommen [...], und es sollen wenn möglich auch in den anderen beiden *Villas* Santa Cruz und Alburquerque Schulen errichtet werden, damit die Kinder aus den benachbarten *Pueblos* und auch die spanischen Kinder in der oben geschilderten Weise unterwiesen werden können (eigene Übersetzung von SPANISH ARCHIVES OF NEW MEXICO II, doc. 283a).

Als ein weiterer Beleg für die seitens der Spanier angestrebte Akkulturation der indianischen Bevölkerung ist zu bewerten, daß ein Comanchenhäuptling im Jahre 1786 seinen eigenen Sohn in die Obhut des Gouverneurs Juan Bautista de Anza gab, damit dieser mit der Sprache und den Sitten der *Vecinos* vertraut werde (KENNER 1969). Die gleiche Praxis überliefert ein Bericht von Pedro Bautista Pino aus dem Jahre 1812. Demzufolge übergab der Comanchenhäuptling Maya seinen Sohn in den 1790er Jahren dem Leutnant Don Vicente Troncoso (BAILEY / VILLA-

SANA 1942, 130). Ein undatierter anonymer Brief aus dem ausgehenden achtzehnten Jahrhundert warnt vor der Gefahr eines von den Navajoindianern ausgehenden Krieges gegen die hispanische Provinz, falls es in deren Stammesgebiet nicht gelingen sollte, die Errichtung von Schulen mit ähnlichem Erfolg voranzutreiben wie bei den Puebloindianern (SPANISH ARCHIVES OF NEW MEXICO I, doc. 1336).

Die Kinder der spanischen Siedler, die stets außerhalb der indianischen *Pueblos* lebten, besuchten die Missionsschulen nur sehr selten und erwarben Lese- und Schreibkenntnisse gegebenenfalls informell im Kreis der Familie durch Angehörige oder in besser situierten Haushalten auch durch eigens für diesen Zweck angestellte Hauslehrer (JENKINS 1977, 2). Diese Formen der Vermittlung von Lese- und Schreibfertigkeiten sind nur sehr lückenhaft dokumentiert, wie etwa im Testament der Gattin Francisca des Sergeant Major Juan de Misquia, die 1714 erklärte, daß sie Antonio Durán zwölf Pesos für die Ausbildung ihrer Kinder schuldig war und ihr Gatte dafür aufkommen sollte (SPANISH ARCHIVES OF NEW MEXICO I, doc. 495). Ein weiterer Beleg findet sich im Testament von Josepha Montoya, die 1766 angab, in der Schuld von Estevan Rodríguez zu stehen, der ihren Sohn unterrichtet habe (SPANISH ARCHIVES OF NEW MEXICO I, doc. 569).

Die häusliche Vermittlung von Lese- und Schreibfertigkeiten vollzog sich ebenso wie in den Missionsschulen in einem betont religiösen Kontext. Am Heimunterricht nahmen oft auch junge Apachen oder andere Indianerkinder teil, die von den bessergestellten spanischen Familien als Sklaven erworben und dann in ihrem Haushalt als Bedienstete eingestellt wurden (SCHOLES 1935, 83–85; ARCHIBALD 1978). Diese nach ihrer Herauslösung aus dem indianischen Stammesverband auch als *Genízaros* bezeichneten Gefangenen lebten und arbeiteten gewöhnlich bei den Siedlerfamilien, bis sie heirateten und als freie Menschen gehen konnten, sofern sie mögliche Schulden gegenüber den Siedlerfamilien beglichen hatten. Ihr demographischer Anteil lag 1776 bei nahezu einem Drittel der gesamten in der Provinz lebenden Bevölkerung (CHAVEZ 1979, 201). Ein ähnlicher Trend zeigt sich in den Taufurkunden der Gemeinde Albuquerque, die in der Zeit zwischen 1706 und 1727 die Taufe von 135 Kindern belegen, von denen lediglich zwölf Prozent als spanisch, 45 Prozent als indianisch und die übrigen als unbekannter Abstammung eingestuft wurden (SIMMONS 1982, 81–93). An den Wohnstandorten der *Genízaros* läßt sich eine ausgeprägte Segregation erkennen, wie etwa im Fall des *Barrio de Analco* in Santa Fe oder der Siedlungen, die in El Cerro de Tomé (1740), Valencia (1740) und Abiquiu (1746) entstanden (GALLEGOS 1992, 14).

Im beginnenden neunzehnten Jahrhundert gewann das Bildungswesen merklich an Bedeutung, wie sich an den politischen Plänen zur Errichtung neuer öffentlicher Schulen ablesen läßt. Seit der ersten Dekade des neunzehnten Jahrhunderts bestehen öffentliche Schulen in Santa Fe mit einer gewissen Kontinuität. Diese Bildungseinrichtungen wurden in erster Linie für die Kinder von Soldaten und Regierungsbeamten errichtet, aber auch nicht selten von Kindern der *Vecinos*

3.1 Spanische Kolonialzeit (1598–1821)

besucht (GALLEGOS 1992, 30). Die angebotenen Unterrichtsfächer waren Katechismus, Lesen, Schreiben und Rechnen. Auch in anderen Teilen der Provinz gewann das Primarschulwesen zu Anfang des neunzehnten Jahrhunderts an Bedeutung. Als zeitgenössischer Beobachter berichtet Pedro Bautista Pino im Jahre 1812, daß es auch in Albuquerque, Taos, Belén, San Miguel und Santa Cruz öffentliche Schulen gab. Die Jahresgehälter der Lehrer variierten zwischen 500 Pesos in Santa Fe, 300 Pesos in Albuquerque und Santa Cruz sowie 250 Pesos in den übrigen Siedlungen (WALTER 1927, 73–74).

Weiterführende höhere Schulen gab es während der spanischen Kolonialherrschaft nicht in New Mexico, sondern lediglich in den benachbarten Provinzen sowie in Mexiko-Stadt und dem europäischen Spanien (GALLEGOS 1992, 21 und 39–42). Den wiederholten Verordnungen zur Errichtung öffentlicher Schulen beziehungsweise eines *College* in Santa Fe, die in den Jahren 1717, 1777 und 1813 durch die spanische Regierung erlassen wurden, konnte mangels finanzieller Möglichkeiten nicht entsprochen werden (MOYERS 1941, 78–99). Im Bereich der handwerklichen Berufe bestand – ähnlich der Tradition in Deutschland – die Möglichkeit, bei einem Meister in ein vertraglich geregeltes Lehrlingsverhältnis zu treten, zu dessen Voraussetzungen in der Regel die Lese- und Schreibfertigkeit zählte. Im beginnenden neunzehnten Jahrhundert wurde in Santa Fe sogar eine staatliche Schule errichtet, in der zwei Lehrer aus Mexiko-Stadt eingestellt waren, um im Weberhandwerk auszubilden. Angesichts fehlender Universitäten oder anderer Einrichtungen zum Erwerb höherer Bildungsgrade mußten Schüler mit entsprechenden Aspirationen und der erforderlichen Begabung – sofern die finanzielle Situation es erlaubte, wie es allenfalls in Familien höherer Militärs oder besonders wohlhabender *Vecinos* der Fall war – die Infrastruktur in den Städten der benachbarten Provinzen in Anspruch nehmen, wie zum Beispiel das *Tridentine Seminary* in Durango. So entsprach es durchaus den Interessen der gehobenen Gesellschaft, als Pedro Bautista Pino 1812 in einer Petition an den spanischen König die Errichtung der ersten höheren Bildungseinrichtung in New Mexico erbat (JENKINS 1977, 2–5).

3.1.3 Verbreitung von Lese- und Schreibkundigkeit

Die schmale Bildungselite konstituierte sich im New Mexico des siebzehnten Jahrhunderts vorwiegend aus franziskanischen Geistlichen, die ihre Bildung nach Eintritt in den Orden entweder in Spanien oder in der Neuen Welt in den Kollegs und Seminaren von Mexiko-Stadt, Puebla oder anderen Zentren des geistigen Lebens erworben hatten (ADAMS / SCHOLES 1942, 228). Wie sich anhand historischer Quellen zum Buchbesitz – wie etwa privaten Inventarlisten, Testamenten oder den Archiven der Franziskaner – nachvollziehen läßt, war New Mexico im siebzehnten Jahrhundert auch in dieser Hinsicht eine periphere Region am nördlichen Rand der Einflußsphäre der spanischen Krone in der Neuen Welt.

Infolge ideologisch-religiös motivierter Reglementierungen für den Handel und die Einfuhr von Büchern blieb der Buchbesitz in New Mexico vor allem auf Geistliche und höhere Verwaltungsbeamte beschränkt (ADAMS / SCHOLES 1942, 227–228; ADAMS 1944). Bei den vorhandenen Büchern handelte es sich in erster Linie um die Bibel und andere religiöse sowie auch einzelne medizinische Schriften. Daneben sind politische, historische, naturbezogene, wissenschaftliche oder pseudowissenschaftliche Abhandlungen sowie klassische literarische Werke und Unterhaltungsliteratur zu finden. Die historischen Quellen zum Buchbesitz lassen jedoch keine genaueren Schätzungen zum Leseverhalten oder zu den Lese- und Schreibkenntnissen der Bevölkerung zu, da die Angaben zu unvollständig sind. Zudem bedeutet der Besitz eines Buches nicht automatisch dessen Lektüre, und umgekehrt können Bücher von ihrem Besitzer auch zum Lesen oder Vorlesen an andere verliehen werden.

Eine geeignetere Quelle, um den Alphabetisierungsgrad der Bevölkerung zu bestimmen, sind militärische Musterungslisten, wie sie in New Mexico nach der Pueblorevolte von 1680 auf Initiative des Gouverneurs zur Vorbereitung einer kolonialen Wiederbesiedlung angelegt wurden, um eine systematische Bestandsaufnahme der zur Verfügung stehenden Männer vorzunehmen. Schreibkundige unterzeichneten in diesen Listen mit ihrem Namen, Analphabeten wurden als solche erfaßt.

Im Jahre 1681 vermochten unter den 147 waffenfähigen Männern, die in Musterungslisten erfaßt waren und von denen 131 in New Mexico und nur sechzehn im übrigen Neuspanien oder in Spanien geboren waren, lediglich fünfzehn Prozent eine Unterschrift zu leisten. Das entspricht einer Analphabetenrate von fünfundachtzig Prozent (SCHOLES 1935, 100). Der Anteil der Lesekundigen lag gemäß den Musterungslisten etwas höher als der Anteil der Schreibkundigen. Dies ist darauf zurückzuführen, daß in den damaligen Schulen zunächst das Lesen, dann das Schreiben und erst danach das Rechnen gelehrt wurde (GALLEGOS 1992, 46–47). Für die weibliche Bevölkerung kann unter Heranziehen der vom Inquisitionsgericht vernommenen Frauen eine Analphabetenrate von über neunzig Prozent für den Zeitraum zwischen 1626 und 1680 veranschlagt werden. Unter den dreiunddreißig Frauen, die im Jahre 1631 vernommen wurden, war keine einzige in der Lage, eine Unterschrift zu leisten. France SCHOLES (1935, 100) interpretiert diese Verhältnisse als *Frontier conditions* in New Mexico.

Auch wenn es sich bei den in den Musterungslisten dokumentierten Daten um nur geringe Fallzahlen handelt, so stellen die Rekruten nach Einschätzung von SOLTOW und STEVENS (1981, 50) zumindest in den USA zur Mitte des neunzehnten Jahrhunderts einen annähernd repräsentativen Querschnitt des sozioökonomischen Spektrums der Bevölkerung dar, auch wenn anzunehmen ist, daß weniger wohlhabende Personen unter den Rekruten überdurchschnittlich stark vertreten waren. Das gleiche scheint für das spanische New Mexico angenommen werden zu

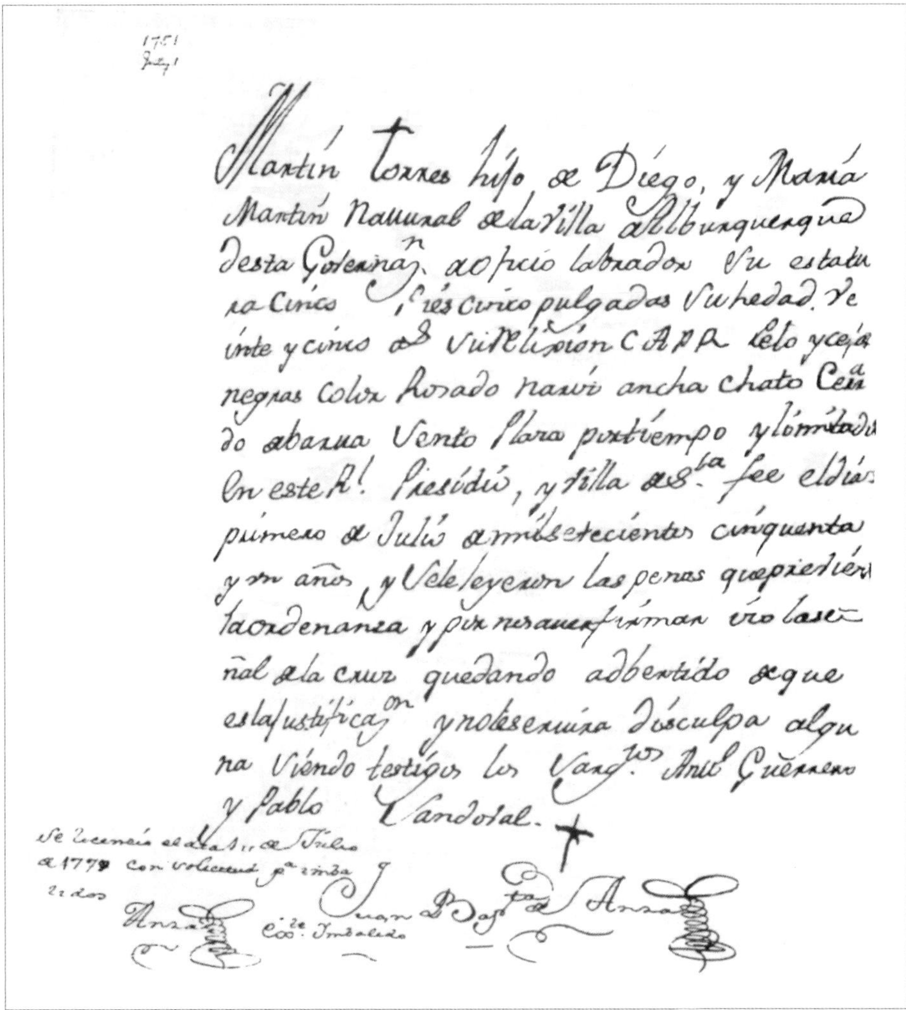

3.1 Spanische Kolonialzeit (1598–1821)

Martín Torres, Sohn von Diego und María Martín, gebürtig in der Stadt Albu[r]querque [...] Landarbeiter, seine Größe [beträgt] fünf Fuß und fünf Zoll, sein Alter fünfundzwanzig Jahre, seine Religionszugehörigkeit [ist] katholisch. Haar und Augenbrauen schwarz, seine Hautfarbe [ist] rötlich, seine Nase breit und flach. [...] tritt als Soldat in den Militärdienst in diesem Königlichen Presidio und zugleich Stadt Santa Fe am 1. Juli des Jahres 1751, und die Dienstvorschrift wurde ihm vorgelesen, und er bestätigt dies in Unkenntnis des Schreibens vor den Zeugen Anil Guerrero und Pablo Sandoval mit einem Kreuz.

Abb. 1: Musterungsprotokoll für den Rekruten Martín Torres (1751)
Quelle: SPANISH ARCHIVES OF NEW MEXICO, series II, reel 21, frame 249.

können, wie aus einer Äußerung des Manuel Durán de Armijo hervorgeht, derzufolge er als Soldat in armen Verhältnissen geheiratet hat und aus seiner Ehe nicht weniger als zwölf Kinder hervorgegangen sind (SPANISH ARCHIVES OF NEW MEXICO I, doc. 246).

Eine umfassendere Analyse der Musterungslisten zwischen 1732 und 1820 wurde vom Historiker Bernardo GALLEGOS (1992) durchgeführt, der die Signierfähigkeit in Bezug zur beruflichen Stellung und räumlichen Herkunft der 424 in diesem Zeitraum gemusterten Rekruten setzt und auf diese Weise Rückschlüsse auf die gesellschaftliche Struktur des damaligen New Mexico zu ziehen vermag. Eine zeitliche Veränderung des Alphabetisierungsgrades kann auf Grundlage der Rekrutendaten nicht festgestellt werden. Die im Erhebungszeitraum zu verzeichnende leichte Abnahme ist vermutlich nicht Ausdruck eines tatsächlichen Absinkens der Alphabetisierungsrate in New Mexico, sondern eher darauf zurückzuführen, daß der Anteil der Rekruten aus dem Zentrum Santa Fe zwischen 1732 und 1770 bei sechsundsiebzig Prozent lag und sich zwischen 1770 und 1820 zugunsten der peripheren Agrargebiete auf zweiundsechzig Prozent verringerte.

Tab. 4: Räumliche Herkunft und Signierfähigkeit der Rekruten (New Mexico, 1732–1820)

Herkunft der Rekruten (Wohnorte)	Anzahl	Anteil der Signierfähigen	
		absolut	relativ
Santa Fe (New Mexico)	269	98	36,4
Rio Arriba (New Mexico)	90	15	16,7
Rio Abajo (New Mexico)	38	5	13,2
übriges Neuspanien	19	15	78,9
Summe	**416**	**133**	**32,0**
ohne Angabe	8		

Quelle: Eigene Berechnungen auf Datengrundlage von GALLEGOS (1992).

Was die Einzugsgebiete der Rekruten betrifft, dominiert Santa Fe mit fast zwei Dritteln der gemusterten Männer. Auf das restliche New Mexico entfallen einunddreißig Prozent der erfaßten Rekruten; weniger als fünf Prozent stammen aus dem übrigen Neuspanien und dort vor allem aus den Zentren Mexiko-Stadt, El Paso und Chihuahua. Der Alphabetisierungsgrad ist bei den auswärtigen Rekruten mit neunundsiebzig Prozent sehr hoch. Innerhalb New Mexicos liegen die Werte für Santa Fe merklich höher als für die anderen Regionen. Dies kann als Ausdruck einer gewissen Urbanität und Zentralität interpretiert werden. Es ist durchaus möglich, daß es in Santa Fe auch Schulen gab, die nicht dokumentiert sind, oder daß der informelle Privatunterricht einen hohen Stellenwert hatte.

3.1 Spanische Kolonialzeit (1598–1821)

Tab. 5: Berufsstruktur und Signierfähigkeit der Rekruten (New Mexico, 1732–1820)

Berufsstruktur der Rekruten	Anzahl	Anteil der Signierfähigen	
		absolut	relativ
1. Landwirtschaft			
Campesino	1	0	0,0
Campista	35	8	22,9
Landarbeiter (labrador)	246	77	31,3
Oficio de Campo	57	21	36,9
Zwischensumme	339	106	31,3
2. Produzierendes Gewerbe und Dienstleistungen			
Handwerker und Kaufleute	33	17	51,5
Schreiber und Lehrer	5	5	100,0
Textilarbeiter (obrajero)	29	3	10,3
Zwischensumme	67	25	37,3
Summe	**406**	**131**	**32,3**
ohne Angabe	18		

Quelle: Eigene Berechnungen auf Datengrundlage von GALLEGOS (1992).

Hinsichtlich des beruflichen Spektrums der zwischen 1732 und 1820 gemusterten Rekruten dominiert der agrare Sektor mit 83,5 Prozent, während auf den Bereich von produzierendem Gewerbe und Dienstleistungen lediglich 16,5 Prozent entfallen. Es verwundert zunächst, daß die im Agrarbereich Beschäftigten zu einem kaum geringeren Teil signierfähig waren als die nicht agrarische Erwerbsbevölkerung. Dies ist jedoch vor allem auf den hohen Anteil von Textilarbeitern zurückzuführen, von denen nur zehn Prozent eine Unterschrift leisten konnten. In den handwerklichen Berufen lag die Signierfähigkeit bei über fünfzig Prozent. Eine Konzentration der nicht im Agrarsektor tätigen Bevölkerung besteht in Santa Fe, wo innerhalb New Mexicos zentrale Versorgungs- und Verwaltungsfunktionen ausgeübt wurden. Die dortige Bevölkerung war durch eine entsprechend vielfältige Berufsstruktur gekennzeichnet. Wie KICZA (1983, 207) ausführt, sollte das soziale Prestige der Handwerkerberufe aber nicht überschätzt werden, da diese zum Ende der Kolonialzeit in Neuspanien gesellschaftlich eher gering eingestuft wurden, wie durch ein sukzessives Verschwinden der Bezeichnung *Don* vor Personennamen im Bereich der handwerklichen Berufe sowie durch einen zunehmenden Anteil nichthispanischer Bevölkerung in den Handwerkerberufen nachgewiesen werden kann.

3.1.4 Gesellschaftliche Bedeutung von Bildungswesen und Alphabetisierung

Im Zuge der Kolonialherrschaft brachten die spanischen Siedler mit ihrem religiösen Glauben und ihren zivilisatorischen Vorstellungen auch einen Wissensbegriff und Wissensinhalte nach New Mexico, die der dort lebenden indianischen Bevölkerung bis dahin unbekannt waren. Es entstand eine neue gesellschaftliche und kulturelle Ordnung, die auf die Macht der Kolonialherren, ihr Wissen und die katholische Religion gestützt war. Bildung und Alphabetisierung dienten der Indoktrinierung der indigenen Bevölkerung und dem Aufbau und Aufrechterhalten der kolonialen Gesellschaftsordnung. Im achtzehnten Jahrhundert hielt das geschriebene Wort die Gesellschaft in New Mexico in vielerlei Hinsicht zusammen, auch wenn nur ein Teil der Bevölkerung des Lebens und Schreibens kundig war. Die schriftliche Fixierung gesellschaftlicher Normen und Werte diente dem Ziel der Kolonialherren und der katholischen Kirche, die traditionellen Weltbilder der indigenen Bevölkerung durch ihr eigenes Weltbild dauerhaft zu ersetzen und den christlichen Glauben zu fördern.

So wurden Missionsschulwesen und Alphabetisierung bewußt als politisches und ideologisches Werkzeug eingesetzt. Die *Doctrinarios* fungierten in diesem Prozeß gewissermaßen als Brücke oder Vermittler zwischen nichtalphabetisierter (bzw. nichtchristianisierter) und alphabetisierter (bzw. christianisierter) Bevölkerung. Eine ähnlich bedeutende Rolle kam den bereits erwähnten in spanischen Haushalten lebenden *Genízaros* im Transformationsprozeß von Alphabetisierung und Akkulturation zu (CÓRDOVA 1979).

Neben der integrierend-dominierenden Akkulturationsfunktion leistete die Alphabetisierung einer sozialen Ausdifferenzierung und Stratifizierung Vorschub. Lese- und Schreibkundigkeit halfen nicht nur in New Mexico verschiedenen gesellschaftlichen Gruppen, ihre Interessen zu verfolgen. Dies gilt in besonderer Weise für das koloniale Neuengland, dessen Bevölkerung im achtzehnten Jahrhundert zu einem deutlich größeren Teil alphabetisiert war, als es für New Mexico die Rekrutenlisten vermuten lassen und für England und andere europäische Staaten mehrere Untersuchungen belegen (LOCKRIDGE 1981). Gleichwohl trachtete die Inquisition danach, Druckmaterial in New Mexico zu kontrollieren, um der Verbreitung als subversiv eingeschätzter Ansichten entgegenzuwirken. So erging beispielsweise 1803 im Namen der spanischen Krone der Auftrag, sämtliche in der Provinz verbreiteten Exemplare der spanischen Übersetzung der aufgrund ihres sozialrevolutionären Potentials als gefährlich eingestuften Schrift *Du Contrat Social* von Jean-Jacques Rousseau zu konfiszieren (SPANISH ARCHIVES OF NEW MEXICO II, doc. 1686).

Somit kann die kirchlich initiierte Alphabetisierung in gewisser Weise auch als Beitrag zur Verfestigung sozialer und politischer Verhältnisse erachtet werden. Unter der spanischen Kolonialherrschaft diente die Alphabetisierung in New

3.1 Spanische Kolonialzeit (1598–1821)

Mexico gleichermaßen dem sozialen Zusammenhalt und einer gesellschaftlichen Ausdifferenzierung. Diese aus konflikttheoretischer Perspektive äußerst interessanten Fragen nach den Verbindungen zwischen Wissen und Macht, der Funktion von Wissen als Instrument zur Machtausübung sowie der Einflußnahme auf kulturelle Identität durch die inhaltliche und organisatorische Gestaltung des Schulsystems (MEUSBURGER 1998) gewinnen, wie sich im Verlauf der vorliegenden Arbeit zeigen wird, in New Mexico nach der politischen Eingliederung in die Vereinigten Staaten zur Mitte des neunzehnten Jahrhunderts noch zusätzlich an Bedeutung.

3.2 Mexikanische Unabhängigkeit (1821–1848)

Im Jahre 1821 erlangte New Mexico die Unabhängigkeit von der spanischen Krone und blieb während der kurzen Zeitspanne bis 1848 als Provinz Bestandteil und nördliche Peripherie des neu gegründeten Staates Mexiko, zu dessen Hauptstadt in Fortführung des Verwaltungssitzes von Neuspanien Mexiko-Stadt erklärt wurde. Diese Phase war jedoch durch eine besonders große politische Instabilität geprägt, die unter anderem darin ihren Ausdruck fand, daß die mexikanische Regierung zwischen 1824 und 1835 nicht weniger als sechzehn Mal wechselte (MEIER / RIBERA 1993, 53–68).

3.2.1 Entwicklung eines ambivalenten Verhältnisses zu den USA

Nachdem Mexiko und damit auch das Gebiet des heutigen New Mexico 1821 die Unabhängigkeit von Spanien erlangt hatte, entfaltete sich ein rasch anwachsender Handel über den *Santa Fe Trail* zwischen Santa Fe und St. Louis im Bundesstaat Missouri. Diese neuen Entwicklungen einer räumlichen Umorientierung konsolidierten sich mit der fortschreitenden Besiedlung sowohl durch *Hispanics* aus den bereits erschlossenen hispanischen Siedlungsgebieten im Bereich des Rio Grande als auch durch angloamerikanische Siedler, die mit ihren Rinderherden im Norden über den *Santa Fe Trail* und im Süden entlang des Rio Grande und des Pecos River flußaufwärts vordrangen (MEINIG 1971, 27–37).

Nachdem die angloamerikanischen Siedler im Gebiet von Texas bereits sehr viel zahlreicher als die mexikanischen waren und als sich die mexikanische Regierung gegen die dort seitens der Angloamerikaner praktizierte Sklavenhaltung wandte, erklärte sich Texas 1836 zur unabhängigen Republik und wurde 1845 schließlich von den USA annektiert. Daraufhin kam es zum Mexikanischen Krieg (1846–48), nach dessen Beendigung die siegreichen US-Amerikaner Mexiko im *Vertrag von Guadalupe Hidalgo* zwangen, nicht nur seine anhaltenden Gebietsansprüche in

Texas aufzugeben, sondern auch die westlich daran angrenzenden Gebiete der späteren Bundesstaaten New Mexico, Arizona, Kalifornien, Nevada und Utah zu verkaufen. Durch den *Gadsden Purchase* von 1853 erwarben die USA zusätzlich noch einen Streifen wüstenhaften Gebietes im Süden der heutigen Staaten New Mexico und Arizona (HOFMEISTER 1995, 54).

3.2.2 Versuche zur Errichtung eines staatlichen Bildungswesens

Unter der mexikanischen Herrschaft gab es intensive Bemühungen um die Errichtung eines öffentlichen Schulwesens, wie etwa aus einem Gesetz vom 27. April 1822 hervorgeht, das eine möglichst rasche Errichtung öffentlicher Schulen in den Gemeinden von New Mexico vorsah (JENKINS 1977, 5). Aber es gab keine finanzielle Unterstützung durch die Zentralregierung, und die Gemeinden wollten und konnten ihre Bewohner nicht mit einer zusätzlichen lokalen Steuer zur Errichtung von Schulen belasten. Man gelangte jedoch zur Absprache, daß die in New Mexico erhobenen Steuern und Abgaben zur Hälfte dem Militärwesen und zur Hälfte der Unterhaltung öffentlicher Schulen zu Gute kommen sollten. Mit Hilfe dieses Budgets und zusätzlicher Spenden wurden Schulen in Santa Fe, Albuquerque, Santa Cruz und wenigen weiteren Orten errichtet. Die Zahl dieser Schulen stieg zwischen 1827 und 1832 vorübergehend auf siebzehn oder achtzehn an.

Nachdem jedoch der mexikanische Kongress unter dem Einfluß von Pater Antonio José Martínez beschlossen hatte, die das Budget konstituierenden Abgaben dem Bischof zur Verfügung zu stellen, mußten die öffentlichen Schulen bereits im Jahre 1834 aus finanziellen Gründen wieder geschlossen werden (MOYERS 1941, 101–139). Pater Martínez stammte aus Abiquiu und hatte ein sehr erfolgreiches Studium in Durango absolviert, bevor er zunächst dort als Hochschullehrer tätig war und im Jahre 1823 nach New Mexico zurückkehrte. In Konkurrenz zu einem 1826 in Santa Fe als gemeinsame Unternehmung von Staat und Kirche gegründeten *College* errichtete Martínez, der sich gegen Schulen mit auswärtig rekrutiertem Lehrpersonal wandte, in Taos ein eigenes privates *College*, das dem *College* von Santa Fe so viele Schüler abzog, daß letzteres kurz darauf wieder schließen mußte (MOYERS 1941, 787). Weiterhin ist Pater Martínez, der während der mexikanischen und frühen US-amerikanischen Phase zu einer bedeutenden Figur in der gesellschaftlichen und politischen Landschaft New Mexicos wurde, die erste in der Region eingesetzte Druckerpresse zu verdanken, mit deren Hilfe er seiner Politik in Form verschiedener Schriften und Zeitungen Ausdruck verlieh (ARAGON 1978). Diese erste Druckerpresse wurde im Sommer 1834 in Santa Fe erworben und diente zunächst zur Produktion der ersten Zeitung in New Mexico *El Crepúsculo de la Libertad* von Antonio Barreiro. Später wurde die Presse nach Taos verkauft und dort von Pater Martínez zum Drucken von Schulmaterialien und verschiedenen religiösen Traktaten genutzt (MEIER / RIBERA 1993, 51–52).

3.2 Mexikanische Unabhängigkeit (1821–1848) 53

Bis zur US-amerikanischen Besetzung von 1846 ist keine einzige öffentliche Schule als dauerhaft bestehende Institution in New Mexico überliefert. Das institutionalisierte Bildungswesen beschränkte sich auf die Initiative einiger kirchlicher und privater Schulen. Daneben gab es die Möglichkeit privaten Unterrichts im eigenen Hause. Öffentliche Schulen existierten lediglich zeitweise in Santa Fe und rudimentär auch an einzelnen anderen Orten. Wie bereits während der spanischen Kolonialzeit konnte höhere Bildung nur außerhalb der Grenzen New Mexicos, in der Regel in katholischen Institutionen, erworben werden. (MOYERS 1941, 787–788). Unter mexikanischer Herrschaft wurde die Errichtung eines staatlichen Bildungswesens zwar propagiert, konnte aber aufgrund der politischen Wirren und fehlender finanzieller Mittel nicht dauerhaft realisiert werden.

3.3 Eingliederung in die Vereinigten Staaten (1848–1950)

Nach Beendigung des Mexikanischen Kriegs fiel New Mexico 1848 mit Abschluß des *Vertrags von Guadalupe Hidalgo* an die USA. Nachdem es im Dezember 1850 den Status eines *Territory* bekam, dem bis 1863 auch das spätere Arizona zugehörig war, vollzog sich eine sukzessive Eingliederung New Mexicos in die Vereinigten Staaten von Amerika, als deren wichtigste Etappe 1912 die Anerkennung New Mexicos als US-amerikanischer Bundesstaat gelten kann. Wie die folgenden Ausführungen zeigen werden, verzeichnet man in New Mexico seit Ende des neunzehnten Jahrhunderts einen raschen Anstieg des Alphabetisierungsgrads der Bevölkerung, der mit einem Ausbau und einer Diversifizierung des Bildungswesens sowie einem kontinuierlich ansteigenden Ausbildungsniveau eines Großteils der Bevölkerung während des gesamten zwanzigsten Jahrhunderts einhergeht.

3.3.1 Wirtschaftliche und gesellschaftliche Veränderungen

Die vergleichsweise spärlich besiedelte Region des US-amerikanischen *Territory* New Mexico war zunächst erneut, wie bereits unter mexikanischer Herrschaft, durch eine politische und wirtschaftliche Instabilität gekennzeichnet. Neben der überwiegend hispanischen und indianischen Bevölkerung hatten sich infolge der unter mexikanischer Herrschaft gelockerten Handelsbeschränkungen einige US-Amerikaner in New Mexico niedergelassen, deren Zahl sich im Jahre 1846 auf dreihundert Personen belief. Bereits vier Jahre später wurden in der Volkszählung von 1850 für das *Territory* New Mexico, das sich zu diesem Zeitpunkt auch über das heutige Arizona erstreckte, 840 gebürtige US-Amerikaner gezählt, die zum überwiegenden Teil aus New York, Pennsylvania, Missouri, Virginia, Kentucky und Texas stammten. Unter den 2 063 im Ausland geborenen Einwohnern war

Mexiko mit 1 365 Personen das bedeutendste Herkunftsland, gefolgt von Irland (292) und Deutschland (215) (WELSH 1996, 105).

Die Siedlungstätigkeit beschränkte sich im wesentlichen auf das Tal des Rio Grande und das traditionelle hispanische Siedlungsgebiet im Norden des heutigen New Mexico. Weite Teile des *Territory* blieben zunächst unerschlossen, da die zuwandernden Siedler vor den gegebenen naturräumlichen Widrigkeiten und der latenten Bedrohung durch plündernde und raubende Angloamerikaner, Mexikaner und Indianer zurückschreckten. Im Jahre 1861 wurde New Mexico zudem in den Sezessionskrieg involviert, als konföderierte Truppen aus Texas in das *Territory* vordrangen und sich erst drei Jahre später nach einer Niederlage am Glorieta Pass wieder aus New Mexico zurückzogen.

Die Instabilität setzte sich während der 1870er Jahre fort, da es im Zuge der weidewirtschaftlichen Erschließung neuer Gebiete abseits des traditionellen Siedlungsraums am Rio Grande regelmäßig zu Konflikten zwischen hispanischen und angloamerikanischen Siedlern kam, die einen ihrer Höhepunkte in den gewaltsamen Auseinandersetzungen des *Lincoln County War* zwischen 1876 und 1878 im Südosten New Mexicos fanden (MEIER / RIBERA 1993, 87–92). Die traditionell auf subsistenzorientierte Landwirtschaft und Schafhaltung ausgerichteten *Hispanics* sahen sich umgeben von einer rasch anwachsenden Zahl angloamerikanischer Zuwanderer, die ihrerseits auf eine marktorientierte Rinderhaltung setzten. Die Einführung einer neuen Besteuerung von Landbesitz in den 1870er Jahren brachte die subsistenzorientierten hispanischen Siedler in finanzielle Bedrängnis und zwang viele von ihnen zum Verkauf ihres Weidelandes. Als Käufer traten Spekulanten und angloamerikanische Siedler auf, denen es auf diese Weise gelang, ihre Ländereien schnell auszuweiten. In nur wenigen Jahren büßten die hispanischen Subsistenzbetriebe achtzig Prozent ihrer landwirtschaftlichen Nutzfläche ein (YOHN 1991, 345). In der Folge leisteten *Hispanics* wiederholt gewaltsamen Widerstand und zerstörten die Zäune der angloamerikanischen Siedler. Für überregionales Aufsehen sorgten verschiedene Aktionen des militanten Bündnisses der *Gorras Blancas*, das vor allem im *County* San Miguel aktiv war.

Der rasche Ausbau des Eisenbahnnetzes der *Atchison, Topeka and Santa Fe Railroad* und der *Denver & Rio Grande Railroad* zwischen 1879 und 1900 beschleunigte im Agrarsektor den Wandel von der Subsistenz- zur Marktwirtschaft. Es bildeten sich angloamerikanische landwirtschaftliche Großbetriebe heraus, neben denen sich allein die von der hispanischen Bevölkerung als *Ricos* [span. die Reichen] bezeichneten alteingesessenen hispanischen Großgrundbesitzerfamilien halten konnten. Durch die Anbindung an das nationale Wirtschaftssystem entwickelten sich regelrechte Wirtschaftsimperien in den Bereichen Holz, Rinderhaltung, Bergbau und Baumwolle.

Im Zuge einer langsamen Konsolidierung der politischen Verhältnisse seit dem ausgehenden neunzehnten Jahrhundert akkumulierte sich das angloamerikanische

3.3 Eingliederung in die Vereinigten Staaten (1848–1950)

Kapital nicht nur im ländlichen New Mexico, sondern auch in den an der aufkeimenden Industrialisierung teilhabenden Siedlungen. So konnten sich einzelne etwas bedeutendere städtische Agglomerationen herausbilden, deren wichtigste der Eisenbahnknotenpunkt Albuquerque war (MEINIG 1971, 38–52 und 66–81). Daneben bestanden weiterhin die Hauptstadt Santa Fe und die sich rasch entwickelnden Städte Las Vegas, Gallup und Roswell sowie die nahe Silver City gelegene Bergbausiedlung Santa Rita.

Im Jahre 1912 konnte New Mexico schließlich als siebenundvierzigster Bundesstaat in die USA aufgenommen werden, nachdem entsprechende frühere Anträge an internen Widerständen der hispanischen Bevölkerung gescheitert waren. Infolge des wirtschaftlichen Aufschwungs und der Transformation der Landwirtschaft wurden große Teile der hispanischen Bevölkerung in das berufliche Segment der Lohnarbeiter im Agrarsektor abgedrängt oder versuchten im Bereich von Eisenbahn- und Bergbau oder in den städtischen Agglomerationen Arbeit zu finden. Mechanisierung und Industrialisierung erzeugten einen bedeutenden Arbeitskräftebedarf, der durch die in New Mexico lebende Bevölkerung und die zuwandernden Angloamerikaner allein nicht gedeckt werden konnte. Deshalb kam es seit Ende des neunzehnten Jahrhunderts zu einer verstärkten Zuwanderung mexikanischer Arbeitskräfte sowie im Bereich des Eisenbahnbaus auch schwarzer und asiatischer Arbeiter aus anderen Teilen der USA. Zur primär wirtschaftlichen Motivation der zeitweisen oder dauerhaften Immigration mexikanischer Arbeiter, die der Armut im eigenen Land entgehen wollten, kamen mit der Mexikanischen Revolution politische Beweggründe hinzu. Den Gegnern des revolutionären Regimes in Mexiko drohten Verfolgung und Enteignung. Besondere Impulse erfuhr die Zuwanderung während und unmittelbar nach dem Ersten Weltkrieg infolge eines erhöhten Arbeitskräftebedarfs in Industrie und Landwirtschaft. Allein zwischen 1917 und 1921 wanderten in die USA 72 000 mexikanische Landarbeiter ein, ohne sich den Bestimmungen des *Immigration Act* von 1917 unterziehen zu müssen, der unter anderem einen Test der Lese- und Schreibfähigkeit vorsah. Zu den Zielgebieten zählten neben New Mexico vor allem Kalifornien, Texas und Arizona (CARDOSO 1980).

Die wirtschaftliche Depression in den 1930er Jahren führte zur Entlassung und nicht immer freiwilligen Rückwanderung zahlreicher mexikanischer Arbeitskräfte, obwohl diese zum Teil im Besitz der US-amerikanischen Staatsbürgerschaft waren. Als sich die wirtschaftliche Situation Ende der 1930er Jahre wieder zu bessern begann, wurde die mexikanische Zuwanderung von Arbeitskräften durch das *Bracero*-Programm (1942–64) erneut staatlich gefördert. Mehrere hunderttausend mexikanische Arbeitskräfte wurden seitens der USA für Industrie und vor allem Agrarwirtschaft als saisonal eingesetzte Wanderarbeiter angeworben. Mit dem Eintritt der Vereinigten Staaten in den Zweiten Weltkrieg sollte sich der Arbeitskräftebedarf im eigenen Land noch weiter verstärken.

3 Entwicklung von Bildung und Bildungswesen in New Mexico

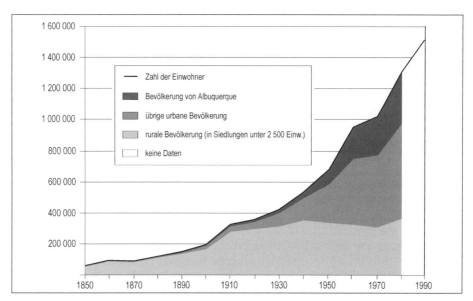

Abb. 2: Entwicklung der Einwohnerzahl und des Anteils der urbanen und ruralen Bevölkerung (New Mexico, 1850–1990)

Quelle: Eigene Darstellung auf Grundlage von U.S. CENSUS und DODD (1993).

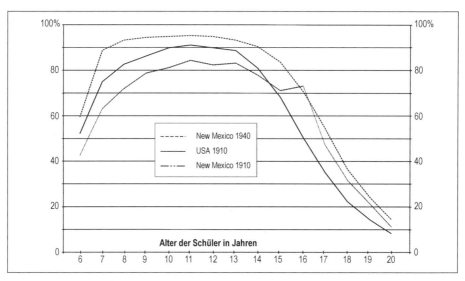

Abb. 3: Entwicklung der Schulbesuchsquoten nach Alter der Schüler in New Mexico und den USA (1910 und 1940)

Quelle: Eigene Berechnungen nach U.S. CENSUS (1913a, 1128–1138; 1943, 17).

3.3.2 Entwicklung eines modernen Schulwesens

Zu Beginn der Eingliederung New Mexicos in die Vereinigten Staaten verfügte das *Territory* über ein im Vergleich zu anderen Teilen der USA nur sehr wenig entwickeltes Bildungswesen, das sich auf einzelne katholische Schulen beschränkte, die nur von einem geringen Teil der heranwachsenden Bevölkerung besucht wurden. Um die Bildungssituation war es zu der Zeit zweifellos noch schlechter bestellt als während der ausgehenden spanischen Kolonialzeit im späten achtzehnten und frühen neunzehnten Jahrhundert. So weist der *U.S. Census* von 1850 für New Mexico lediglich eine in Santa Fe befindliche Akademie mit nur einem beschäftigten Lehrer und vierzig Schülern aus. Abgesehen davon sind keine *Colleges* oder andere öffentliche Schulen dokumentiert. Gemeinsam mit Minnesota zählte New Mexico zu den einzigen Gebieten innerhalb der USA, deren Bildungswesen zu diesem Zeitpunkt abgesehen von einzelnen kirchlichen Schulen so gut wie inexistent war.

Bis 1860 entstanden im gesamten *Territory* New Mexico nicht mehr als siebzehn öffentliche Schulen, deren Schülerschaft sich im ganzen auf 220 Schüler belief. Zur gleichen Zeit verzeichnete das von der Bevölkerungszahl damals nicht einmal halb so große *Territory* Utah mehr als zehnmal so viele Schulen und exakt fünfundzwanzigmal so viele Schüler wie New Mexico. Auch in den Jahren nach dem Sezessionskrieg vermochte sich die Bildungssituation in New Mexico nicht entscheidend zu verändern und blieb den bildungsbezogenen Verhältnissen im benachbarten Mexiko damit zweifellos näher als denen in anderen Regionen der USA. So besuchten auch noch im Jahre 1871 nur acht Prozent der Kinder in New Mexico irgendeine Form von Schule (WELSH 1996, 108).

Dies änderte sich im Zuge eines langsamen Ausbaus des Schulwesens seit den 1870er Jahren, und zwar mit räumlichen Schwerpunkten sowohl im ländlichen Norden New Mexicos, der durch presbyterianische Missionsschulen erschlossen wurde (YOHN 1991, 356), als auch in Albuquerque und den übrigen städtischen Siedlungen, in denen sich gleichermaßen Jesuiten im Auftrag des Bischofs Lamy von Santa Fe (MOYERS 1941, 190–281) und die zugewanderte angloamerikanische Bevölkerung für die Errichtung von Schulen engagierten. Die ersten öffentlichen Schulen New Mexicos waren ebenso wie diejenigen in Texas und Kalifornien ethnisch segregiert. Die ethnisch-kulturelle Spaltung verstärkte sich mit einer wachsenden Zahl von Siedlern aus den östlichen US-amerikanischen Bundesstaaten und Europa. Auf Betreiben dieser in der Regel weder katholischen noch spanischsprachigen Einwanderer wurden in New Mexico staatliche und private Schulen errichtet, deren Ziel es war, den Vorstellungen und Ansprüchen einer modernen Gesellschaft angloamerikanischer Prägung möglichst nahezukommen.

Im Zuge der Errichtung einiger öffentlicher Schulen in Albuquerque, Santa Fe, Las Vegas und anderen Orten in New Mexico gab es während der 1870er Jahre wiederholt Auseinandersetzungen zwischen den Befürwortern staatlich unterstützter öffentlicher Schulen angloamerikanischen Zuschnitts und den Fürsprechern der katholischen Schulen (ATKINS 1982). Diese anhaltende Uneinigkeit war ein Grund für die vergleichsweise langsame Entwicklung des Bildungswesens in New Mexico. Die protestantische Bevölkerung stand gewöhnlich auf seiten der öffentlichen Schulen, in denen meist englischsprachiger und nichtkatholischer Unterricht praktiziert wurde. Katholiken hatten nichts gegen öffentliche Schulen einzuwenden, solange die Lehrer katholischen Glaubens waren – sie wandten sich jedoch gegen jede Schule, bei der sie fürchteten, der Glaube ihrer Kinder könne durch den Unterricht unterminiert werden.

Aber nicht nur aus religiösen, sondern ebenso aus politischen und wirtschaftlichen Gründen war die Errichtung eines öffentlichen Schulwesens mit einigen Schwierigkeiten verbunden. Untere soziale Schichten waren nicht in der Lage, öffentliche Schulen durch Steuerzahlungen zu unterstützen, und die wohlhabendere Bevölkerung war nicht gewillt, Schulen für alle Kinder zu finanzieren. Im Jahre 1872 wurde erstmals ein Gesetz zur Schulsteuer verabschiedet, das alle Einwohner mit einem Vermögen von mindestens fünfhundert Dollar betraf. Doch die auf diesem Wege gewonnenen Gelder blieben zu knapp, um die Schulen auf einem angemessenen Niveau unterhalten zu können. Bis zur Novellierung der Schulgesetzgebung von 1891 war das Lehrpersonal der bestehenden öffentlichen Schulen schlecht bezahlt und unzureichend qualifiziert, so daß der Unterricht als in der Regel qualitativ unzureichend bezeichnet werden kann (MOYERS 1941, 141–189). Die geltende Schulgesetzgebung sah weder eine Errichtung von Schulgebäuden mit Hilfe der lokal verfügbaren finanziellen Mittel vor noch die Existenz lokaler Schulbehörden. So wurde die überwiegende Zahl der öffentlichen Schulen in angemieteten oder gestifteten Räumlichkeiten untergebracht.

Eine Vorreiterfunktion in der Errichtung öffentlicher Schulen besaß die Stadt Albuquerque, in der sich seit den späten 1870er Jahren eine rasante Entwicklung vollzog, die wirtschaftlich vor allem auf die Eisenbahnanbindung der Stadt gestützt war und sich baulich in der vom alten Kern getrennten New Town erkennen ließ. Die zugewanderte angloamerikanische Elite der Stadt, zu der unter anderem der Kaufmann Elias Stover, der Bezirksrichter William Hazledine und der ausgewanderte deutsche Transportunternehmer Franz Huning zählten, bestimmte den Ausbau des Bildungswesens in der Stadt (BIEBEL 1980, 210–213). Im Anschluß an den Sezessionskrieg lag das Bildungswesen zunächst in der kirchlichen Obhut des Ordens der *Sisters of Loretto* und wechselte bald darauf in die Verantwortung der von Jesuiten geführten Schule des *Holy Family College*, deren Gründung im Herbst 1870 durch den jesuitischen Bischof Lamy von Santa Fe erfolgt war. Die Jesuiten wurden in dieser Zeit vom *County* Bernalillo dafür bezahlt, daß sie die Bildungsversorgung für die heranwachsende Bevölkerung sicherstellten. Steigende Schülerzahlen führten dazu, daß die Jesuiten 1878 mit der *Albuquerque Public*

3.3 Eingliederung in die Vereinigten Staaten (1848–1950)

School ein neues Gebäude in der Old Town von Albuquerque errichteten. Ebenfalls 1878 und ebenfalls in der Old Town entstand auf Betreiben der angloamerikanischen Oberschicht mit der *Albuquerque Academy* die erste nicht kirchliche Schule in der Stadt. Doch bereits 1881 faßten die Verantwortlichen der *Albuquerque Academy* den Entschluß, ihre Schule in die New Town zu verlegen, die im Bereich um das Eisenbahndepot ein sehr rasches Bevölkerungswachstum erfuhr. Das neue Gebäude wurde 1882 errichtet. Zeitgleich begannen mit Unterstützung einzelner wohlhabender *Hispanics* im nördlichen Teil der New Town die Arbeiten zur Errichtung der *St. Vincent Academy*, die von den *Sisters of Charity* als Mädchenpensionat und öffentliche Schule für die Bewohner der nördlichen New Town geführt werden sollte.

Zusammenfassend läßt sich für New Mexico, das im *U.S. Census* von 1880 immerhin sechsundvierzig Schulgebäude und einhundertvierundsechzig beschäftigte Lehrer verzeichnet, feststellen, daß der Ausbau der schulischen Infrastruktur in dieser frühen Phase mit den katholischen Schwestern und besonders den Jesuiten, den Presbyterianern und der städtischen Bevölkerung angloamerikanischer Herkunft drei verschiedenen Schubkräften folgte. Doch trotz seiner beachtlichen relativen Verbesserung, die sich zum Beispiel in der zwischen 1880 und 1890 von 4.755 auf 18 215 deutlich angestiegenen Schülerzahl manifestiert, blieb das Bildungswesen New Mexicos gemessen an nationalen Maßstäben äußerst rückständig.

Der entscheidende Durchbruch zur Alphabetisierung eines Großteils der heranwachsenden Bevölkerung kam erst mit der novellierten Schulgesetzgebung von 1891, die eine allgemeine Schulpflicht einführte, den Gemeinden sehr viel mehr finanzielle und organisatorische Verwaltungsfreiheit im Bereich der Schulen zusprach und die Einführung lokaler wie auch bundesstaatlicher Schulsteuern ermöglichte. Die meisten größeren Städte vermochten auf dieser Grundlage Gebäude für öffentliche Schulen zu errichten, während die ländlichen Distrikte wegen der dort geringeren finanziellen Möglichkeiten in der Bereitstellung von Schulen langsamer und auf staatliche Unterstützung angewiesen waren. Infolge des kontinuierlichen Ausbaus des schulischen Bildungswesens konnte New Mexico, als es 1912 US-amerikanischer Bundesstaat wurde, über 60 000 im öffentlichen Schulwesen eingeschriebene Schüler verzeichnen. Gleichwohl blieben die nur spärlich besiedelten ländlicheren Gebiete vielfach auch weiterhin ohne hinreichende Schulversorgung. So besaßen mehrere Schulbezirke des *County* Rio Arriba bis 1912 keine einzige öffentliche Schule, und die erste öffentliche *High School* wurde in diesem *County* erst während des Ersten Weltkriegs errichtet. An den existierenden Schulen beschränkte sich der tatsächlich durchgeführte Unterricht oft auf lediglich ein Drittel des Schuljahres, da die Schüler regelmäßig zu häuslichen Arbeiten herangezogen oder in der Landwirtschaft eingesetzt wurden. Diese Praxis war beispielsweise erforderlich, wenn der Vater einer Familie als Saisonarbeiter über längere Zeit abwesend war und die übrigen Familienmitglieder mit der Bewirtschaftung des Landes auf sich selbst gestellt waren (MOYERS 1941, 789–790).

3.3.3 Rapide Alphabetisierung

Die über mehrere Jahrzehnte nur sehr zögerliche Entwicklung des schulischen Bildungswesens in New Mexico findet ihre Entsprechung in den Zahlen zu Schulbesuch, Alphabetisierung und Ausbildungsniveau der Bevölkerung. Mit dem Ausbau des öffentlichen Schulwesens seit den 1870er Jahren und insbesondere nach Einführung der allgemeinen Schulpflicht im Jahre 1891 ist jedoch ein deutliches Ansteigen der Schülerzahlen und Schulbesuchsquoten zu verzeichnen. Im Jahre 1900 besuchten bereits sechsundsechzig Prozent der Bevölkerung im Alter von zehn bis vierzehn Jahren eine Schule, im Jahre 1910 sogar zweiundachtzig Prozent. Diese Werte dokumentieren zwar eine rasche Entwicklung im Bildungsbereich, welche die angrenzenden mexikanischen Bundesstaaten Chihuahua und Sinaloa in dieser Weise nicht erfahren haben. Zugleich unterstreichen sie aber auch den Rückstand New Mexicos gegenüber den übrigen USA, deren Schulbesuchsquote für die entsprechende Altersgruppe im Jahre 1900 bei achtzig Prozent und 1910 bei achtundachtzig Prozent lag.

Diese Entwicklung bewirkte einen raschen Alphabetisierungsprozeß der heranwachsenden Bevölkerung in New Mexico. Während im Jahre 1870 nicht einmal dreiundzwanzig Prozent der Bevölkerung ab zehn Jahren zu lesen und zu schreiben vermochten, stieg dieser Anteil bis 1930 in einem äußerst dynamischen Alphabetisierungsschub auf über fünfundachtzig Prozent. Der Analphabetenanteil der Bevölkerung ab zehn Jahren konnte sich in diesem Zeitraum so stark reduzieren, daß zwischen 1870 und 1930 trotz eines beachtlichen Bevölkerungswachstums sogar die absolute Zahl der Analphabeten in New Mexico rückläufig war (ACKERMAN 1933; SEYFRIED 1934, 9). Weiterhin lassen die erhobenen Volkszählungsdaten erkennen, daß der Analphabetenanteil sowohl in den Städten als auch im Segment der im nichtmexikanischen Ausland gebürtigen Bevölkerung besonders niedrig war.

Eine gewisse Unsicherheit besteht jedoch hinsichtlich des im *U.S. Census* von 1850 ausgewiesenen Analphabetenanteils von nahezu fünfundachtzig Prozent der erwachsenen Bevölkerung. Dieser Wert, der sich auf das Gebiet der späteren Bundesstaaten New Mexico und Arizona bezieht, liegt deutlich höher als es die überlieferten Quellen für die ausgehende spanische Kolonialzeit zu Beginn des neunzehnten Jahrhunderts in New Mexico vermuten lassen. Dies kann als Anhaltspunkt dafür gewertet werden, daß es während der ersten Hälfte des neunzehnten Jahrhunderts zu einem vorübergehenden Anstieg des Analphabetenanteils in New Mexico gekommen ist. Angesichts der damaligen territorialpolitischen und administrativen Veränderungen, der daraus resultierenden allgemeinen Unruhe und Unsicherheit und der dokumentierten Schließung mehrerer Schulen erscheint diese Entwicklung durchaus wahrscheinlich. Zugleich sind aber im Zuge der territorialpolitischen Veränderungen auch Modifikationen im Erhebungsverfahren und Unterschiede in der Handhabung der Definitionskriterien für Analphabetismus

3.3 Eingliederung in die Vereinigten Staaten (1848–1950)

aufgetreten. Ein quantitativer Vergleich der Analphabetenraten ist nicht ganz unproblematisch und sollte lediglich in Form von Trendaussagen erfolgen, da die den Daten zugrundeliegenden Erhebungsweisen nicht vollkommen identisch sind. Während für die spanische Kolonialzeit mit den Rekrutenlisten lediglich eine Stichprobe vorliegt, hat seitens der US-amerikanischen Behörden 1850 eine Vollerhebung stattgefunden. Auch wenn die Daten der Vollerhebung zunächst als vollständiger und damit auch zuverlässiger erscheinen, bleiben gewisse Unsicherheiten darüber bestehen, ob die Kommunikation zwischen den mit der Zählung beauftragten Personen und der überwiegend spanischsprachigen Bevölkerung direkt und zuverlässig erfolgen konnte. Ein nicht unbedeutendes Indiz dafür, daß im Rahmen der Volkszählung von 1850 nur lückenhaft erfaßt wurde, mag in der zwischen 1850 und 1860 zahlenmäßig stark differierenden dokumentierten Bevölkerung gesehen werden. Eine Teilerklärung für den innerhalb von zehn Jahren von 61 547 auf 93 516 Einwohner verzeichneten außergewöhnlich starken Bevölkerungsanstieg in New Mexico ist unter Umständen in einer möglicherweise nur unvollständigen Erfassung im ersten *U.S. Census* zu suchen. Für derartige Ungenauigkeit in einer Phase der administrativen Neuordnung sprechen die bis in die Gegenwart anhaltenden Schwierigkeiten im Bemühen um eine zuverlässige Erhebung der indianischen Bevölkerung im *U.S. Census* (vgl. FRANTZ 1990; 1994).

Die rapide Alphabetisierung der Bevölkerung von New Mexico zwischen 1870 und 1910 findet ihre Entsprechung im zeitlichen Verlauf der Alphabetisierungsquoten für zahlreiche europäische Staaten. Auch wenn ein historischer Vergleich der Alphabetisierungsprozesse in New Mexico, den Vereinigten Staaten und verschiedenen europäischen Ländern aufgrund der ungleichen Quellensituation, der variierenden Erhebungsmethoden und der unterschiedlich großen Raumeinheiten nur annäherungsweise möglich ist, zeigt sich doch unverkennbar ein allgemeiner Trend zur Massenalphabetisierung. Dieser ist bekanntlich für verschiedene Ländergruppen zeitlich phasenversetzt zu beobachten und zeigt hinsichtlich des Ausgangsniveaus und der Geschwindigkeit teilweise deutliche Unterschiede. Während Skandinavien, Schottland, Deutschland und die Niederlande eine vergleichsweise frühe Alphabetisierung erfahren und bereits zur Mitte des neunzehnten Jahrhunderts einen Analphabetenanteil von weniger als zwanzig Prozent der Bevölkerung verzeichnen, erreichen England, Wales und die USA diesen Wert erst etwa dreißig Jahre später. Die Bevölkerung von Belgien, Frankreich und Irland erreicht das entsprechende Niveau erst weitere zwanzig Jahre später um 1910, obgleich diese Staaten im internationalen Vergleich immer noch günstig dastehen. Deutlich langsamer vollzieht sich die Alphabetisierung in Österreich-Ungarn, Spanien, Italien und Polen sowie in Rußland, den Balkanstaaten und Portugal. In New Mexico verläuft die Alphabetisierung schneller und intensiver als in jedem europäischen Land. Während Italien, Spanien und Polen für die Reduzierung der Analphabetenrate von achtzig auf zwanzig Prozent etwa neunzig Jahre benötigen, vollzieht sich

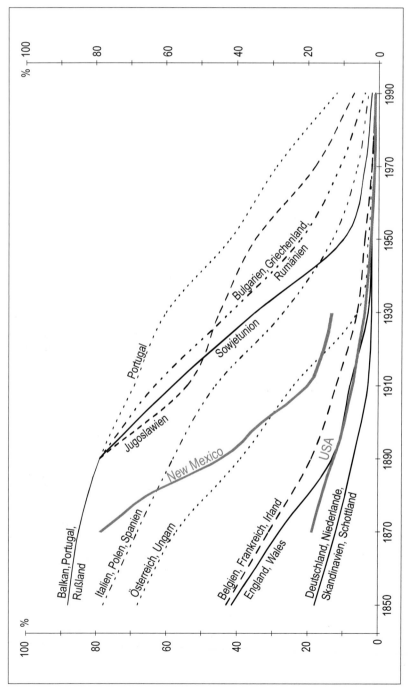

Abb. 4: Alphabetisierung in New Mexico, den USA und ausgewählten europäischen Staaten (1850-1990)
Quellen: Eigene Berechnungen auf Datengrundlage von FLORA (1972, 107-108); JOHANSSON (1977, 72); SEYFRIED (1934, 31, 36) und UNESCO (1980, 1985, 1990, 1995a, 1995b).

3.3 Eingliederung in die Vereinigten Staaten (1848–1950)

dieser Prozeß in New Mexico in nur fünfzig Jahren. Damit gelingt es dem US-amerikanischen Bundesstaat um 1930 zwar noch nicht, den Anschluß an die internationale Spitzengruppe zu finden, wohl aber den Abstand zu einigen langsameren europäischen Staaten deutlich zu vergrößern (vgl. Abbildung 4, S. 62).

Die Massenalphabetisierung steht in enger Wechselwirkung mit durchgreifenden gesellschaftlichen Veränderungen, die gleichermaßen als Voraussetzungen und Folgen des Alphabetisierungsprozesses angesehen werden können. Im ausgehenden neunzehnten Jahrhundert, als New Mexico eine bedeutende Zuwanderung aus dem Mittleren Westen, von der Ostküste der USA und aus Europa erlebte, setzte ein Trend zur Modernisierung und zum systematischen Ausbau des Bildungswesens ein. Im Zuge dieses exogen induzierten Innovationsprozesses vollzog sich in New Mexico unter anderem auch eine Diversifizierung des Bildungswesens durch die Errichtung höherer Schulen und Universitäten um die Jahrhundertwende. Zeitgenössische Beobachter der Massenalphabetisierung in New Mexico haben diese deshalb als retardierten Innovationsprozeß und als ein beginnendes Aufholen gegenüber den angloamerikanisch geprägten Teilen der USA interpretiert (ACKERMAN 1933; SEYFRIED 1934). Diese modernisierungstheoretische Perspektive teilen auch die bildungsbezogenen Forschungsarbeiten von George SÁNCHEZ (1940; 1941). Sánchez führt den von ihm als *Educational Backwardness* bezeichneten Rückstand von New Mexico auf die koloniale Vergangenheit und die US-amerikanische Bildungspolitik zurück. Er widerspricht damit der zu Anfang des zwanzigsten Jahrhunderts durchaus verbreiteten angloamerikanischen Sichtweise, daß die hispanische Bevölkerung vergleichenden Intelligenztests zufolge gegenüber der weißen Bevölkerung durch eine biologisch bedingte geringere geistige Leistungsfähigkeit gekennzeichnet wäre.

> The educational backwardness of a people is not an inherent or biological characteristic. Even in the case of the world's most primitive peoples (the Australian aborigines and the Bushmen of the Kalahari, for example), serious doubt can be cast upon conclusions which would classify those peoples as inherently incapable of cultural change and progress. [...] educational backwardness of a society is not a product of that society's mental or physical constitution but [...] a result of the circumstances of the society's history and environment.
>
> In the case of the New Mexican, educational backwardness is the result of two major environmental factors. One of these factors is rooted in the colonial history of the region and in the educational practices of that time. The other factor is closely associated with the administrative policy followed since the area came under the control of the United States. Both of these factors have joined to produce the same result – ineptitude and indifference in the development of education for New Mexicans (SÁNCHEZ 1941, 61–62).

Im Anschluß an die kriegerischen Auseinandersetzungen zwischen Mexiko und den Vereinigten Staaten zur Mitte des neunzehnten Jahrhunderts, so SÁNCHEZ (1940; 1941), habe sich die Eingliederung New Mexicos und seiner Bewohner in die moderne US-amerikanische Gesellschaft angesichts vielfältiger wirtschaftlicher, sozialer und kultureller Unterschiede als problematisch erwiesen. Die US-amerikanischen Behörden hätten es versäumt, New Mexico beim Aufbau einer leistungsfähigen Infrastruktur einschließlich eines geeigneten Bildungswesens zu unterstützen, das die hispanische Bevölkerung in ihrer spezifischen Situation wahrgenommen und geholfen hätte, sie auf die US-amerikanische Gesellschaft vorzubereiten. Denn durch Bildungserwerb und soziale Integration, so Sánchez, könnten die Bewohner New Mexicos eine wirtschaftliche Entwicklung einleiten und ihre sozioökonomische Benachteiligung dann aus eigener Kraft überwinden.

Daß der gewünschte Entwicklungsschub in New Mexico zumindest bis zum Ende der 1990er Jahre ausgeblieben ist, erscheint aus geographischer Perspektive wenig verwunderlich. Denn die traditionell periphere Lage abseits der politischen und wirtschaftlichen Entscheidungszentren, die nur geringen wirtschaftlichen Ressourcen, die begrenzte infrastrukturelle Erschließung und der deutliche bildungsbezogene Vorsprung der großen Mehrzahl der übrigen US-amerikanischen Bundesstaaten lassen New Mexico einen nur sehr schmalen Rahmen für wirtschaftliche und gesellschaftliche Entwicklung. So konnte in New Mexico – ungeachtet der rapiden Alphabetisierung und des ansteigenden Ausbildungsniveaus der Bevölkerung – der *Abstand* zu den meisten der übrigen US-amerikanischen Bundesstaaten auch in der ersten Hälfte des zwanzigsten Jahrhunderts nicht wettgemacht werden. Die rapide Alphabetisierung vermittelt zwar den Eindruck eines Aufholens und ist in der Tat eine deutliche und kontinuierliche Verbesserung gegenüber früheren Werten für New Mexico. Aber parallel zum Prozeß der Massenalphabetisierung hat sich ein Trend zur Diversifizierung des Bildungswesens und zum Ausbau einer tertiären Bildungsinfrastruktur vollzogen, der in New Mexico weniger rasch erfolgte als in den meisten anderen Bundesstaaten. Trotz der absoluten Anhebung des Ausbildungsniveaus in New Mexico erwies sich der relative Abstand zu anderen Bundesstaaten als persistent beziehungsweise vergrößerte sich in einzelnen Fällen sogar.

Wie im Verlauf dieses Kapitels bald noch eingehender beschrieben werden soll, wirkte sich die Entfaltung des Bildungswesens innerhalb New Mexicos in der Weise aus, daß die bildungsbezogenen Unterschiede in der Bevölkerung eher größer als kleiner wurden. Im Zuge der Industrialisierung wurde Bildung zunehmend zu einem Qualifikationsmerkmal im Wettbewerb auf dem Arbeitsmarkt und damit zum Instrument einer gesellschaftlichen Ausdifferenzierung, die – wie sich zeigen wird – in ihrem Verlauf vor allem durch ethnisch-kulturelle Merkmale der Bevölkerung geprägt werden sollte.

Letztlich kann die umrissene modernisierungstheoretische Betrachtungsweise der Massenalphabetisierung als bloßer Mythos des Aufholens oder *Myth of a Closing Gap* (FREYTAG 2001) entlarvt werden. Denn sie mißt die bildungsbezogene Entwicklung innerhalb New Mexicos nicht im Vergleich mit den Entwicklungen in anderen Bundesstaaten. Vor allem jedoch hält sie am Indikator der Alphabetisierung fest, auch wenn sich die relativen Unterschiede zwischenzeitlich in den Bereich der verschiedenen Bildungsabschlüsse verlagert haben. In Gesellschaften, deren erwachsene Bevölkerung zu über neunzig Prozent alphabetisiert ist, kommt

3.3 Eingliederung in die Vereinigten Staaten (1848–1950)

es zu einer Verschiebung der Vergleichskriterien: die bildungsbezogenen Disparitäten liegen nicht im Bereich der Alphabetisierung begründet, sondern im Bereich der unterschiedlich hohen Bildungsabschlüsse. Dieses Phänomen bezeichnet MEUSBURGER (1998, 335–336) als den Lebenszyklus von Indikatoren des Ausbildungsniveaus.

Eine regional differenzierte Betrachtung der Entwicklung der Alphabetisierungsraten auf Ebene der *Counties* ist in New Mexico erst ab 1910 sinnvoll, da es zuvor zwischen den Erhebungsjahren des *U.S. Census* immer wieder zu größeren territorialen Veränderungen hinsichtlich der Grenzen der *Counties* kam (BECK / HAASE 1969; WILLIAMS / MCALLISTER 1979). Die mit Abstand höchsten Alphabetisierungsraten wurden in den südöstlichen *Counties* von New Mexico verzeichnet, in denen die angloamerikanische Bevölkerung besonders stark vertreten war. In Quay, Curry, Roosevelt, Chaves, Lea und Eddy lag der Analphabetenanteil an der Bevölkerung ab zehn Jahren zwischen 1910 und 1930 konstant unter fünf Prozent. Demgegenüber bewegte sich der entsprechende Wert für das *County* Santa Fe, in dem auch die Hauptstadt des Bundesstaates mit zahlreichen Verwaltungsbehörden angesiedelt ist, in diesem Zeitraum zwischen unter fünfundzwanzig und über fünf Prozent. Besonders niedrig waren die Alphabetisierungsraten in den ländlichen Gebieten im Nordwesten von New Mexico, deren Bevölkerung zum überwiegenden Teil indianisch oder hispanisch ist.

Die ungünstige Bildungssituation im nordwestlichen New Mexico erweist sich als äußerst persistent. Von der dort lebenden Bevölkerung im Alter ab zehn Jahren waren 1910 noch etwa ein Drittel, 1930 noch ein Fünftel Analphabeten. In den *Counties* Rio Arriba und Taos besaß 1950 ein Viertel der erwachsenen Landbevölkerung nicht mehr als vier Jahre Schulbildung. Mitte der 1960er Jahre hatten siebzig Prozent der Landbevölkerung nicht mehr als acht Schuljahre erfolgreich absolviert und lediglich elf Prozent die *High School* abgeschlossen (CARLSON 1990, 92–93).

Etwas günstiger stellte sich die Bildungssituation in den östlichen und südlichen *Counties* dar, die siedlungsgeschichtlich bedingt einen höheren angloamerikanischen Bevölkerungsanteil aufweisen als die Gebiete des *Hispano Homeland*. George SÁNCHEZ (1940, 71–86) bringt diese Disparitäten unmittelbar mit der regional stark variierenden Finanzausstattung der *Counties* und Schulbezirke in Verbindung. Denn die hispanisch dominierten Gebiete der *Counties* Sandoval, Taos und Rio Arriba waren tatsächlich infolge ihrer sozioökonomisch schwachen Bevölkerung durch niedrige Steuereinnahmen bei einer vergleichsweise großen Zahl von Schulkindern gekennzeichnet, so daß sie über ein sehr viel geringeres Budget pro Schulkind verfügen konnten, als dies in den stärker angloamerikanisch besiedelten *Counties* der Fall war.

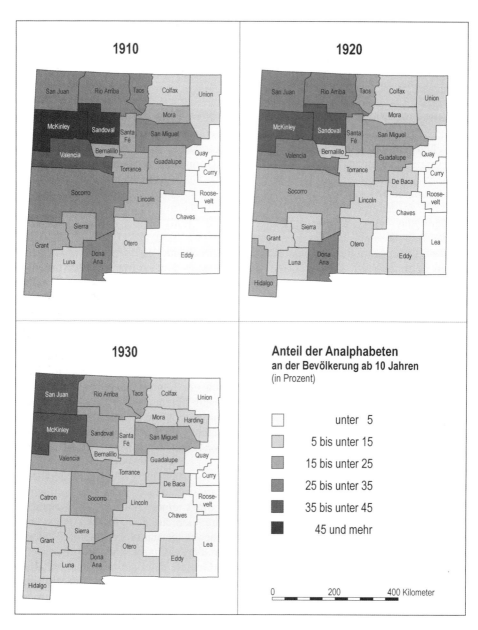

Karte 4: Entwicklung der Analphabetenraten in New Mexico nach Counties (1910, 1920, 1930)

Quelle: Eigene Darstellung auf Datengrundlage von U.S. CENSUS; ACKERMAN (1933); SEYFRIED (1934, 31, 36).

3.3 Eingliederung in die Vereinigten Staaten (1848–1950) 67

Die ungleiche finanzielle Ausstattung der Schulbezirke erscheint vor dem Hintergrund einer generell äußerst peripheren Lage und vorwiegend agrarwirtschaftlich geprägten Wirtschaftsstruktur New Mexicos jedoch kaum geeignet, um die doch sehr großen regionalen Unterschiede des Alphabetisierungsgrads ausreichend zu erklären. Eine wichtigere Ursache liegt – so die Argumentation dieser Arbeit – in den kulturellen Unterschieden zwischen der hispanischen und der angloamerikanischen Bevölkerung, die sich auch in deren Einstellungen gegenüber dem Bildungswesen niederschlagen. Allein im Hinblick auf den Umfang von Außenkontakten in die stärker alphabetisierten Gebiete der USA bestanden mit Sicherheit schon in der damaligen Zeit deutliche Unterschiede zwischen der hispanischen und der angloamerikanischen Bevölkerung von New Mexico.

3.3.4 Entstehung von höheren Bildungseinrichtungen

Nachdem 1877 mit einem in Las Vegas von Jesuiten betriebenen *College* die erste höhere Bildungseinrichtung in New Mexico gegründet wurde (BIEBEL 1980, 212–213), erfuhr der tertiäre Bildungsbereich mit den Gründungen der New Mexico State University in Las Cruces (1888) und der University of New Mexico in Albuquerque (1889) den entscheidenden Durchbruch. Die damalige Standortwahl der University of New Mexico in Albuquerque verdeutlicht den wachsenden Einfluß der angloamerikanischen Bevölkerung in der Stadt, denn anstelle möglicher Standorte nahe der hispanischen Old Town oder im ebenfalls hispanischen Viertel Barelas fiel die Entscheidung auf die East Mesa, die sich fünf Meilen entfernt von der Old Town befindet. Mit dieser Wahl wurde gewissermaßen auch die spätere ethnische Segregation der Wohnstandorte vorgezeichnet (WELSH 1996, 110). Im Juni 1892 nahmen siebzig Studierende das Studium an der University of New Mexico auf, die sich für den Beruf als Lehrer in dem erst ein Jahr zuvor geschaffenen öffentlichen Schulwesen von New Mexico qualifizieren wollten. Unter den Studierenden waren fünf *Hispanics*. Einer von diesen, Atanascio Montoya, wurde 1896 der erste hispanische Absolvent der Universität und später als deren erster hispanischer Lehrender vom *Spanish Language Department* eingestellt. Die Kurse wurden zunächst in angemieteten Räumen der privaten *Albuquerque Academy* abgehalten. Auch wenn das erste Vorlesungsverzeichnis in spanischer und englischer Sprache gedruckt wurde, orientierte sich das Curriculum der University of New Mexico mit Latein, Griechisch, Mathematik und Englisch doch stark an angloamerikanischen Maßstäben.

> The U.S. system of higher education had formed among English-speaking dwellers of the Atlantic seabord and the Ohio Valley, not in the deserts and mountains of the Southwest. Their efforts to graft a 'classical' European education onto an essentially frontier society based upon traditions of competition and individualism often clashed with the family and community orientation of Native American and Hispano New Mexico. Compounding this was the ambiguous premise of American higher learning: to uplift the masses in a democratic

society while ensuring a meritocracy of the learned and, some would say, the privileged (WELSH 1996, 107–108).

Die Orientierung am angloamerikanischen Hochschulwesen erklärt zugleich, weshalb sich die universitäre ebenso wie die moderne schulische Infrastruktur in New Mexico nur mit einiger Verspätung gegenüber den Universitätsgründungen an der Ostküste und im Mittleren Westen vollziehen konnte. Auch wenn die University of New Mexico spätestens seit der Amtszeit des Präsidenten Edward Gray (1909–1912) danach strebte, das Image einer *Universidad para las Americas* aufzubauen, und Präsident Richard Peck die Universität noch im November 1990 in seiner Antrittsrede als eine „flagship institution with the highest percentage of minority students and faculty in the nation" (zit. in WELSH 1996, 105) bezeichnete, rekrutieren sich das Lehrpersonal und insbesondere die Universitätspräsidenten doch traditionell und bis in die Gegenwart vor allem aus den großen Universitäten angloamerikanischer Tradition (vgl. S. 169–179).

Tab. 6: Räumliche Herkunft und Studienorte der ersten Präsidenten der University of New Mexico (1891–1927)

Name	Amtszeit	Geburtsort	Studienorte und Hochschulen
STOVER, Elias S.	1891–1897	MAINE, Rockland	
HERRICK, Clarence Luther	1897–1901	MINNESOTA, Minneapolis	MINNESOTA, University of Minnesota (BA, MA, PhD)
			DEUTSCHLAND, Universitäten Leipzig und Berlin
TIGHT, William George	1902–1909	OHIO, Granville	OHIO, Denison University (BA, MA)
			ILLINOIS, University of Chicago (PhD)
GRAY, Edward Dundas McQueen	1909–1912	SCHOTTLAND, Croftonhill, Lanarkshire	DEUTSCHLAND, Universität Heidelberg
			GROSSBRITANNIEN, University of London
BOYD, David Ross	1912–1919	OHIO, Coshocton	OHIO, University of Wooster (BA, MA, PhD)
HILL, David Spence	1919–1927	TENNESSEE, Nashville	VIRGINIA, Randolph-Macon College (BA)
			MASSACHUSETTS, Clark University (PhD)

Quelle: Eigene Darstellung auf Grundlage von REEVE *(1928) und* UNIVERSITY OF NEW MEXICO *(2002).*

Nach Gründung der New Mexico State University und der University of New Mexico entstanden in nur wenigen Jahren vier weitere höhere Bildungseinrichtungen an anderen Standorten in New Mexico. In Roswell wurde 1891 das

New Mexico Military Institute begründet, und in Las Vegas und Silver City entstanden mit den 1893 eingerichteten *Teacher Colleges* die Vorläuferinstitutionen der New Mexico Highlands University und der Western New Mexico University. In Socorro schließlich entstand 1898 das New Mexico Institute of Mining and Technology, und in Portales wurde 1927 die Eastern New Mexico University gegründet.

3.3.5 Herausbildung einer hispanischen Minderheit

Traditionell besitzt New Mexico einen sehr hohen Anteil hispanischer Bevölkerung und ist bis in die Gegenwart der US-amerikanische Bundesstaat mit dem höchsten Bevölkerungsanteil von *Hispanics*. Zum Zeitpunkt der Eingliederung New Mexicos als US-amerikanisches *Territory* wurde die überwiegend hispanische Bevölkerung von den Bundesbehörden vor die Wahl gestellt, sich innerhalb eines Monats für oder gegen die Annahme der US-amerikanischen Staatsbürgerschaft zu entscheiden (McClain / Stewart 1999, 16). Die überwältigende Mehrheit der dort lebenden *Hispanics* nahm die neue Staatsbürgerschaft an, zumal der *Vertrag von Guadalupe Hidalgo* ihnen einige Rechte und Privilegien, wie etwa das Beibehalten der spanischen Sprache nicht nur im Alltag, sondern auch in der Schule und im Umgang mit den Behörden zubilligte. Dies betraf vor allem Bereiche der Justiz sowie die politische Partizipation und Repräsentation. Im Jahre 1853 genehmigte der *U.S. Congress* den Verwaltungsbehörden in New Mexico die Einstellung einer geringen Zahl spanischsprachiger Angestellter, die ausdrücklich der spanischsprachigen Bevölkerung dienen sollten. Weiterhin wurden dort 1884 öffentliche Grundschulen mit spanischsprachigem Unterricht anerkannt, und der *U.S. Congress* bewilligte New Mexico zusätzliche Gelder für die Übersetzung von Erlassen und Gesetzen ins Spanische. In dieser Tradition sieht auch die Verfassung von New Mexico aus dem Jahre 1911 vor, daß Gesetze in englischer und spanischer Sprache gedruckt werden und daß Lehrern Spanischkenntnisse vermittelt werden sollen, damit sie ihre spanischsprachigen Schüler besser unterrichten können.

Dennoch fühlten und fühlen sich viele *Hispanics* mit ihrer Sprache und Kultur in der US-amerikanischen Gesellschaft nicht vollkommen integriert und akzeptiert. Diese Auffassung kommt in den Worten von Pablo de la Guerra zum Ausdruck, der die *Hispanics* im US-amerikanischen Südwesten bereits 1856 in einer Rede vor dem kalifornischen Senat treffend als *foreigners in their own land* bezeichnete (zit. in Weber 1973). Auch wenn sie in demographischer Hinsicht im US-amerikanischen Südwesten und insbesondere in New Mexico keineswegs eine Minderheit waren, sahen sich *Hispanics* doch zusehends als eine unterprivilegierte Randgruppe. Die spanischsprachige Bevölkerung wurde in vielerlei Hinsicht benachteiligt und war den abwertenden Vorurteilen einer rasch anwachsenden Zahl angloamerikanischer Siedler ausgesetzt, die an der Erschließung weiter Teile New Mexicos in der zweiten Hälfte des neunzehnten Jahrhunderts maßgeblich beteiligt waren (VÉLEZ-IBÁÑEZ 1996). Die im *Vertrag von Guadalupe Hidalgo* zugesicherten US-amerikanischen Zugeständnisse, daß nämlich die Eigentumsrechte der hispanischen Bevölkerung gewahrt bleiben sollten und letztere an der spanischen Sprache und Kultur festhalten dürfte, wurden schon bald nach Eingliederung der Gebiete vernachlässigt. Im Jahre 1880 wurden von insgesamt achtzehn in New Mexico hergestellten Zeitungen und Zeitschriften lediglich vier in spanischer Sprache gedruckt. Dies unterstreicht die politische Ohnmacht eines Großteils der ansässigen Bevölkerung, von der im Jahre 1890 nicht weniger als zwei Drittel in der Volkszählung erklärten, kein Englisch zu sprechen.

Daß der Umgang mit der hispanischen Bevölkerung aufgrund der historisch-politischen Umstände der Eingliederung von New Mexico Sensibilität erforderte, war den US-amerikanischen Behörden durchaus bewußt. Besonders deutlich kommt dies in der folgenden Zustandsbeschreibung des *U.S. Census Bureau* aus dem ausgehenden neunzehnten Jahrhundert zum Ausdruck:

> New Mexico is in a peculiar condition owing to the exceedingly sparse population and traditions of civilization and language unlike those of most of the country, having been taken into our limits not by an assimilating immigration but by conquest [...].
>
> The general population of New Mexico is not in the United States by any act of its own. It was the strong grasp of our hands that took a great track into our borders and endowed its Spanish speaking Whites and sedentary Indians with citizenship, without asking their wishes or requiring any preparation on their part except that they were Mexican citizens at the time of the treaty. The region has been but gradually affected by the customs of English speaking people. The Spanish language still prevails over broad areas, and all public effort of the people is still closely related to the work of the church of their fathers. The national government publishes laws important to New Mexicans in Spanish as well as in English. The public schools, up to the law of February, 1891, were almost indistinguishable from church schools (U.S. CENSUS OFFICE 1897, Report on Education, 5).

Die hispanische Bevölkerung in New Mexico, deren Anteil 1912 immerhin noch bei sechzig Prozent der Bevölkerung lag, fühlte sich in einer zunehmend angloamerikanisch ausgerichteten Gesellschaft häufig diskriminiert. Sie erlebte einen sozioökonomischen Abstieg, der sich in einem vergleichsweise niedrigen Ausbildungsniveau und beruflichen Tätigkeiten von geringerem Prestige manifestierte. Die Besetzung gesellschaftlicher Schlüsselpositionen mit angloamerikanischen oder europäischen Einwanderern führte sukzessive zur Herausbildung einer neuen gesellschaftlichen Schichtung, die in der Oberschicht stark angloamerikanisch dominiert und in der Unterschicht primär hispanisch geprägt war. Dies verschärfte sich dadurch, daß die Löhne für *Hispanics* in den Bereichen Landwirtschaft, Eisenbahnbau und Bergbau bei gleicher beruflicher Qualifikation und Tätigkeit bis nach dem Zweiten Weltkrieg geringer waren als diejenigen für Angloamerikaner. Hinzu kam eine Praxis der sprachlichen Diskriminierung im Beruf durch Einstellungsverbote bei fehlenden Englischkenntnissen sowie das Verbot des Gebrauchs der spanischen Sprache in zahlreichen Unternehmen, Betrieben und Behörden (VÉLEZ-IBÁÑEZ 1996).

3.3 Eingliederung in die Vereinigten Staaten (1848–1950)

Innerhalb dieser neuen Gesellschaftsstruktur gab es aber mit den in New Mexico als *Ricos* bezeichneten, nur wenigen wohlhabenden hispanischen Familien mit bedeutendem landwirtschaftlich genutzten Grundbesitz eine dritte Gruppe. Diese hatte zuvor an der Spitze der Gesellschaft gestanden und mußte nun sukzessive die politische Macht an die wirtschaftlich aufstrebende angloamerikanische Bevölkerung abgeben. Dabei sah sie sich oftmals gezwungen, ihre Interessen nur noch regional auf den Einflußbereich der eigenen Ländereien begrenzt wahrzunehmen.

In öffentlichen Schulen wurde den hispanischen Schülern vermittelt, daß kulturell und historisch ein Gegensatz zwischen der US-amerikanischen und der spanisch-mexikanischen Bevölkerung bestehe und daß man deshalb nur ein guter Amerikaner sein könne, wenn man die mexikanische Kultur ablehne. Die offensichtliche materielle Armut der hispanischen Bevölkerung wurde vielfach als Beleg für eine angebliche Minderwertigkeit und Rückständigkeit der hispanischen Sprache und Kultur herangezogen. Das Bildungswesen hatte, wie VÉLEZ-IBÁÑEZ (1996) betont und SHERIDAN (1986) in seiner umfassenden Arbeit am Beispiel der Stadt Tucson ausführt, maßgeblichen Anteil an der systematischen Abwertung der hispanischen Sprache und Kultur im Südwesten der USA:

> Taught by largely well-meaning but ethnocentric Anglo teachers, the school curriculum was designed to erase language, culture, social relations, food preference, and a sense of cultural lineage. However, beyond such an educational process was an even more pernicious belief: that being a Mexican was equated with ignorance, laziness, and a notion of illegitimacy because of Indian-Spanish admixture. Underlying this notion was a larger pattern in which Mexican children were perceived, like their parents, as a commodity for the job market but of less value than their Anglo counterparts. For Mexican elites, however, this was not the case because they developed their own private Catholic schools for girls and boys in 1870 and 1874 respectively. This seperate but unequal schooling of Mexican elites and aspiring middle-class individuals created a real and lasting distinction within the Mexican community that can be perceived to this day. Thus, class stratification and class alliances and interests between the Mexican and Anglo elites only accentuated class distinctions (SHERIDAN 1986, 66).

Während es um 1900 in New Mexico neben einigen englischsprachigen auch die einzigen spanischsprachigen öffentlichen Schulen in den USA gab (COCKCROFT 1995, 20), setzte nach den Erfahrungen des Ersten Weltkriegs während der 1920er Jahre eine starke nationale Bewegung ein, die das allgemeine bildungspolitische Ziel einer Amerikanisierung der Schüler formulierte. Schulen wurden in diesem Sinne als Mechanismen für eine wirkungsvolle Assimilierung und ein offenes Bekämpfen fremder Einflüsse erachtet, die zum Beispiel in Akzent, Fremdsprache, aber auch Ernährungsgewohnheiten und sozialem Verhalten deutlich werden. Infolgedessen wurden angelsächsische Modellvorstellungen über Arbeit, Moral und Politik systematisch als wahr und richtig dargestellt, spanisch-mexikanische Vorstellungen hingegen als minderwertig und rückständig. Bis in die 1960er Jahre waren Amerikanisierung, Assimilierung und eine Abwertung der spanischen Sprache und Kultur in zahlreichen Curricula festgeschrieben, die den Gebrauch des Spanischen ablehnten und an einzelnen Schulen sogar explizit verboten. Dies führte zu einer regelrechten kulturellen Selbstverleugnung von *Hispanics*, die nicht nur ihre Muttersprache vernachlässigten, sondern oft sogar ihre Familiennamen anglisieren ließen und ihren Kindern englische Vornamen gaben. Diese Form einer kulturellen Selbstverleugnung war gleichbedeutend mit einer Billigung der gelegentlich seitens der angloamerikanischen Bevölkerung geäußerten rassistischen Vorurteile gegenüber *Hispanics*.

Innerhalb der hispanischen Bevölkerung definierten sich interessanterweise die zuwandernden Mexikaner ab etwa 1900 als eigene Minderheitengruppe. Diese Wahrnehmung entsprach auch der zeitgenössischen angloamerikanischen Sichtweise. Nach einem deutlichen Anstieg der Zahl mexikanischer Immigranten in Zusammenhang mit der Mexikanischen Revolution von 1912 und einem erhöhten Arbeitskräftebedarf infolge des Ersten Weltkriegs prägten die mexikanischen Einwanderer und ihre Kinder seit Anfang der 1920er Jahre mehr und mehr eine Identität als *Mexican-Americans* aus. Den mexikanischen Amerikanern stand in New Mexico die als *Hispanos* bezeichnete traditionelle hispanische Bevölkerung gegenüber (CHÁVEZ 1984, 85–106). Obgleich sowohl *Hispanos* als auch eine große Zahl von *Mexican-Americans* die US-amerikanische Staatsangehörigkeit besaßen und in vielen Fällen in den USA geboren waren und ihr gesamtes Leben dort verbracht hatten, fühlten sie sich doch weiterhin regelmäßig diskriminiert. Sie mußten während der Wirtschaftskrise der ausgehenden 1920er und beginnenden 1930er Jahre sogar fürchten, als erste die Arbeit zu verlieren, von Neueinstellungen ausgeschlossen zu sein und sich infolgedessen gelegentlich sogar zur Rückbeziehungsweise Auswanderung nach Mexiko gezwungen zu sehen. Eine Entspannung der wirtschaftlichen Situation begann sich erst Ende der 1930er Jahre langsam wieder abzuzeichnen und führte ab Mitte der 1940er Jahre zu einem erneuten Anstieg der Zahl der legal und illegal einwandernden Mexikaner. In der *Operation Wetback* – die Ausdrücke *Wetback* beziehungsweise im Spanischen *Mojado* referieren auf illegale mexikanische Einwanderer, denen unterstellt wird, den Grenzfluß des Rio Grande durchwatet oder durchschwommen zu haben – ließ die US-amerikanische Regierung zwischen 1954 und 1956 aus Angst vor Überfremdung in einer systematischen Suchaktion weit über eine Million Mexikaner – teils ohne Aufenthaltserlaubnis, teils mit US-amerikanischer Staatsbürgerschaft – festnehmen und aus den USA zurück nach Mexiko deportieren (CHÁVEZ 1984, 125–127; COCKCROFT 1995, 46–48).

Die durch entsprechende staatliche Abkommen gefestigte Politik eines bedarfsgesteuerten Anwerbens und späteren Zurückweisens mexikanischer Arbeitskräfte führte bei Mexikanern zur Ausprägung einer Identität als „minderwertige Ware" (VÉLEZ-IBÁÑEZ 1996). So ist zu erklären, daß die Bezeichnung *Mexican* in New Mexico und den USA zunehmend als negativ aufgefaßt wurde und außerhalb des familiären Rahmens heute in der Regel *Hispanic* bevorzugt wird. Zugleich läßt sich seit Ende der 1920er Jahre der Trend zu einer Differenzierung zwischen *Mexicans* und *Mexican-Americans* beobachten. So wird die vorhandene gemeinsame grenzüberschreitende kulturelle Identität durch eine Dichotomie ersetzt, die sich am

3.3 Eingliederung in die Vereinigten Staaten (1848–1950)

Kriterium der legalen Einwanderung beziehungsweise des Besitzes einer gültigen Aufenthaltsgenehmigung orientiert. Innerhalb der Generation der in den USA geborenen Kinder mexikanischer Einwanderer war die Identität als *Mexican-American* besonders ausgeprägt. Gleichwohl bleiben die Ausdifferenzierungsprozesse unterschiedlicher hispanischer Identitäten bis in die Gegenwart von dem konstruierten Gegensatz zwischen hispanischer und angloamerikanischer Kultur überschattet.

Aus dem Nebeneinander von hispanischer und angloamerikanischer Bevölkerung in New Mexico entstanden zahlreiche Stereotype (BLOOM 1959), die den beiden Kulturen in dichotomischer Weise zugeordnet wurden. Die Tatsache, daß 1850 im *U.S. Census* alle dreiundsiebzig in New Mexico ausgewiesenen Kirchen römisch-katholisch waren, unterstreicht die Funktion der katholischen Kirche und der spanischen Sprache als monopolartige Identifikationsbasis für die breite hispanische und zum Teil auch für die indianische Bevölkerung in New Mexico. Mit

Tab. 7: Stereotypen einer auf Dichotomien basierenden Wahrnehmung der angloamerikanischen und der hispanischen Bevölkerung

Kriterien der Differenz	angloamerikanisch	hispanisch
Geschichte	Vordringen der *Frontier*	Niederlage gegen USA
Sprache	englisch	spanisch
Religion	protestantisch	katholisch
Eigenschaften / Verhalten	gut / überlegen	schlecht / unterlegen
	• *dynamisch aufstrebend*	• *immobil verharrend*
	• *rational*	• *emotional*
	• *intelligent / gebildet*	• *dumm / ungebildet*
	• *fleißig*	• *faul*
	• *wohlhabend*	• *arm*
	• *aufrichtig*	• *unaufrichtig*
Physiognomie	groß / hell	klein / dunkel
Bewertung	positiv	negativ

Quelle: Eigener Entwurf.

Ankunft der angloamerikanischen Siedler geriet das Spanische jedoch in Opposition zum Englischen und die katholische Kirche in Opposition zu protestantischen Missionierungstätigkeiten auf Initiative von Baptisten, Methodisten und Presbyterianern. Wiederholt wurden Missionare nach Santa Fe entsandt, um die einheimische und bis dahin so gut wie ausnahmslos katholische Bevölkerung für den protestantischen Glauben zu gewinnen. Der erwünschte Erfolg blieb jedoch aus, da sich der überwiegende Teil der hispanischen Bevölkerung reserviert zeigte und am katholischen Glauben festhielt.

Fortan bildeten Sprache und Religionszugehörigkeit die Leitkriterien für den Ausbau einer dichotomischen Gesellschaftsstruktur. Das jeweils Eigene wurde nicht aus sich selbst heraus, sondern primär in Abgrenzung zum Fremden definiert (FREYTAG 2002). Auf der Grundlage ihrer wirtschaftlich und politisch dominanten Position beanspruchte die angloamerikanische Seite für sich selbst diverse positive Attribute. So wurden Stärke, Erfolg, Intelligenz und Fortschritt als der englischen Sprache und der protestantischen Religion quasi inhärente Elemente erachtet. Der dominierten hispanischen Seite wurden aus dieser Position heraus alle konträren, nicht-angloamerikanischen und entsprechend negativ konnotierten Attribute zugeordnet. *Hispanics* galten als schwach, arm, dumm und rückständig – und den legitimierenden Beleg für die vermeintliche Richtigkeit dieser Auffassung lieferte einmal mehr die wirtschaftliche und politische Überlegenheit der angloamerikanischen Bevölkerung. Durch die systematische Zuweisung aller negativen Attribute sah sich die hispanische Bevölkerung in die Rolle einer wertlosen Minderheit gedrängt. Ihrerseits versuchte sie, ein von angloamerikanischen Werten unabhängiges eigenes kulturelles Wertesystem aufrechtzuerhalten, das traditionellen hispanischen Elementen wie etwa dem familiären Zusammenhalt, aber auch der spanischen Sprache und dem katholischen Glauben eine besonders hohe Bedeutung zuwies. Die gegenseitige Abgrenzung von angloamerikanischer und hispanischer Bevölkerung und das Bestehen zweier unterschiedlicher kultureller Wertesysteme sind, wie sich im Verlauf dieser Arbeit noch zeigen wird, ein Schlüssel zum Verständnis des Bildungsverhaltens als Ausdruck einer kulturellen Identität.

3.4 Bildungspolitische Veränderungen in den USA im 20. Jahrhundert

Wie im folgenden skizziert werden soll, kommt es in den Vereinigten Staaten während der zweiten Hälfte des zwanzigsten Jahrhunderts zu tiefgreifenden gesellschaftlichen Veränderungen in Zusammenhang mit den Aktivitäten der Bürgerrechtsbewegung. Ethnische Minderheiten erzielen die weitgehende Akzeptanz ihrer Forderung nach Gleichberechtigung. Dies bewirkt einen Druck zur Desegregation an den Schulen und zur Einführung bilingualen Schulunterrichts für *Hispanics* und andere Bevölkerungsgruppen mit nichtenglischer Muttersprache. Weiterhin werden mit dem *GI Bill*, *Head Start* und anderen Programmen verschiedene staatliche Maßnahmen zur Förderung einer stärkeren Bildungsbeteiligung der Bevölkerung ins Leben gerufen. Ob die Verwirklichung von gesellschaftlicher Gleichberechtigung und Chancengleichheit im Bildungswesen tatsächlich zufriedenstellend realisiert werden konnte, bleibt bis in die Gegenwart umstritten.

3.4 Bildungspolitische Veränderungen in den USA im 20. Jahrhundert

3.4.1 Politische Initiativen der *Hispanics* und die Bürgerrechtsbewegung

Bereits nach dem Ersten Weltkrieg bildeten sich in den Vereinigten Staaten Interessenverbände der *Hispanics* und vor allem der zahlenmäßig besonders bedeutenden Gruppe der *Mexican-Americans*. Sie verfolgten das gemeinsame Ziel, einer Diskriminierung der hispanischen Bevölkerung entschlossen entgegenzuwirken und deren Integration, Akkulturation und sozioökonomische Situation zu verbessern. Als einer der ersten dieser Verbände wurden die *Sons of America* 1921 im texanischen San Antonio gegründet. Ein Zusammenschluß der verschiedenen mexikanisch-amerikanischen Organisationen erfolgte dann 1929 in der *League of United Latin American Citizens (LULAC)*. Diese Vereinigung repräsentierte vor allem die hispanische Mittelschicht und engagierte sich in einer Phase der politischen Amerikanisierung für die gesellschaftliche Integration und Akzeptanz der in den USA lebenden *Hispanics*. Auf einer ebenfalls gemäßigten und um Verständigung bemühten politischen Linie forderte das 1948 gegründete und primär den hispanischen Mittelstand repräsentierende *American GI Forum (AGIF)* politische Partizipation und Engagement für die Belange der *Hispanics*. Zu einer nationalen Dachorganisation für zahlreiche lokal agierende hispanische Verbände entwickelte sich der 1948 gegründete *National Council of La Raza (NCLR)*, nachdem seine Mitglieder zunächst selbst an der Basis in den Kommunen mobilisierend gewirkt hatten. Daneben bestanden linksradikale politische Bewegungen, wie etwa die *Asociación Nacional México-Americana (ANMA)*, die vehement für die Interessen der *Mexican-Americans* eintrat und eine führende Rolle in mehreren Bergarbeiterstreiks und Protestaktionen gegen die *Operation Wetback* übernahm (vgl. S. 72; GARCÍA 1989).

Ein politischer Kurswechsel ist seit Mitte der 1960er Jahre mit dem *Chicano Movement* zu beobachten. Während die verschiedenen Vorläuferorganisationen der hispanischen Bevölkerung in den 1930er, 1940er und 1950er Jahren das einer Assimilierung gleichkommende Ziel einer Integration durch Amerikanisierung verfolgten, forderte das *Chicano Movement* in Anlehnung an die schwarze Bürgerrechtsbewegung in den 1950er und 1960er Jahren die Anerkennung der hispanischen Bevölkerung als gleichberechtigte Minderheit. Anstelle einer Assimilierung sollte den Minderheiten nach dem Modell einer pluralistischen Gesellschaft vielmehr die Möglichkeit gegeben werden, ihre eigene Kultur gleichberechtigt in den USA zu leben und zu bewahren. Auf dieser neuen politischen Linie gegenseitiger Akzeptanz hatte der seit 1960 amtierende Präsident John F. Kennedy gegenüber Mexiko einen politischen Kurs der Verständigung eingeschlagen und zum Beispiel 1962 das seit der Grenzziehung von 1848 in seiner territorialen Zugehörigkeit umstrittene Gebiet *El Chamizal* zwischen El Paso und Ciudad Juárez an Mexiko gegeben (CHÁVEZ 1984, 129–155).

Im Zuge des auch als *El Movimiento* bezeichneten *Chicano Movement* kämpften die sich selbst in der Regel als *Chicanos* bezeichnenden in den USA lebenden *Hispanics* in den 1960er und 1970er Jahren um Macht und politische Repräsentation. Ziel war es, den Wert der eigenen Sprache und Kultur offensiv in die gesellschaftliche und politische Öffentlichkeit zu tragen und als Bestandteil der Bürgerrechtsbewegung für die Anerkennung und Pflege hispanischer Kultur und Identität einzutreten. Zugleich bemühte sich die Initiative, die Rechte auf demokratische Vertretung der eigenen Interessen und auf effiziente Maßnahmen gegen Praktiken alltäglicher Diskriminierung durchzusetzen. Mit den führenden Persönlichkeiten Rodolfo „Corky" González, José Angel Gutiérrez und Reies López Tijerina wirkte die *Chicano*-Bewegung vor allem in Kalifornien, Texas und New Mexico. Sie berief sich dabei auf *Aztlán* als das in mythologischer Fiktion überlieferte Herkunftsgebiet der Azteken im Bereich des heutigen Südwestens der Vereinigten Staaten (DE LA GARZA 1984).

Während *Chicano* nach dem Ersten Weltkrieg zunächst eine gängige Bezeichnung für gebürtige Mexikaner war, die zur gesellschaftlichen Unterschicht zählten und erst unlängst in die USA eingewandert waren, trägt der Begriff seit der *Chicano*-Bewegung der 1960er Jahre eine starke politisch-ideologische Bedeutung. Er besitzt bis in die Gegenwart ein entsprechendes Identifikationspotential für Vertreter eines hispanischen oder hispanisch-indianischen Bevölkerungssegments, das seine geographische und kulturelle Herkunft im Südwesten der USA definiert und sich innerhalb dieses Raumes mit vereinten Kräften gegen eine als dominant empfundene angloamerikanische Kultur und Politik zur Wehr zu setzen versucht.

Nach dem Vorbild des *Walkout* der mexikanisch-amerikanischen Schüler der Lincoln High School in East Los Angeles im März 1968 wurden an zahlreichen weiteren Schulen und Universitäten *Walkouts* und andere Protest- beziehungsweise Solidaritätsaktionen veranstaltet. Der auf diese Weise erzeugte wachsende politische Druck führte schließlich zur Anerkennung der hispanischen Forderungen, so daß Curricula an Schulen und Hochschulen umgeschrieben und zum Beispiel *Chicano Studies* in das Programm zahlreicher Universitäten aufgenommen wurden. Gleichzeitig stiegen die hispanischen Studierendenzahlen deutlich an, worin sich das gewandelte Bewußtsein der *Hispanics* und die neue gesellschaftliche Aufbruchstimmung ausdrücken. Ein Teil des Anstiegs erklärt sich aber auch über den demographischen Effekt der heranwachsenden Kinder zahlreicher hispanischer Einwanderer aus den 1910er und 1920er Jahren. Im Zuge dieser Bewegung wurden in den folgenden Jahren auch mehr und mehr hispanische Lehrende an den Schulen und Hochschulen eingestellt. Einen traditionell besonders hohen hispanischen Bevölkerungsanteil besitzt New Mexico, das infolgedessen auch bei der Besetzung öffentlicher Ämter und Funktionen einen für *Hispanics* günstigeren Proporz aufweist als die übrigen Staaten des US-amerikanischen Südwestens.

3.4 Bildungspolitische Veränderungen in den USA im 20. Jahrhundert 77

Auf Grundlage der politischen Erfolge der *Chicano*-Bewegung konnte sich in den 1970er und 1980er Jahren zusehends eine Kultur der *Chicanos* in Kunst, Literatur und anderen gesellschaftlichen Bereichen entwickeln. Ein prominenter Vertreter der ersten Generation ist der Schriftsteller Rudolfo Anaya. In einer zweiten Generation sind vorwiegend *Chicanas* zu Wort gekommen, wie zum Beispiel Sandra Cisneros, Denise Chávez, Ana Castillo oder Gloria Anzaldúa. Im ausgehenden zwanzigsten Jahrhundert behält der Begriff *Chicano* eine stark politische Dimension, während der Oberbegriff *Hispanic* ebenso wie *Latino*, *Mexican-American* und andere regional differenzierende Bezeichnungen in der Regel wertneutral gebraucht werden (vgl. S. 24–26).

3.4.2 Bildungsbezogene Segregation, Desegregation und Resegregation

In der ersten Hälfte des zwanzigsten Jahrhunderts war das US-amerikanische Bildungswesen durch eine starke rassische Segregation der Bildungsteilnehmer gekennzeichnet. Die im Prozeß *Ferguson v. Plessey* (1896) als Urteil ausgegebene und 1899 im Verfahren *Cumming v. County Board of Education* bestätigte Doktrin des *Separate but Equal* legitimierte diese Praxis der Segregation. Das Prinzip der rassischen Segregation war bis zur Mitte des zwanzigsten Jahrhunderts Leitbild der Bildungspolitik und sollte auch für die meisten anderen gesellschaftlichen Teilbereiche gelten.

Segregierte Schulen bestanden für die schwarze und die hispanische Bevölkerung. Sie waren durch eine vergleichsweise schlechte Ausstattung und wenig geschultes Lehrpersonal gekennzeichnet. Diese Form der Diskriminierung war vor allem für die Gebiete des Südens und Südwestens der Vereinigten Staaten mit einem traditionell hohen Bevölkerungsanteil dieser beiden Minderheitengruppen charakteristisch, während die Kinder europäischer Einwanderer die Schule in der Regel im Klassenverband mit der ansässigen angloamerikanischen Bevölkerung besuchten.

Angesichts der qualitativ minderwertigen segregierten Schulen und der dadurch stark eingeschränkten Bildungsmöglichkeiten für die Minderheitenbevölkerung konzentrierte sich das Interesse in verschiedenen gerichtlichen Prozessen zunächst auf die Verwirklichung einer Gleichbehandlung, ohne dabei den Grundsatz der Segregation in Frage zu stellen. So wurde etwa 1938 im Prozeß *Missouri ex rel. Gaines v. Canada* einem schwarzen Bewerber an der University of Missouri Law School das gleiche Recht auf Ausbildung zugesprochen, wie es die weiße Bevölkerung in diesem Bundesstaat besaß. Eine Konsolidierung des Gleichheitsgrundsatzes wurde 1940 im Prozeß *Alston v. School Board of Norfolk* mit der Entscheidung bewirkt, daß es innerhalb des betreffenden Schulbezirkes keine Unterschiede in der Höhe der Gehälter für schwarze und weiße Lehrer mit gleichwertiger beruflicher Qualifikation geben dürfe.

Für *Hispanics* stellte sich die Situation im Bildungswesen prinzipiell ähnlich wie für die schwarze Bevölkerung dar. Wenn die Zahl der hispanischen Schüler nicht so gering war, daß sie aus pragmatischen und finanziellen Gründen im Klassenverband der Schüler einer weißen Mehrheitsbevölkerung integriert waren, erhielten sie – sofern sie überhaupt in die Schule gingen – in der Regel einen qualitativ schlechteren Unterricht in segregierten Klassen oder Schulen. Letztere waren in den Bundesstaaten Kalifornien und Texas besonders verbreitet. Auch wenn auf staatlicher Ebene im Laufe des zwanzigsten Jahrhunderts eine Amerikanisierungs- und Assimilierungspolitik verordnet wurde, vermochte sich diese auf der lokalen Ebene der *School Boards* gewöhnlich nicht durchzusetzen. Im Unterschied zur schwarzen Bevölkerung, die sich von der weißen Bevölkerung definitionsgemäß durch die Zugehörigkeit zu einer anderen Rasse unterschied, wurden *Hispanics* in Volkszählungen und anderen Erhebungen der Rassenkategorie *White* zugeschlagen, so daß eine rein hispanische Schülerschaft in der damaligen Statistik als „weiß" geführt wurde.

Das maßgebliche Unterscheidungskriterium für die hispanische gegenüber der weißen Bevölkerung ist Ethnizität oder Abstammung. Unter Berufung auf den geltenden Gleichheitsgrundsatz wurde 1930 in dem von der *LULAC* unterstützten Prozeß *Independent School District v. Salvatierra* erklärt, daß der texanische Schulbezirk Del Rio keine Segregation mexikanisch-amerikanischer Schüler auf der Grundlage von Ethnizität betreiben dürfe. Eine Trennung weißer und hispanischer Schüler sei aber dennoch zulässig, wenn sie ethnizitätsunabhängig auf den Kriterien des Niveaus der englischen Sprachkenntnisse und der Regelmäßigkeit des Schulbesuchs basiere (SAN MIGUEL 1987). Bestätigt wurde dieses Urteil in dem 1945 begonnenen und ebenfalls von der *LULAC* unterstützten Verfahren *Méndez v. Westminster School District*, in dessen Folge vier Schulbezirke im kalifornischen Orange County angewiesen wurden, der dort *de facto* gegebenen Segregation mexikanischer Schüler entgegenzuwirken. Auch mit Unterstützung der *LULAC* prozessierten daraufhin 1948 die Eltern mehrerer Schüler in texanischen Schulbezirken im Verfahren *Delgado et al. v. Bastrop Independent School District of Bastrop County et al.* gegen die Segregation ihrer hispanischen Kinder. Das Gericht entschied auch in diesem Fall auf vorsätzliche Segregation und forderte von den Schulen eine Initiative zur Desegregation der Schüler. Fortan war eine Praxis der Segregation allenfalls bei fehlenden Sprachkenntnissen oder bei mit Hilfe geeigneter Tests ermittelteten fachlichen Defiziten der Schüler noch legitim.

Trotz entsprechender Anweisung durch den verantwortlichen texanischen *Superintendent of Public Instruction* und der wiederholten gerichtlichen Bestätigung der Verfassungswidrigkeit einer Segregation hispanischer Schüler hielten zahlreiche Schulen und Schulbezirke zunächst an dieser Praxis fest. In diesem Verhalten kommt die starke Autonomie der Schulbezirke zum Ausdruck, deren jeweilige Interessenlage weitgehend von der Struktur der zugrundeliegenden ethnisch segregierten Einzugsgebiete bestimmt war.

3.4 Bildungspolitische Veränderungen in den USA im 20. Jahrhundert

Das Ende der Segregation schwarzer Schüler und eine endgültige Abkehr vom Grundsatz des *Separate but Equal* begann 1954/55 in Kansas mit dem Prozeß *Brown v. School District of Topeka*. Das Urteil erklärte die bis dahin praktizierte Segregationspolitik auf Grundlage von Hautfarbe, Rasse oder ethnischer Zugehörigkeit als diskriminierend und verfassungswidrig. Damit wurde die Leitidee der *Equal Opportunity* als neuer Gleichheitsgrundsatz definiert. Entsprechend lautete 1957 im Verfahren *Hernandez v. Driscoll Consolidated Independent School District* die Entscheidung, daß *Hispanics* auch innerhalb einer Schule nicht auf Basis ihrer Abstammung oder Ethnizität, sondern nur aufgrund unzureichender Sprachkenntnisse in separaten Klassen unterrichtet werden durften. Segregierte Schulen entsprachen damit definitiv nicht mehr dem geltenden neuen Gleichheitsgrundsatz. Die Verantwortung für die Umsetzung des Prinzips der Gleichberechtigung oblag den staatlichen Behörden auf lokaler, bundesstaatlicher und nationaler Ebene.

Durch die wegweisende *Brown*-Entscheidung von 1955 hatte die republikanische Regierung unter Dwight Eisenhower zwar vorübergehend die Sympathie einiger schwarzer Wähler erworben, büßte diese jedoch infolge der Verzögerungen bei der Verwirklichung gleicher Bildungschancen schon recht bald wieder ein. Dies wirkte sich im Wahlkampf von 1960 zwischen John F. Kennedy und Richard M. Nixon zugunsten der Demokraten aus. Sowohl Kennedy als auch sein Nachfolger Johnson versuchten in einer groß angelegten Politik der *Affirmative Action* die Auswirkungen der *de jure* Segregation und deren Fortbestehen in Form einer *de facto* Segregation zu überwinden. Die bis in die Gegenwart von der Bundesregierung in Washington betriebene Politik der *Affirmative Action* verfolgt ohne inhaltliche Spezifizierungen das allgemeine Ziel, gegen bestehende Benachteiligungen von Frauen und ethnischen Minderheiten auf dem Arbeitsmarkt wie im Bereich schulischer und universitärer Bildung vorzugehen.

Die ebenfalls unter Präsident Kennedy vorbereiteten *Civil Rights Acts* aus dem Jahre 1964 stellen den Abschluß der gesetzgeberischen Bemühungen dar, jegliche Art von Segregation an den Bildungseinrichtungen zu unterbinden. In *Title IV* der *Civil Rights Acts* ist das Verbot rassischer und ethnischer Diskriminierung für jede Institution oder jedes Programm verankert, das bundesstaatliche Gelder erhält. Auf dieser rechtlichen Grundlage konnte das US-amerikanische Bundesministerium für Gesundheit, Bildung und Wohlfahrt allen Schulbezirken, die an der diskriminierenden Praxis der Segregation festhielten, die Vergabe nationaler Fördergelder verweigern und auf diese Weise der Desegregationsinitiative zum Durchbruch verhelfen.

Infolge des wachsenden politischen und gesetzlichen Druckes konnte die Desegregation der Schulen beginnen, sich nunmehr flächendeckend durchzusetzen. Ausgehend vom Süden der Vereinigten Staaten, wo nun die am stärksten desegregierten Schulen geschaffen wurden, breitete sich der Prozeß weiter nach Norden aus. Mit der Maßnahme des *Busing* wurde in mehreren Städten verpflichtend eingeführt, daß

Schüler mit Hilfe von Bussen in Schulen gefahren wurden, die außerhalb des dem Wohnstandort zugehörigen Schulbezirks lagen (BENTLEY 1982; DOUGLAS 1994). Dies entsprach einer Empfehlung des *Coleman Report*, derzufolge eine Desegregation der Schulen und stärkere ethnische Durchmischung der Schulklassen anzustreben sei. In diesem Bemühen spiegelt sich die aus heutiger Perspektive vielleicht etwas kurzsichtig wirkende zeitgenössische Überzeugung, daß soziale Probleme mit Hilfe finanzieller Mittel und öffentlicher Planung ohne weiteres einer befriedigenden Lösung zugeführt werden könnten.

Infolge der Bürgerrechtsgesetze wurden *Hispanics* in der Desegregationsbewegung zunächst weiterhin der Kategorie der weißen Bevölkerung zugerechnet. Deshalb galten Schulen, die ausschließlich von *Hispanics* und Schwarzen besucht wurden, nun dennoch als desegregiert. Eine wegweisende Veränderung ergab sich 1970 im Prozeß *Cisneros v. Corpus Christi Independent School District*, der die Prinzipien der *Brown*-Entscheidung von 1955 auch für *Hispanics* anerkannte. Damit wurden Vertreter der hispanischen Bevölkerung erstmals in der US-amerikanischen Geschichte als eigene Minderheitengruppe anerkannt. Diese Entscheidung wurde 1973 im Prozeß *Keyes v. School District No. 1, Denver, Colorado* bestätigt, als das Gericht den Schulbezirk anwies, *Hispanics* ebenso wie Schwarze und Weiße zu desegregieren.

Auch wenn es auf gerichtlicher und politischer Ebene eindeutige Entscheidungen für die Desegregierung der Bildungseinrichtungen gab, stieß die Umsetzung doch immer wieder auf harte Widerstände bei der Bevölkerung. So blieben die Wohnstandorte wie auch andere soziale und ökonomische Bereiche weiterhin durch eine stark segregierte Struktur gekennzeichnet. Nur wenige Jahre nach der Veröffentlichung des nach ihm selbst benannten Berichts kam James COLEMAN (1975) zum Ergebnis, daß in Reaktion auf die Bemühungen um Desegregation durch *Busing* in den innerstädtischen Schulbezirken ein Trend zur sogenannten *White Flight* einsetzte. Wohlhabendere weiße Familien zogen verstärkt aus dem Stadtgebiet in die Vororte und entgingen auf diese Weise dem *Busing* ihrer Kinder. Aber auch unter den betroffenen Minderheiten war das *Busing* durchaus nicht unumstritten. Häufig entstand der Eindruck, die Minderheitenkinder sollten lediglich in einen angloamerikanischen Klassenverband verpflanzt werden, ohne daß man sich tatsächlich mit den näheren Ursachen der bildungsbezogenen Disparitäten auseinandersetzen oder geeignete Integrationsmaßnahmen entwickeln würde. Aus diesen Gründen war das ohnehin mit einigem organisatorischen und zeitlichen Aufwand verbundene *Busing* zum Scheitern verurteilt, und es setzte nunmehr ein Trend zur Resegregation der innerstädtischen Schulen ein (DIMOND 1985). Diese Entwicklung verstärkte sich durch einen demographischen Effekt, der die Zahl der hispanischen Schüler infolge von Migration und Fertilität deutlich ansteigen ließ. So wuchs der Anteil hispanischer Schüler, die eine sogenannte *Minority School* mit einer zahlenmäßigen Minderheit angloamerikanischer Schüler besuchten, zwischen 1970 und 1986 um knapp fünfzig Prozent (BALLANTINE 1993).

3.4 Bildungspolitische Veränderungen in den USA im 20. Jahrhundert

Die lokale Autonomie der Schulbezirke, welche die Qualität der Schulen stark von der finanziellen Situation der Wohnbevölkerung in den Einzugsgebieten abhängig macht, verschärft letztlich das Problem der Segregation und die erheblichen qualitativen Disparitäten zwischen den Schulstandorten innerhalb einer Stadt oder eines *County*. In zahlreichen Fällen werden bis in die Gegenwart gerichtliche Prozesse um die Grenzziehung von Schulbezirken und um die Schließung, Eröffnung oder Zusammenlegung von Schulen geführt. Am Beispiel von Tucson, das in den vergangenen Jahren durch ein starkes Bevölkerungswachstum und eine damit einhergehende territoriale Segmentierung zwischen weißen Zuwanderern in den suburbanen Raum und mexikanisch-amerikanischen Zuwanderern in die innerstädtischen Bereiche gekennzeichnet war, untersucht ALBRECHT (1990b), inwieweit die Grenzziehung von Schuleinzugsgebieten einer sozialräumlichen Segregation Vorschub leistet und damit die Integrationsfunktion der Institution Schule unterminiert. Besonderes Augenmerk widmet Albrecht dabei einer Rekonstruktion des Gerichtsprozesses *Mendoza v. School District Number 1* von 1978. In diesem Verfahren kamen die Richter des Obersten Gerichtshofs von Arizona zur durchaus umstrittenen Entscheidung, daß eine durch die Schulverwaltung geförderte *de facto* Segregation der mexikanisch-amerikanischen und der schwarzen Schüler nach Gesichtspunkten der Rasse und der nationalen Herkunft nicht feststellbar sei. Die gleiche Problematik ist auch in New Mexico zu beobachten, dessen jüngster Schulbezirk Rio Rancho erst während der 1990er Jahre im expandierenden äußeren Stadtgebiet von Albuquerque entstand und eine sozioökonomisch deutlich besser gestellte Bevölkerungsstruktur besitzt als die Mehrzahl der benachbarten innerstädtischen Wohngebiete.

Doch nicht nur auf der Ebene der Schulbezirke, sondern vor allem auch innerhalb der einzelnen Bildungseinrichtungen bleibt die Problematik von Segregation und Desegregation ein brisantes Thema. Es lassen sich weiterhin wirkungsvolle Mechanismen identifizieren, die *de facto* einer Segregation innerhalb der als mehr oder minder desegregiert geltenden Institutionen Vorschub leisten. Die gängige Praxis einer leistungsbezogenen Klassen- oder Gruppenbildung, die gemeinhin als *Tracking* bezeichnet wird, entspricht weiterhin häufig der Segregierung von Schülern ethnischer Minderheiten (OAKES 1997). Das *Tracking* erschwert die Integration der Schüler und trägt dazu bei, Schüler ethnischer Minderheiten mit eingeschränkten englischen Sprachkenntnissen als Außenseiter zu stigmatisieren. Andererseits erscheint es äußerst schwierig, im US-amerikanischen eingliedrigen Schulsystem – das nicht wie in Deutschland traditionell zwischen Gymnasium, Real- und Hauptschule differenziert – Schüler mit sehr unterschiedlichen Leistungen in einem Klassenverband effizient und mit einem zufriedenstellenden Lernerfolg zu unterrichten. So bleibt es am Ende den Lehrern überlassen, in ihren mehr oder weniger segregierten Schulklassen die Ziele von Integration und Leistungsförderung in adäquater Weise miteinander zu verbinden. Die Rahmenbedingungen jedoch ergeben sich in der Regel aus den finanziellen Möglichkeiten einer Schule und den an die Zuweisung dieser Mittel geknüpften Erwartungen der Steuerzahler eines Schulbezirks und der jeweiligen politischen Vorgaben des

Bundesstaates wie auch des nationalen Bildungsministeriums. Grundsätzlich setzen die Demokraten verstärkt auf eine politische Regulierung des Bildungssystems, um die vorhandenen Disparitäten durch spezifische öffentlich finanzierte Programme abzumildern. Währenddessen befürworten die Republikaner eine Dezentralisierung der bildungspolitischen Entscheidungen auf Ebene der Schulbezirke mit dem Argument, daß den Bürgern damit eine möglichst große Entscheidungs- und Gestaltungsfreiheit eingeräumt werde, deren Grenzen sich jedoch dann zwangsläufig aus den lokal verfügbaren finanziellen Ressourcen ergeben.

Abschließend bleibt festzuhalten, daß der Fokus in der Diskussion um die Segregation im US-amerikanischen Bildungswesen im Laufe des zwanzigsten Jahrhunderts von der Kritik an einer Praxis der offenen Diskriminierung zur kontroversen Auseinandersetzung mit den Mechanismen einer verdeckten Diskriminierung verlagert wurde. Aus einer vor allem durch das Bemühen um politische Korrektheit geprägten Grundhaltung wird Segregation nicht selten pauschal abgelehnt, ohne dabei den jeweiligen Interessen und Anliegen ethnischer Minderheiten hinreichende Beachtung zu schenken und nach geeigneten curricularen und organisatorischen Umsetzungsstrategien zu suchen. Wie sich am Beispiel von Schulkindern mit schwachen Englischkenntnissen und nichtenglischer Muttersprache wiederholt gezeigt hat, bestehen auch innerhalb einzelner ethnischer Minderheitengruppen durchaus unterschiedliche Meinungen, ob der Unterricht diesen Verhältnissen durch Einstellung von Lehrpersonal mit entsprechendem ethnisch-kulturellen Hintergrund angepaßt und von den Schulen zusätzlicher Unterricht in der Muttersprache oder in Englisch als Fremdsprache angeboten werden sollte.

3.4.3 Bilinguale Erziehung und Bildungsförderungsprogramme

Da ethnische Minderheiten teilweise nur eingeschränkte englische Sprachkenntnisse besitzen und nicht selten eine nichtenglische Muttersprache haben, ist das Ziel ihrer gesellschaftlichen Integration und Gleichberechtigung eng mit der Frage verknüpft, ob der Unterricht auf englisch, zweisprachig oder in einer anderen Sprache durchgeführt werden soll. Die hispanische Bevölkerung ist in diesem Punkt in besonderer Weise betroffen, da sie in zahlreichen *Counties* und Schulbezirken von New Mexico, Texas, Arizona und Kalifornien die Mehrheit der Schulkinder stellt.

Die traditionelle US-amerikanische Auffassung, daß Entscheidungen im Bildungswesen nicht auf nationaler Ebene, sondern in den meisten Fällen lokal getroffen werden, fördert eine regionale Vielfalt, die sich bis Anfang des zwanzigsten Jahrhunderts nicht nur im Hinblick auf unterschiedliche methodisch-didaktische Konzepte entwickeln konnte, sondern ethnischen Minderheiten auch die Möglichkeit einräumte, den Unterricht auf eigene Initiative in nichtenglischen Sprachen

3.4 Bildungspolitische Veränderungen in den USA im 20. Jahrhundert

durchführen zu lassen. Dies änderte sich nach dem Ersten Weltkrieg, als seitens der Regierung eine Amerikanisierungswelle betrieben wurde und der fremdsprachige Unterricht an den Schulen empfindlichen Widerstand erfuhr. Bereits 1917 äußerte Theodore Roosevelt, daß die Regierung Schulen bereitstellen sollte, um den Immigranten abends und deren Kindern tagsüber englische Sprachkenntnisse zu vermitteln. Weiterhin sollten Immigranten, die nach einer gewissen Zeit keine Englischkenntnisse vorweisen konnten, zurück in ihre Heimat geschickt werden. Im Jahre 1940 wurde mit dem *Nationality Act* ein Gesetz erlassen, das englische Sprachkenntnisse zu einer Voraussetzung für den Erwerb der US-amerikanischen Staatsbürgerschaft machte. Der *Nationality Act* wurde 1950 um einen Zusatzartikel erweitert, der für den Erwerb der Staatsbürgerschaft (mit Ausnahme von Personen, die über fünfzig Jahre alt waren und ihren Wohnsitz seit mindestens zwanzig Jahren in den USA hatten) den Nachweis englischer Lese-, Schreib- und Sprechkenntnisse vorsah (KELLER / VAN HOOFT 1982).

In den 1950er und 1960er Jahren kam es zu einer erneuten Öffnung gegenüber der zweisprachigen Erziehung, die unter anderem mit einer gesellschaftlichen Transformation und mit zahlreichen in der Öffentlichkeit selbstbewußt auftretenden Kriegsheimkehrern ethnischer Minderheiten zusammenhing (CHÁVEZ 1984, 107–109). Infolgedessen wurde 1957 mit den *Little Schools of the 400* ein Programm eingerichtet, das hispanischen Kindern in der Vorschule die vierhundert wichtigsten englischen Wörter vermitteln sollte. Im Jahre 1958 wurde in Reaktion auf die Entsendung des russischen Sputnik der *National Defense Education Act* verabschiedet. Insbesondere *Title VI* und *Title IX* dieses Gesetzes sahen die Förderung des Erwerbs von Fremdsprachenkenntnissen vor. Weiterhin ermöglichte das Gesetz eine finanzielle Unterstützung von Studierenden ethnischer Minderheiten.

Die wachsende Sensibilität gegenüber der hispanischen Bevölkerung kam auch den kubanischen Immigranten zugute, die in Reaktion auf die Machtübernahme durch Fidel Castro von 1959 nach Florida ausgewandert waren. So wurde 1961 in Dade County, Florida, ein Programm zum Spanischunterricht für spanische Muttersprachler eingerichtet, das zugleich das Erlernen von Englisch als Fremdsprache vorsah. Ebenfalls in Dade County wurde 1963 mit Unterstützung der *Ford Foundation* ein komplett zweisprachiges Programm im ersten bis dritten Schuljahr eingeführt. Der große Erfolg machte das Lehrprogramm rasch zum Modell – auch wenn die Ursachen des Erfolgs primär mit externen Einflußfaktoren zusammenhingen. Die Kubaner waren in ihrer Heimat überwiegend der Mittel- und Oberschicht zugehörig, erfuhren von den US-amerikanischen Behörden entschlossene Unterstützung, waren teilweise an den Entscheidungen über die Einstellung von Lehrern beteiligt und besaßen generell eine sehr hohe Motivation für den Bildungs- und Spracherwerb in den Vereinigten Staaten.

Aufgrund dieser positiven Erfahrungen wurden ähnliche zweisprachige Programme zwischen 1963 und 1967 in mehreren Bundesstaaten eingeführt, wie zum Beispiel in Texas, New Mexico (Schulbezirk Pecos 1965), Kalifornien, Arizona und New

Jersey. Im Jahre 1965 wurde zudem der *Elementary and Secondary Education Act (ESEA)* verabschiedet, dessen *Title I* eine finanzielle Förderung zweisprachiger Programme vorsah, die den Schwerpunkt auf Englisch als Fremdsprache legten, um eine rasche Eingliederung der fremdsprachigen Schüler in den rein englischsprachigen Unterricht zu erreichen.

Unter Präsident Johnson wurde das Programm *Little Schools of the 400* unter dem Namen *Project Head Start* fortgeführt. Auf der Grundlage des *Economic Opportunity Act* von 1964 zielte *Head Start* auf die Förderung von Heranwachsenden nicht nur im schulischen Bereich, sondern zugleich in medizinischer und sozialer Hinsicht einschließlich Ernährung und psychologischer Betreuung. Ebenfalls unter Johnson wurde 1968 als Zusatzartikel zum *ESEA* mit *Title VII* der *Bilingual Education Act* erlassen, der neben dem englischsprachigen Unterricht auch eine finanzielle Förderung des Unterrichts in der Fremdsprache vorsah. Dies entsprach der 1970 vom *Office of Civil Rights (OCR)* durch Stanley Pottinger ausgegebenen Marschroute, daß sich sein Amt fortan neben rassischer Diskriminierung auch der Diskriminierung aufgrund nationaler Herkunft annehmen sollte. Pottinger argumentierte, daß im Fall unzureichender englischer Sprachkenntnisse von Kindern anderer nationaler Herkunft der betreffende Schulbezirk dafür sorgen müsse, daß diesen Schülern ausreichende Sprachkenntnisse vermittelt würden, damit sie ungehindert am Unterricht teilnehmen könnten (MCCLAIN / STEWART 1999, 132).

Infolgedessen verlagerte der 1968 zur Umsetzung der Bildungsbeteiligung von *Hispanics* mit Unterstützung der *Ford Foundation* und nach dem Beispiel einer bereits 1939 als *Legal Defense and Educational Fund* begründeten Stiftung für die schwarze Bevölkerung ins Leben gerufene *Mexican American Legal Defense and Education Fund (MALDEF)* in den 1970er Jahren seine Interessen von der Verwirklichung ethnisch desegregierter Bildungseinrichtungen und eines gleichberechtigten Bildungszugangs verstärkt in den Bereich des bilingualen Unterrichts. Dies zielte auf die Einführung von Unterricht in der Muttersprache oder Englischunterricht für Schüler mit anderer Muttersprache (MCCLAIN / STEWART 1999, 88–89). Der wachsende politische Druck, den neben *Hispanics* vor allem auch Vertreter der asiatischen Minderheiten ausübten, bewirkte, daß in den nachfolgenden Jahren auf Ebene der Universitäten Lehrer für den zweisprachigen Unterricht ausgebildet und Unterrichtsmaterialien entwickelt sowie diesbezügliche Forschungsarbeiten intensiviert wurden.

Bestehende Widerstände gegen die Bereitstellung fremd- oder zweisprachigen Unterrichts seitens der betroffenen Schulbezirke lösten sich rasch auf, als das Bundesministerium für Gesundheit, Bildung und Wohlfahrt 1970 den damals etwa 1 000 US-amerikanischen Schulbezirken mit mindestens fünf Prozent ihrer Herkunft nach nicht englischsprachigen Schülern mit einer Streichung der nationalen Fördermittel drohte, wenn diese nicht umgehend im Sinne einer *Affirmative Action* tätig würden und die vorhandenen Sprachbarrieren für fremdsprachige Kinder beseitigten. In der Folge verabschiedete Massachusetts 1972 den *Transitional*

Bilingual Education Act, der zweisprachige Erziehung in allen Schulbezirken zur Pflicht machte, die mindestens zwanzig Kinder mit demselben fremdsprachigen Hintergrund zählten. Dieses Gesetz wurde später von zahlreichen anderen Staaten übernommen und war 1974 bereits in Kalifornien, New Mexico, Texas, Illinois und New Jersey wirksam. Auf nationaler Ebene wurde dieser Grundsatz 1974 im *Equal Educational Opportunities Act* im Prinzip bestätigt:

> No state shall deny equal educational opportunity to an individual on account of his or her race, color, sex, or national origin by [...] the failure by an educational agency to take appropriate action to overcome language barriers that impede equal participation by its students in its instructional programs (U.S. Equal Educational Opportunities Act, § 1703).

Daraufhin wuchs auch außerhalb des Bildungsbereichs ein Bewußtsein für die Präsenz und die Rechte fremdsprachiger Bürger in den USA. Ein Zusatzartikel zum *Voting Rights Act* erwirkte 1976, daß Wahlzettel in den Wahlbezirken mit einem bedeutenden Anteil hispanischer, indianischer oder asiatischer Wähler mehrsprachig gedruckt werden mußten. Das gleiche gilt heute auch für die im *U.S. Census* verwendeten Erfassungsbögen.

Um die bis dahin nur grob abzuschätzende Zahl der in den USA lebenden Bevölkerung mit begrenzten Englischkenntnissen und auf diese Weise auch den Bedarf an zweisprachigem Unterricht in den Schulen zu ermitteln, wurde 1976 das *National Center for Educational Statistics (NCES)* mit der Durchführung einer umfassenden Untersuchung beauftragt. Den Erhebungen des *NCES* zufolge gab es 1978 etwa 28 Millionen Menschen mit US-amerikanischer Staatsbürgerschaft oder Wohnsitz in den USA, die eine andere als die englische Muttersprache hatten beziehungsweise in einem Haushalt lebten, in dem eine andere Sprache als Englisch gesprochen wurde. Unter diesen nicht primär englischsprachigen Personen waren fünf Millionen Kinder. Zahlenmäßig fällt besonders der Anteil spanischsprachiger Personen ins Gewicht, der 1978 mit einem Drittel der fremdsprachigen Erwachsenen und sechzig Prozent der fremdsprachigen Schulkinder beziffert wurde.

Nachdem den ethnischen Minderheiten in den USA das Recht auf Unterricht in der eigenen Sprache zugesprochen worden war und im Laufe der 1970er Jahre durch eine enorme Ausweitung des bilingualen Unterrichtsangebots an den Schulen entsprechende Kapazitäten eingerichtet werden konnten, verlagerte sich die kontroverse Diskussion in Politik und Öffentlichkeit auf die Vor- und Nachteile zweier unterschiedlicher bilingualer Lehrplanmodelle: das auf gesellschaftliche Anpassung zielende Übergangsmodell und das dem Konzept des Pluralismus verpflichtete Unterstützungsmodell (FOSTER 1979). Das Übergangsmodell sieht vor, die Muttersprache lediglich als Unterrichtsmittel zu nutzen, bis die englische Sprache fließend beherrscht wird und der Schüler am regulären Unterricht in ausschließlich englischer Sprache teilnehmen kann. Demgegenüber weist das Unterstützungsmodell der Muttersprache des Kindes etwa die gleiche Bedeutung zu wie dem Englischen und zielt darauf, die Sprachkenntnisse des Kindes in beiden Sprachen langfristig zu entwickeln. Dies bringt jedoch einigen Aufwand bei der

Qualifizierung fremdsprachiger Lehrkräfte und der Beschaffung geeigneten Unterrichtsmaterials mit sich. Der Hauptaufwand für das Übergangsmodell liegt hingegen in der Ausbildung und Einstellung von Lehrpersonal, das fachlich hinreichend qualifiziert ist, um Englisch als Fremdsprache zu unterrichten.

Während in den 1970er Jahren das Unterstützungsprogramm zunächst in weiten Kreisen als zwar kostspielig, aber politisch korrekt empfunden und von den ethnischen Minderheiten in den USA gern in Anspruch genommen wurde, war in den 1980er Jahren eine verstärkte Hinwendung zum Übergangsmodell der *Transitorischen Bilingualen Erziehung (TBE)* zu beobachten. Es schien, als ob sich die gezielte Hinführung zum Englischen unter Lehrern, Schülern und Familien als erfolgreiches Modell an den betroffenen Schulen durchgesetzt hätte. Seit den 1990er Jahren mehren sich jedoch insbesondere unter den zahlenmäßig bedeutenden mexikanischen Zuwanderern die Proteste gegen eine Förderung des Spanischen an den Schulen, da dies von den betreffenden Schülern und Eltern nicht selten als Hindernis für den englischen Spracherwerb und als Mittel zum Aufrechterhalten einer Segregation innerhalb der Schulen bewertet wird.

Wegweisenden Charakter besitzt in diesem Sinne unter Umständen der als *Proposition 227* bezeichnete kalifornische Volksentscheid vom Juni 1998 mit einem klaren Votum gegen den bislang praktizierten bilingualen Unterricht. Wie Dieter Zimmer in der Wochenzeitung *Die Zeit* Nr. 47 vom 12. November 1998 unter dem treffenden Titel „Lieber gleich ins kalte Wasser" kommentiert, fordern gegenwärtig zahlreiche *Hispanics* nicht nur in Kalifornien eine Aufhebung des Spanischunterrichts und für Schüler mit unzureichenden Englischkenntnissen eine extrem kurze Übergangsphase mit dem Ziel einer möglichst raschen Eingliederung in den englischsprachigen Klassenverband. Es bleibt jedoch abzuwarten, ob sich die Abkehr vom traditionellen Übergangsmodell in Kalifornien langfristig durchzusetzen vermag und ob sich der kalifornische Weg auch in den überwiegend hispanischen Siedlungsgebieten in den benachbarten Bundesstaaten des Südwestens wird etablieren können.

Die kontroversen Entwicklungen um den zweisprachigen Unterricht im US-amerikanischen Bildungswesen während der zweiten Hälfte des zwanzigsten Jahrhunderts deuten darauf hin, daß die Förderung von Pluralismus nicht ohne Anzeichen von Segregation und die Verwirklichung von Integration nicht ohne Betonen der englischen Sprache auf Kosten einer fremden Muttersprache möglich ist. Am Ende steht die auch weiterhin aktuelle Frage, ob Assimilierung oder Pluralismus, ob kulturelle Integration oder leistungsbezogene Segregation als Leitbild im US-amerikanischen Bildungswesen fungieren sollten (PADILLA 1982).

3.5 Entwicklung des Bildungswesens in New Mexico seit 1950

In der zweiten Hälfte des zwanzigsten Jahrhunderts erfuhr New Mexico eine zunehmende Industrialisierung und Urbanisierung sowie eine anhaltende Zuwanderung vor allem von Personen angloamerikanischer und mexikanischer Herkunft. Dies soll im folgenden beschrieben werden, denn es bildete gemeinsam mit den bereits skizzierten politischen Veränderungen auf nationaler Ebene den Hintergrund für die weitere Entwicklung und den Ausbau des Bildungswesens in New Mexico.

3.5.1 Wirtschaftliche und gesellschaftliche Rahmenbedingungen

Nach Überwindung der Wirtschaftskrise der 1930er Jahre vollzog sich in der zweiten Hälfte des zwanzigsten Jahrhunderts in den gesamten USA ein Industrialisierungs- und Tertiärisierungsprozeß, der auch New Mexico erfaßte. Infolge dieses wirtschaftlichen Strukturwandels kam es zu einer Zuwanderung in die städtischen Agglomerationen mit entsprechendem Arbeitsplatzangebot und zu einer Abwanderung aus den ländlichen Agrargebieten (CARLSON 1990). Aufgrund der in New Mexico verfügbaren Uranvorkommen und des Vorhandenseins größerer weitgehend unbesiedelter Areale, die einer militärischen Nutzung als Übungs- und Versuchsgelände zugeführt werden konnten, entwickelte sich New Mexico auch zu einem bedeutenden Militärstandort mit mehreren Stützpunkten sowohl für die Luftwaffe als auch für die Erprobung und Lagerung von Atomsprengköpfen. In Los Alamos wurden hochbedeutende militärische und später auch zivile Nuklearforschungslabors eingerichtet. Weiterhin wurden bereits seit den 1920er Jahren um Hobbs und Artesia und auch an anderen Standorten in New Mexico die vorhandenen Erdöl- und Erdgasvorkommen sukzessive erschlossen. Als weiterer Wirtschaftsfaktor vermochte sich ein Tourismus zu entwickeln, der sowohl vom landschaftlichen Reiz des Bundesstaates als auch von der Attraktivität der vielfältigen Zeugnisse indianischer und hispanischer Kulturen profitiert. Zusätzliche Impulse für die touristische Attraktivität von New Mexico liefern die bedeutenden Werke aus den in der ersten Hälfte des zwanzigsten Jahrhunderts in Taos und Santa Fe entstandenen Künstlerkolonien.

Seit der Intensivierung der wirtschaftlichen Beziehungen zum benachbarten Mexiko in den 1990er Jahren auf Grundlage der Verträge des Nordamerikanischen Freihandelsabkommens (NAFTA) gewinnt die politische Grenze als Standortfaktor zunehmend an Bedeutung. Dies zeigt sich in dem Bemühen, mit der Einrichtung eines neuen Grenzübergangs und der Anlage des angegliederten gleichnamigen Industriegebiets Sunland Park einen Teil der wirtschaftlichen Dynamik im Großraum von El Paso (Texas) und Ciudad Juárez (Chihuahua, Mexiko) in den eigenen

3 Entwicklung von Bildung und Bildungswesen in New Mexico

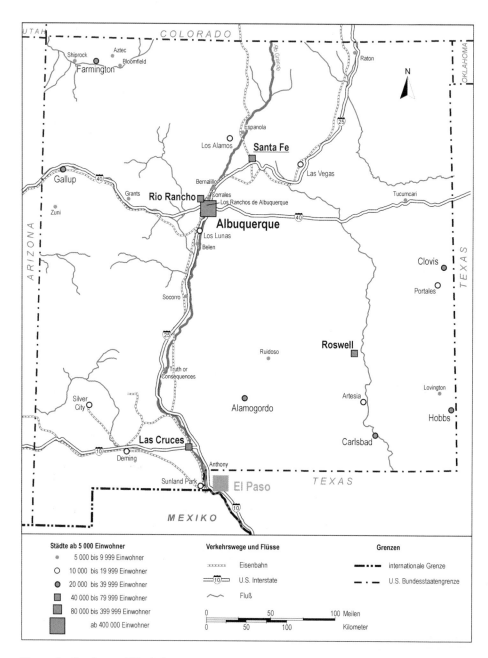

Karte 5: Städte und Verkehrswege New Mexicos im ausgehenden 20. Jahrhundert
Quelle: Eigene Darstellung.

3.5 Entwicklung des Bildungswesens in New Mexico seit 1950

Bundesstaat zu verlagern. Trotz seines wirtschaftlichen und demographischen Wachstums bleibt New Mexico bis in die Gegenwart einer der ärmsten und am dünnsten besiedelten Bundesstaaten der USA.

Die einzigen größeren Städte mit überregionaler Bedeutung sind heute das etwa 450 000 Einwohner zählende Albuquerque und die Hauptstadt Santa Fe. Albuquerque vermochte sich erst während der Boomphase des Eisenbahnbaus zu der in demographischer und wirtschaftlicher Hinsicht bedeutendsten Agglomeration des Bundesstaates zu entwickeln und das bis dahin an der Spitze der Siedlungshierarchie stehende Santa Fe zu verdrängen. Der Anschluß an das nationale Fernstraßennetz von *Highways* und *Interstates* festigte die Funktion von Albuquerque als zentralem Verkehrsknotenpunkt in New Mexico. Im Zuge des anhaltenden Bevölkerungswachstums wuchs in Albuquerque eine differenzierte Stadtteilstruktur, innerhalb derer sich neben der traditionellen hispanischen Old Town und der angloamerikanischen New Town nach und nach das Universitätsviertel sowie verschiedene schichtspezifische Wohngebiete herausbildeten (WILLIAMS / MCALLISTER 1979, 100–101).

3.5.2 Ausbau und Diversifizierung des Bildungswesens

Die fortschreitende Urbanisierung und der Ausbau des sekundären und tertiären Wirtschaftssektors waren mit einem entsprechenden gesellschaftlichen Wandel verbunden, der für einen großen Teil der Bevölkerung eine verstärkte Bildungsbeteiligung mit sich brachte. Letztere wurde durch staatliche Bildungsprogramme gefördert, wie zum Beispiel den 1944 verabschiedeten ersten *GI Bill*, mit dem die US-amerikanische Regierung Kriegsheimkehrern und Veteranen Möglichkeiten zur Qualifizierung im Bereich höherer und beruflicher Weiterbildung eröffnete und günstige Darlehen für Existenzgründungen und Wohneigentum bereitstellte. Ergänzend sorgte der Bundesstaat New Mexico für die Einrichtung von Bildungsprogrammen und Stipendien, deren Finanzierung zum überwiegenden Teil aus dem Erlös der Verpachtung bundesstaatlicher Ländereien und dem in einer bundesstaatlich betriebenen Lotterie erwirtschafteten Gewinn bestritten wurde.

New Mexico ist ähnlich wie die übrigen Vereinigten Staaten bis in die Gegenwart durch erhebliche kleinräumige Disparitäten hinsichtlich der Verfügbarkeit und Qualität der Bildungsinfrastruktur gekennzeichnet. Während der Kindergarten- und Vorschulbereich institutionell in nahezu unveränderter Form besteht, hat sich im fortgeschrittenen sekundären Bildungsbereich während der zweiten Hälfte des zwanzigsten Jahrhunderts eine differenzierte Struktur unterschiedlicher Bildungseinrichtungen herausgebildet. Die traditionell an *Elementary School* und *Middle School* anknüpfende *High School* kann heute auch in *Junior-High School* und

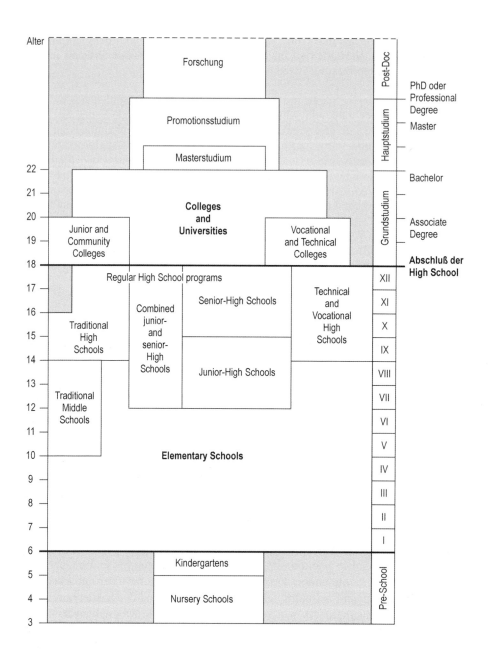

Abb. 5: *Institutionen und Strukturen des Bildungswesens der USA (1990er Jahre)*
Quelle: *Eigene Darstellung; verändert nach* ECKSTEIN *(1988) und* VALVERDE *(1994).*

3.5 Entwicklung des Bildungswesens in New Mexico seit 1950

Senior-High School untergliedert sein. Zudem besteht mit den *Technical and Vocational High Schools* eine weniger studien- und stärker berufsorientierte Schulvariante (MILLSAP / MURASKIN 1994; VALVERDE 1994).

Parallel zu den Veränderungen im sekundären Bildungsbereich vollzog sich auch im tertiären Bildungsbereich eine sukzessive Ausdifferenzierung der Bildungsinfrastruktur im Zuge eines allgemeinen Schul- und Hochschulausbaus in New Mexico. Neben dem traditionellen Studium, das im Anschluß an ein zum *Bachelor* führendes vierjähriges Grundstudium an einem *College* die gestuften Universitätsabschlüsse des *Master* und des Doktorgrads sowie gegebenenfalls auch eine Tätigkeit als *Post-Doc* vorsieht, wurden verschiedene zweijährige Studiengänge eingerichtet, die an *Junior Colleges, Community Colleges* oder *Vocational and Technical Colleges* absolviert werden können.

Die gesetzlichen Rahmenbedingungen für die Einrichtung dieser Studiengänge wurden in New Mexico mit dem *Branch Community College Act* (1957), dem *Community (Junior) College Act* (1963), dem *Technical and Vocational Institute Act* (1963), dem *Area Vocational Schools Act* (1967) und dem *Off-Campus Instruction Act* (1982) geschaffen. Wie in den übrigen USA haben sich *Community Colleges* auch in New Mexico während der zweiten Hälfte des zwanzigsten Jahrhunderts rasch ausgebreitet. Verglichen mit den Hochschulen zeichnen sich diese höheren Bildungseinrichtungen durch geringere Studiengebühren und einen unmittelbareren Bezug zu Arbeitsmarkt und beruflicher Qualifikation aus. Gemeinsam mit den *Junior Colleges* und *Technical Colleges* werden sie organisatorisch den Zwei-Jahres-*Colleges* der Eingangsstufe des US-amerikanischen Hochschulsystems zugerechnet und besitzen somit eine Brückenfunktion zwischen *High School* und Universität. Den Studierenden, bei denen es sich häufig um Berufstätige handelt, die ihre Berufstätigkeit vorübergehend aufgeben oder sich parallel dazu weiterbilden möchten, eröffnen sie ein sehr flexibles Curriculum, das vom Besuch einzelner Kurse bis hin zu verkürzten Studiengängen mit dem Abschluß eines *Associate Degree* reicht. Die Studienleistungen können in der Regel auch für ein anschließendes Studium an einem Vier-Jahres-*College* oder einer Universität anerkannt werden (FRAAZ 1992).

Obwohl die hispanische Bevölkerung in New Mexico am Alphabetisierungsprozeß der breiten Bevölkerung teilhatte, blieb der Besuch höherer Bildungseinrichtungen primär der angloamerikanischen weißen Bevölkerung vorbehalten. Ungeachtet der absoluten Zunahme des Ausbildungsniveaus der *Hispanics* erwies sich der relative Abstand zur weißen Bevölkerung als persistent beziehungsweise verstärkte sich anfangs sogar. Auch die weitere Entwicklung der Bildungssituation im zwanzigsten Jahrhundert war neben der Bildungsexpansion vor allem durch eine Segregation entlang ethnischer Trennlinien geprägt. Unterstützt wurde dieser Trend durch eine wirtschaftliche Entfaltung, die eine Diversifizierung des Arbeitsmarktes in New

Mexico zur Folge hatte und die ethnizitätsbezogenen gesellschaftlichen Disparitäten auch im sozioökonomischen Bereich untermauerte. Dies entspricht dem buchstäblichen Selbstverständnis von *Hispanics* in New Mexico als *foreigners in their own land*.

3.5.3 Bildungslandschaft New Mexicos in den 1990er Jahren

In den 1990er Jahren verfügte New Mexico über eine annähernd flächendeckende Infrastruktur von Schulen und Hochschulen. Das administrativ in dreiunddreißig *Counties* untergliederte Gebiet des Bundesstaates umfaßte im Jahre 2000 nicht weniger als neunundachtzig Schulbezirke, deren Grenzen sich in ihrem Verlauf nur teilweise an den *Counties* orientieren.

Im Schuljahr 1999/2000 verzeichnete New Mexico insgesamt 710 Schulen, an denen 21 167 Lehrer beschäftigt waren und 317 193 Schüler unterrichtet wurden. Gemessen an den im *Schools and Staffing Survey* des *NCES* veröffentlichten nationalen Durchschnittswerten gelten die Lehrkräfte in New Mexico als gut qualifiziert. Insbesondere im Umgang mit Schülern, die nur begrenzte Englischkenntnisse besitzen, werden die Lehrer in New Mexico häufig auch während ihrer Berufstätigkeit noch weitergebildet. Gleichwohl beklagen viele von ihnen ein geringes Interesse der Eltern am Schulgeschehen und an der Ausbildung ihrer Kinder. Ebenfalls überdurchschnittlich hoch liegt in New Mexico der Anteil der Lehrer, die Diebstahl und Gewalt unter den Schülern konstatieren (GRUBER u. a. 2002).

Im tertiären Bildungsbereich ist die hinsichtlich der Studierendenzahl bedeutendste und zugleich renommierteste Einrichtung die University of New Mexico in Albuquerque. Neben dem Hauptcampus mit knapp 24 000 Studierenden im Jahre 2000 unterhält die Universität als *Branch Community College* bezeichnete Außenstellen an insgesamt vier Standorten im nordwestlichen New Mexico, deren Studiengänge auf den Erwerb von Einzelzertifikaten oder *Associate Degrees* beschränkt sind und an denen weitere etwa 5 600 Studierende eingeschrieben sind. In ähnlicher Weise bedient die etwas kleinere New Mexico State University mit Hauptcampus in Las Cruces den südlichen Teil des Bundesstaates. Weitere Standorte öffentlicher Universitäten mit deutlich weniger immatrikulierten Studierenden sind Portales, das ebenfalls Außenstellen in Roswell und Ruidoso unterhält, sowie Las Vegas, Socorro und Silver City. Es ist bemerkenswert, daß in der Hauptstadt Santa Fe, die nach Albuquerque und Las Cruces die dritthöchste Einwohnerzahl innerhalb des Bundesstaates aufweist, lediglich drei kleinere private Hochschulen angesiedelt sind. Eine weitere private Universität befindet sich in

3.5 Entwicklung des Bildungswesens in New Mexico seit 1950

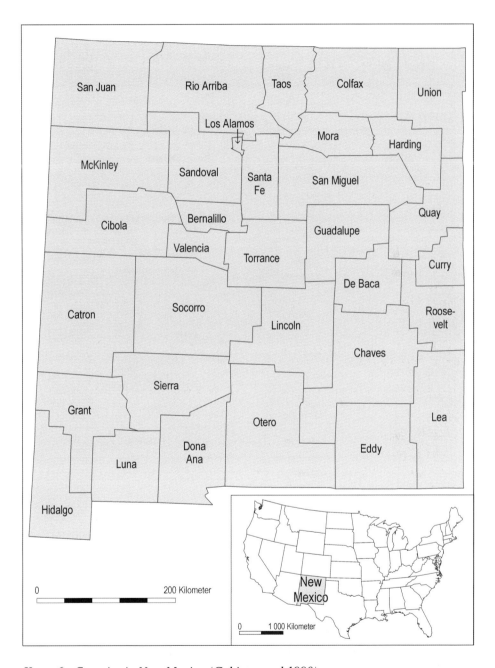

Karte 6: Counties in New Mexico (Gebietsstand 1990)
Quelle: Eigene Darstellung auf Grundlage des U.S. CENSUS (1990).

94   3 Entwicklung von Bildung und Bildungswesen in New Mexico

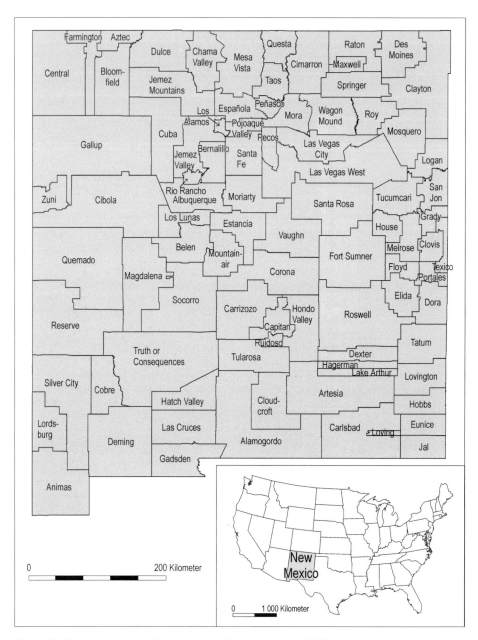

Karte 7: Schulbezirke in New Mexico (Gebietsstand 1990)

Quelle: Eigene Darstellung auf Grundlage des NEW MEXICO STATE DEPARTMENT OF EDUCATION (1999).

3.5 Entwicklung des Bildungswesens in New Mexico seit 1950

Hobbs. Zusätzlich unterhalten einige national operierende Fernuniversitäten Außenstellen im erweiterten Stadtgebiet von Albuquerque und Las Cruces sowie auf dem Gelände von Stützpunkten der US-amerikanischen Luftwaffe.

Etwa die Hälfte der insgesamt 110 000 im tertiären Bildungsbereich verzeichneten Studierenden sind derzeit an einem *Community College* beziehungsweise *Branch Community College* oder an einer anderen zweijährigen Bildungsinstitution immatrikuliert, deren Studienangebot lediglich den Teilstudienabschluß eines *Associate Degree* und ein breites Kursangebot mit einfachem Zertifikatabschluß umfaßt. Der mit Abstand bedeutendste Standort ist Albuquerque, dessen Technical Vocational Institute im Jahre 2000 mehr als 17 000 Studierende zählte. Weitere bedeutende Standorte sind Farmington, Santa Fe, Clovis, Hobbs und Las Cruces. Daneben bestehen insbesondere im nördlichen New Mexico zahlreiche kleinere Einrichtungen, die für die dort ansässige Bevölkerung eine sehr wichtige lokale Bildungsinfrastruktur bereitstellen, da sich die nächstgelegenen Universitätsstandorte ebenso wie Santa Fe in einer Entfernung von zum Teil deutlich mehr als einer Autostunde befinden und die spärlich besiedelte Region nur unzureichend mit öffentlichen Verkehrsmitteln erschlossen ist. Dies gilt umso mehr für die Indianerreservationen im nordwestlichen New Mexico, für deren Studierende in Crownpoint und Shiprock stammeseigene Zwei-Jahres-*Colleges* in privater Trägerschaft eingerichtet wurden.

Durch die mehrgliedrige Infrastruktur im tertiären Bildungsbereich erscheint New Mexico trotz der in den meisten *Counties* nur sehr geringen Bevölkerungsdichte gut erschlossen. Durch die zahlreichen *Branch Community Colleges* besteht eine enge Anbindung an die Universitätsstandorte, so daß der Wechsel an eine der größeren Universitäten im Studienverlauf in der Regel problemlos erfolgen kann. Neben seiner starken räumlichen Vernetzung ist das höhere Bildungswesen von New Mexico durch eine sehr geringe Bedeutung der privaten Universitäten und *Colleges* gekennzeichnet, die mit schätzungsweise rund 5 000 Studierenden weniger als fünf Prozent der Bildungsteilnehmer im tertiären Bildungsbereich bedienen. Eine weitere Besonderheit liegt darin, daß die unmittelbar an das südliche New Mexico angrenzende texanische Agglomeration El Paso mit der dort ansässigen University of Texas at El Paso in das benachbarte New Mexico ausstrahlt und damit zumindest im Bereich der Masterstudiengänge in ein Konkurrenzverhältnis zur New Mexico State University tritt. Abgesehen von dieser regionsspezifischen Ausnahmeerscheinung eines Bundesstaatengrenzen überschreitenden Bildungsverhaltens kann das höhere Bildungssystem von New Mexico jedoch als ein weitgehend abgeschlossenes System betrachtet werden, innerhalb dessen sich die große Mehrheit der Studierenden aus dem eigenen Bundesstaat rekrutiert und Zu- oder Abwanderungsbewegungen der Studierenden nur eine untergeordnete Rolle spielen.

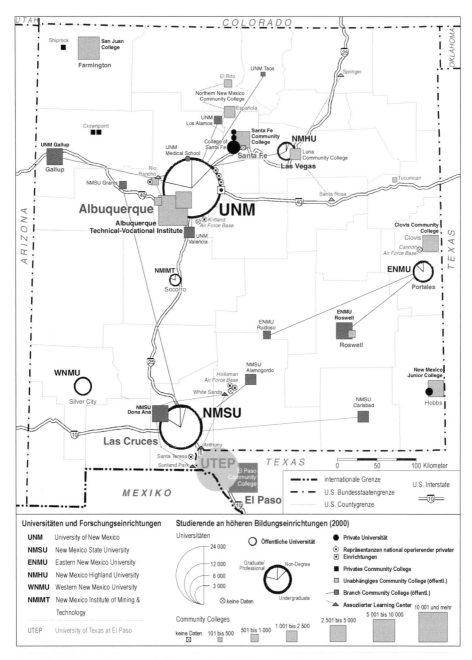

Karte 8: Universitäten und Community Colleges in New Mexico (1999/2000)
Quelle: Eigene Berechnungen. Datengrundlage Tabelle 12 (vgl. S. 242–243).

3.6 Zwischenbilanz

Die Entwicklung des Bildungswesens in New Mexico erweist sich in ihrem Verlauf nicht als geradlinig, sondern ist durch Wandel und Umbrüche gekennzeichnet. Maßgeblich sind dabei in erster Linie die großen politischen Veränderungen. Als Bestandteil des spanischen Kolonialreiches, des unabhängigen Mexiko und der Vereinigten Staaten war New Mexico mit seinem Bildungswesen unterschiedlichen Strömungen und Leitlinien ausgesetzt. Unter der Herrschaft der spanischen Krone besaß Bildung eine stark ausgeprägte religiöse Dimension, die sich sowohl in den der Christianisierung und Akkulturation der indianischen Bevölkerung dienenden Missionsschulen äußerte als auch in der Vermittlung von Lese- und Schreibkenntnissen im häuslichen Kontext der spanischen Siedlerfamilien. Die Situation der als sogenannte *Genízaros* in den spanischen Familien als Bedienstete heranwachsenden Indianerkinder verdeutlicht, wie Bildung und Spracherwerb als wichtige Elemente für die kulturelle Assimilation der indianischen Bevölkerung gewirkt haben.

Während der spanischen Kolonialzeit und der mexikanischen Unabhängigkeit wurde das Bildungswesen in New Mexico im wesentlichen von der katholischen Kirche und dem Franziskanerorden getragen. Mit der Öffnung gegenüber den USA kamen vorübergehend einzelne protestantische sowie weitere katholische Kirchengemeinschaften hinzu, und auch der Einfluß des Staates auf die Strukturen des Bildungswesens wurde zunehmend größer. Auf Initiative der angloamerikanischen Einwanderer wurde neben dem traditionellen katholischen Bildungswesen der Ausbau eines modernen Bildungswesens nach dem Vorbild der US-amerikanischen Ostküste vorangetrieben. Im Zuge von wirtschaftlicher Entfaltung und gesellschaftlichem Wandel vollzog sich zwischen 1870 und 1910 der Prozeß einer Massenalphabetisierung, der den Alphabetisierungsgrad der Bevölkerung sprunghaft von gut zwanzig auf beinahe achtzig Prozent ansteigen ließ.

Parallel zur Massenalphabetisierung entwickelte sich ein höheres Bildungswesen mit Hochschulen und Universitäten in New Mexico, die primär von der ansässigen angloamerikanischen Bevölkerung in Anspruch genommen wurden. Ein nicht unbedeutender Teil der hispanischen Bevölkerung besuchte unterdessen die auch weiterhin bestehenden katholischen Schulen. Damit bestanden nunmehr zwei Formen des Bildungswesens in New Mexico: das traditionelle hispanische Modell der katholischen Schule und das moderne angloamerikanische Modell eines mehrstufigen Bildungssystems. Angesichts der Diversifizierung des Bildungssystems, der Errichtung von weiterführenden Bildungseinrichtungen und des damit einhergehenden Anstiegs des Ausbildungsniveaus der Bevölkerung bedeutete die Massenalphabetisierung keineswegs eine bildungsbezogene Homogenisierung. Stattdessen vergrößerten sich die bildungsbezogenen Unterschiede innerhalb der Bevölkerung. Die wirtschaftliche Entwicklung und der Wandel von einer traditionellen und familienbezogenen Agrargesellschaft zu einer zunehmend urbanen modernen Lohnarbeits- und Dienstleistungsgesellschaft bewirkte eine

Erweiterung des Spektrums der beruflichen Möglichkeiten. Letztlich resultierte dies in einer gesellschaftlichen Ausdifferenzierung und führte zur Verfestigung von Trennlinien zwischen der hispanischen und der angloamerikanischen Bevölkerung. Die hispanische Bevölkerung entwickelte sich zu einer statusbezogenen Minderheit in ihrem eigenen Land.

Im Zuge der politischen Aktivitäten der Bürgerrechtsbewegung kam es zu einer Expansion im höheren Bildungsbereich, die auch der hispanischen Bevölkerung neue Möglichkeiten des Hochschulzugangs eröffnete. Infolgedessen erhöhte sich zwar der Anteil hispanischer Studierender wie auch hispanischer Lehrender an den Schulen und Hochschulen deutlich, aber gemessen an ihrem Bevölkerungsanteil blieben *Hispanics* im höheren Bildungswesen von New Mexico ebenso wie die indianische Bevölkerung weiterhin stark unterrepräsentiert.

Der historische Wandel der Strukturen des Bildungswesens und die Entwicklung des Ausbildungsniveaus der Bevölkerung verweisen auf das starke Eingebundensein des Bildungswesens in die jeweils vorherrschenden politischen, wirtschaftlichen und gesellschaftlichen Verhältnisse innerhalb der Grenzen New Mexicos und darüber hinaus. Erst aus der Betrachtung dieser Rahmenbedingungen erschließt sich dem Beobachter die Entwicklung des Bildungswesens. Zugleich wird sehr deutlich, daß das gegenwärtige Bildungssystem nicht mehr als die Momentaufnahme eines dynamischen Prozesses ist, der sich im Kontext sich wandelnder Rahmenbedingungen vollzieht. Die gegenwärtigen Leitlinien der Bildungspolitik und die heutigen Strukturen des Bildungswesens sollten deshalb keinesfalls in einem normativen Sinne als absoluter Bewertungsmaßstab interpretiert werden, mit dessen Hilfe sich historische Veränderungen oder regionale Disparitäten im Bildungsbereich bewerten lassen.

Vor dem Hintergrund der skizzierten Bildungsgeschichte New Mexicos stellt sich die Frage nach einer vertiefenden Analyse des Ausbildungsniveaus. Im nachfolgenden Kapitel wird der genaue Verlauf der bestehenden bildungsbezogenen Disparitäten untersucht. Dabei soll geprüft werden, ob vorwiegend räumliche, sozioökonomische, geschlechts- oder ethnizitätsbezogene Unterschiede im Ausbildungsniveau bestehen und welche Phasen im Bildungserwerb den Schülern und Studierenden besondere Schwierigkeiten bereiten beziehungsweise welche Abschnitte des Bildungsweges durch besonders hohe Abbruchraten oder niedrige Übertrittsraten in die nächsthöhere Bildungseinrichtung gekennzeichnet sind.

Geographisches Institut
der Universität Kiel

4 Ausbildungsniveau im New Mexico der 1990er Jahre

Der bereits dargestellte Anstieg der Alphabetisierungsrate und des Ausbildungsniveaus der Bevölkerung von New Mexico seit dem ausgehenden neunzehnten Jahrhundert ist ein Schlüssel zum Verständnis der Bildungssituation bis in die Gegenwart. Die daraus resultierenden altersbezogenen Unterschiede eines von Generation zu Generation ansteigenden Ausbildungsniveaus dürfen den Blick auf andere wirksame Strukturelemente des Bildungsverhaltens jedoch nicht verstellen. So sollen im folgenden auf Grundlage der durch den *U.S. Census* und Erhebungen des Bildungsministeriums von New Mexico verfügbaren Daten die wichtigsten Leitlinien der bildungsbezogenen Disparitäten sowohl in räumlicher als auch in sozioökonomischer, demographischer und ethnisch-kultureller Hinsicht herausgearbeitet und in ihrem unterschiedlich starken Einfluß auf das Bildungsverhalten bewertet werden. Ausgewählte Textpassagen aus Interviews (vgl. Quellenverzeichnis S. 232–233) dienen der Veranschaulichung von Argumenten und liefern wichtige Hintergrundinformationen zum Verständnis der Zusammenhänge. Mit dem Ziel, möglichst aktuell zu arbeiten und auch den gegenwärtigen Bildungserwerbsprozeß in die Untersuchung einzubeziehen, werden abschließend die verfügbaren Daten zum derzeitigen Besuch von Bildungseinrichtungen ausgewertet, so daß besonders kritische Phasen im Bildungserwerb identifiziert und nach Möglichkeit differenziert nach räumlicher Lage der Bildungseinrichtung sowie Geschlecht und Ethnizität der Bildungsteilnehmer dargestellt werden können.

Die für die vorliegende Arbeit wichtigste Datenquelle zum Ausbildungsniveau ist der *U.S. Census* von 1990, dessen Datenbestände auf unterschiedlichen Aggregationsniveaus in digitaler Form zur Verfügung stehen. Unter Verwendung des *Public Use Micro Sample (PUMS)*, einer nichtaggregierten Stichprobe im Umfang von fünf Prozent des *U.S. Census*, wurden individualdatenbasierte Auswertungen für das Bezugsjahr 1990 zu den Disparitäten des Ausbildungsniveaus nach Alter und Geschlecht durchgeführt. An geeigneten Stellen werden die Ausführungen unter Verwendung des *U.S. Census* von 2000 aktualisiert, dessen Datenbestände jedoch zum Zeitpunkt der Auswertungen lediglich in aggregierter Form vorlagen (vgl. Quellenverzeichnis S. 227–228).

Ohne Berücksichtigung der im Fragebogen des *U.S. Census* nicht erfaßten Lese- und Schreibkenntnisse der Probanden werden im *PUMS* für 1990 achtzehn verschiedene Kategorien des Ausbildungsniveaus unterschieden, die vom Kindergartenbesuch über die einzelnen absolvierten Schuljahre bis hin zum akademischen Doktorgrad reichen. Die ebenfalls für die Auswertungen dieser Arbeit verwendete Vollerhebung des *U.S. Census* von 1990 ermöglicht einen Zugriff auf die zu insgesamt acht verschiedenen Kategorien des Ausbildungsniveaus zusammengeführten Datenbestände (vgl. Tabelle 8, S. 102).

Tab. 8: Aggregationsformen der verschiedenen Kategorien des Ausbildungsniveaus für die Daten des U.S. Census 1990

	Verwendete deutschsprachige Terminologie	U.S. Census 1990 Aggregierte Klassifikation	U.S. Census 1990 PUMS-Klassifikation
Tertiärer Bildungsbereich	Höherer Studienabschluß	Graduate or professional degree	Doctorate degree (PhD)
			Professional degree
		Master	Master
	Einfacher Studienabschluß	Bachelor	Bachelor
		Associate degree	Associate degree in college, academic program
			Associate degree in college, occupational program
	Studium ohne Abschluß	Some college, but no degree	Some college, but no degree
Sekundärer Bildungsbereich	Abschluß der *High School*	High school graduate, diploma or GED	High school graduate, diploma or GED
	mehr als acht absolvierte Schuljahre	9 - 12th grade, no diploma	12th grade, no diploma
			11th grade
			10th grade
			9th grade
Primärer Bildungsbereich	bis zu acht absolvierte Schuljahre	0 - 8th grade	5th, 6th, 7th, or 8th grade
			1st, 2nd, 3rd, or 4th grade
			Kindergarten
			Nursery school
			No school completed
			No answer or less than 3 years old

Quelle: Eigene Darstellung; basierend auf der Datendokumentation des Public Use Micro Sample 1990.

Ungeachtet des Auftretens geringfügiger Unschärfen – etwa infolge von Auskunftsverweigerung einzelner und insbesondere sich illegal in den Vereinigten Staaten aufhaltender Personen sowie der nicht auszuschließenden Schwierigkeiten oder Mißverständnisse im Umgang mit den vorgesehenen Antwortkategorien, wie sie beispielsweise in Zusammenhang mit im Ausland erworbenen Bildungsabschlüssen entstehen können – bleibt die mit beachtlichem finanziellem und organisatorischem Aufwand betriebene US-amerikanische Volkszählung eine der zuverlässigsten und zugleich wertvollsten Quellen im Bereich der empirischen Sozialforschung. Obgleich sie einzelne Aspekte noch differenzierter beleuchten und damit zu einer ebenfalls wichtigen Quelle für wissenschaftliche Untersuchungen werden können, erkennt man, daß alle anderen personenbezogenen Erhebungen in den USA im Hinblick auf die räumliche Ausdehnung und die Probandenzahl sehr viel weniger vollständig sind als der *U.S. Census*.

4.1 Räumliche und siedlungsstrukturelle Disparitäten des Ausbildungsniveaus

Um einen Eindruck von der großräumigen Verteilung des Ausbildungsniveaus zu gewinnen, soll New Mexico zunächst im Vergleich zu den übrigen US-amerikanischen Bundesstaaten charakterisiert werden. Dabei gilt es, die Bevölkerungsanteile mit unterschiedlichem Ausbildungsniveau zueinander in Beziehung zu setzen und in ihren räumlichen Strukturmustern zu interpretieren. Daraufhin werden die kleinräumigen bildungsbezogenen Disparitäten innerhalb New Mexicos sowohl in einer Gegenüberstellung der Bevölkerung der verschiedenen *Counties* als auch in einem siedlungsstrukturellen Vergleich herausgearbeitet. In einem dritten Schritt werden die bildungsbezogenen Disparitäten schließlich am Beispiel von Albuquerque in entsprechender Weise auf Ebene der *Census Tracts* betrachtet. Ziel dieser vergleichenden Gegenüberstellung ist es zu prüfen, auf welcher räumlichen Maßstabsebene die Disparitäten des Ausbildungsniveaus besonders ausgeprägt sind und ob sich charakteristische Typen einer anteiligen Bevölkerungsverteilung auf die unterschiedlichen Bildungsabschlüsse identifizieren lassen.

4.1.1 New Mexico im US-amerikanischen Vergleich

Auf Grundlage der Volkszählung von 1990 läßt sich für die Bevölkerung ab fünfundzwanzig Jahren feststellen, daß mit etwa fünfundvierzig Prozent annähernd jeder zweite US-Amerikaner zumindest zeitweise eine Universität oder ein *College* besucht hat und damit Studienerfahrung besitzt. Über einen einfachen Studienabschluß verfügen gut zwanzig Prozent der Bevölkerung mit dem *Bachelor*, der in etwa mit einem abgeschlossenen Grundstudium in Deutschland zu vergleichen ist. Einen höheren Studienabschluß, wie den *Master* oder den Doktorgrad, erreichen kaum über fünf Prozent der Bevölkerung ab fünfundzwanzig Jahren. Demgegenüber erscheint der Anteil von mehr als fünfundzwanzig Prozent der Bevölkerung ohne abgeschlossene *High School* vergleichsweise hoch, auch wenn dieser Wert die USA im internationalen Maßstab als Musterland für eine breite Bildungsbeteiligung erscheinen läßt.

Zwischen den einundfünfzig US-amerikanischen Bundesstaaten bestehen jedoch deutliche Unterschiede in den Bevölkerungsanteilen, die auf die verschiedenen Ausbildungsniveaus entfallen (vgl. Tabelle 10, S. 238). Für das Segment ohne abgeschlossene *High School* variieren die Anteile zwischen über fünfunddreißig Prozent der Bevölkerung in Kentucky und Mississippi und weniger als fünfzehn Prozent in Alaska und Utah. Der Anteil der Bevölkerung mit Studienerfahrung an einer Universität oder einem *College* bewegt sich in der Bandbreite von unter dreißig Prozent in West Virginia bis zu annähernd sechzig Prozent in Alaska, Utah und Colorado. Einen *Bachelor* besitzen ein Drittel der Bevölkerung im District of

4 Ausbildungsniveau im New Mexico der 1990er Jahre

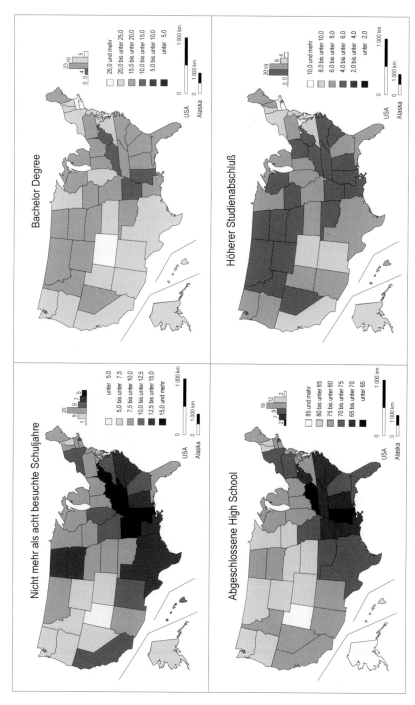

Karte 9: Ausbildungsniveau der Bevölkerung ab 25 Jahren (U.S. Bundesstaaten, 1990)
Quelle: Eigene Berechnungen auf Datengrundlage des U.S. Census 1990.

4.1 Räumliche und siedlungsstrukturelle Disparitäten

Columbia und über fünfundzwanzig Prozent in Massachusetts, Connecticut, Colorado und Maryland, aber weniger als fünfzehn Prozent der Bevölkerung von Mississippi, Kentucky, Arkansas und West Virginia. Im Bereich der höheren Studienabschlüsse liegt der Bevölkerungsanteil für den District of Columbia bei siebzehn Prozent und für Connecticut, Maryland und Massachusetts über zehn Prozent, während der entsprechende Anteil für Arkansas, North Dakota, West Virginia und South Dakota unterhalb der Fünfprozentmarke bleibt.

In einer räumlich vergleichenden Darstellung lassen sich einige Trends und Strukturmuster deutlich erkennen. Während die Bundesstaaten der südlichen Landeshälfte, und hier vor allem des Südostens, einen Bevölkerungsanteil von etwa dreißig Prozent ohne abgeschlossene *High School* verzeichnen, liegt der entsprechende Anteil in den nördlichen und westlichen Landesteilen unter fünfundzwanzig Prozent beziehungsweise in den meisten Fällen sogar unter zwanzig Prozent (vgl. Karte 9, S. 104). Dies bedeutet jedoch nicht zwangsläufig, daß in diesen Gebieten auch der Anteil der Bevölkerung mit Studienerfahrung oder Studienabschluß überdurchschnittlich hoch ist. Wie es die Situation in den Bundesstaaten Iowa und Pennsylvania verdeutlicht, darf von einem hohen Anteil von Absolventen einer *High School* keinesfalls auf eine hohe Studienbeteiligung geschlossen werden. Ebenso wenig darf die Konzentration von Hochqualifizierten im District of Columbia und im Bereich der Ostküste als Hinweis auf einen überdurchschnittlich hohen Bevölkerungsanteil mit abgeschlossener *High School* gewertet werden.

Eine differenzierte Zusammenschau der räumlichen Disparitäten hinsichtlich der Bevölkerungsverteilung auf die unterschiedlichen Ausbildungsniveaus ist mit Hilfe einer indexbasierten Darstellungsform möglich. So lassen sich die Abweichungen von den als Referenzwert verwendeten durchschnittlichen Bevölkerungsanteilen messen, die auf die unterschiedlichen Kategorien des Ausbildungsniveaus entfallen (vgl. Abbildung 6, S. 106).

Das Segment der Hochqualifizierten ist im Bereich der Ostküste besonders stark vertreten. Mit dem nahezu Zweieinhalbfachen des nationalen Durchschnittswerts erreicht der District of Columbia die mit Abstand größte Konzentration. In abgeschwächter Form läßt sich ein ähnliches Verteilungsbild auch in Connecticut, Massachusetts, Maryland, New York sowie Vermont, New Jersey, Virginia und Colorado beobachten. In diesem Muster kommen der Standort der nationalen Regierungsbehörden und Ministerien in der Hauptstadt Washington ebenso zur Geltung wie die in den städtischen Agglomerationen entlang der Ostküste zwischen Boston und Richmond angesiedelten Entscheidungszentralen auch international bedeutender Wirtschaftsunternehmen. Diese allgemein hohen Werte und insbesondere die herausragende Position von Washington sind in Zusammenhang mit den dort lebenden ausländischen Mitarbeitern zu verstehen, die als Hochqualifizierte in global operierenden Organisationen und Dienstleistungsunternehmen tätig sind.

106   4 Ausbildungsniveau im New Mexico der 1990er Jahre

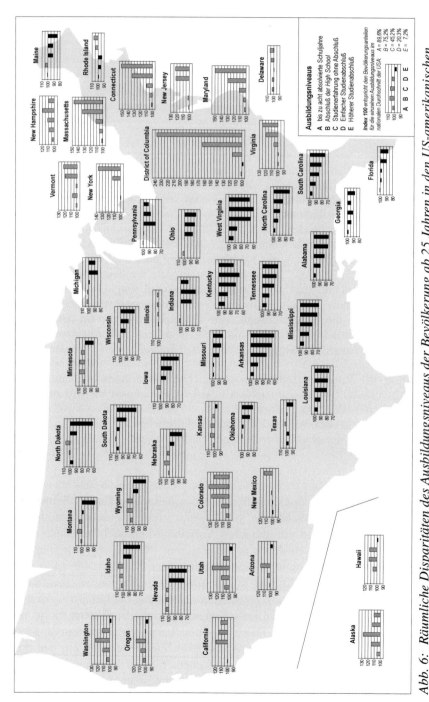

Abb. 6: Räumliche Disparitäten des Ausbildungsniveaus der Bevölkerung ab 25 Jahren in den US-amerikanischen Bundesstaaten (1990)
Quelle: Eigene Berechnungen auf Grundlage des U.S. Census 1990.

4.1 Räumliche und siedlungsstrukturelle Disparitäten

Das nationale Verteilungsmuster deutet zugleich darauf hin, daß sich die erheblich geringeren Anteile von Personen mit höherem Studienabschluß im Landesinneren zumindest teilweise auf eine beruflich motivierte räumliche Mobilität zurückführen lassen, die damit letztlich als Ausdruck der räumlichen Disparitäten im Arbeitsplatzangebot für Hochqualifizierte verstanden werden kann.

Im Bereich der niedrigeren Ausbildungsniveaus des sekundären Bildungsbereichs fallen die Schwankungen generell geringer aus, da in allen Bundesstaaten die Mehrheit der Bevölkerung ab fünfundzwanzig Jahren den Abschluß einer *High School* nachzuweisen vermag. Ein ausgeprägtes Nord-Süd-Gefälle ist jedoch entlang einer Linie zu verzeichnen, die von Ohio über Indiana, Missouri und Oklahoma bis nach Texas verläuft. Während die südöstlich angrenzenden Bundesstaaten hinsichtlich des Schulbesuchs und Abschlusses der *High School* vergleichsweise geringe Erfolgsquoten zeigen, sind die genannten wie auch die nordwestlich angrenzenden Bundesstaaten im sekundären Bildungsbereich als durchschnittlich oder leicht überdurchschnittlich einzustufen. Dies kann als Indiz für eine leistungsfähige Schulinfrastruktur gewertet werden, der jedoch eine ausgesprochene Zurückhaltung der Bildungsteilnehmer gegenüber dem Wechsel zu höheren Bildungseinrichtungen entgegensteht. Weniger schwierig gestaltet sich der Übertritt vom sekundären in den tertiären Bildungsbereich offensichtlich in Minnesota, Nebraska, Kansas und den weiter westlich gelegenen Bundesstaaten.

New Mexico nimmt im Vergleich zu den übrigen Bundesstaaten einen Platz im Mittelfeld ein und bewegt sich in den Bevölkerungsanteilen der einzelnen Bildungssegmente ähnlich wie Illinois äußerst dicht am nationalen Durchschnitt. Allein die hochqualifizierte Bevölkerung mit höherem Studienabschluß ist in New Mexico geringfügig überrepräsentiert.

Ein anderes und räumlich sehr viel differenzierteres Bild zeigt sich auf der Betrachtungsebene der im Jahre 1990 insgesamt 3 141 verzeichneten US-amerikanischen *Counties*. Hier wird deutlich, daß die bildungsbezogenen Disparitäten nicht oder nur selten entlang der Grenzen der US-amerikanischen Bundesstaaten verlaufen. Die Unterschiede *innerhalb* einzelner Bundesstaaten erscheinen oft erheblich größer als die im Vergleich zwischen den verschiedenen Bundesstaaten aufgezeigten Disparitäten (vgl. Karte 10, S. 108).

Hinsichtlich des Anteils der Bevölkerung ohne Abschluß einer *High School* bestätigen sich die beobachteten räumlichen Konzentrationen im Bereich eines Streifens, der sich von der Atlantikküste südlich von Washington D.C. gürtelförmig westwärts bis an die mexikanische Grenze im Bundesstaat Texas erstreckt. Werte von über vierzig Prozent der Bevölkerung ohne abgeschlossene *High School* treten verstärkt in den *Counties* der Appalachenregion von Kentucky und West Virginia, entlang des Mississippi und an der texanischen Grenze zu Mexiko auf. Extrem

108   4 Ausbildungsniveau im New Mexico der 1990er Jahre

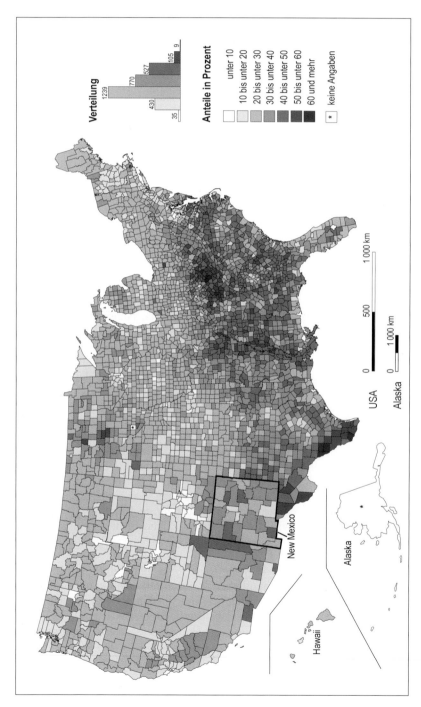

Karte 10: Anteil der Bevölkerung ab 25 Jahren ohne abgeschlossene High School (USA, Counties, 1990)
Quelle: Eigene Berechnungen auf Datengrundlage des U.S. Census.

erscheinen die Verhältnisse im südwestlichen Texas und insbesondere im dortigen Starr County, in dem nicht einmal jeder dritte Bewohner ab fünfundzwanzig Jahren die *High School* erfolgreich hat abschließen können. Mit räumlichen Schwerpunkten in Texas und Kentucky verzeichnen im ganzen mehr als einhundert *Counties* innerhalb ihrer Bevölkerung ab fünfundzwanzig Jahren mehr Personen ohne abgeschlossene *High School* als mit dem entsprechenden oder einem höheren Bildungsabschluß. New Mexico ist ebenso wie die übrigen direkt an Mexiko angrenzenden US-amerikanischen Bundesstaaten Texas, Arizona und Kalifornien durch erhebliche innerstaatliche Disparitäten gekennzeichnet. Dabei handelt es sich, wie die obige Darstellung der Bevölkerungsanteile ohne abgeschlossene *High School* für alle US-amerikanischen *Counties* unterstreicht (vgl. Karte 10, S. 108), um einen nationalen Trend, der den Schluß nahelegt, daß die Einflußnahme auf das Bildungswesen auf Ebene der Bundesstaaten weniger stark wirksam ist als die lokalen Effekte in den *Counties* und eventuell auch auf noch kleinräumigerer Ebene.

4.1.2 Räumliche Disparitäten auf Ebene der *Counties* in New Mexico

Eine vergleichende Übersicht der Verteilung der Bevölkerungsanteile auf die unterschiedlichen Ausbildungsniveaus in den dreiunddreißig *Counties* von New Mexico offenbart deutlich akzentuierte räumliche Disparitäten. Der Anteil der Bevölkerung ab fünfundzwanzig Jahren ohne abgeschlossene *High School* bewegt sich dort auf Ebene der *Counties* im Schwankungsbereich zwischen unter zehn Prozent und über dreißig Prozent. Für Personen mit höherem Studienabschluß besteht eine starke Konzentration in Los Alamos, Santa Fe und Bernalillo, die sich auf Grundlage der im dritten Kapitel dieser Arbeit skizzierten Herausbildung der gegenwärtigen raumstrukturellen Verhältnisse in New Mexico mit Hilfe eines organisationstheoretisch argumentierenden Ansatzes über die räumliche Verteilung des Arbeitsplatzangebotes erklären läßt (MEUSBURGER 1998, 367–389; FASSMANN / MEUSBURGER 1997, 111–117). Los Alamos ist ein bedeutender Standort für Labors und andere Forschungseinrichtungen, in denen zahlreiche Naturwissenschaftler aus dem In- und Ausland beschäftigt sind. Santa Fe ist Hauptstadt und Verwaltungszentrum des Bundesstaates. Das im *County* Bernalillo befindliche Albuquerque schließlich fungiert als wirtschaftliches Zentrum und ist zugleich Standort der größten Universität von New Mexico.

Im Bereich der Bevölkerung mit bloßer Studienerfahrung ohne Abschluß zählen Los Alamos, Santa Fe und Bernalillo ebenfalls zu den besonders stark vertretenen *Counties*. Weiterhin läßt sich ein überdurchschnittlich hoher Anteil in Roosevelt, Dona Ana, Otero und Sandoval beobachten. Alle diese *Counties* liegen im unmittelbaren Einzugsbereich der University of New Mexico, der New Mexico State University oder der Eastern New Mexico University. Vergleichsweise gering ist der Bevölkerungsanteil mit Studienerfahrung in den in etwas weiterer Entfernung zu den Universitäten befindlichen *Counties* Guadalupe, Rio Arriba, Cibola und Sierra.

110　　　　　　　　　　　　4 Ausbildungsniveau im New Mexico der 1990er Jahre

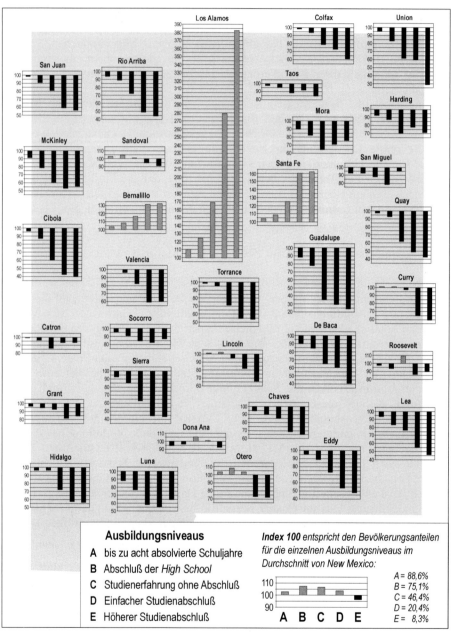

Abb. 7: Räumliche Disparitäten des Ausbildungsniveaus der Bevölkerung ab 25 Jahren (New Mexico, Counties, 1990)

Quelle: Eigene Berechnungen auf Datengrundlage des U.S. CENSUS (1990).

4.1 Räumliche und siedlungsstrukturelle Disparitäten

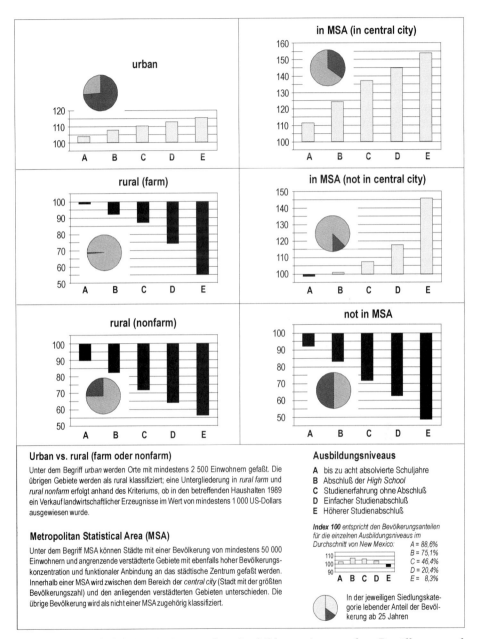

Abb. 8: Räumliche Disparitäten des Ausbildungsniveaus der Bevölkerung ab 25 Jahren nach Siedlungskategorien (New Mexico, 1990)

Quelle: Eigene Berechnungen auf Datengrundlage des U.S. CENSUS (1990).

Im sekundären Bildungsbereich schließlich bleibt die Bevölkerung in den *Counties* McKinley, Mora, Guadalupe, De Baca und Luna deutlich hinter dem bundesstaatlichen Durchschnitt zurück. Vergleichsweise hoch sind die entsprechenden Anteile unter anderem in Lincoln und Curry. Anders als im Bereich der Hochqualifizierten ergibt sich für den sekundären Bildungsbereich kein besonders klar strukturiertes Bild der räumlichen Disparitäten des Ausbildungsniveaus. Selbst ein Vergleich mit dem räumlichen Muster der Alphabetisierungsraten im beginnenden zwanzigsten Jahrhundert läßt keine deutlicheren Zusammenhänge oder Hinweise auf persistente Strukturen erkennen.

Es bleibt festzuhalten, daß sich die Bevölkerungsanteile mit höherem Ausbildungsniveau im südlichen New Mexico im Bereich des Rio Grande zwischen Los Alamos und Las Cruces konzentrieren. Dies ist in Verbindung mit den dort befindlichen Siedlungsschwerpunkten Santa Fe / Los Alamos, Albuquerque und Las Cruces zu sehen, die zugleich die zentralen Orte der drei in New Mexico ausgewiesenen *Metropolitan Statistical Areas (MSA)* darstellen. Abbildung 8 verdeutlicht das bildungsbezogene Gefälle zwischen der innerhalb und der außerhalb einer MSA lebenden Bevölkerung in New Mexico (vgl. S. 111). Die stärkste Intensität erreicht dieses Gefälle im Bereich der höheren Bildungsabschlüsse. Ein ähnliches, wenn auch etwas abgeschwächtes Bild zeigt sich im Vergleich des Ausbildungsniveaus der urbanen mit der ruralen Bevölkerung. Die Ursache für die in diesem Fall weniger stark akzentuierten Disparitäten liegt darin, daß bereits kleinere Siedlungen mit mindestens 2 500 Einwohnern als „urban" eingestuft werden, auch wenn diese im Hinblick auf ihre infrastrukturelle Ausstattung und die berufliche Struktur der dort lebenden Bevölkerung nur sehr wenig mit den zentralen Siedlungen in New Mexico gemein haben. Diese Beobachtung bestätigt letztlich die bereits festgestellten zentralörtlichen Disparitäten des Ausbildungsniveaus wie auch der bildungsbezogenen Infrastruktur, die sich mit Hilfe eines organisationstheoretischen Ansatzes erklären lassen.

4.1.3 Innerstädtische Disparitäten am Beispiel von Albuquerque

Eine kleinräumige Betrachtung der bildungsbezogenen Disparitäten innerhalb einzelner *Counties* ist unter Verwendung der Daten des *U.S. Census* von 1990 auf Ebene der *Census Tracts* möglich. Wie aus den Karten 11–14 hervorgeht, besitzen die kleinräumigen Disparitäten des Ausbildungsniveaus innerhalb des Stadtgebietes von Albuquerque eine sehr viel größere Intensität als dies auf Ebene der Bundesstaaten, *Counties* oder siedlungsstrukturellen Typen beobachtet werden konnte (vgl. S. 113–114). Die Anteile der Bevölkerung ab fünfundzwanzig Jahren mit abgeschlossenem Masterstudium oder Promotion schwanken auf Ebene der *Census Tracts* in Albuquerque zwischen unter zweieinhalb Prozent und über dreißig Prozent.

4.1 Räumliche und siedlungsstrukturelle Disparitäten 113

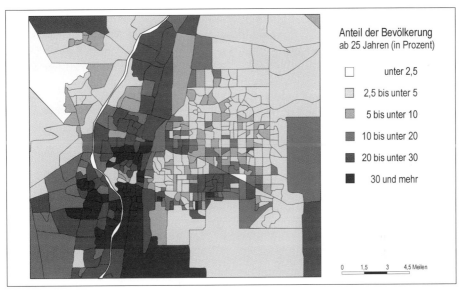

Karte 11: Bevölkerung mit bis zu acht Jahren Schulbesuch im Stadtgebiet von Albuquerque (Census Tracts, 1990)
Quelle: Eigene Berechnungen auf Datengrundlage des U.S. CENSUS (1990).

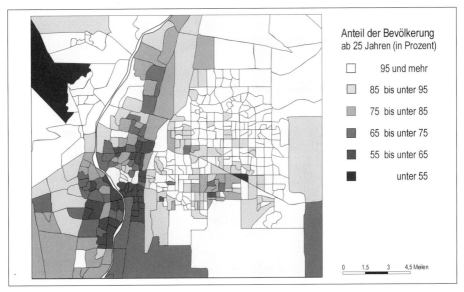

Karte 12: Bevölkerung mit abgeschlossener High School im Stadtgebiet von Albuquerque (Census Tracts, 1990)
Quelle: Eigene Berechnungen auf Datengrundlage des U.S. CENSUS (1990).

114   4 Ausbildungsniveau im New Mexico der 1990er Jahre

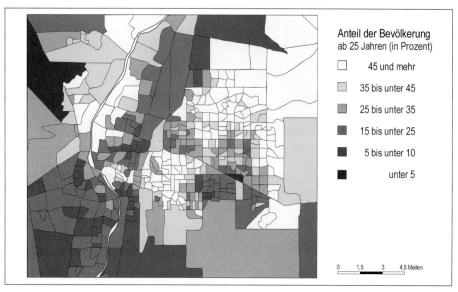

Karte 13: Bevölkerung mit abgeschlossenem Bachelorstudium im Stadtgebiet von
           Albuquerque (Census Tracts, 1990)
Quelle: Eigene Berechnungen auf Datengrundlage des U.S. CENSUS (1990).

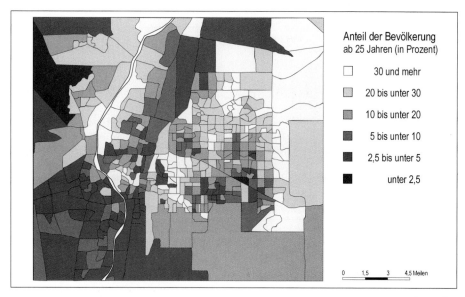

Karte 14: Bevölkerung mit abgeschlossenem Masterstudium oder Promotion im
           Stadtgebiet von Albuquerque (Census Tracts, 1990)
Quelle: Eigene Berechnungen auf Datengrundlage des U.S. CENSUS (1990).

4.1 Räumliche und siedlungsstrukturelle Disparitäten

Innerhalb des Stadtgebietes verdeutlichen die räumlichen Unterschiede des Ausbildungsniveaus der Bevölkerung auch die Verlaufsmuster einer Segregation der Wohnstandorte. Am niedrigsten ist das Ausbildungsniveau im südwestlichen Stadtgebiet am Rio Grande mit den überwiegend hispanisch besiedelten Stadtteilen Atrisco, Barelas und Los Candelarias. Die höchsten Werte erreicht das Ausbildungsniveau erwartungsgemäß im Universitätsviertel Nob Hill, das sich im Zentrum des Kartenausschnitts befindet, sowie im östlichen und nordöstlichen Stadtgebiet in den bevorzugten Wohnlagen der Sandia Foothills. So läßt sich mit dem Ausbildungsniveau der Bevölkerung eine sozialräumliche Gliederung von Albuquerque erkennen, deren Muster sich auch in der räumlichen Verteilung anderer sozioökonomischer Daten ausdrückt und zugleich mit den wichtigsten Phasen der Stadtentwicklung in Verbindung gebracht werden kann (WILLIAMS / MCALLISTER 1979, 100–101).

Die besonders starke Ausprägung kleinräumiger Disparitäten auf Ebene der *Census Tracts*, die ebenso für die als *Block Groups* bezeichneten Baublöcke festgestellt werden kann, ist Ausdruck einer berufsbezogenen Mobilität und einkommensabhängigen Wohnstandortwahl der Bevölkerung. Gleichzeitig weisen die räumlichen Strukturen dieser Disparitäten darauf hin, daß der administrative Einfluß im Bildungswesen auf nationaler und bundesstaatlicher Ebene vergleichsweise schwächer ist als auf der Ebene der Schulen und Schulbezirke.

4.2 Disparitäten des Ausbildungsniveaus in demographischer Hinsicht

Um den sozialen Hintergrund und damit auch mögliche Ursachen für das stark fragmentierte Muster der dargestellten kleinräumigen bildungsbezogenen Disparitäten zu beleuchten, soll das Ausbildungsniveau im folgenden in Zusammenhang mit den Variablen Alter und Geschlecht dargestellt werden. Es gilt dabei, auf der Datengrundlage des *U.S. Census* von 1990 zu prüfen, in welchem Umfang sich alters- und geschlechtsbezogene Unterschiede des Ausbildungsniveaus der Bevölkerung von New Mexico feststellen lassen.

4.2.1 Altersbezogene Unterschiede des Ausbildungsniveaus

Der in New Mexico seit dem ausgehenden neunzehnten Jahrhundert besonders dynamische Alphabetisierungsprozeß der Bevölkerung und der fortschreitende Ausbau der Bildungsinfrastruktur seit Mitte des zwanzigsten Jahrhunderts sind

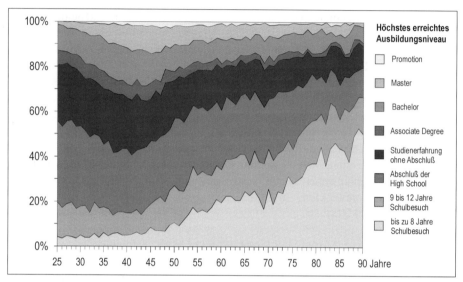

Abb. 9: Ausbildungsniveau der Bevölkerung ab 25 Jahren nach Alter (New Mexico, 1990)

Quelle: Eigene Berechnungen auf Datengrundlage des PUMS (1990).

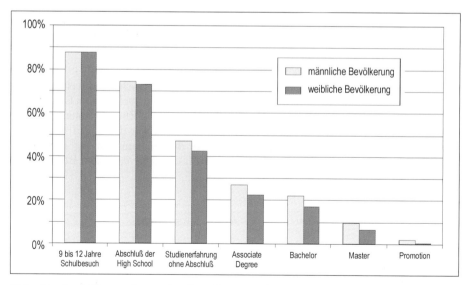

Abb. 10: Ausbildungsniveau der Bevölkerung ab 25 Jahren nach Geschlecht (New Mexico, 1990)

Quelle: Eigene Berechnungen auf Datengrundlage des U.S. CENSUS (1990).

4.2 Disparitäten in demographischer Hinsicht   117

wichtige Rahmenbedingungen für den sukzessiven Anstieg des Ausbildungsniveaus der Bevölkerung. So darf es nicht verwundern, daß der im *U.S. Census* von 1990 dokumentierte Anteil der Bevölkerung ohne abgeschlossene *High School* in den Altersgruppen ab achtzig Jahren im Bereich von fünfzig Prozent und mehr, in den Altersgruppen zwischen fünfundzwanzig und vierzig Jahren jedoch unterhalb von zwanzig Prozent liegt. Eine nach Altersjahren differenzierte Darstellung läßt erkennen, daß bei einem nahezu kontinuierlichen Anstieg der Bevölkerung mit abgeschlossener *High School* vor allem im Bereich der 43- bis 54jährigen sowie der 71- bis 83jährigen Personen eine leicht beschleunigte Entwicklung zu erkennen ist. Dies mag bei Zugrundelegen der entsprechenden Schulbesuchsjahre dieser Kohorten als Hinweis auf strukturelle Veränderungen Mitte der 1920er und Mitte der 1950er Jahre in New Mexico zu werten sein. Tatsächlich lassen sich – freilich ohne daß eine individuenbasierte Überprüfung anhand der Volkszählungsdaten möglich wäre – plausible Querverbindungen zwischen dem aggregierten Ausbildungsniveau dieser Alterskohorten und den im dritten Kapitel umrissenen Entwicklungstrends in New Mexico herstellen. So geht dem ersten zu beobachtenden Anstieg des Anteils der Absolventen einer *High School* ein Ausbau der schulischen Infrastruktur in den 1920er Jahren voraus. Der zweite Schub koinzidiert mit einem Trend zur Abwanderung aus den ländlichen Gebieten in die größeren Städte, der um 1940 einsetzte und mit den veränderten beruflichen Möglichkeiten auch das Bildungsverhalten der nachwachsenden Generationen maßgeblich beeinflußte. Dies veranschaulicht das eingangs dargestellte Beispiel der Biographie des Schriftstellers Rudolfo Anaya, dessen Familie nach dem Zweiten Weltkrieg nach Albuquerque kam und der dort 1955 als erster seiner Familie den Abschluß der *High School* erwarb.

Innerhalb der Altersgruppen zwischen fünfundzwanzig und vierzig Jahren läßt sich erkennen, daß der Anteil der Absolventen einer *High School* mit etwa achtzig Prozent nahezu konstant bleibt. In den Altersgruppen unter fünfunddreißig Jahren hingegen ist der Anteil der Bevölkerung mit *Master* oder abgeschlossener Promotion rückläufig. Dies darf jedoch nicht als sicheres Indiz für ein tatsächliches Absinken der Anteile von Hochqualifizierten interpretiert werden, da sich ein Teil der betreffenden Personen 1990 noch in der Phase des Bildungserwerbs befand.

4.2.2 Geschlechtsbezogene Disparitäten des Ausbildungsniveaus

Im Hinblick auf das Ausbildungsniveau lassen sich für die Bevölkerung ab fünfundzwanzig Jahren in New Mexico auch geschlechtsbezogene Unterschiede identifizieren. Da jedoch der *U.S. Census* von 1990 in aggregierter Form nicht die Möglichkeit bietet, das Ausbildungsniveau zugleich nach Alter und Geschlecht differenziert zu betrachten, wurde für die folgenden Auswertungen auf die 5-

Prozent-Stichprobe des *Public Use Micro Sample (PUMS)* der entsprechenden Volkszählung zurückgegriffen.

Mit Ausnahme der Bevölkerung mit weniger als zwölf Jahren Schulbildung überwiegen in jedem der übrigen Segmente des Ausbildungsniveaus die Anteile der männlichen gegenüber der weiblichen Bevölkerung. Während fünfundsiebzig Prozent der Männer die *High School* erfolgreich abgeschlossen haben, liegt der entsprechende Anteil für die Frauen bei dreiundsiebzig Prozent. Dieser Trend setzt sich mit zunehmender Intensität auch in den gestuften Abschlüssen des tertiären Bildungsbereichs fort. Die stärksten geschlechtsbezogenen Disparitäten betreffen das Segment der Bevölkerung mit abgeschlossener Promotion, auf das 1990 in New Mexico zwei Prozent der Männer und lediglich ein halbes Prozent der Frauen ab fünfundzwanzig Jahren entfallen – nur jede fünfte Person mit abgeschlossener Promotion ist eine Frau.

Die Ursachen für diese Disparitäten liegen, wie in zahlreichen Untersuchungen für andere räumliche Kontexte bereits belegt werden konnte, vor allem in einer ungleichen Rollenverteilung zwischen Mann und Frau. Dies gilt in besonderer Weise für den höheren Bildungsbereich (z. B. MEUSBURGER 1998, 345–347). Wenn Bildungsteilnehmer während des Studiums bereits eine eigene Familie gegründet oder zumindest geplant haben, kommt dem weiblichen Partner dabei – entsprechend vorherrschender kultureller Wertvorstellungen und gesellschaftlicher Rahmenbedingungen – in den meisten Fällen die Hauptverantwortung für Haushalt und Erziehung zu. Dies kann sich als Hindernis für einen weiteren Bildungserwerb auswirken. Demgegenüber wird dem männlichen Partner vielfach mit der Sicherung eines Großteils des Haushaltseinkommens eine Aufgabe übertragen, zu deren erfolgreicher Bewältigung der Erwerb eines höheren Bildungsabschlusses in entscheidender Weise beitragen kann. Die vereinfachende Skizzierung dieser Verhältnisse auf der Makroebene darf freilich nicht darüber hinwegtäuschen, daß die beschriebene Rollenverteilung lediglich ein aggregierter Trend ist, dem in der alltäglichen Praxis eine Vielzahl unterschiedlicher Haushalts- und Organisationsformen gegenübersteht.

Vor dem Hintergrund der bereits dargestellten Zunahme des Ausbildungsniveaus der Bevölkerung von New Mexico im Verlauf des zwanzigsten Jahrhunderts liegt die Vermutung nahe, daß sich die geschlechtsbezogenen Disparitäten des Ausbildungsniveaus innerhalb dieses Zeitraums im Zuge einer allgemeinen gesellschaftlichen Modernisierung verringert hätten. Wie Abbildung 11 zeigt, läßt sich jedoch neben der generellen Zunahme des Ausbildungsniveaus der jüngeren Altersgruppen kein deutlicher Entwicklungstrend hinsichtlich der geschlechtsbezogenen Unterschiede erkennen (vgl. S. 119). In der ältesten Gruppe der Bevölkerung ab fünfundachtzig Jahren besitzt die weibliche Bevölkerung in sämtlichen Kategorien ein höheres Ausbildungsniveau als die männliche. Demgegenüber dominiert die männ-

4.2 Disparitäten in demographischer Hinsicht

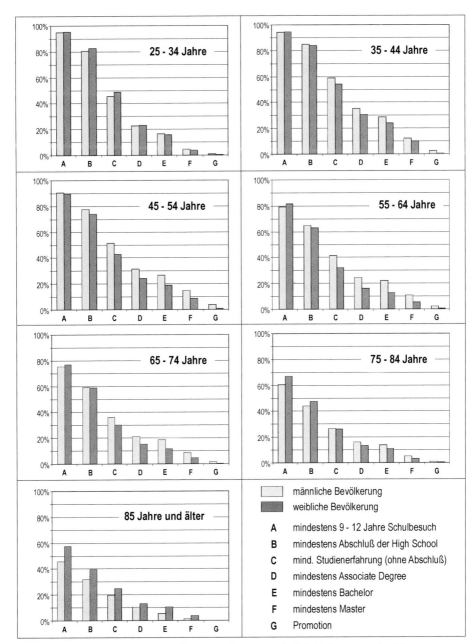

Abb. 11: Ausbildungsniveau der Bevölkerung ab 25 Jahren nach Altersgruppen und Geschlecht (New Mexico, 1990)
Quelle: Eigene Berechnungen auf Datengrundlage des PUMS (1990).

liche Bevölkerung in den Altersgruppen zwischen fünfundvierzig und vierundsiebzig Jahren mit einem besonders ausgeprägten Vorteil im Bereich der universitären Abschlüsse. In den jüngeren Kohorten zwischen fünfundzwanzig und vierunddreißig Jahren zeichnet sich wiederum ein Anwachsen des weiblichen Bildungserfolgs in den Bereichen von *High School* und einfachen Universitätsabschlüssen ab. Diese Werte sind jedoch mit Vorsicht zu interpretieren, da die jüngeren Kohorten teilweise noch im Bildungserwerb begriffen sind und innerhalb der älteren Kohorten Scheineffekte auftreten können, wenn es zu einem Variieren der Sterblichkeitsrate für die betreffenden Altersgruppen in Abhängigkeit des Ausbildungsniveaus kommt.

Die geschilderten Entwicklungen bestätigen sich auch in den Beobachtungen verschiedener Interviewpartnerinnen. So betont die dritte Interviewpartnerin, daß es für die weiblichen Familienmitglieder ihrer Eltern- und Großelterngeneration sehr ungewöhnlich war, einen Hochschulabschluß zu besitzen. Die vierte Interviewpartnerin berichtet, daß die Studiengänge Medizin und Jura zur Zeit ihres eigenen Studiums in den 1960er Jahren fast ausschließlich männlichen Studierenden vorbehalten waren. Inzwischen konnte sich die Situation, wie die zwölfte Interviewpartnerin ausführt, jedoch deutlich verändern. An ihrem neuphilologischen Institut bilden die weiblichen Studierenden heute eine Mehrheit, das Geschlechterverhältnis unter den Lehrenden ist nahezu ausgeglichen und auch im Curriculum finden Schriftstellerinnen nun eine stärkere Berücksichtigung.

> I think that there were not very many women in school when I was in school. It was just before the cold war and [...] all my classmates were obviously men, I was one of the few females – they all had scholarships for PhDs, and I hadn't a scholarship for a Master's degree [...]. Now, I think, that has changed tremendously. In my department here we have more female students than we have male students. And also in terms of the teaching faculty we are almost half and half, half women, half men. I didn't have any women professors when I was young and at the university, no one. We didn't study women writers, women thinkers and it was all very male-oriented. And now that has all very much changed (Interview Nr. 12).

Ähnlich sind die Ausführungen der neunten Interviewpartnerin. Sie berichtet, wie sie als junge Wissenschaftlerin oft zu spüren bekam, daß ihren männlichen Kommilitonen und Kollegen eine größere Kompetenz im wissenschaftlichen und technischen Bereich zugetraut wurde.

> In the graduate work that I did [...] most of the unspoken messages that came to me from the faculty members were that men were better served going into this profession than women were. Men were the ones who could make the real contributions to the academic discourse whereas women were probably going to be much better students who just teach. Men were even going to be more suited for technical writing because it was much more a technical scientific field [...].
>
> In other words, there were very few women in the degree programs when I was a graduate student and now, particularly for graduate degree programs, I think, we have close to 55 percent women and 45 percent men. Those are completely different figures than they were twenty somewhat years ago when I was in school (Interview Nr. 9).

4.2 Disparitäten in demographischer Hinsicht   121

Seitdem haben sich die Anteile der weiblichen Bildungsteilnehmer jedoch auch im Bereich des Promotionsstudiums deutlich erhöhen können (vgl. S. 148–149). Es ist möglich, daß sich der traditionell geringere Frauenanteil nunmehr auf das berufliche Segment der Hochqualifizierten beschränkt.

4.3 Sozioökonomische Rahmenbedingungen

In Ergänzung zu den beschriebenen räumlichen und demographischen Disparitäten des Ausbildungsniveaus in New Mexico sollen nun die bildungsbezogenen Unterschiede in sozioökonomischer Hinsicht betrachtet werden. Zunächst erfolgt eine Darstellung der eigenen ökonomischen Situation der Bildungsteilnehmer in Zusammenhang mit deren Ausbildungsniveau. Anschließend wird geprüft, inwieweit Zusammenhänge zwischen den sozioökonomischen Verhältnissen im elterlichen Haushalt und dem Bildungsverhalten der Kinder nachgewiesen werden können. Die Erörterung dieser Fragestellung basiert auf Informationen und Eindrücken aus neunzehn semistrukturierten Interviews (vgl. Quellenverzeichnis S. 232–233), die mit Professoren und Entscheidungsträgern an der University of New Mexico in Albuquerque geführt wurden.

4.3.1 Ausbildungsniveau und eigene ökonomische Situation

Unter Verwendung des *Public Use Micro Sample* der Volkszählung von 1990 läßt sich das Ausbildungsniveau differenziert nach den finanziellen Verhältnissen der Probanden untersuchen. Als Indikator für die finanzielle Situation kann dabei mit der Armutsgrenze ein ökonomisches Maß dienen, welches das zur Verfügung stehende Einkommen in Beziehung zum Lebensalter und zur Zahl der zu versorgenden Haushaltsmitglieder setzt. Im Jahr 1989 lag dieser Grenzwert für einen Einpersonenhaushalt bei einem jährlichen Einkommen von 6 310 Dollar und für einen Vierpersonenhaushalt mit zwei Kindern bei 12 575 Dollar (U.S. DEPARTMENT OF COMMERCE 1993). Erwartungsgemäß sind Personen mit höherem Ausbildungsniveau vergleichsweise stärker unter der wohlhabenderen Bevölkerung vertreten als Personen mit niedrigem Ausbildungsniveau. Etwa die Hälfte der Bevölkerung, die mit ihren Einkünften unterhalb der Armutsgrenze bleibt, besitzt keinen Abschluß der *High School*. Demgegenüber ist die Bevölkerung ohne abgeschlossene *High School* innerhalb der wohlhabenden Kategorien nur sehr schwach vertreten. Ihr Anteil an der Bevölkerung mit Einkünften, die das Zwei- bis Fünffache der Armutsgrenze erreichen, beträgt weniger als zwanzig Prozent. Innerhalb der finanziell am besten gestellten Bevölkerungskategorie schließlich sind Personen ohne abgeschlossene *High School* mit weniger als zehn Prozent vertreten, während Personen mit *Master* oder Promotion mehr als zwanzig Prozent ausmachen.

Die Ursachen für den zu beobachtenden Zusammenhang zwischen der Höhe des Ausbildungsniveaus und der sozioökonomischen Situation sind vor allem in der Struktur des Arbeitsmarktes zu suchen. Denn die Höhe eines Gehaltes ist in der Regel abhängig von der beruflichen Position beziehungsweise Qualifikation, welche ihrerseits meist mit dem Ausbildungsniveau in Verbindung gebracht werden kann.

4.3.2 Soziale Herkunft, Bildungsverhalten und akademische Laufbahn

Zusammenhänge zwischen den sozioökonomischen Verhältnissen des Elternhauses und dem Bildungsverhalten der Kinder, wie sie Pierre Bourdieu als Mechanismen einer gesellschaftlichen Reproduktion im Bildungswesen beschreibt (vgl. S. 20–23), lassen sich mit Hilfe der im *U.S. Census* erhobenen Variablen nicht in zufriedenstellender Weise untersuchen, da keine geeigneten Daten zur Korrelation des Ausbildungsniveaus der Kinder mit der ökonomischen Situation des elterlichen Haushalts vorliegen. Zahlreiche Untersuchungen, die auf anderen Quellen basieren, belegen diesen Zusammenhang jedoch für die gesamten Vereinigten Staaten (z. B. BEAN / TIENDA 1987, 233–279).

Einblicke in die tieferliegenden Ursachen für diesen Zusammenhang lassen sich auf der Grundlage von neunzehn Interviews gewinnen, die mit Professoren und Entscheidungsträgern an der University of New Mexico in Albuquerque geführt wurden. Gegenstand dieser Interviews waren unter anderem der berufliche Karriereweg und die soziale Herkunft der Probanden. Aus den Interviews geht hervor, daß die Professorinnen und Professoren in sehr unterschiedlichen sozioökonomischen Verhältnissen aufgewachsen sind, die sich mit den von ihnen selbst verwendeten Begriffen der Unter-, Mittel- und Oberschicht charakterisieren lassen. Ein zweites sehr wichtiges Differenzierungsmerkmal ist das elterliche Ausbildungsniveau. Auch in diesem Punkt sind erhebliche Unterschiede zwischen den Interviewpartnern zu verzeichnen. Abbildung 13 liefert eine schematische Zusammenfassung der sozialen Herkunft der interviewten Professoren (vgl. S. 123). Es wird deutlich, daß sich diese neben der Schichtzugehörigkeit auch im Hinblick auf die Motivation für den eigenen Berufs- und Karriereweg zum Teil erheblich voneinander unterscheiden.

Innerhalb der gesellschaftlichen Oberschicht mit entsprechend günstigen sozioökonomischen Verhältnissen und einem hohen elterlichen Ausbildungsniveau läßt sich wiederholt erkennen, daß das Studium der Kinder geradezu als Selbstverständ-

4.3 Sozioökonomische Rahmenbedingungen 123

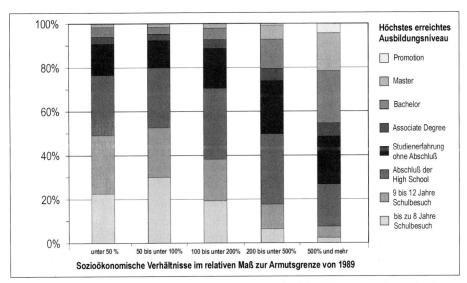

Abb. 12: Ausbildungsniveau der Bevölkerung ab 16 Jahren nach sozioökonomischen Verhältnissen (New Mexico, 1990)
Quelle: Eigene Berechnungen auf Datengrundlage des PUMS (1990).

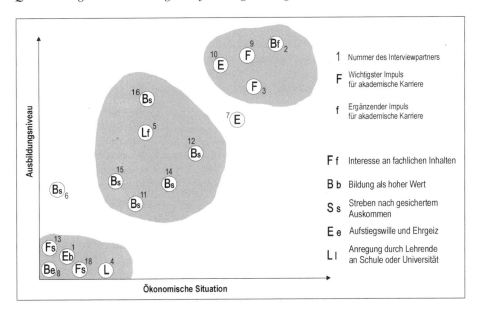

Abb. 13: Soziale Herkunft und Motivation für die berufliche Karriere von Professorinnen und Professoren der University of New Mexico (2001)
Quelle: Eigene Erhebungen.

lichkeit erachtet wird. Dies kommt etwa beim zweiten Interviewpartner zum Ausdruck, den dessen Eltern aufgrund der aus ihrer Sicht unzureichenden Qualitätsstandards der Schulen in New Mexico auf ein renommiertes Internat an der Ostküste geschickt haben. Von dort aus führte der Weg in den Fußstapfen des Vaters fast wie von selbst an die Harvard University.

> My father taught at Harvard for a while [...] and when my family moved to New Mexico in 1946, just after the war, I was eight, so I continued school in Santa Fe [...]. Then, again because of my parents' perceptions of educational qualities in Santa Fe, I went to a prep school in the East, a high school, private prep school in Pennsylvania for four years. I graduated there in 1956 and then I went to Harvard for an undergraduate education where I graduated in 1960. I went to Harvard partly because my father had gone to Harvard to get his undergraduate degree and also taught at Harvard. So that's probably the reason why I was admitted (Interview Nr. 2).

Die Frage ist in diesem Fall eigentlich nicht, *ob* der Sohn studiert, sondern vor allem, *was* er studiert. Der zweite Interviewpartner entschließt sich zunächst für ein Studium der Astronomie, wie es bereits der Vater absolviert hatte, wechselt jedoch nach dem Bachelorstudium die Fachrichtung und nimmt an einer anderen Hochschule entsprechend seinen Neigungen ein Studium der Geschichte auf. Diese Umorientierung vollzieht sich vor dem Hintergrund, daß der Interviewpartner sein Studium weniger als Qualifizierung für eine herausragende berufliche Position versteht, denn als Möglichkeit, sich intensiv den eigenen fachlichen Interessen hinzugeben. Ohne Sorge um den späteren beruflichen Werdegang und in der Zuversicht, mit dem Geschichtsstudium den für ihn richtigen Weg zu beschreiten, verzichtet der zweite Interviewpartner auf eine Fortsetzung des naturwissenschaftlichen Studiums, das ihm aufgrund der infolge des Sputnik-Schocks stark intensivierten staatlichen Förderung des von ihm gewählten Wissenschaftszweiges als Garantie für ausgezeichnete Berufsaussichten hätte dienen können (vgl. S. 27–28 und S. 83).

> I had been interested in science, primarily because my father was interested in science. I thought I wanted to be a mathematician or an astronomer and carried that interest with me to Harvard to go to astronomy and mathematics courses. But it took me quite a long time till I eventually discovered, I realized that I liked astronomy but I was not big in mathematics, so in my senior year I gave up. I got my degree in astronomy because it was too late to change. But I was much more interested in humanities, so I applied to graduate school in history. [...] I did give up something that may have practical use. When I gave up astronomy to go into history, you know, Sputnik had just been launched and it looked like there was going to be a call-up for astronomers and I would be able to write my own ticket. I gave a lot up for something much less certain taking up Asian studies. My only hope or consolation, I guess, is that generally having a BA is a good training, and some kind of general education will be better adapted to almost any kind of career (Interview Nr. 2).

Ähnlich motiviert erscheint der ebenfalls durch Umbrüche gekennzeichnete Bildungs- und Karriereweg der dritten Interviewpartnerin, die das sehr wohlhabende Elternhaus, in dem seit mehreren Generationen alle Familienmitglieder Studienerfahrung besitzen, zunächst für ein Bachelorstudium der Journalistik und

4.3 Sozioökonomische Rahmenbedingungen

Philosophie verläßt, dann als freie Künstlerin arbeitet, um schließlich mit Hilfe eines Stipendiums ein Masterstudium für Kunst und Kunstgeschichte aufzunehmen und eine akademische Laufbahn einzuschlagen. Nach ihrer neunjährigen Tätigkeit als gutbezahlte Professorin an einer New Yorker Universität entschließt sie sich jedoch – aus dem Gefühl heraus, daß sie dort durch den routinegeleiteten Alltag auf die Dauer in einen Stillstand verfallen und ihre Kreativität verlieren könnte – für einen drastischen Wechsel der Umgebung und den Antritt einer finanziell sehr viel weniger attraktiven Position als *Associate Professor* an der University of New Mexico.

> I got a job at Syracuse University in Syracuse, New York, where I taught for nine years and was a full professor. Then I realized I wasn't going to have to work hard. One day I walked into the classroom and realized I felt this program, I felt the graduate program and I wasn't going to have to work anymore. I could just walk in there and they would know who I was and I could be funny or do whatever I wanted and they were going to like me. So I decided that if I wasn't going to learn anything anymore, if I wasn't going to work hard, I was going to turn into one of those professors who sit around complaining about the dean, don't do their own work and really think that who did what to whom is really important. You know, I didn't want to turn into that kind of person. I loved my colleagues, I loved my students, and it was a fun job, I decided to start over. So, I accepted a job here at the University of New Mexico because it has a famous program. I had to give up tenure, I gave up full professor and went down to associate. I gave up a lot of money, started over, and came here. This is my fourth year at the University of New Mexico where I'm now tenure professor (Interview Nr. 3).

Auch wenn die dritte Interviewpartnerin betont, daß sie sich im Alter von siebzehn Jahren frühzeitig vom Elternhaus gelöst und ihren Lebens- und Karriereweg vollkommen unabhängig gestaltet hat, entsteht doch der Eindruck, daß sie wegen des wohlhabenden Elternhauses eine ausgeprägte Affinität zu Studium und Hochschule besitzt, die nicht ohne Einfluß auf ihre berufliche Karriere geblieben ist.

> I don't think my family has had much impact on my career or choices. When I was raised it was to be, get married and have kids like my mother did and not to be someone who would be independent and take care of myself. That's the background I come from. My mother was a homemaker and my father worked really late. When I told them I was going to be an artist they thought that was really stupid, and it was not until I started achieving some success in it that they said things like, it was our idea, we encouraged you. But they did not. And I did not – they are really nice people but I've done most of the things by myself (Interview Nr. 3).

Im Unterschied zu der 1956 geborenen dritten Interviewpartnerin haben sich die zehn beziehungsweise einundzwanzig Jahre älteren Interviewpartnerinnen Nr. 9 und 12, deren Väter beide einen Doktortitel besaßen, in ihrem geisteswissenschaftlichen Studium und Beruf wiederholt als Frau gegenüber Männern diskriminiert gefühlt. Die beiden Frauen beklagen, daß ihren männlichen Kommilitonen und Kollegen nicht aufgrund der erbrachten Leistungen, sondern aufgrund der bloßen Geschlechtszugehörigkeit eine größere fachliche Kompetenz und Befähigung für eine akademische Laufbahn zugesprochen wurde.

> In the graduate work that I did most of my – let's see, most of the unspoken messages that came to me from the faculty members were that men were better served going into this profession than women were. Men were the ones who could make the real contributions to the academic discourse whereas women were probably going to be much better students who just teach. Men were even going to be more suited for technical writing because it was much more a technical scientific field (Interview Nr. 9).

Geradezu grotesk erscheint der von der zwölften Interviewpartnerin wiedergegebene Ausspruch eines Professors, der ihr als seiner besten und begabtesten Studentin zur bevorstehenden Hochzeit mit einem Kommilitonen mit der Bemerkung gratulierte, daß es wundervoll sei, daß sie selbst (und nicht etwa ihr zukünftiger Mann!) einen der besten Studierenden heiraten werde. Dies ist ein Hinweis darauf, daß eine weibliche Hochschulkarriere zumindest Anfang der 1960er Jahre noch für einen Teil der Professorenschaft kaum vorstellbar erschien.

> [...] all my classmates were obviously men, I was one of the few females – they all had scholarships for PhDs, and I hadn't a scholarship for a Master's degree. And later on, many years later, I met one of my old professors and I came back to New Mexico. And my first husband was a PhD student in Latin American studies. And when I married, my professor said *"oh, isn't that wonderful, she is marrying one of our best students"*. And then I said to him *"you remember when you told me that I was marrying one of your best students – well, you know, you lied because I was the best student"*. And that's true, I was the best student. I would get 'A's and my husband would get 'C's, but he was the one who was considered to be a good student. And I said to my professor *"you know, you never once said to me why are you stopping school, why don't you go on with school"*. Because that was not expected, you know, a girl had to get married and then you become a good wife and mother and so on, you know, and you weren't going to go on and get your PhD (Interview Nr. 12).

Diejenigen Interviewpartner, die in einer gesellschaftlichen Mittelschicht aufgewachsen sind, betonen häufig den besonders hohen Stellenwert von Bildung im Elternhaus. Nicht selten arbeitete die Mutter als Lehrerin und erwartete von ihren Kindern ein Studium.

> My dad was a carpenter, he worked for the Brooklyn Navy Yard and made the models of wooden ships for the ships and submarines. My mother was a teacher. She has her college degree and my dad had some college credits but not his degree. My mother had her college degree from Hunter College and taught for 35 years. [...] my family was very supportive in education and also working in education, we were expected to get a college education, that was just expected. That's what we all would do and then we all went into teaching fields. My sister is, as I said, in pre-school and the other one is now a principal, but she used to be in art education (Interview Nr. 16).

Daß die Affinität zu Bildung nicht zwangsläufig mit einer Studienerfahrung der Eltern verbunden sein muß, verdeutlicht das Beispiel der vierzehnten Interviewpartnerin. In ihrem hispanischen Elternhaus gehörten Bücher und Zeitschriften genauso wie die spielerische Beschäftigung mit Wörtern und Texten zum Alltag. Obwohl er nur drei Jahre zur Schule gegangen war, vermochte ihr Großvater längere Passagen aus der Bibel und den Werken Shakespeares auswendig zu zitieren und war ein hervorragender Geschichtenerzähler.

4.3 Sozioökonomische Rahmenbedingungen

> [...] my mother had gone to school, my mother had finished high school. My father had gone to college, but there was no woman in my family who had ever gone to college [...]. My mother came from a family in which there was not very much education, but there was a tremendous value of knowledge. My grandfather, my maternal grandfather had a third grade education and yet he had committed large parts of the Bible and Shakespeare to memory. He was a self-educated man, he was very proper, he was erudite although not educated [...]. But he had a sense of the world, he had a sense of culture, he had a sense of the mind, there was a life of the mind. It is very much within my mother's family, there was a valuing of story-telling, he was a wonderful story-teller. There was a valuing of vocabulary, so that he loved crossword-puzzles, he loved word games, my mother loved word games and part of the play of the family was around word games, trivia – even before other people played trivia games, it was very much part of the dynamics of the family. The dynamics of the family was very much in terms of good grades, and really a competitive approach. We were paid for good grades and this is not a family where there was much money. And despite that my brother, my sister, and I were in private schools, we were in Catholic schools, which was – I have to tell you, I have no idea how my family did that. There was no money in the house, or very, very little money in the house. And yet, it was clear that education was *the* family priority. And it really meant there were books in the house, there were magazines in the house, no one in my neighborhood had books or magazines in the house (Interview Nr. 14).

Es zeigt sich, daß häufig die Mutter als treibende Kraft für den Bildungserwerb der Kinder und insbesondere der Töchter gewirkt hat. Vielfach wurde das Erlangen eines Studienabschlusses als Möglichkeit zum Erreichen einer beruflichen Position mit gesichertem Auskommen und damit auch finanzieller Unabhängigkeit vom männlichen Partner erachtet. So wiederholte die Mutter der sechsten Interviewpartnerin gegenüber ihren Töchtern immer wieder, wer nicht reich sei, müsse eben Bildung erwerben. Das gleiche gilt für die elfte Interviewpartnerin, die aus einer hispanischen Familie stammt, in der die Mutter ihre Töchter zu einem Hochschulstudium drängte, damit sie später als Lehrerin oder Verwaltungsangestellte ein gesichertes Auskommen hätten. Die fünfzehnte Interviewpartnerin hat entgegen dem stillen Wunsch ihrer Mutter unmittelbar nach Abschluß der *High School* geheiratet und eine Familie gegründet. Doch wenige Jahre später konnte auch sie ein Studium beginnen, das schließlich in eine akademische Laufbahn münden sollte.

> In high school I remember at thirteen years old I told her that when I graduated I would get married and I think she was very disappointed but she didn't tell me not to. And true enough at eighteen I became engaged and I married. Later on I asked her why she did not discourage me and she told me it was because I never wanted you to come back and tell me that I had stopped you from doing whatever you wanted. However, because she had always told us to – she had encouraged us or input in our minds that education was something that no one could take away from you, so I realized that I would go to college some day and I did at the age of twenty-seven. So, my education is definitely, I owe it all to my mother for her encouragement (Interview Nr. 15).

Das gleiche Motiv ist bei der Mutter der zwölften Interviewpartnerin zu beobachten. Insbesondere nach dem frühen Tod ihres Mannes, der selbst Hochschullehrer war, drängte sie auf den Bildungserwerb ihrer Tochter mit dem primären Ziel einer finanziellen Unabhängigkeit.

[...] my father, you know, the fact that he was a college professor was very profoundly motivating and important to me although he died in 1951 when I was thirteen years old. But, I think, just the fact that, you know, was important. It would have been important to him for me to go to school and it was important to my mother, too, because she always thought she had never – she was very intelligent, but she had never had a formal schooling. And so, she thought her children needed to be educated. And also because my father had died when he was only forty-two she felt it was important for a woman to be prepared in the world. You know, education was very important within my family, and even though my mother was not educated she read all the time. And she knew how hard it was for a woman, you know, without an education to try and survive. And she really felt that education was important. So, she encouraged us to go to school, and so we did (Interview Nr. 12).

Möglich wurde die akademische Karriere und das Übertreffen der elterlichen Erwartungen für den Beruf ihrer Kinder oft erst durch die breite staatliche Bildungsförderung im Zuge der Politik der *Affirmative Action* und durch den Ausbau des Hochschulwesens in den 1970er und 1980er Jahren. Die neuen Stipendienprogramme ebneten einer Vielzahl von Heranwachsenden, deren Eltern keine oder nur sehr begrenzte Studienerfahrung besaßen, nicht nur den Weg in ein Hochschulstudium, sondern schufen durch die Einrichtung neuer Dozenten- und Professorenstellen auch attraktive berufliche Karrieremöglichkeiten innerhalb der Universität. Die vierzehnte Interviewpartnerin schildert, wie sie den historischen Moment dieses gesellschaftlichen Wandels empfunden und daran selbst aktiv teilgenommen hat – eine Studienerfahrung, die ihre Töchter heute in sehr anderer Art und Weise, innerhalb eines anderen gesellschaftlichen Kontexts und in einer anderen Zeit erleben.

[...] the society was changing at that time because of the women's movement, the civil rights movement, the anti-war movement, the student movement. And all of those influenced me in the first instance in terms of my politics – I think that I am happy, but I had a very different educational experience than my daughters have (Interview Nr. 14).

Die eigene akademische Karriere und deren Kontrast zu Ausbildung und Beruf der Elterngeneration führten die meisten der interviewten hispanischen und nicht-hispanischen Professorinnen jedoch in einen kräftezehrenden Zwiespalt zwischen dem Wunsch nach beruflichem Fortkommen und der Furcht oder Verunsicherung, die eigene Familie und vor allem die Kinder auf Kosten der Karriere zu vernachlässigen und damit einer an traditionellen Werten orientierten weiblichen Rolle nicht in angemessener Weise gerecht werden zu können. Wie zeitintensiv die familiären Verpflichtungen sein können, zeigt das Beispiel der fünfzehnten Interviewpartnerin, die nach Abschluß der *High School* geheiratet, bald darauf zwei Kinder geboren, erst im Alter von siebenundzwanzig Jahren ein Bachelorstudium begonnen und als Mittvierzigerin schließlich promoviert hat.

My Bachelor's degree was in Spanish and that was in 1979, and I began studying for my BA when I was twenty-seven years old. I was married and I had two children and it took me about seven years to finish my BA because I was raising my children providing a home-life for them. [...] since undergraduate studies I had to devote myself to two worlds, that of my family, my children and my husband, and then to my professional career that I was developing. It made it difficult in the sense that I was trying to juggle two or three things at

4.3 Sozioökonomische Rahmenbedingungen

> the same time. I think the most difficult time was during the comprehensive exams of having to abandon, so to speak, my family, and part of it was that they were old enough to care for themselves. During undergraduate years, when my children were younger, I always invited my parents to come and stay with me during the final week's exams. And they would take care of the home and children and cook and take care of me so that I could finish with all the semester's work (Interview Nr. 15).

Ein eindrucksvolles Beispiel für soziale Mobilität geben diejenigen Interviewpartner, die in den bildungsfernen Verhältnissen eines Unterschichtmilieus aufgewachsen sind. Während es für die bereits skizzierten Vertreter einer gesellschaftlichen Mittel- oder Oberschicht charakteristisch ist, daß mehrere Geschwister und insbesondere die Töchter eine akademische Laufbahn eingeschlagen haben, handelt es sich bei den interviewten Personen aus dem Unterschichtmilieu in den meisten Fällen um Männer, die sich in ihrem Bildungs- und Karriereweg deutlich von ihren Geschwistern und anderen Familienmitgliedern abheben. Als Einzelgänger und „schwarzes Schaf" innerhalb seiner Familie sieht sich deshalb der dreizehnte Interviewpartner, der in einer kinderreichen hispanischen Familie aufgewachsen ist und von Kind an eine Begeisterung für Lesen und Lernen besaß, die durch den Besuch katholischer Schulen gefördert und weiterentwickelt wurde.

> I am the black sheep of the family. As a child, I looked at education as a way to move myself out of my family's economic conditions. We were really very poor and it seemed to me that education was one way to overcome the poverty and to do something a little bit more satisfying and a bit more secure. And I was pretty much motivated to do it. One of the things that happened was that I had an affinity for education right from the very beginning, it was something I liked [...].
>
> I think probably what happened was that I went to a Catholic seminary high school and then three years of college in a Catholic seminary and, I suspect, that had a lot to do with my continuing college. I don't know what would have happened had I gone to a secular high school in the city and not to a Catholic high school in the city. Obviously, there wasn't a lot of information about college forthcoming from my family because they weren't aware of it. My dad – almost to his death – had no idea of what I was doing (Interview Nr. 13).

Besonders beeindruckend erscheint das Beispiel des achten Interviewpartners, dessen Mutter ihn schon sehr früh lesen gelehrt hat, obgleich beide Eltern die *High School* nicht haben abschließen können. Die von der Mutter vermittelte Überzeugung, daß Bildung ein besonders hoher Wert sei, sowie eine große Begeisterung zu lernen und zu verstehen bestimmen das Bildungsverhalten des achten Interviewpartners seit seiner Kindheit. Infolgedessen vermochte er in der Schulzeit zwei Klassenstufen zu überspringen und besaß bereits mit achtzehn Jahren einen Bachelorabschluß und mit neunzehn Jahren den *Master*.

> I think I have gotten as far as I have simply because my parents had this underlying faith in education. I mean, they didn't have much of an education but they thought it was a good thing. So, my mother had taught me to read very early, long before I ever entered school. So that meant I was fairly advanced for the kids that – you know, my peer group. I always tested very highly in the first grade and then at Christmas of my first grade year they wanted to move me to the second grade. And so I was a year ahead [...].

> Then I went year-round to college also, so it took me three years to graduate from college. So, I graduated from college when I was eighteen. So, that's one kind of constraint. I mean, what can you do as an 18-year-old college graduate? So, I went to graduate school. It was a one-year program at Florida State, so I graduated with my Master's degree at nineteen. What do you do as a 19-year-old person with a Master's? (Interview Nr. 8).

Während beim achten Interviewpartner der Eindruck entsteht, daß er in seinem raschen Bildungsweg gewissermaßen von einer Instanz zur nächsten weitergereicht wurde, belegt das Beispiel des ersten Interviewpartners, daß der gesellschaftliche Aufstieg über den Bildungserwerb auch als eine aktiv verfolgte Leitstrategie für den eigenen Lebensentwurf begriffen werden kann. Als Sohn italienischer Einwanderer in zweiter Generation wächst der erste Interviewpartner in der näheren Umgebung von New York City im Bewußtsein auf, sich mit aller Kraft in seinem Leben hocharbeiten zu wollen. Diese Haltung wird durch seine Eltern bestärkt, denen selbst aufgrund der schwierigen Lage als Heranwachsende während der Wirtschaftskrise eine universitäre Ausbildung und gehobene berufliche Position verwehrt geblieben sind. Die Idealvorstellung der Eltern ist eine Karriere als Arzt, mit der sie besonderes gesellschaftliches Ansehen verbinden.

> [...] my parents were first-generation Americans. Their parents moved from Italy both [...] to the United States in the late 1800s. They moved coming in through New York City [...] and then settled in the northern part of New Jersey. My parents did not finish high school, so they began work, my father was just through elementary education and my mum has the first three years of education. They were forced to go into the labor force during the depression of the United States. [...] My parents never visited Italy in their whole lives [...]. I think it's because of wanting not to be connected with that part of life. They want to be American and not Italian [...].

> Obviously, my parents did not have the opportunity to get a strong educational background because of the family situation. My mum was from a family of ten children. So it was a very large family and during the depression of the United States everybody, who could make a little bit of money, contributed to the survival of the family. So they did not have the opportunity to do that, and I can't tell you whether they had the interest – I think my mum had and my dad had not. But they were extremely interested in the success of their children, in the academic success of their children. So, they served as basically the push, a strong push, for success in school – elementary school, high school and beyond that. I think that our interest in the academic profession came from very early on. We liked to be teachers, we liked to communicate and see others learn. That was not something my parents initiated because my dad and my mum wanted me to become a medical doctor. I would think at that time that was the most successful profession in terms of money making, and money was a big issue when we were young (Interview Nr. 1).

Seinen Lebensweg erachtet der erste Interviewpartner als typisch für eine gewisse Zahl von Einwandererfamilien, die sich während des zwanzigsten Jahrhunderts innerhalb weniger Generationen erfolgreich in die Mehrheitsgesellschaft US-amerikanischer Prägung integriert und deren Wertvorstellungen im Sinne des *American Dream* als die eigenen übernommen haben.

4.3 Sozioökonomische Rahmenbedingungen

> I think this experience is shared by a large number of people who came from a not very wealthy background, who were encouraged to work hard by first-generation immigrants into this country wanting their children to be much more successful in life than they were, economically, and pushing them. They knew that education would grow to financial success. That's a very common thing for people of my age. The children of the first immigrants in this country – what they were confronted with and the embarrassment of having parents who did not speak English very well and the poverty associated with that and then their encouragement to really be successful. At that time in the United States, not necessarily today, but at that time people were pushed back and forth through education. And the parents of first-generation people did not get the education but they made sure that their children got it (Interview Nr. 1).

Auch wenn der erste Interviewpartner gegen Ende dieses Zitates seine Zweifel äußert, ob eine vergleichbare soziale Aufstiegsmobilität durch Bildungserwerb auch für die gegenwärtigen Einwanderer in die Vereinigten Staaten gelte, so unterstreicht der Blick auf die Kinder der verschiedenen interviewten Professoren doch, wie wichtig den Eltern der Bildungserwerb ihrer Kinder als Grundlage für deren späteren beruflichen und sozialen Erfolg erscheint. So erklärt der erste Interviewpartner, daß seine Frau und er aus eben dieser Überzeugung bewußt erhebliche Geldbeträge in die Ausbildung ihrer beiden Söhne investieren.

> [Both of our sons] definitely will go to university. What profession they will choose, how far they will go in their education, I will pretty much leave up to them. There isn't the same push for my children as there was for me. My children are spoiled, I was not spoiled. They are given almost everything they want because we have the resources to do that. The other thing is that we are investing pretty heavily in their education now. My oldest son, fifteen years old, is a freshman at a place called Albuquerque Academy, an excellent private school and judged from an international perspective. We are lucky that this school is available for him and we spend about 10 000 dollars a year for his education. My young son goes to another private school and we spend 9 000 dollars a year for his education [...].
>
> We believe that the investment we are making now in education is more important than the investment we make later on. They will be able to get that type of money from us later on in life with their higher education but we believe strongly that the motivation to learn, knowing how to learn, is setting these kids up for an easier education later on. That's why we are investing. I think that my oldest son will become a scientist, I just look at how he has an interest in chemistry, for example, although he says he is going to be a musician. My young son, too early to say, but he says he is going to be a toy-maker. He is not going to be the person who makes it, he is going to be the manager, he says. So, he has a personality that will probably best fit with business – or politics (Interview Nr. 1).

Bezeichnenderweise tritt unter allen interviewten Professorinnen und Professoren nicht ein einziges Mal der Fall auf, daß eines der Kinder nicht studiert beziehungsweise kein Studium anstrebt. Dies verdeutlicht nicht nur, wie wichtig den Eltern die Ausbildung ihrer Kinder ist, sondern kann auch als Hinweis darauf gewertet werden, daß das elterliche Hochschulstudium den Kindern häufig als Maßstab dient und daß sich die soziale Affinität zur Hochschule begünstigend für das eigene Studium auswirkt. So betont etwa die elfte Interviewpartnerin, daß sich die Bildungschance ihrer Kinder grundlegend von ihrer eigenen Situation als Heranwachsende in traditionellen und eher bildungsfernen familiären Verhältnissen unterscheidet.

[...] my children will be very advantaged because they have got two professionals as their parents. So, I have both of my children in a private school. They have many, many advantages I didn't have, incredible advantages (Interview Nr. 11).

Die Bildungswege der Kinder der interviewten Professoren lassen einen starken Trend zur Reproduktion des elterlichen Ausbildungsniveaus erkennen. Gleichwohl finden sich unter den Probanden selbst auch zahlreiche Beispiele für soziale Aufwärtsmobilität und Überwindung der bildungsfernen und in sozioökonomischer Hinsicht sehr ungünstigen Familienverhältnisse im Elternhaus. Begünstigt wurde diese Aufwärtsmobilität in entscheidendem Maße durch das Zusammenwirken von drei Faktoren. Zum einen kann das meist über die Mutter vermittelte Bewußtsein beobachtet werden, daß Bildung und Lernen einen besonders hohen Stellenwert besitzen. Zum zweiten verfügen die Interviewpartner mit sozialer Aufwärtsmobilität über eine ausgeprägte Begabung, Leistungsbereitschaft und Anpassungsfähigkeit. Der dritte ermöglichende Faktor besteht im strukturellen Element der expansiven Bildungspolitik der *Affirmative Action* in den 1970er und frühen 1980er Jahren. Die Schaffung erweiterter Studien- und Berufsmöglichkeiten im Hochschulbereich löste in dieser Zeit eine regelrechte Welle von Aufwärtsmobilität aus. Damit kommt die für New Mexico beobachtete Situation einem Bild nahe, wie es von TITZE (1981; 1990) theoretisch als Ergebnis eines wechselnden Zyklus von Bedarfs- und Überfüllungskrisen im Hochschulbereich gefaßt wurde.

4.4 Ethnizitätsbezogene Unterschiede des Ausbildungsniveaus

Auf der Grundlage des *U.S. Census* von 1990 läßt sich eine nach Ethnizität differenzierte Betrachtung des Ausbildungsniveaus der Bevölkerung vornehmen. Für New Mexico zeigt sich, daß in dieser Hinsicht beachtliche Disparitäten bestehen. So beträgt der Anteil der hispanischen Bevölkerung im niedrigsten Ausbildungssegment der Bevölkerung ohne abgeschlossene *High School* etwa fünfundfünfzig Prozent, im Segment der Bevölkerung mit Abschluß der *High School* nur noch knapp vierzig Prozent und im höchsten Ausbildungssegment mit höherem Studienabschluß oder Promotion sogar weniger als zwanzig Prozent. Ein vergleichbares Muster der zu den oberen Ausbildungssegmenten hin abnehmenden Bevölkerungsanteile läßt sich in New Mexico auch für die indianische und die der Rubrik „Sonstige" zugeordnete Bevölkerung beobachten. Entgegengesetzt verläuft der Trend im Fall der weißen und der asiatischen Bevölkerung, deren Anteil in den höheren Ausbildungssegmenten an Umfang gewinnt. So entfallen innerhalb des höchsten Ausbildungssegments mehr als neunzig Prozent auf die weiße Bevölkerung, während diese im niedrigsten Ausbildungssegment nicht einmal siebzig Prozent erreicht.

4.4 Ethnizitätsbezogene Unterschiede

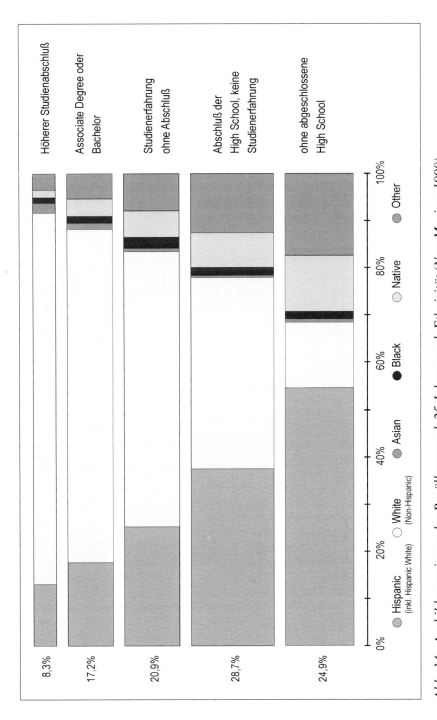

Abb. 14: *Ausbildungsniveau der Bevölkerung ab 25 Jahren nach Ethnizität (New Mexico, 1990)*
Quelle: *Eigene Berechnungen auf Datengrundlage des U.S. Census 1990.*

134　　　　　　　　　　4 Ausbildungsniveau im New Mexico der 1990er Jahre

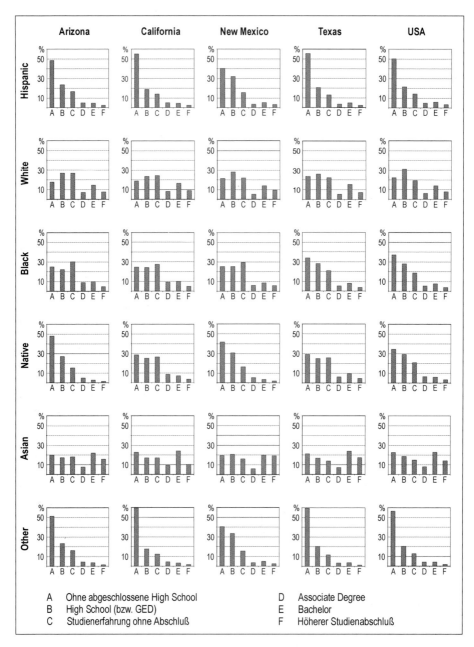

Abb. 15: Ausbildungsniveau der Bevölkerung ab 25 Jahren nach Ethnizität für ausgewählte Bundesstaaten (1990)
Quelle: Eigene Berechnungen auf Datengrundlage des U.S. CENSUS (1990).

4.4 Ethnizitätsbezogene Unterschiede

Eine vergleichende Übersicht des Ausbildungsniveaus der Bevölkerung nach Ethnizität zeigt, daß der für New Mexico beschriebene Trend in ähnlicher Weise auch in den Bundesstaaten Kalifornien, Arizona und Texas sowie im nationalen Durchschnitt für die Vereinigten Staaten besteht. Wie Abbildung 15 verdeutlicht, variiert das Ausbildungsniveau der Bevölkerung zwischen den genannten Bundesstaaten sehr viel weniger stark als zwischen den verschiedenen ethnischen Bevölkerungsgruppen (vgl. S. 134). Dies kann als Beleg dafür gewertet werden, daß die ethnizitätsbezogenen Unterschiede des Ausbildungsniveaus besonders ausgeprägt und in ihrer Verbreitung keineswegs an die Grenzen von Bundesstaaten mit jeweils unterschiedlicher Bildungspolitik und Bildungsinfrastruktur gebunden sind.

Aus Abbildung 16 geht hervor, in welchem Ausmaß die weiße, die hispanische und die indianische Bevölkerung von New Mexico durch ein unterschiedliches Ausbildungsniveau geprägt sind (vgl. S. 136). Eine entsprechende Darstellung des Ausbildungsniveaus unterschiedlicher Kohorten der asiatischen und der schwarzen Bevölkerung in New Mexico ist aufgrund der zu geringen Fallzahlen nicht möglich. Geschlechtsbezogene Unterschiede innerhalb der ethnischen Bevölkerungsgruppen spielen für den sekundären Bildungsbereich nur eine untergeordnete Rolle, werden aber im tertiären Bildungsbereich etwas akzentuierter. Innerhalb der Bevölkerung mit Universitätsabschluß sind Männer generell stärker vertreten als Frauen. Dennoch sind auch im tertiären Bildungsbereich die ethnizitätsbezogenen Unterschiede des Ausbildungsniveaus stärker ausgeprägt als die geschlechtsbezogenen. So liegt etwa der Anteil der weiblichen weißen Bevölkerung mit abgeschlossenem Masterstudium in den mittleren Jahrgängen nur halb so hoch wie der entsprechende Anteil für die männliche weiße Bevölkerung, zugleich aber mehr als doppelt so hoch wie der entsprechende Anteil für die männliche hispanische Bevölkerung, die ihrerseits einen deutlichen Vorsprung vor der weiblichen hispanischen Bevölkerung besitzt.

Für die verschiedenen Unterkategorien der hispanischen Bevölkerung in New Mexico lassen sich aufgrund der geringen Fallzahlen im *Public Use Micro Sample (PUMS)* nur begrenzte Aussagen über mögliche Unterschiede im Ausbildungsniveau treffen. Die einzigen beiden zahlenmäßig stärker vertretenen hispanischen Untergruppen sind *Mexican-Americans* und *Other Hispanics*. Hinter der Bezeichnung der sonstigen *Hispanics* stehen im wesentlichen die vor allem im nördlichen New Mexico angesiedelten *Hispanos*, die sich selbst als Nachfahren der spanischen Konquistadoren sehen. In Bezug auf das Ausbildungsniveau verhalten sich *Mexican-Americans* und *Other Hispanics* jedoch äußerst ähnlich. Als sehr viel bedeutender erscheinen die bildungsbezogenen Disparitäten zwischen den ethnischen Hauptkategorien der Bevölkerung in New Mexico.

Die bloße Feststellung jedoch, daß sich das Ausbildungsniveau der Bevölkerung als in starkem Maße durch die Variable Ethnizität strukturiert darstellt, besitzt noch kein eigentliches Erklärungspotential. Für ein besseres Verständnis der dabei

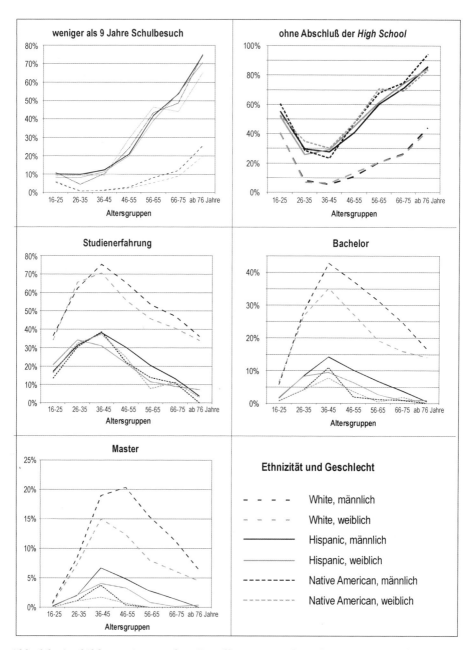

Abb. 16: Ausbildungsniveau der Bevölkerung nach Ethnizität, Geschlecht und Altersgruppen (New Mexico, 1990)
Quelle: Eigene Berechnungen auf Datengrundlage des PUMS (1990).

4.4 Ethnizitätsbezogene Unterschiede

zugrundeliegenden Wirkungsmechanismen ist es erforderlich, den Begriff der Ethnizität in seiner vollen Tragweite und Bedeutung zu erfassen. Wie bereits beschrieben, basiert die Beantwortung der Frage nach der Ethnizität in der US-amerikanischen Volkszählung auf einer Selbsteinschätzung der Probanden. Die befragten Personen ordnen sich in einen vorgegebenen und somit sozial konstruierten Katalog von ethnischen Kategorien ein und orientieren sich dabei an den angeführten Kriterien der geographischen und biologischen Herkunft, der Sprache und kulturellen Tradition. Durch die Praxis der Selbsteinschätzung lassen sich teilweise auch Spuren eines Wandels in der öffentlichen Bewertung einzelner Kategorien erkennen. Dies kann zutreffen, wenn es zwischen zwei Volkszählungen zu stärkeren Schwankungen in den Fallzahlen für eine ethnische Kategorie kommt. Die Zuordnung ist nicht immer unproblematisch, da eine Selbsteinschätzung nicht in jedem Fall durch die Entscheidung für eine oder mehrere der Kategorien zutreffend abgebildet werden kann. Wie beispielsweise wird sich ein Kind mit angloamerikanischer Mutter und indianischem Vater einstufen, das in einer hispanischen Pflegefamilie aufgewachsen ist? Die vierzehnte Interviewpartnerin schildert, weshalb die behördlich definierten Kategorien der Ethnizität, die auch an den Schulen und Hochschulen zur Klassifizierung der Bildungsteilnehmer verwendet werden, der gegebenen Komplexität gemischter Identitäten nicht gerecht werden können und welche Schwierigkeiten sich daraus für die betreffenden Studierenden ergeben.

> Well, for some of my students I think it is perfectly clear, right, they are Chicanos and Chicanas. But there are others who are different about that, so they may be Mexican-American, which is different, it is a different identity. Or they may be Hispanic, or they may just be American. They really don't want to be ethnically and racially labeled. And for some of my students, they identify with indigenous roots, they say *"wait a minute, I'm not Chicana, I'm indigenous"*.
>
> [...] in fact it is very complex because what it collapses to are the labels of self-identification, which are really defined by the government. So, it becomes are you Hispanic by blood or by however you just yourself identify. It is, I mean, the native population that in fact stands in a different situation because of their enrollment procedures. But what does this mean for those persons of mixed race, who are Japanese and African-American, who are, you know, Chicano and African-American? How do they identify? And how do they identify within a state in which there are these categories between the three cultures, between white people, Chicanos and native people. And that is the predominant classification system in the state (Interview Nr. 14).

Allein die Frage, ob ein Bildungsteilnehmer gleichzeitig zwei verschiedenen Ethnizitäten zugeordnet werden kann oder ob in seinem Fall die Kombination der beiden Ethnizitäten zur Ausbildung einer neuen Mischidentität führt, ist nicht klar zu beantworten. Der dreizehnte Interviewpartner erläutert, daß er sich nicht als *Chicano* bezeichnet, da dieser Begriff erst in Mode gekommen ist, nachdem er selbst seine Identität gefunden hatte. Er sieht sich vielmehr als einen Amerikaner, der über ein ausgeprägtes hispanisches Element verfügt. Englisch ist seine erste Sprache, er ist in den Vereinigten Staaten aufgewachsen und dort zur Schule gegangen. Zugleich spricht er aber auch sehr gut spanisch und fühlt sich, wenn er beispielsweise Mexiko bereist, der dortigen Bevölkerung freundschaftlich verbunden, ohne jedoch eine tatsächliche Zugehörigkeit empfinden zu können.

> I don't consider myself a Chicano, which is a term that came into use by the time I was twenty-one and I had already identified myself. I think a lot of the initial struggle with ethnicity is *"What are they, are they Hispanic or are they American?"* because it is really the strong cultures that come into play here.
>
> And what I decided, what makes the most sense to me – actually, having gone to Mexico and getting on really well with Mexicans, I went to visit a friend and was incorporated into his family and met his friends and they all accepted me and he would go to some place and invite me. I mean, I was just part of the family. But one thing I noticed was that I felt I could never be a part of it. I would always be an outsider because of having been born in the United States and having been raised in the United States and having gone to school in the United States, I think like someone from this country. And I would say like about 70 percent of who I am is U.S. and 30 percent is Hispanic. So while from this country I am different from some people who grew up in the Southeast or Northwest or just other places in the country. Although I can identify with them, there is an additional element which is the Hispanic element. And so, I think, that's the thing that really identifies people who grew up in New Mexico, especially people of Hispanic descent, it's that Hispanic element. I realize that I have always been in the U.S. and my dominant language is English, but it is that Hispanic element, the culture that ties us to this area (Interview Nr. 13).

Wie der dreizehnte Interviewpartner ausführt, identifiziert er sich sowohl mit den Vereinigten Staaten als auch mit einem ausgeprägten hispanischen Element, einer hispanischen Kultur, die ihn an New Mexico und den US-amerikanischen Südwesten bindet. Wenn er von einem Mischungsverhältnis von siebzig Prozent US-amerikanisch und dreißig Prozent hispanisch spricht, wird deutlich, daß sich der dreizehnte Interviewpartner weder als vollkommen US-amerikanisch noch als vollkommen hispanisch sieht. Gleichzeitig geht aus diesen Worten aber hervor, daß US-amerikanisch und hispanisch in seinem Verständnis zwei unterschiedliche Entitäten sind, die sich nicht ohne weiteres miteinander verschmelzen lassen, sondern eher wie zwei unterschiedliche chemische Elemente in einer bestimmten Mengenrelation zueinander stehen. So wird der dreizehnte Interviewpartner seine Ethnizität im *U.S. Census* als *Hispanic White* klassifizieren, während Angloamerikaner in aller Regel die Bezeichnung *Non-Hispanic White* wählen.

Auch wenn eine Verbindung der Kategorien „US-amerikanisch" und „hispanisch" möglich erscheint, so basiert die Differenzierung doch auf unterschiedlichen ethnisch-kulturellen Merkmalen – wie vor allem Sprache, Siedlungsgeschichte und kulturellen Werten –, die zumeist in Anordnung von Oppositionspaaren auftreten. Auf diese Weise wird ein dichotomisch strukturiertes Verhältnis zwischen englischer und spanischer Sprache ebenso wie zwischen angloamerikanischer und hispanischer Kultur aufgebaut. Demzufolge definiert sich das Angloamerikanische teilweise durch seinen nichthispanischen Charakter und das Hispanische teilweise durch seinen nichtangloamerikanischen Charakter. Diese in starkem Maße sozial

4.4 Ethnizitätsbezogene Unterschiede

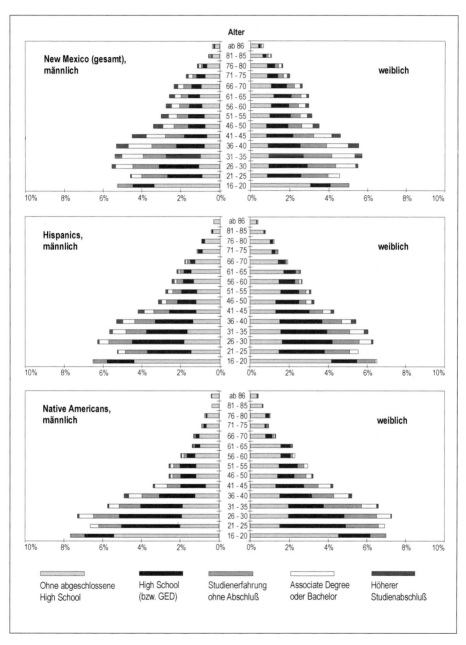

Abb. 17: Ausbildungsniveau der Bevölkerung ab 16 Jahren nach Ethnizität, Altersgruppen und Geschlecht (New Mexico, 1990)
Quelle: Eigene Berechnungen auf Datengrundlage des PUMS (1990).

konstruierten Gegensätze bilden letztlich das Fundament für die in den Vereinigten Staaten durchaus gebräuchliche Unterscheidung nach ethnischen Kategorien innerhalb der Bevölkerung.

Eine zusammenfassende Darstellung der ethnizitäts-, alters- und geschlechtsbezogenen Unterschiede im Ausbildungsniveau der Bevölkerung bietet Abbildung 17 in Form ausbildungsspezifisch erweiterter Bevölkerungspyramiden (vgl. S. 139). Neben den in den vorausgehenden Unterkapiteln bereits behandelten Trends erschließt sich dem Betrachter nun auch der unterschiedliche demographische Bevölkerungsaufbau. Es wird deutlich, daß die hispanische und die indianische Bevölkerung besonders stark innerhalb der jüngeren Bevölkerung vertreten sind, deren Bildungserwerbsphase zum Zeitpunkt der Erhebung noch nicht abgeschlossen war. Mit dem Ziel einer Prüfung, ob die beobachteten Trends auch den gegenwärtigen Entwicklungen im Bildungsverhalten der Schüler und Studierenden entsprechen oder ob sich etwaige Veränderungen abzeichnen, sollen im nachfolgenden Unterkapitel die Bildungsbeteiligung und der Bildungserfolg an den Schulen und Hochschulen erörtert werden.

4.5 Aktuelle Entwicklungen von Bildungsbeteiligung und -erfolg

Bildungsstatistische Grunddaten werden von den einzelnen Bildungseinrichtungen und den Schulbezirken regelmäßig an die Bildungsministerien der US-amerikanischen Bundesstaaten übermittelt und parallel auch auf nationaler Ebene unter anderem vom *National Center for Education Statistics* erfaßt. Sowohl die bundesstaatlichen als auch die nationalen Bildungsbehörden veröffentlichen die jährlich aktualisierten Datenbestände in gedruckter und teilweise auch digitaler Form. Im folgenden werden unter Verwendung dieser Quellen die gegenwärtigen Entwicklungen im sekundären und tertiären Bildungsbereich dargestellt. Ergänzend zu den statistischen Quellen werden Eindrücke und Informationen wiedergegeben, die zwischen 1999 und 2001 im Rahmen von Besuchen mehrerer Schulen und Universitäten in New Mexico in Gesprächen mit Schuldirektoren, Lehrern und Schülern sowie Studierenden, Professoren und anderen Schlüsselpersonen gewonnen werden konnten.

4.5.1 Sekundärer Bildungsbereich

Die gegenwärtige Bildungsbeteiligung an den *Middle Schools* und *High Schools* liegt in New Mexico ebenso wie in den gesamten Vereinigten Staaten auf einem

4.5 Aktuelle Entwicklungen von Bildungsbeteiligung und -erfolg

hohen Niveau. Unter der heranwachsenden Bevölkerung im Alter von zwanzig bis zweiundzwanzig Jahren absolvierte 1990 nur ein sehr geringer Anteil von weniger als zweieinhalb Prozent die Pflichtschulzeit bis zum Ende der achten Klassenstufe nicht erfolgreich. Im gehobenen sekundären Bildungsbereich der *High School* sind zwar regelmäßig Schulabbrecher zu verzeichnen, aber der gegenwärtige Anteil von etwa achtzig Prozent eines Bevölkerungsjahrgangs mit abgeschlossener *High School* läßt New Mexico auch im internationalen Vergleich durchaus positiv erscheinen. Demgegenüber wurden im deutschen mehrgliedrigen Schulsystem für das Schuljahr 1996/97 unter den Schulentlassenen etwa fünfundzwanzig Prozent mit Hochschul- oder Fachhochschulreife, vierzig Prozent mit Realschulabschluß, fünfundzwanzig Prozent mit Hauptschulabschluß und knapp zehn Prozent ohne Abschluß der Hauptschule verzeichnet (KRAMER 2002).

In New Mexico gestalten sich die ersten acht Schuljahre allenfalls dann für Schulkinder schwierig, wenn diese keine oder nur sehr begrenzte englische Sprachkenntnisse besitzen. Es handelt sich bei dieser zahlenmäßig kleinen gefährdeten Schülergruppe weniger um in New Mexico geborene *Hispanics*, die in der Regel zweisprachig sind, als vielmehr um Kinder und Jugendliche, die erst kürzlich aus Mexiko eingewandert sind und zuvor dort eine Schule besucht haben. Diese Schüler erhalten in speziellen Förderklassen intensiven Englischunterricht, bevor sie in den eigentlichen Klassenverband integriert werden (vgl. S. 82–87). Obwohl mit der spanischen Sprache und der hispanischen Kultur eine geeignete Integrationsgrundlage bestehen könnte, bilden die mexikanischen Schüler doch häufig eigene Gruppen und lassen sich nur schwer in den Klassenverband eingliedern. Dies wurde im Jahr 2001 im Rahmen von Hospitationen der Truman Middle School in Albuquerque und der im südlichen New Mexico nur unweit der mexikanischen Grenze gelegenen Deming High School beobachtet und im Gespräch mit verschiedenen Lehrkräften bestätigt (vgl. Quellenverzeichnis, S. 234). Meist werden die mexikanischen Schüler von ihren Mitschülern als fremd wahrgenommen und entsprechend stigmatisiert. Wichtige differenzierende Merkmalsträger sind dabei Kleidung, Sozialverhalten und Gebrauch der englischen Sprache. Die mexikanischen Schüler wirken in ihrem Auftreten meistens zurückhaltend und eher unauffällig. Begrenzte finanzielle Möglichkeiten finden ihren Ausdruck auch in der Kleidung der Schulkinder – selbst wenn das Tragen einer Schuluniform vorgeschrieben ist oder eine einheitliche Regelung zu Farbe und Zusammenstellung der Schulkleidung gilt.

Im sekundären Bildungsbereich von *Middle School* und *High School* haben sich die Anteile der Schüler unterschiedlicher Ethnizität während der 1990er Jahre weitgehend stabil gehalten. Die einzige sichtbare Veränderung ist eine leichte Abnahme des Anteils nichthispanischer weißer Schüler zugunsten der *Hispanics*, deren Anteil im Schuljahr 2000/01 in New Mexico auf fünfzig Prozent angewachsen ist. Die zweitstärkste Kategorie bilden die nichthispanischen weißen Schüler mit knapp fünfunddreißig Prozent, gefolgt von den indianischen Schülern mit einem Anteil von etwas mehr als zehn Prozent.

142   4 Ausbildungsniveau im New Mexico der 1990er Jahre

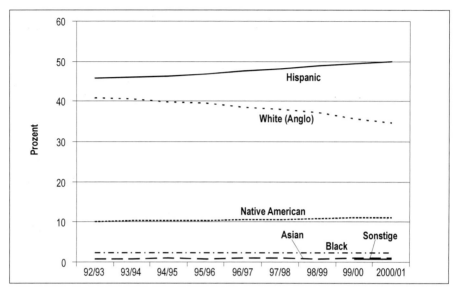

Abb. 18: Anteil der Schülerzahlen nach Ethnizität (New Mexico, 1992/93–2000/01)
Quelle: Eigene Berechnungen auf Datengrundlage des NEW MEXICO STATE DEPARTMENT OF EDUCATION (1996–2002).

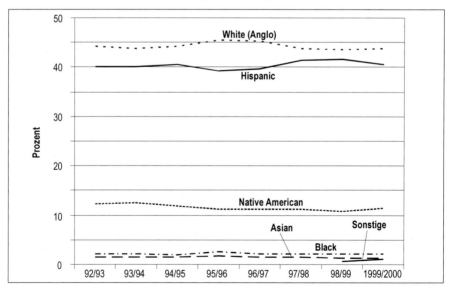

Abb. 19: Absolventen an High Schools nach Ethnizität (New Mexico, 1992/93–1999/2000)
Quelle: Eigene Berechnungen auf Datengrundlage des NEW MEXICO STATE DEPARTMENT OF EDUCATION (1996–2002).

4.5 Aktuelle Entwicklungen von Bildungsbeteiligung und -erfolg

Während der Anteil der Schulabbrecher in der siebten und achten Klassenstufe in New Mexico jährlich nur etwa ein Prozent ausmacht, erhöht sich der entsprechende Anteil sprunghaft ab der neunten Klassenstufe und bewegt sich bis zum Ende der zwölften Klassenstufe im Bereich von jährlich über fünf Prozent. Ein ähnliches Bild ist auf nationaler Ebene zu beobachten. Da jedoch teilweise neben den Schulabbrechern auch Schulwechsler in der Kategorie der Dropouts geführt werden und es hinsichtlich der Definition und Erhebung von Dropouts keine einheitliche Regelung gibt, ist zumindest hinsichtlich der absoluten Werte ein Vergleich zwischen verschiedenen Bundesstaaten oder in Form einer Längsschnittuntersuchung problematisch (BARBER / MCCLELLAN 1987; KAUFMAN u. a. 2000; 2001). Gleichwohl lassen sich unter Verwendung der Dropout-Rate als relatives Maß doch Trendaussagen darüber treffen, inwiefern Schulabbrüche hinsichtlich der Klassenstufen sowie des Geschlechts und der Ethnizität der Schüler variieren. Es dominieren in den von Dropouts in besonderer Weise betroffenen neunten bis zwölften Klassenstufen die männlichen Schulabbrecher. Während die weißen und die asiatischen

Tab. 9: Dropout-Raten für Schüler der Klassenstufen 9 bis 12 nach Geschlecht und Ethnizität (New Mexico, Schuljahr 2000/01)

	Anteile der Schulabbrecher							
	1993/94	1994/95	1995/96	1996/97	1997/98	1998/99	99/2000	2000/01
nach Klassenstufe								
9th grade	5,4	6,5	7,7	7,7	8,1	9,3	9,3	8,5
10th grade	5,8	6,5	7,5	7,7	8,0	9,1	9,1	8,9
11th grade	5,7	5,8	7,0	7,2	7,9	8,4	9,5	8,3
12th grade	4,1	4,8	5,4	5,3	6,7	6,4	6,1	6,5
nach Geschlecht								
männlich	6,0	6,4	7,7	7,8	8,5	9,2	9,3	8,5
weiblich	4,7	5,6	6,3	7,0	7,8	8,1	7,8	7,7
nach Ethnizität								
White / Anglo	3,6	3,9	4,8	4,9	5,3	5,9	6,4	6,0
Hispanic	6,7	7,8	8,8	9,2	9,8	10,8	10,9	10,2
Native American	5,9	5,8	8,1	6,7	8,3	8,6	8,6	7,8
Black	5,2	7,0	6,5	7,8	8,4	10,6	9,3	11,1
Asian	2,4	8,3	5,5	5,1	4,2	6,5	6,5	4,5
Other	3,0	5,0	—	—	—	—	—	—
gesamt	8,2	8,7	8,5	7,8	7,1	7,0	6,0	5,3

Quelle: Eigene Berechnungen auf Datengrundlage des NEW MEXICO STATE DEPARTMENT OF EDUCATION (2002).

144 4 Ausbildungsniveau im New Mexico der 1990er Jahre

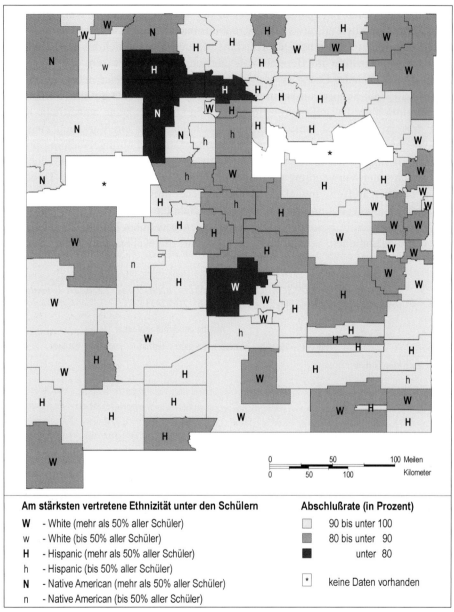

Karte 15: Abschlußraten und Ethnizität der Schüler an High Schools in den Schulbezirken von New Mexico
Quelle: Eigene Berechnungen auf Datengrundlage des NEW MEXICO STATE DEPARTMENT OF EDUCATION (1999).

4.5 Aktuelle Entwicklungen von Bildungsbeteiligung und -erfolg   145

Schüler unter den Dropouts unterrepräsentiert sind, liegen die Werte für hispanische und indianische Schüler erheblich über dem Durchschnitt.

Die mit der Ethnizität der Schüler variierenden Dropout-Raten spiegeln sich auch in der Entwicklung der Absolventen an *High Schools*. Es dominieren die nichthispanischen weißen Absolventen mit einem Anteil, der während der gesamten 1990er Jahre bei fünfundvierzig Prozent liegt. Die hispanischen Schüler stellen mit etwa vierzig Prozent nur die zweitgrößte ethnische Gruppe unter den Absolventen, auch wenn sie innerhalb der Schülerschaft am stärksten vertreten sind (vgl. Abbildung 18, S. 142). Damit kann festgehalten werden, daß an den *High Schools* eine Auslese stattfindet, von der die Schüler unterschiedlicher Ethnizität in unterschiedlichem Maße betroffen sind.

Wie Karte 15 verdeutlicht, variieren die Schulbezirke erheblich im Hinblick auf Zahl und Ethnizität der verzeichneten Schüler (vgl. S. 144). Hispanische Schüler sind generell am stärksten vertreten und konzentrieren sich im Bereich der größeren Siedlungen. Weiße Schüler hingegen sind besonders häufig in den Schulbezirken mit einer insgesamt geringeren Schülerzahl ausgewiesen. Indianische Schüler schließlich dominieren in den nordwestlichen Schulbezirken von New Mexico. Die Annahme, daß sich auch auf Ebene der Schulbezirke ein Zusammenhang zwischen der Ethnizität der Schüler und dem Anteil der erfolgreichen Absolventen einer *High School* erkennen ließe, bestätigt sich nicht. Im Gegenteil erscheint das räumliche Verteilungsbild der Abschlußraten sehr dispers und enthält keine offensichtlichen Strukturelemente.

Der Blickwinkel ändert sich jedoch, wenn nicht die Schulbezirke, sondern die einzelnen Schulen untersucht werden (vgl. Tabelle 12, S. 242). Auf dieser Betrachtungsebene wird ersichtlich, daß sich die Schulabbrecher innerhalb der einzelnen Schulbezirke jeweils auf ein oder zwei Bildungseinrichtungen konzentrieren. Weit über neunzig Prozent der Dropouts entfallen auf *High Schools*, während die *Middle Schools* und *Junior High Schools* nur vereinzelte Schulabbrecher verzeichnen. Es wäre aber falsch, aus dem gehäuften Auftreten von Dropouts auf eine geringe Unterrichtsqualität oder schwierige Lernbedingungen an den entsprechenden Institutionen schließen zu wollen. Tatsächlich resultiert das Auftreten von Schulabbrüchen aus einer Kombination von leistungsbezogener Selektion und einem begrenzten Angebot zum Besuch alternativer Bildungseinrichtungen für Schüler, die in den höheren Klassenstufen einer *High School* gescheitert sind.

4.5.2 Tertiärer Bildungsbereich

Die Zahl der Absolventen an den *High Schools* in New Mexico ist zwischen 1990 und 2000 von jährlich etwa 16 500 auf 19 500 angestiegen. Dies entspricht einem Wert von etwa achtzig Prozent der Schüler eines Jahrgangs, die gegenwärtig die

High School erfolgreich abschließen und damit die formale Qualifikation für die Aufnahme eines Studiums besitzen. Tatsächlich entschließt sich aber nur etwas mehr als die Hälfte der Absolventen für ein späteres Studium an einer Hochschule oder einem *Community College*. Dabei kommt es zu zahlenmäßig nur äußerst geringen Wanderungsbewegungen von oder zu Universitäten in anderen US-amerikanischen Bundesstaaten und im Ausland. Im Jahre 2000 haben etwa 8 000 von insgesamt 19 500 Absolventen einer *High School* in New Mexico in diesem Bundesstaat zum nächstmöglichen Zeitpunkt ein Hochschulstudium begonnen. Hinzu kommen Personen, die sich erst mit zeitlicher Verzögerung für ein Studium entschließen oder an einem *Community College* immatrikuliert sind, das lediglich verkürzte Teilstudiengänge anbietet, die nicht zum Bachelor führen.

Die Studierendenzahlen an der University of New Mexico lassen bis Anfang der 1980er Jahre eine kontinuierliche Zunahme erkennen. Seitdem hält sich die Zahl der auf dem Hauptcampus in Albuquerque immatrikulierten Studierenden konstant bei etwa 25 000, während an den Standorten der *Branch Campuses* in diesem Zeitraum ein Zuwachs auf über 5 000 Studierende verzeichnet werden konnte. In diesem Trend spiegelt sich auch die Entwicklung der Studierendenzahlen für das übrige New Mexico wider (vgl. S. 92–95).

Das Einzugsgebiet der University of New Mexico ist seit den Anfängen der Universität stark auf die Agglomeration von Albuquerque konzentriert. Aus dem betreffenden *County* Bernalillo stammten zwischen Herbst 1998 und Herbst 2002 mehr als sechzig Prozent aller registrierten Studienanfänger. Die übrigen Studierenden kommen in der großen Mehrzahl ebenfalls aus New Mexico und vor allem aus dem nördlichen Teil des Bundesstaates mit Schwerpunkten in Santa Fe und Los Alamos. Eine entsprechende Versorgungsfunktion besitzt im südlichen Teil die New Mexico State University in Las Cruces. Auswärtige Studierende aus anderen Bundesstaaten oder dem Ausland sind besonders im Grundstudium mit einem Anteil von etwa zehn Prozent nur schwach vertreten.

Hinsichtlich der Ethnizität der Studierenden ist besonders auffällig, daß nicht-hispanische weiße Studierende in allen Studienabschnitten einen Anteil von mindestens fünfzig Prozent stellen. Diese deutliche Dominanz gewinnt im Bereich der höheren Studienabschlüsse noch weiter an Intensität. Auch wenn zumindest im Bereich des Bachelorstudiums während der 1990er Jahre ein geringfügiger Anstieg der Anteile hispanischer Absolventen verzeichnet werden kann, ist die starke Tendenz zu einer ethnischen Stratifizierung der Bildungsbeteiligung doch unverkennbar. So sind unter den Studierenden im Masterstudium auch im Wintersemester 2002/03 kaum mehr als fünfzehn Prozent *Hispanics* verzeichnet, und es gibt weiterhin keine Anzeichen, die eine merkliche Veränderung dieser Strukturen in absehbarer Zeit plausibel erscheinen lassen.

4.5 Aktuelle Entwicklungen von Bildungsbeteiligung und -erfolg

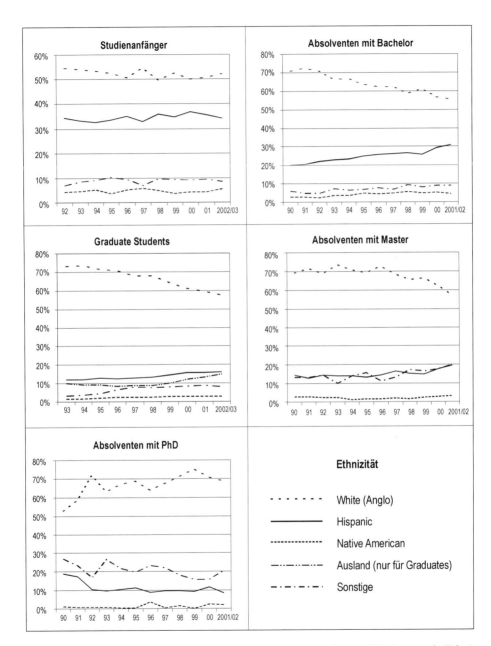

Abb. 20: *Studierende und Absolventen der University of New Mexico nach Ethnizität (1990–2002)*
Quelle: *Eigene Berechnungen auf Datengrundlage der UNM Enrollment Reports.*

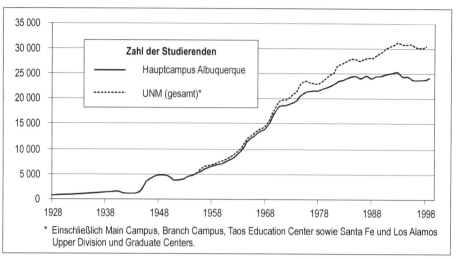

Abb. 21: Entwicklung der Studierendenzahlen an der University of New Mexico (Herbst 1928 – Herbst 1998)
Quelle: Eigene Darstellung auf Datengrundlage von UNM Fact Books und Official Enrollment Reports.

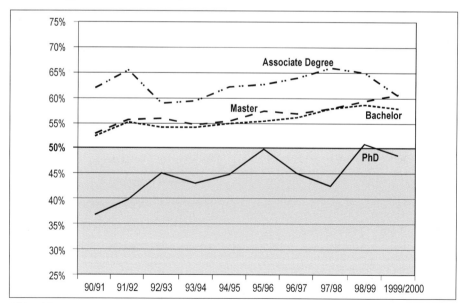

Abb. 22: Anteile der weiblichen Absolventen an Hochschulen und Community Colleges in New Mexico nach Art der Abschlüsse (1990/91–1999/2000)
Quelle: Eigene Darstellung auf Datengrundlage von NEW MEXICO STATE DEPARTMENT OF EDUCATION (1996–2002).

4.5 Aktuelle Entwicklungen von Bildungsbeteiligung und -erfolg   149

Der Frauenanteil der Absolventen an Hochschulen und *Community Colleges* in New Mexico hat sich während der 1990er Jahre vor allem im Bereich der höheren Bildungsabschlüsse merklich erhöht, so daß die weiblichen Absolventen im Wintersemester 1999/2000 in den Bachelorstudiengängen nahezu sechzig Prozent und in den Masterstudiengängen sogar mehr als sechzig Prozent ausmachten. Am stärksten wirkte sich der Feminisierungsprozeß jedoch im traditionell von Männern dominierten Bereich des Promotionsstudiums aus. Der Frauenanteil steigerte sich zwischen 1990/91 und 1999/2000 von gut fünfunddreißig auf etwa fünfzig Prozent der Promovenden.

Die Studierendenzahlen am Albuquerque Technical and Vocational Institute (ATVI), dem größten *Community College* in New Mexico, lassen eine deutlich schwächere ethnische Stratifizierung hinsichtlich der Bildungsbeteiligung erkennen, als dies für die University of New Mexico beobachtet werden konnte. Nichthispanische weiße Studierende waren im Wintersemester 2000/01 zwar mit einundvierzig Prozent die am stärksten vertretene Kategorie, aber der Abstand zu den hispanischen Studierenden mit einem Anteil von neununddreißig Prozent ist denkbar gering. Auch unter den Absolventen erreichen *Hispanics* mit achtunddreißig Prozent einen hohen Anteil, der nur fünf Prozent unterhalb des Wertes für die nichthispanischen weißen Absolventen liegt. In dieser ethnisch-demographischen Struktur spiegelt sich das konzeptionelle Leitbild des ATVI. Das *Community College* möchte eine Brückenfunktion einnehmen und zielt darauf, sozial Schwächergestellten und Studierenden in erster Generation die Möglichkeit zu einem preislich attraktiven Teilstudium zu eröffnen, das gleichermaßen als berufliche Qualifikation oder Weiterbildung dienen und in Anrechnung der erbrachten Studienleistungen auch als Grundlage für ein anschließendes Hochschulstudium genutzt werden kann.

4.6 Zwischenbilanz

Im US-amerikanischen Vergleich nimmt die Bevölkerung von New Mexico hinsichtlich ihres Ausbildungsniveaus einen Platz im sicheren Mittelfeld ein. Gleichwohl sind innerhalb dieses Bundesstaates ausgeprägte bildungsbezogene Disparitäten zu beobachten. Generell ist die Bevölkerung mit höherem Ausbildungsniveau stärker in den größeren Siedlungen und Agglomerationsräumen vertreten. Wie das Beispiel Albuquerque verdeutlicht, bestehen jedoch auch innerhalb dieser Stadt erhebliche kleinräumige Disparitäten des Ausbildungsniveaus. Eine Erklärung dieser räumlichen Strukturen sollte jedoch nicht ohne Berücksichtigung demographischer und sozioökonomischer Aspekte erfolgen. Tatsächlich ist für die mittleren und jüngeren Alterskohorten eine tendenzielle Zunahme des Ausbildungsniveaus zu beobachten. Geschlechtsbezogene Disparitäten spielen all-

gemein eine untergeordnete Rolle, auch wenn im hochqualifizierten Bevölkerungssegment mit abgeschlossenem Masterstudium oder Promotion ein deutlicher Männerüberschuß zu verzeichnen ist.

Ausgeprägt sind die Zusammenhänge zwischen der sozioökonomischen Situation und dem Ausbildungsniveau der Bevölkerung. Dies gilt sowohl für die Höhe des beruflichen Einkommens in Abhängigkeit vom erreichten Ausbildungsniveau als auch für den erreichten Bildungsabschluß in Zusammenhang mit den sozioökonomischen Verhältnissen im Elternhaus. Dieser Beleg für eine wirksame soziale Reproduktion durch das Bildungswesen darf jedoch nicht darüber hinwegtäuschen, daß das Bildungswesen auch Möglichkeiten zu einer sozialen Aufwärtsmobilität eröffnet. Für die berufliche Karriere der befragten Professorinnen und Professoren, die in gesellschaftlichen Verhältnissen einer Mittel- oder Unterschicht aufgewachsen sind, war eine besondere Affinität zu Bildung und Bildungserwerb eine ebenso wichtige Voraussetzung wie die strukturellen Rahmenbedingungen der Bildungsexpansion im Zuge einer Politik der *Affirmative Action* in den 1970er und frühen 1980er Jahren.

Von allen untersuchten Faktoren kommt der Ethnizität der Bildungsteilnehmer die größte Bedeutung für das Bildungsverhalten und das erreichte Ausbildungsniveau zu. Dies gilt nicht nur für die Bevölkerung von New Mexico, sondern die ethnizitätsbezogene Strukturiertheit des Ausbildungsniveaus spiegelt sich in sehr ähnlicher Weise auch in anderen US-amerikanischen Bundesstaaten und auf nationaler Ebene. Die Bedeutung der Ethnizität als entscheidender Faktor für das Bildungsverhalten bestätigt sich in den Zahlen für die gegenwärtige Bildungsbeteiligung in New Mexico. Während die große Mehrheit der heranwachsenden Bevölkerung die *High School* inzwischen erfolgreich abzuschließen vermag, bleibt die Verwirklichung eines Studiums nur einem vergleichsweise kleinen und vorwiegend angloamerikanischen Teil der Bevölkerung vorbehalten. Demgegenüber sind *Hispanics* ebenso wie *Native Americans* unter den Schul- und Studienabbrechern besonders stark vertreten.

Ethnizität basiert, wie bereits ausgeführt wurde, auf Selbsteinschätzung der Bildungsteilnehmer und ist dabei in starkem Maße an deren kulturelle Identität gebunden. Im nachfolgenden Kapitel soll verdeutlicht werden, welches die wichtigsten identitätsbildenden Faktoren sind und welche Wechselwirkungen zwischen kultureller Identität und dem Bildungsverhalten bestehen.

5 Kulturelle Identität und Bildungsverhalten der *Hispanics*

Kulturelle Identität ist nur eine von mehreren Identitätsdimensionen. Identität selbst kann als ein Konzept verstanden werden, das den individuellen oder kollektiven Entwurf eines Selbst bezeichnet und zugleich Ausdruck von Zugehörigkeitsempfinden ist (FREYTAG 2001). Sie verleiht Orientierung und Sicherheit in Form bestimmter Bezugspunkte, auf denen das Verhältnis zwischen einem Subjekt und dessen Umgebung basiert. Der gesellschaftlichen Konstruktion von Identitäten liegt nicht nur in New Mexico eine dichotomische Struktur von *Eigenem* und *Fremdem* zugrunde, derzufolge jeweils bestimmte Eigenschaften und Bewertungen als Oppositionspaare zugeordnet werden (vgl. S. 72–74 und S. 137–139). Entsprechend diesem Prinzip der Konstruktion von Differenz sind Identifikation und Abgrenzung in der gesellschaftlichen Praxis sehr eng miteinander verbunden beziehungsweise bedingen sich gegenseitig. Als Träger von Identität können neben Ethnizität zum Beispiel auch Sprache, Religion, kulturelle und traditionelle Werte sowie Alter, Geschlecht, die spezifische sozioökonomische Situation und unter Umständen auch physiognomische Merkmale fungieren. Ebenso kann Identität in räumliche Kategorien projiziert werden, wenn etwa der Bevölkerung in einem begrenzten Gebiet ein bestimmtes identitätsstiftendes Regionalbewußtsein zugeschrieben wird. Das Entstehen von Identität läßt sich von einem poststrukturalistischen Standpunkt aus als dynamischer Prozeß eines beständigen Werdens und Erneuerns begreifen. In diesem Sinne ist Identität nicht an feststehende Kategorien gebunden, sondern sie unterliegt Handlungen, aus deren Praxis sie sich stets aufs Neue konstituiert und gegebenenfalls auch zu verändern vermag.

Im Verlauf dieses Kapitels werden mit Hilfe geeigneter Interviewpassagen verschiedene Facetten kultureller Identität beleuchtet und in konzeptionelle Überlegungen überführt. In analoger Weise sollen die wirksamen Einflüsse der kulturellen Identität der Bildungsteilnehmer auf deren Bildungsverhalten untersucht werden. Wie sich zeigen wird, ist die Universität ein gesellschaftlicher Bereich, der in New Mexico bis in die Gegenwart stark angloamerikanisch geprägt ist und besonders von hispanischen und indianischen Studierenden als eine ihnen fremde Welt wahrgenommen wird. Infolgedessen sehen sich Bildungsteilnehmer ethnischer Minderheiten oft als Pendler zwischen zwei Welten oder Kulturen. Entscheidend für das Bildungsverhalten ist letztlich die Frage, ob eine Bildungsbeteiligung mit dem jeweiligen kulturellen Wertesystem vereinbar erscheint beziehungsweise in welchem Maße es die Bildungsteilnehmer als vertretbar erachten, daß eine Bildungseinrichtung prägend auf sie einwirkt, und inwieweit ihnen selbst die Möglichkeit eingeräumt wird, ihren kulturellen Hintergrund im Kontext der betreffenden Bildungseinrichtung einzubringen.

5.1 Kulturelle Identität in New Mexico

Kultur läßt sich im Sinne einer *New Cultural Geography* als ein sprach- und symbolorientiertes Referenzsystem definieren, mit dessen Hilfe Individuen zum aktiven Bestandteil einer gesellschaftlichen Gruppe werden können. Ein gemeinsames kulturelles Ausdrucks- und Wertesystem gibt den einzelnen Personen Orientierung und ermöglicht es ihnen, sich selbst innerhalb dieses Systems und damit auch innerhalb der Gesellschaft zu positionieren. Die verbindende Beziehung zwischen dem Ich und den anderen, die Schaltstelle zwischen dem Innen und dem Außen eines Menschen kann als Identität und im vorliegenden kulturorientierten Kontext als kulturelle Identität bezeichnet werden.

Wie bereits beschrieben, basiert die kulturelle Identität einer Bevölkerung in wesentlichen Teilen auf der gemeinsamen Sprache und einer gemeinsamen Kultur im Sinne von verbindenden Elementen in den Bereichen Tradition, Geschichte, Wertvorstellungen, religiöser Zugehörigkeit sowie alltäglicher Gewohnheiten und Praktiken. In einem ersten Schritt lassen sich für New Mexico mit der angloamerikanischen weißen, der hispanischen und der indianischen Bevölkerung drei zahlenmäßig besonders stark vertretene Gruppen kultureller Identität benennen. Auch wenn sich jede dieser Gruppen bei genauerer Differenzierung als keineswegs homogen erweist, so neigt die Bevölkerung doch zum Gebrauch dieser vereinfachenden Klassifikation. Dies kommt etwa zum Ausdruck, wenn die siebte Interviewpartnerin die Siedlungsgeschichte von New Mexico auf die Phasen der spanischen Kolonisation und der angloamerikanischen Einwanderung reduziert und dabei von zwei unterschiedlichen Kulturen spricht, die sich in gegenseitigem Widerstreit befinden.

> Historically, New Mexico was settled by the Spanish who came up from Mexico in the 1500s. So, today's Hispanics, many of them are descendents of the Spanish from the 1500s. The Anglo migration into New Mexico happened relatively late in the history of the country in the 1800s. So, the Spanish were traditionally the majority. They don't see themselves as a minority or less so as an ethnic minority as compared to other parts of the United States. And New Mexico is a majority-minority state – 51 percent of our population is minorities and so the Anglo population is used to living with minorities. It is a start and it is accepted. And there hasn't been an Anglo wave of immigration. I think, potentially, if a wave of immigration of Anglos came in, that was large, they could flood out all of that but there hasn't been a large wave of immigration like that. So, as Anglos come in, their job is to accept the culture as it is, they can't impose their culture on this one (Interview Nr. 7).

In der bildhaften Schilderung, daß eine große angloamerikanische Einwanderungswelle, welche die hispanische Kultur in New Mexico hätte überfluten oder wegspülen können, bislang ausgeblieben sei, offenbart sich ein Denken in festgefügten kulturellen Kategorien, denen essentielle Unterschiede zugrunde gelegt werden. Diese Form einer ethnisch-kulturellen Differenzierung wird von weiten Teilen der Bevölkerung praktiziert, obgleich ein Bewußtsein besteht, daß sich innerhalb jeder dieser Kategorien durchaus Binnendifferenzierungen vornehmen lassen. Dies gilt

5.1 Kulturelle Identität in New Mexico

etwa im Fall der indianischen Bevölkerung nicht nur für Navajo, Apache, Zuni und andere Stämme, sondern auch kleinräumiger für die Bevölkerung benachbarter Dörfer (GRUGEL 1997). Innerhalb der hispanischen Bevölkerung bestehen ebenfalls beachtliche Unterschiede. So betonen etwa die im Norden von New Mexico lebenden *Hispanos*, die sich als direkte Nachfahren der spanischen Konquistadoren definieren, die Unterschiede zwischen ihnen selbst und den mexikanischen Einwanderern. Diese kulturelle Vielschichtigkeit macht den Bundesstaat in den Augen des achten Interviewpartners zu etwas Besonderem.

> New Mexico is one of the most interesting places I have ever explored because of the cultural backgrounds. You have these – what outsiders would wrap together is Hispanics or Latinos but it is actually much more complex than that. There are people here who think that if your family hadn't arrived here by 1700 you are a Mexican-American. But their family was here by 1700, so they are Spanish-American. They really trace themselves, they identify more with the *conquistadores* and the Spanish rather than Mexican-Americans. Then, of course, you have the American Indians. With the American Indians I tend to see more Navajo or Dine but you will get some variety in the tribes and the cultural pressures there are very intense (Interview Nr. 8).

Eine Differenzierung der Bevölkerung in ethnisch-kultureller Hinsicht sollte den Blick jedoch nicht darauf verstellen, daß sich innerhalb dieser keineswegs in sich homogen erscheinenden Gruppen anhand verschiedener Indikatoren bedeutende Unterschiede nachweisen lassen. So variiert etwa die sozioökonomische Situation innerhalb der weißen, der hispanischen und der indianischen Bevölkerung erheblich. Das gleiche gilt für räumliche Differenzierungen zwischen den verschiedenen *Counties* und Regionen New Mexicos, zwischen den eher ländlich und eher urban geprägten Gebieten sowie auch hinsichtlich der Wohnstandorte innerhalb einzelner Städte. Für die indianische Bevölkerung erscheint zudem eine Differenzierung zwischen der auf Reservationsgebiet und der außerhalb davon lebenden Bevölkerung angezeigt.

Dennoch erweisen sich die genannten Kategorien einer ethnisch-kulturellen Grobklassifikation innerhalb der US-amerikanischen Gesellschaft als weithin akzeptiertes und auch praktiziertes Modell für eine Differenzierung innerhalb der Bevölkerung. Der Trend zur Vereinfachung folgt dem Bedürfnis der einzelnen Menschen, sich einer größeren und damit bedeutenderen Gruppe zuordnen zu wollen. Dabei kommt es zur Vernachlässigung kleinerer Unterschiede, die aber in lokalem Kontext durchaus bedeutsam werden können. Die regelmäßige Verwendung ethnischer Großkategorien im *U.S. Census* und in zahlreichen weiteren administrativen Vorgängen trägt dazu bei, daß sich deren Vorhandensein in der Vorstellung der Menschen verfestigt und daß diese – ungeachtet ihrer Eigenschaft als soziale Konstruktion – letztlich den Anschein quasi naturgegebener Grundkategorien einer gesellschaftlichen Differenzierung erwecken. Dadurch entsteht bisweilen der Eindruck, als wäre alles Angloamerikanische automatisch nicht-hispanisch und alles Hispanische automatisch nicht-angloamerikanisch.

Diese Unterscheidungspraxis vollzieht sich analog zu den von BOURDIEU (1979) beschriebenen „feinen Unterschieden", denen zufolge Freizeit- und Konsumgewohnheiten als Ausdruck der Zugehörigkeit zu einer gesellschaftlichen Schicht zu interpretieren sind. Dies betrifft zum Beispiel das innerhalb verschiedener Gesellschaftsschichten unterschiedlich ausgeprägte Interesse an bestimmten Sportarten, die jeweils assoziativ mit einer gesellschaftlichen Dimension belegt sind. So gehörten Reiten, Golf und Tennis über lange Zeit zum guten Ton in höheren gesellschaftlichen Kreisen. Das gleiche Muster läßt sich beim Genuß verschiedener alkoholischer Getränkesorten identifizieren, denen unterschiedliches Prestige zugeschrieben wird. Der von Bourdieu entwickelte Katalog sozial differenzierender Praktiken ist sehr viel umfangreicher als die in Volkszählungen erhobenen Variablen. Dies garantiert jedoch keineswegs eine genauere Analyse, da Volkszählungsdaten in sehr viel größerer Fallzahl vorhanden sind und es sich zudem um harte sozioökonomische Indikatoren handelt.

Somit liegt der eigentliche Wert des bourdieuschen Habituskonzepts im Erkennen bestimmter Freizeit- und Konsummuster als Praktiken, die in ein umfassendes gesellschaftliches Bedeutungs- und Wertesystem eingebunden sind. Die genannten Praktiken sind also stets auch Symbol oder Zeichen im semiotischen Sprachgebrauch. Eine Handlung wird damit zum Bestandteil einer Kommunikation zwischen Individuum und Umgebung. Freizeit- und Konsumgewohnheiten sind in diesem Sinne als Verortung innerhalb eines sozialen Bezugssystems zu verstehen. Das Akzentuieren feiner Unterschiede in diesen Gewohnheiten markiert letztlich die Zugehörigkeit zu einer bestimmten sozialen Schicht.

Das bourdieusche Habituskonzept läßt sich auch auf Praktiken der Positionierung innerhalb kultureller Wertesysteme anwenden. So erläutert die – in einer von ihr als bikulturell bezeichneten hispanischen Familie aufgewachsene – vierzehnte Interviewpartnerin, wie sie als Kind gewohnt war, für Nahrungsmittel, Musik und andere Bereiche des Alltagslebens beständig zwischen den oppositionell angelegten Kategorien mexikanisch versus amerikanisch zu unterscheiden.

> I grew up speaking both languages and the family home was definitely bicultural. I think we probably could have done a sort in terms of Mexican food / American food, Mexican music / American music, English / Spanish. A lot of our life was compartmentalized that way, I mean, I never thought that pork chops, for example, were Mexican food – well, Mexicans think that pork chops are Mexican, but in my classification system of life I would have said that's American food. Sliced bread, I would have said American food. And I think that we were very aware of what parts of our lives fit where (Interview Nr. 14).

Im Unterschied zu Bourdieu, der die verschiedenen gesellschaftlichen Schichten in den Vordergrund stellt, ist hier die Differenzierung zwischen zwei verschiedenen kulturellen Wertesystemen zu beobachten. So stellte etwa das Fernsehgerät für die vierzehnte Interviewpartnerin eine wichtige Verbindung zu Amerika dar, nicht aber zu ihrer unmittelbaren Lebensumgebung des hispanischen *Barrio* ihrer Heimatstadt Las Vegas im nordöstlichen New Mexico. Sie betont, daß es zwischen der anglo-

5.1 Kulturelle Identität in New Mexico

amerikanischen und der hispanischen Welt im damaligen Las Vegas keinen weichen Übergangsbereich, sondern mit dem Verlauf der Eisenbahnlinie eine auch physisch nicht zu übersehende harte Trennlinie gab. Der Standort ihres hispanischen Elternhauses, das auf der hispanischen Seite direkt an den Eisenbahnschienen gelegen war, symbolisiert ihre eigene gesellschaftliche Position als Heranwachsende.

> It was not multi-cultural in the sense of being seamless, it was these influences that had come together. When I was seven years old I remember that for me television was American technology and, in fact, it was connecting me not to my *barrio*, my neighborhood, which was Mexican, it was connecting me to America. And we did not live in an integrated neighborhood. Everyone in my neighborhood, everyone except we had an African-American friend – I don't think there was any white person in my neighborhood. My neighbor was married to a white man, but he did not come very often [...]. Las Vegas actually had East and West Las Vegas but we lived in East Las Vegas. In East Las Vegas there was the railroad track and east of the railroad track was Mexican. We lived one house from the railroad track. I mean, then it was a little place, maybe 10 000 people, and there were very much pockets by race. You could have drawn, you could have colored in what was Mexican and what was American (Interview Nr. 14).

Neben der spanischen Sprache ist sicherlich die besondere Verbundenheit zur eigenen Familie und Großfamilie eines der wichtigsten Identitätsmerkmale für die hispanische Bevölkerung in Abgrenzung zur angloamerikanischen. Die siebzehnte Interviewpartnerin schildert sehr einfühlsam, wie wichtig ihr als hispanischer Mutter die Wärme des Elternhauses erscheint. Da diese Form des familiären Umgangs charakteristisch für die hispanische Kultur ist, führt sie aus, fühlen sich die hispanischen Studierenden in New Mexico ihrer Familie in der gleichen Weise verbunden und suchen nach dem Studium eine Beschäftigung innerhalb der Grenzen des Bundesstaates.

> Our students that were born and raised in the state – [...]. There is a certain amount of spiritualness, of connection that this is my place and if you grew up in a Hispanic home it is that one feels with the warmth, the caring, the nurturing, I think, the nurturing that comes from not only a lot of good food and music and conversation and lessons from the grandparents but it is such a connected feeling – and a lot of our New Mexican, our native New Mexican students receiving their teaching degrees want to teach here. They are not interested in teaching on the East or West Coast, they want to teach in this state and so, *"once a New Mexican, always a New Mexican"* is that connection here (Verónica Méndez Cruz, Interview Nr. 17).

An diesem Punkt wird bereits deutlich, daß kulturelle Identität und das ihr zugrundeliegende spezifische Wertesystem maßgeblichen Einfluß auf karriere- und mobilitätsbezogene Entscheidungen zu nehmen vermag. Merklich schwächer ist demgegenüber der persönliche räumliche Bezug von Angloamerikanern, die in diesem Bundesstaat aufgewachsen sind. So bekundet der zweite Interviewpartner zwar seine Zufriedenheit, daß er an der University of New Mexico auf eine Professur berufen wurde, schreibt der Qualität seiner Beziehung zu diesem Bundesstaat jedoch keine besondere Bedeutung zu. Noch unverbindlicher bleibt die Aus-

5 Kulturelle Identität und Bildungsverhalten der *Hispanics*

sage der vierten Interviewpartnerin, die sich nach längerer Berufstätigkeit an einer New Yorker Universität freut, mit New Mexico eine neue Umgebung gefunden zu haben, die sie als ihrem Heimatstaat Kansas sehr ähnlich bezeichnet und die ihr das Gefühl vermittelt, zurück nach Hause gekommen zu sein. Dieser vermeintlichen Ähnlichkeit zwischen den beiden Bundesstaaten widerspricht der hispanische dreizehnte Interviewpartner entschlossen. Er hat seine Zeit in Kansas und zuvor in Wisconsin als einsames Warten auf eine ersehnte Rückkehr in das heimatliche New Mexico empfunden und möchte diesen Bundesstaat um keinen Preis mehr verlassen.

> And in Kansas it always seemed to me, coming from New Mexico, that it was different, there was something different. I mean, this is said over and over again, but there is a strong association with the land here. I have always felt New Mexican, you know. When I was living in Wisconsin I never considered myself a Wisconsonian, when I was in Kansas I never considered myself a Kansan. It was always like home was here, home was in New Mexico. And the reason for coming – I mean, Kansas is almost midway between, Wichita is almost midway between Wisconsin and New Mexico, and I was trying to work my way back. And when I got to Wichita it took me fifteen years to leave. I didn't want to make a lateral move i.e., to a university like Wichita State; my aim was to move in a direction that was to a better university. And it just so happened that I waited my time, and when a position was offered here, the then chair heard of me being at Wichita State through a colleague in Kentucky, and they called me and asked me if I was interested in a position here. And I said yes, I came to the interview, and I got the job [...]. Once I have returned to New Mexico, it would take a tremendous offer for me to go to another university. I would need to teach one class a semester and get paid for it an exorbitant amount of 250 000 dollars a year, and this will never happen and that is why I am going to spend the rest of my time here (Interview Nr. 13).

Von seiner Kindheit an fühlt sich der dreizehnte Interviewpartner seiner landschaftlichen Umgebung in New Mexico sehr verbunden. Er kann sich daran erinnern, wie er sich als Kind in Santa Fe mit Hilfe der umliegenden Berge orientierte, deren Anblick sich mit wechselndem Standort in der Stadt veränderte. Durch einen Vergleich mit Inselbewohnern von Hawaii, deren Orientierung er auf das Oppositionspaar seewärts versus landeinwärts zurückführt, hebt der dreizehnte Interviewpartner die räumliche Gebundenheit derartiger Orientierungssysteme hervor. In Kansas schließlich sei das Fehlen von Bergen ein wichtiger Grund dafür, daß sich die Bevölkerung mit Hilfe des Sonnenstands an den Himmelsrichtungen orientiere.

> Part of it is the weather, for example, the warmth in summer and the mildness in the winter. The light is very, very important. And also to me the landscape is extremely, extremely important. One of the things I missed in Kansas or even before Kansas was that, when I grew up in Santa Fe, I didn't know names of streets for I knew exactly where I was in the town by the way the mountains looked. I knew how close I was to a certain place by the way the mountains looked and how far away from home I was. I knew where I was and whether I was north or south of my house by the way the mountains looked. Yeah, it is just something that I grew up with, orienting myself by the mountains. For people from Hawaii there are only two directions for orientation, one is to the sea and one is inland. But growing up in New Mexico – I only realized this later on, in Kansas, where there are no mountains, all directions are given by north, south, east, west, and you have to know which way the sun rises, but that wasn't the problem. It was very interesting that one time I remember picking tomatoes in the garden that I had and the neighbor who was leaning over the fence said *"you missed one six*

5.1 Kulturelle Identität in New Mexico

> *inches to the south"*. I mean, he said *"six inches to the south"*, and I thought that statement to be very strange. But strange things like this made me realize what was really important were the mountains (Interview Nr. 13).

Die Berge von New Mexico faszinieren den dreizehnten Interviewpartner so sehr, daß er ihnen fast einen mystischen Charakter zuschreiben möchte. Er schildert, wie sich die verschiedenen Bergketten während der Autofahrt zwischen Albuquerque und Santa Fe im wechselnden Lichteinfall langsam zu bewegen scheinen, als ob sie miteinander tanzen oder zueinander sprechen wollten.

> One more thing I say and I really believe is that the mountains are magical. For example, when you drive between Albuquerque and Santa Fe – I have driven there many, many times, 60 miles – you have the Sandía Mountains and you have the Jémez Mountains and the Sangre de Cristo Mountains, and what I consider is the way they shift positions. I can't explain the way the mountains dance with each other, the way they talk to each other, and to me it is almost mystical. People have asked me about the land and I say it is a very spiritual place. Not religious, but spiritual maybe. There is something about it, there is something about the light and the air. There is a lot of light and the land, the landscape, it almost looks barren, it almost looks like a moonscape till you start looking and realize that even in the high desert there is a lot of life. You just have to look for it. You have to change your expectations and as long as you have water it is a very friendly environment (Interview Nr. 13).

Durch die Wahl seiner einfühlsamen Worte verdeutlicht der dreizehnte Interviewpartner, wie tief er sich seiner landschaftlichen Umgebung in New Mexico verbunden fühlt. Es entsteht geradezu der Eindruck, daß die Landschaft hier zum Träger einer kulturellen Identität geworden ist. Auch die vierzehnte Interviewpartnerin betont dieses intensive Gefühl einer räumlichen Verbundenheit mit New Mexico, das ihr erst richtig bewußt geworden ist, nachdem sie in Harvard studiert hatte und ihr gewissermaßen alle Türen der Welt offenstanden.

> I knew I belonged to some place. I knew I belonged in New Mexico, but I didn't know – because I thought by the time I was there and by the time it was possible to work in big law firms or in Washington D.C. or, my God, you could go abroad, suddenly it was *"Why not me?"*. But I knew I belonged to some place in the world. There was never any doubt. And there were people who didn't, who didn't feel that. I have always felt that all this Spanish here, this is my *tierra*, this is my land. No, I don't mean in ownership sense, this is what I belong to. And that is the result of my family. That's not, and that's what I give to my girls, I think they have a place where they belong to (Interview Nr. 14).

Diese starke kulturelle und zugleich räumliche Bindung der hispanischen Bevölkerung wurde mit den Begriffen eines *Hispano Homeland* und einer *American Culture Region* beschrieben (vgl. S. 38–39). Einen ähnlichen Ansatz verfolgt im deutschsprachigen Kontext die Erforschung von Regionalbewußtsein (BLOTEVOGEL u. a. 1989; POHL 1993), und auch innerhalb neuerer kulturgeographischer Arbeiten werden die Beziehungen zwischen Kultur oder Gesellschaft und räumlichen Erscheinungen im Sinne eines *Sense of Place* kritisch diskutiert.

Es ist zu beobachten, daß die Verbundenheit der hispanischen Bevölkerung mit New Mexico häufig infolge eines Ortswechsels an eine Universität außerhalb dieses Bundesstaates besonders intensiv wahrgenommen wird. So erlebte der in New Mexico gebürtige dreizehnte Interviewpartner als *Hispanic* den Wechsel an die University of Wisconsin in Madison als eine sehr drastische Veränderung seiner äußeren Umgebung. Sowohl die klimatischen Verhältnisse als auch die Universität selbst waren ihm dort zunächst sehr fremd.

> [When I was offered the position at the University of Wisconsin in Madison] I thought it was in that part of the country called 'the East' – I thought it was in the East, but it is Midwest. But it had been the furthest east that I had been in my life. And so, the big difference was the climate, the difference between here and the northern climate where you get more snow for the winter, basically. And the university environment – I think in Madison at that time the graduate school was very different from many other graduate schools, it was better and more demanding (Interview Nr. 13).

Noch eindringlicher beschreibt die vierzehnte Interviewpartnerin, wie fremd sie sich fühlte, als sie mit einem Stipendium von New Mexico nach Harvard wechselte. Sie war sich bewußt, daß sie sich stark von den übrigen Studierenden unterschied. Denn sie war zweisprachig, stammte aus einer anderen Gegend und fühlte sich einer anderen gesellschaftlichen Schicht zugehörig. Die Fremdheit der neuen Umgebung betraf auch ihre Ernährung und Eßgewohnheiten. Als Kind war die vierzehnte Interviewpartnerin gewohnt, täglich Bohnen, Chili und Tortillas zu essen, und mußte sich in Harvard auf eine ihr neue Eßkultur umstellen.

> [At Harvard] I was very conscious of the fact that I was bilingual, I was from a different region, from a different class, I mean, I was very aware of, that wasn't something that – I mean, it was made more evident as a result to be here. When I arrived, I was acutely aware of the dislocation. I could not find the food that I had grown up with, and food is very defining of each kind of culture. And part of having grown up in a fairly poor family was that we did not have a lot of food variety. We ate beans, chili, tortillas every day, and then we had potatoes and on Sundays we had chicken, sometimes pork chops. Every day we had beans, chili, and tortillas. I kid with my girls now and tell them I had my quota of beans, I don't ever have to eat beans because I have had my life-time quota. But it is interesting that today they get after me because I don't make beans, chili, and tortilla. So, it's likely to find sushi in the house (Interview Nr. 14).

Auch landschaftlich fühlte sich die vierzehnte Interviewpartnerin in Harvard fremd. Im Unterschied zu New Mexicos Weite und dem Anblick von Landschaften, die sich bis zur Horizontlinie erstrecken, wirkte die Umgebung von Harvard gedrängt und unübersichtlich. Ebenso waren die Gerüche und Farbtöne verschieden – eine lebhafte grüne Farbpalette präsentierte sich nun in unglaublicher Vielfalt, während die ihr vertrauten wüstenhaften Brauntöne von New Mexico fehlten.

> And so, Harvard was a dislocation in terms of – the horizon, you know, when you grow up in open space, your eyes focus at a different – there is a different focus. When I was in Boston I had the sense I ever kept seeing, but I was seeing too much, you know, everything was on top of me. It wasn't so much that there were big buildings because Harvard had necessarily big buildings, everything seemed so close, you know. I don't think I could see the horizon. There

5.1 Kulturelle Identität in New Mexico

> wasn't a horizon because, in fact, everything was there, these buildings, these people. It is not a land-sky-horizon, it is something else. So, it was that. But there were the colors. I don't think I knew that there could be too much green, that my colors were a brown palette, a desert palette. And that there it was sometimes a vividly green palette. And it wasn't that I didn't like it, it is that it was unrelenting, it didn't stop being green, you know, it was always there. And the sky, the sky is so big. I mean, it is containable, whereas here it is an uncontained sky and more air and all of those things. The smells are different (Interview Nr. 14).

Im Unterschied zu den bislang vorgestellten Beispielen für eine räumlich mehr oder weniger stark fixierte kulturelle Identität veranschaulicht der Fall des ersten Interviewpartners, daß die eigene kulturelle Identität und räumliche Herkunft auch bewußt in den Hintergrund gedrängt werden kann. Als Sohn italienischer Einwanderer in dritter Generation ist er ebenso wie seine Eltern und Geschwister vor allem darauf bedacht, sich und seine Familie durch Leistung innerhalb der US-amerikanischen Gesellschaft zu integrieren und die ursprüngliche italienische Identität gegen eine US-amerikanische einzutauschen. Die italienischen Ursprünge werden dabei eher als hinderlich empfunden, und weder seine Eltern noch er selbst haben die Heimat der Großeltern jemals besuchen oder Kontakte dorthin pflegen wollen.

> My parents never visited Italy in their whole lives. Of course, I've been to Italy because of professional connections but I have never gone to where their parents came from, I have never been in the Naples area, there is no motivation for that. That's an interesting question. Why not? I think it's because of wanting not to be connected with that part of life. They want to be American and not Italian. I'm not saying that all immigrants are like that, but I think at that time, yes. In the United States – I'm not a historian, I don't know exactly the conditions at that time, but like it is today – everyone wants to be treated well. And there is always this hierarchy of immigrants. The immigrants that came earlier thought they were better than the immigrants who came later, so in the United States the Irish immigration occurred before the Italian immigration and the eastern European immigration – so there are stripes, ethnic stripes of all kinds. So, you wanted to forget where you were from, so you wouldn't get into trouble (Interview Nr. 1).

Den eigenen Karriereweg bewertet der erste Interviewpartner als durchaus stellvertretend für eine größere Zahl von Einwanderern, die ebenfalls alles daran gesetzt haben, sich innerhalb nur weniger Generationen aus armen Verhältnissen über Bildungserwerb und Leistungsbereitschaft innerhalb der US-amerikanischen Gesellschaft hochzuarbeiten. Er betont, daß die Aufstiegsmöglichkeiten für Einwanderer in der gegenwärtigen Situation nicht ohne weiteres mit den Verhältnissen in den 1960er und 1970er Jahren zu vergleichen sind.

> I think this experience is shared by a large number of people who came from a not very wealthy background, who were encouraged to work hard by first-generation immigrants into this country wanting their children to be much more successful in life than they were, economically, and pushing them. They knew that education would grow to financial success. That's a very common thing for people of my age. The children of the first immigrants in this country – what they were confronted with and the embarrassment of having parents who did not speak English very well and the poverty associated with that and then their

encouragement to really be successful. At that time in the United States, not necessarily today, but at that time people were pushed back and forth through education. And the parents of first-generation people did not get the education but they made sure that their children got it (Interview Nr. 1).

Es kann festgehalten werden, daß kulturelle Identität innerhalb der Bevölkerung eine unterschiedlich starke Intensität besitzen kann. Kultur ist jedoch nur eine von zahlreichen Identitätsdimensionen, aus deren Zusammenfließen die durchaus wandelbare Identität einer Person entsteht. Für die hispanische Bevölkerung spielt kulturelle Identität mit der Funktion eines kollektiven Wertesystems eine besonders wichtige Rolle. Die landschaftliche Umgebung von New Mexico wird dabei zu einem Identitätsträger, der in der Wahrnehmung der hispanischen Bevölkerung mit der spanischen Sprache sowie mit kulturellen, sozialen und historischen Elementen amalgamiert.

5.2 Kulturelle Identität als Einflußfaktor für das Bildungsverhalten

Die kulturelle Vielfalt der Bevölkerung unterscheidet New Mexico von anderen US-amerikanischen Bundesstaaten. Um die unterschiedlichen Einflüsse kultureller Identität auf das Bildungsverhalten zu erkennen, ist es erforderlich, deren Rolle innerhalb eines Wirkungsgefüges von kulturellen, sozioökonomischen und anderen Einflußfaktoren zu verstehen. So betont die sechzehnte Interviewpartnerin zu Recht, daß New Mexico zu den ärmsten Bundesstaaten des Landes zählt und viele der Studierenden an der University of New Mexico gezwungen sind, ihr Studium durch paralleles Arbeiten selbst zu finanzieren.

> New Mexico is a poor state. It does not do well economically and the students tend to be struggling. Almost every student is working and going to school – and probably working full time and going to school full time. So, then you have these time troubles, that's a real constraint. You know, they don't have time to do their homework, they don't have time to read their textbooks, they are working, they are tired, they don't have time to sleep, it is really hard. So, I think, that's tough (Interview Nr. 16).

Auch der dreizehnte Interviewpartner verweist auf die eingeschränkten finanziellen Möglichkeiten der Studierenden in New Mexico. Viele von ihnen kämen zudem aus einem bildungsfernen und häufig sehr ländlichen Milieu und hätten Schwierigkeiten, sich in der neuen Umgebung der Universität und der oft als bedrohlich empfundenen Großstadt Albuquerque zurechtzufinden.

> [...] economically the people in Kansas, not all of them but the majority come from middle class, middle middle class and very stable environments whereas here in New Mexico you don't find that as much. I think, especially Hispanic students, not all of them but a lot of them are first-time college students – not all of them but a lot of them are. And a lot of them come from small communities in New Mexico and, I suppose, coming to a place like UNM is a

5.2 Kulturelle Identität als Einflußfaktor für das Bildungsverhalten 163

> very frightening experience. It is the only big city in New Mexico; there is one third of the state's population here. So, it is a very frightening experience and, I think, a lot of people don't come because of that and for financial reasons as well, and they go to New Mexico State University where it is all a bit smaller (Interview Nr. 13).

Der zehnte Interviewpartner stammt aus Ostdeutschland und ist 1990 als Nachwuchswissenschaftler an die University of New Mexico gewechselt. Er bringt das hohe Durchschnittsalter seiner Studierenden in Zusammenhang mit deren ungünstiger finanzieller Situation.

> Die *Undergraduates* sind hier in Physik zu achtzig Prozent aus New Mexico. Im Unterschied zu dem, was man vielleicht in Deutschland zu sehen gewöhnt ist, sind die Studenten hier zu einem großen Teil älter. Sie sind zum Teil schon im Berufsleben oder waren schon im Berufsleben und sind dann noch einmal zur Uni gegangen. Das ist ein Unterschied. Es gibt ja hier kein BAföG, insofern ist in finanziellen Dingen die Belastung höher für Studenten, die keine Hilfe von den Eltern erwarten können. Deshalb arbeiten viele Studenten einfach nebenbei. Ich meine, das ist in Deutschland vielleicht auch – ich weiß nicht zu welchem Prozentsatz – der Fall, aber hier ist es doch etwas anderes. Viele Studenten müssen einfach arbeiten, um sich während der Studienzeit über Wasser zu halten. Und das hat natürlich ein paar Auswirkungen dahingehend, daß sich das Studium verlängert. Der Vorteil mit den älteren Studenten ist, daß man natürlich ernsthafter arbeiten kann. Das ist anders als mit sehr jungen Studenten, die erst einmal anfangen, erwachsen zu werden (Interview Nr. 10).

Da ein Großteil der Studierenden an der University of New Mexico aus den benachbarten *Counties* stammt, sind die Anteile der Studierenden ethnischer Minderheiten dort deutlich höher als an anderen US-amerikanischen Universitäten. Wie die neunte Interviewpartnerin ausführt, entscheiden sich diese Studierenden nicht aufgrund eines spezifischen Studienprogramms für diese Universität, sondern primär wegen der räumlichen Nähe zum Heimatort.

> The students in this state tend to come to the local university and that tends to influence what the demographics are of the students' enrollment [...]. We have some Native American students, not very many [...]. The Hispanic students [...] are far more numerous than they would be on the East Coast, for example, but no more numerous, let's say, than African-American students would be on the East Coast. It is more of an accident of geography, more than it is students who are Hispanic or Native American willingly coming to the University of New Mexico (Interview Nr. 9).

Unter den immatrikulierten Studierenden für Bachelorstudiengänge an der University of New Mexico besaßen im Wintersemester 2002/03 die angloamerikanischen Studierenden einen Anteil von fünfzig Prozent, während der Anteil der *Hispanics* bei dreiunddreißig Prozent und derjenige der indianischen Studierenden bei sieben Prozent lag. Für die interviewten Professoren sind die Einflüsse kultureller Identität auf das Bildungsverhalten besonders auffällig bei indianischen Studierenden. So äußert etwa der zehnte Interviewpartner, daß seine indianischen Studierenden bisweilen Schwierigkeiten hätten, sich in naturwissenschaftliche Arbeitsweisen einzufinden, da diese einer indianischen Kultur fremd seien.

> Anders ist es mit *Native Americans*. Da gibt es sehr große Schwierigkeiten, sie in den Naturwissenschaften bei der Stange zu halten [...]. Ihre ganze Kultur ist einfach irgendwie anders, als was man von einem Naturwissenschaftler erwartet, der logisch denkt und über Stunden bei der Sache bleibt, sich nicht ablenken läßt. Das widerstrebt denen so ein bißchen. Es ist sehr schwierig, denen das anzuerziehen [...]. Die Dropout-Rate ist hoch (Interview Nr. 10).

Den gleichen Eindruck hat die siebte Interviewpartnerin von ihren indianischen Studierenden an der Juristischen Fakultät. Sie berichtet, daß die Grundsätze der US-amerikanischen Gesetzgebung aus dem Blickwinkel einer indianischen Kultur nur schwer nachzuvollziehen und angloamerikanische Studierende deshalb gegenüber ihren indianischen Kommilitonen im Vorteil sind.

> Many [of our Native American students] face the challenge that the American legal system is not what they are used to in their own culture. It is much more accommodating and so, and the American legal system is very verbal, the Native American culture is frequently not verbal. So, it is a challenge for them (Interview Nr. 7).

Zudem zeigen sich indianische Studierende, wie die sechste Interviewpartnerin berichtet, an der Universität meist zurückhaltend und verschlossen. Dies ist nicht allein Ausdruck einer allgemeinen Verunsicherung durch die ungewohnte Umgebung und eines Zögerns im Gebrauch der englischen Sprache. Ein sehr hohes Maß an Zurückhaltung und Bescheidenheit, das aus angloamerikanischer Perspektive ungewöhnlich oder übertrieben erscheinen mag, gilt nämlich in einem indianischen kulturellen Wertesystem als tugendhaftes und respektvolles Verhalten.

> The students who come from Native American tribes, I think, are particularly challenged because of the cultural differences, and they are often not opening up, speaking up, and asking questions. Then you don't know whether they don't understand something because many of them have been acculturated not to draw attention to themselves. I mean, that is part of their cultural values and beliefs. [...] it took me a number of years to try to be really alert and sensitive to students who have different cultural values and to be – to take the initiative to help them. And, of course, many have language difficulties. All Native Americans have their own language. Many of them are multi-lingual; they speak English, they speak Spanish, they speak their tribal language, but all of those things are really challenging, I think, for them (Interview Nr. 6).

Hispanische Studierende sind aufgrund ihrer kulturellen Identität an der Universität mit ähnlichen Problemen konfrontiert wie ihre indianischen Kommilitonen. Dies wird von sämtlichen hispanischen Interviewpartnern bestätigt, während die nichthispanischen Interviewpartner in diesem Punkt geteilter Meinung sind. Letztlich ist dies als Hinweis auf ein nur schwaches Einfühlungsvermögen nichthispanischer Professoren gegenüber ihren hispanischen Studierenden zu werten, denn die Erfolgs- und Abbruchquoten variieren erheblich je nach Ethnizität der Studierenden (vgl. S. 145–146). Auch der aus Deutschland stammende zehnte Interviewpartner zeigt zwar eine Sensibilität für den kulturellen Hintergrund der indianischen Studierenden, erkennt aber diesbezüglich keine wesentlichen Unterschiede zwischen hispanischen und angloamerikanischen Studierenden.

5.2 Kulturelle Identität als Einflußfaktor für das Bildungsverhalten

> Ich würde jetzt nicht sagen, es gibt einen Unterschied zwischen *Hispanic* und Nicht-*Hispanic*. Es ist einfach eine soziale Frage, es hängt damit zusammen, was die Eltern machen [...]. Wenn es Familien sind, denen es finanziell nicht so gut geht, dann haben die Studenten vielleicht auch einmal größere Schwierigkeiten, einfach weil sie schon in der *High School* arbeiten mußten. Da ist der Hauptunterschied – ich denke, mehr auf dieser einfachen sozialen Ebene als zwischen *Hispanic* und *Anglo* (Interview Nr. 10).

Neben der sozioökonomischen Dimension sind hispanische Studierende jedoch tatsächlich mit verschiedenen kulturspezifischen Schwierigkeiten an der Universität konfrontiert. Wie die elfte Interviewpartnerin bekundet, fühlen sich *Hispanics* oft im Gebrauch der englischen Sprache verunsichert oder gehemmt, da ihnen ihr Akzent unangenehm ist und sie fürchten, von ihren Professoren und Kommilitonen deshalb nicht ernst genommen zu werden. Kulturelle Wertvorstellungen prägen auch die Interaktion der Studierenden mit den Lehrenden. Insbesondere während der ersten Studienjahre empfinden *Hispanics* gegenüber Dozenten und Professoren oft einen so ehrfurchtsvollen Respekt, daß sie trotz entsprechender Aufforderung nicht in der Lage sind, eine eigene Meinung vor älteren und durch einen akademischen Titel als Autorität qualifizierten Personen zu vertreten.

> When we have encountered situations in classrooms here where our students are struggling with – how things are taught, I think, what is expected of them. Students can end up being very confused – I think, more our younger students. Our older students, our juniors and seniors are a little bit more steady, they have learnt how to even cope or deal with it and lose it. But, I think, our young ones are caught between – we were raised with obviously everybody older than we, we respected him, and we gave him that respect. And so, teachers were always right, professors are always right. Having talked back to a professor here you wouldn't dare even tell your folks *"I don't agree with this professor"* because then your folks would say *"Don't ever speak like that. That's a PhD you are talking to, that's a doctor you are talking to. They know it, you don't."* And it was just built on that respect that you never question that authority. I think, we get a little bit more steady. However, we still have that – we respect tremendously the positions of power and that just takes us back to where we were raised and what culture is here. And so, for a professor in the classroom to demand a certain conversation or to demand a certain debate or to demand *"You look me into the eyes"*, and so on, and so on – he has no idea what this culture is about. If a professor who chooses to teach at this university took a look at the intense diversity or lived with a Hispanic, American Indian, black family in this area, he might react differently while teaching classes (Verónica Méndez Cruz, Interview Nr. 17).

Außerhalb der Universität lassen sich die Einflüsse kultureller Wertvorstellungen auf das Bildungsverhalten ebenfalls beobachten. Dies gilt bei hispanischen Studierenden in besonderer Weise für deren enge Beziehung zur eigenen Familie, die mit regelmäßigen Verpflichtungen verbunden ist und nicht ohne weiteres mit dem Studium oder mit einer akademischen Karriere vereinbart werden kann. Die siebzehnte Interviewpartnerin berichtet, daß sich die Eltern und Familien hispanischer Studierender oft nicht in die Probleme und Herausforderungen des Studienalltags hineinversetzen können und darauf bestehen, daß die Kinder ihr Studium zurückstellen, um beispielsweise an Familienfesten teilzunehmen.

> When a student comes home and he just got a bad grade and he feels that he is in the process of losing a scholarship and his family doesn't understand what's going on, they don't get what all those numbers are and so forth. So, how do the students try to communicate with their families that they are running into some problems and not feel – because it is not so much that the parents don't care – they care very much, but they don't understand a system that is very complicated, that is very, very complicated. I know that when I came to college, it was up to me to get myself registered, it was up to me to pick my classes, it was up to me – and for as much as my parents wanted to help, they don't understand the system [...]. So, our students struggle with how do I get my father to understand that I can't go to a family outing because I have to study. And yet for the family you come from it is extremely important. You have to go to baptisms and you have got to go to all the rosaries and funerals – and, so, your family can't understand (Verónica Méndez Cruz, Interview Nr. 17).

Ein ähnliches Beispiel schildert der achte Interviewpartner. In diesem Fall konnten indianische Studierende nicht an einer wichtigen Prüfung teilnehmen, da ihr Onkel kurz zuvor tödlich verunglückt war und nun von ihren Stammesangehörigen zwingend erwartet wurde, daß sie an der traditionellen viertägigen Trauerzeremonie teilnahmen.

> [Native Americans] are expected to maintain traditions, tribal traditions and so – about three years ago I had a couple of students come up to me right before the midterm, in the class before the midterm. One of the students I have had before, so I knew her and they asked if I had seen about a death, for someone had been killed in an auto accident in the state. Well, if it happens in the state you find out about it if you read the newspaper and watch TV in Albuquerque. I had, and they said *"that was our uncle and we are expected to return for the traditional four days of mourning, so we will miss the midterm"*. And I gave them a make-up exam. You have to accommodate the educational practices to the cultural traditions. Their families wouldn't have understood if they had said *"I can't come because I have a midterm exam"*. So, that's the most obvious example (Interview Nr. 8).

Die verschiedenen Beispiele verdeutlichen, daß sowohl hispanische als auch indianische Studierende einen anderen kulturellen Hintergrund besitzen als ihre angloamerikanischen Kommilitonen. Die Unterschiede zwischen den jeweils zugrundeliegenden kulturellen Wertesystemen wirken sich auch auf die Einstellungen der Studierenden gegenüber dem Bildungswesen aus. So besitzt zum Beispiel die eigene Familie in einem angloamerikanischen und in einem hispanischen Wertesystem nicht die gleiche Bedeutung. Deshalb geraten indianische und hispanische Studierende besonders häufig in Konfliktsituationen, in denen sie zwischen familiären und universitären Verpflichtungen hin und her gerissen sind, während angloamerikanische Studierende in der Regel von ihren Familien darin bestärkt werden, dem Studium Priorität einzuräumen. In Kombination mit dem ethnisch-kulturellen Hintergrund wirken auf das Bildungsverhalten der Studierenden auch weitere identitätsbildende Faktoren ein, wie etwa die jeweiligen sozioökonomischen Verhältnisse, der Bildungsgrad der Eltern und Geschwister oder das Geschlecht des Bildungsteilnehmers. Trotzdem bleibt die kulturelle Identität ein maßgeblicher Einflußfaktor, der im Hinblick auf das Bildungsverhalten in New Mexico gegenüber den anderen genannten Aspekten oft eine Leitfunktion übernimmt.

5.2 Kulturelle Identität als Einflußfaktor für das Bildungsverhalten

Dies kommt zum Ausdruck, wenn die zwölfte Interviewpartnerin betont, daß hispanische Männer in ihrem Verhalten stark vom Leitbild des *Machismo* geprägt sind. Ihren Ausführungen zufolge fällt es hispanischen Männern schwer, an der Seite einer Frau zu leben, die eine ihnen selbst gleichwertige oder gar überlegene akademische Qualifikation besitzt. Wie zahlreiche Beispiele aus ihrem Bekanntenkreis belegen, seien hispanische Professorinnen daher meist mit Angloamerikanern oder aber überhaupt nicht verheiratet.

> [...] we have a significant problem in our community and that is that Chicano men do not want their wives to be better educated than they are. It causes a lot of problems and, I think, one of the things we see is that many women who are in higher education, professors like me, are married to Anglo husbands. They are not married to Chicanos. I could name all the people I know and you would see that at least 70 percent of them are not married to Chicanos. And that's because, you know, for some reason Chicano men are not open to having their wives highly educated. Either that or they are not married, I mean, that's the other choice [...].
>
> I know some women who are professors who are married to Chicanos and have a terrible, very difficult time. Really, because, you know, a Latin male still wants his wife to be a little subservient – or if not subservient then at least not as well educated. So, you know, *macho* or something, that's a problem. [...] we have a saying in Spanish that says *"mujer que sabe latín, no tiene ni marido ni buen fin"*. That means a woman who knows Latin will not have a husband or come to a good end. 'Latin' is being educated (Interview Nr. 12).

Ergänzend räumt die zwölfte Interviewpartnerin ein, daß sich die Situation für Frauen, auch für hispanische Frauen, im Hochschulbereich seit den 1960er Jahren deutlich verbessert hat. Sie betont aber, daß sich entsprechende Vorfälle vereinzelt auch weiterhin im Kreis ihrer Studierenden beobachten lassen.

> I really think that the 1960s and 1970s changed our attitudes towards women working and women intellectuals and the Chicano movement and it really profoundly changed our lives. My daughter has not had the same problems I had, at all. She knew what she wanted to do and she went to school and she did it and she didn't have any struggles that I can see or conflicts or indecision, really. So, I think, for the generation today, you know, those years made a big difference, but not only that. I mean, in my classes I still see young people struggling with these things. I have graduate students here who will say *"well, you know, I am almost finished with my degree but I'm going to get married and leave my job"*. But I guess it is still, I give them what I call a talk, I say *"How can you do this?"* and sometimes they listen to me and sometimes they don't (Interview Nr. 12).

Angesichts der jüngsten Entwicklungen der Absolventenzahlen im tertiären Bildungsbereich in New Mexico, die keine Benachteiligung der weiblichen Studierenden gegenüber ihren männlichen Kommilitonen mehr erkennen lassen (vgl. S. 147–148), erscheint es fraglich, ob die von der zwölften Interviewpartnerin geschilderte Benachteiligung tatsächlich zahlenmäßig ins Gewicht fällt. Es ist jedoch durchaus möglich, daß die traditionelle Benachteiligung von Frauen auch weiterhin im beruflichen Segment der Hochqualifizierten andauert. In jedem Fall aber wird in der obigen Schilderung deutlich, daß der Entschluß zur Bildungsbeteiligung nicht unabhängig von Entscheidungen in anderen Lebensbereichen getroffen werden kann und daß in diesem Zusammenhang auch kulturell bedingte Wertvorstellungen wirksam werden.

In der Wahrnehmung des Curriculums durch die Studierenden treten kulturelle Unterschiede zwischen den Bildungsteilnehmern besonders prägnant hervor. Die zwölfte Interviewpartnerin führt aus, daß die Lehrpläne bis in die 1960er Jahre streng an den Vorstellungen einer männlichen angloamerikanischen Perspektive orientiert waren und daß sich die Situation seitdem zwar verändert, nicht aber grundlegend gewandelt hat. Ähnlich wie es Schülerinnen und Studentinnen bis in die 1960er Jahre schwergefallen sei, sich mit beinahe ausnahmslos männlichen Autoren zu identifizieren, hätten *Hispanics* und *Native Americans* Schwierigkeiten, eine unbelastete Identität auszubilden, wenn sie in Lehrbüchern weiterhin mit dem Klischee des schmutzigen, dummen und böswilligen Mexikaners konfrontiert würden.

> Before the sixties you go to the typical classroom, if you were Chicano or African-American or female you would go and you would read the canon of the great men authors. You never ever had the experience of a woman or somebody who is not mainstream. And even in Latin American literature you would read Neruda, Lorca and all these people and you would never have any woman there. And so, I think, for many people who were not white male, you know, those experiences in some ways – I know, there is supposed to be universal experiences, but they are not universal experiences, they are universal male experiences, universal white male experiences. So, they never saw themselves reflected in anything they did from grade school on.
>
> And I remember once my daughter coming home, she was born in 1963, so it must have been when she was young, she was like fifth or sixth grade, and apparently the teacher had photographs of the great authors in a row, but there wasn't any woman there. And she was still young, but she noted it and she came home and she said *"Why aren't there any women there?"*. And I said *"Aren't there any women there?"*, I called the teacher up and I said *"What! You don't even have Emily Dickinson for goodness' sake?"*.
>
> So, that is not so long ago that that kind of teaching – the 1970s were a revolution because they began to change the textbooks. And now you sometimes get textbooks where [the battle of the] Alamo isn't always a Texas victory over the bad Mexicans. You can imagine in schools in New Mexico when we are teaching the children that stuff, well, here you are Mexican and you are being told that you are dirty and you are stupid and you are a bandit, you know, this is terrible for the children, terrible. And they go to movies and they still see this Indian, the barbarian Indian, the Mexican. All the women in those westerns are always *chili queens*, you know, they are all prostitutes in the *cantina*, it's a terrible image [...].
>
> So, you know, it is hard to fight those things. And, I think, we still have some of them. And that makes the difference in education. Children go to school, they don't see themselves reflected. So, this is part of the conflict, it's not just socio-economic (Interview Nr. 12).

Die Persistenz derartiger Klischees demonstriert, auf welche Weise die kulturelle Identität der Bildungsteilnehmer zu unterschiedlichen Einstellungen gegenüber dem Bildungswesen führen und damit zu einem unterschiedlichen Bildungsverhalten beitragen kann. Diese mehr oder weniger stark im Unterricht evozierten Klischees verdeutlichen bereits, daß nicht nur die kulturelle Identität das Bildungsverhalten beeinflußt, sondern die in einer Bildungseinrichtung behandelten Themen auch umgekehrt das Bewußtsein einer eigenen kulturellen Identität erschüttern können (vgl. S. 180–185). Deshalb betont die zwölfte Interviewpartnerin, daß es falsch wäre, bildungsbezogene Unterschiede einfach auf die sozioökonomischen Verhältnisse der Schüler und Studierenden zurückführen zu wollen.

Es kann festgehalten werden, daß die kulturelle Identität der Bildungsteilnehmer deren Bildungsverhalten in mehrfacher Hinsicht beeinflußt. Dies gilt zunächst für Verhaltensmuster, die in der unmittelbaren Interaktion mit den Lehrenden und den übrigen Bildungsteilnehmern beobachtet werden können. Hier zeigt sich, daß hispanische und indianische Studierende im Vergleich zu ihren angloamerikanischen Kommilitonen häufig eher zurückhaltend bis gehemmt auftreten. Bedeutend ist aber auch die Gestaltung des Alltags außerhalb der Schule oder Universität. Während angloamerikanische Studierende ihrem Studium in der Regel Priorität beimessen, geraten hispanische wie auch indianische Studierende oft in einen Zwiespalt zwischen den Anforderungen des Studiums und den Verpflichtungen gegenüber der eigenen Familie.

5.3 Die Universität als Institution angloamerikanischer Prägung

Eine wichtige Rolle für das Bildungsverhalten spielt neben der kulturellen Identität der Bildungsteilnehmer auch die kulturelle Prägung der jeweiligen Bildungseinrichtung und der dort Lehrenden. In dieser Hinsicht lassen sich in einem Vergleich von *High Schools* und Universitäten in New Mexico deutliche Unterschiede feststellen, die zu einem Verständnis des unterschiedlichen Bildungserfolgs von Schülern und Studierenden unterschiedlicher kultureller Identität verhelfen können. Im Bereich der *High Schools* erscheint die Integration hispanischer und indianischer Bildungsteilnehmer sehr viel weniger problematisch als an den Hochschulen. Wie sich zeigen wird, ist dies darauf zurückzuführen, daß Einrichtungen des primären und sekundären Bildungsbereichs für *Hispanics* meist geeignetere Integrationsmöglichkeiten bieten als es an den Universitäten der Fall ist.

Bereits die Struktur des Lehrpersonals offenbart deutliche Unterschiede zwischen den Institutionen des primären und sekundären im Vergleich zu denen des tertiären Bildungsbereichs. So stellen *Hispanics* in New Mexico etwa ein Drittel der Lehrerschaft an den öffentlichen Schulen. Wie die Abbildungen 27 bis 30 (vgl. S. 255–256) belegen, gilt dieser Trend gleichermaßen für Lehrer und Schulleiter sowohl im primären als auch im sekundären Bildungsbereich. Erwartungsgemäß dominiert der weibliche Lehreranteil besonders stark im Grundschulbereich.

170　　　　　　　　5 Kulturelle Identität und Bildungsverhalten der *Hispanics*

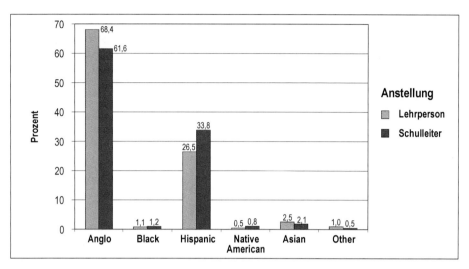

Abb. 23: Lehrpersonen und Schulleiter im primären und sekundären Bildungsbereich nach Geschlecht und Ethnizität (New Mexico, 2000/01)
Quelle:　Eigene Berechnungen auf Datengrundlage des NEW MEXICO STATE DEPARTMENT OF EDUCATION (2002).

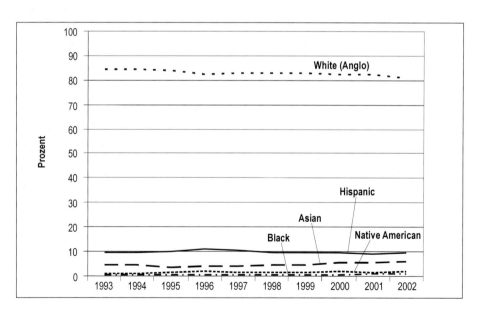

Abb. 24: Professoren der University of New Mexico nach Ethnizität (1993–2002)
Quelle:　Eigene Berechnungen auf Datengrundlage des UNM Fact Book.

5.3 Die Universität als Institution angloamerikanischer Prägung

Währenddessen verzeichnet die University of New Mexico unter ihren Professoren einen angloamerikanischen Anteil von mehr als achtzig Prozent. Hispanische Professoren erreichen nicht einmal zehn Prozent und asiatische Professoren einen Anteil von etwa sechs Prozent. *Native Americans* und Schwarze sind innerhalb der Professorenschaft mit Anteilen von jeweils unter zwei Prozent nur sehr vereinzelt vertreten. Im ganzen wird deutlich, daß ethnische Minderheiten unter den Professoren erheblich schwächer vertreten sind als unter den Studierenden.

Die Entwicklung der Neueinstellungen von Professoren an der University of New Mexico läßt erkennen, daß der angloamerikanische Anteil über den Zeitraum von 1993 bis 2002 mit Schwankungen zwischen siebzig und achtundachtzig Prozent nach einem vorübergehenden Anstieg im ganzen leicht rückläufig war. Entsprechend verhalten sich die Anteile für ethnische Minderheiten, unter denen die hispanischen und die asiatischen Professoren am stärksten vertreten sind. Somit nimmt zwar der Anteil ethnischer Minderheiten innerhalb der Professorenschaft über die Jahre geringfügig zu, stellt aber die deutliche Dominanz des angloamerikanischen Anteils dadurch nicht in Frage.

Aus Abbildung 26 ist ersichtlich, zu welchen Anteilen Frauen und Minderheiten unter den Professoren an der University of New Mexico vertreten sind und wie sich diese Anteile infolge der Neuberufungen im Zeitraum von 1993 bis 2002 entwickelt haben (vgl. S. 172). Während der Frauenanteil einen kontinuierlichen Anstieg von dreißig auf achtunddreißig Prozent der Professorenschaft verzeichnet, erreicht der mit weniger als zwanzig Prozent ohnehin deutlich geringere Anteil für ethnische Minderheiten im entsprechenden Zeitraum einen Zuwachs von nicht einmal drei Prozent.

Die Personalstruktur befindet sich somit in einem gewissen Spannungsverhältnis zum Leitbild der University of New Mexico, das die Einrichtung bereits Anfang des zwanzigsten Jahrhunderts als eine *Universidad para las Americas* charakterisieren und auf diese Weise explizit auch hispanische Studierende aus dem lateinamerikanischen Sprach- und Kulturraum ansprechen wollte. Trotzdem stellen angloamerikanische Professoren bis in die Gegenwart den weitaus größten Teil der Lehrenden. Zudem ist die Einrichtung nach wie vor einer europäisch-angloamerikanischen Tradition verhaftet und orientiert sich an nationalen und internationalen Standards. Durch diese Ausrichtung läuft die Universität bisweilen Gefahr, ihre im *Mission Statement* festgeschriebene Aufgabe – mit ihrem Bildungsauftrag primär der Bevölkerung von New Mexico verpflichtet zu sein – zu vernachlässigen. Für den Dean des University College, Peter White, ist es nicht einfach, die Professoren der Universität von der Notwendigkeit zu überzeugen, daß auch schwächere Studienplatzbewerber zum Studium zugelassen und zu einem Studienabschluß geführt werden sollten.

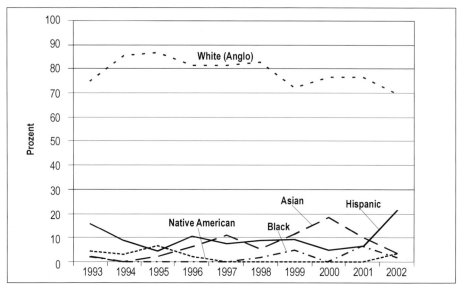

Abb. 25: Neueinstellungen von Professoren an der University of New Mexico nach Ethnizität (1993–2002)
Quelle: Eigene Berechnungen auf Datengrundlage des UNM Fact Book.

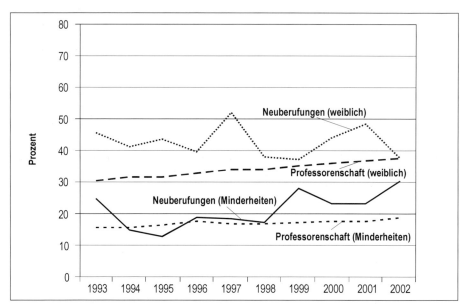

Abb. 26: Entwicklung der Frauen- und Minderheitenanteile für eingestellte und neuberufene Professoren an der University of New Mexico (1993–2002)
Quelle: Eigene Berechnungen auf Datengrundlage des UNM Fact Book.

5.3 Die Universität als Institution angloamerikanischer Prägung

> I have to get the faculty to understand what their role in the students' failure is. It is not just like I am a perfect teacher and you get what I tell you and if you don't pass it is your fault. It is not exactly that simple, right? What they want to do, the faculty, they want to raise standards, right? But on the other side, I have our upper level administrators saying we can't raise standards for three reasons. It is not our mission to be a selective school, it is our mission to teach the people of New Mexico. Then, there would be huge political bombs if we tried to raise admission standards because, you know, it would be the minority students who would be excluded. And number three: we can't afford to do that because we need the money. We need that tuition dollars and the state money that comes in. So, the administration wants me to raise the retention rates, the faculty wants me to raise the standards but the upper administration won't allow that (Peter White, Interview Nr. 19).

Viele Professoren wünschen sich eine stärkere leistungsbezogene Selektion unter den Studierenden, damit das fachliche Niveau in ihren Kursen ansteigt. Problematisch ist jedoch, daß auf diese Weise vor allem Vertreter der ethnischen Minderheiten vom Studium ausgeschlossen würden. Es gilt deshalb, wie Peter White ausführt, ein Gleichgewicht zu finden und die Lehrenden von der Notwendigkeit einer gezielten Förderung der schwächeren Studierenden zu überzeugen.

> So, it is a difficult position to be in, but it is actually the only really, I think, the only really good position to take. I tell you why – because it is true. The mission is to educate democratically as many of those people as possible. That is the idea behind American democratic education. The idea is almost what causes an entitlement, if you know what I mean, you are entitled to go to college, everybody. Tracking in high school would predetermine that you would not be able to go to college, and that's what I mean. So, we have all these people who know they are not qualified to go to college, they are going to try anyway, and the remarkable thing about it is that some of them do pass and they do get through and they do get their degrees. It is a matter of fact that from this university graduate 4 000 people every year. And many of those people were predicted to never get degrees. And they do get them, in spite of all obstacles that they face. And if we had a tracking system in high school they might not be tracked to university (Peter White, Interview Nr. 19).

Auch die sechzehnte Interviewpartnerin ist sich der Schwierigkeiten bei der Bestimmung angemessener Anforderungen für die Zulassung zum Studium bewußt. Einerseits sollten mit dem Ziel einer hohen Bildungsbeteiligung möglichst viele Studierende zugelassen werden, andererseits müssen deren Leistungen und Kenntnisse aber einem gewissen Mindestniveau entsprechen, unterhalb dessen eine Universitätsausbildung nicht möglich ist.

> I think they tried to open up the university experience to more people [...]. What changed was the grade requirement, the grade levels for students were lowered, so that more students could come to college. So, frequently faculty will complain about students not being prepared. They don't know enough about writing and they are not prepared to be in school at a college level. They don't have enough math skills and their writing skills are not good (Interview Nr. 16).

Peter White erachtet die Meinung der Professoren als falsch, wenn diese durch bloßes Anheben der Zulassungsvoraussetzungen die Qualität der Studierenden verbessern und das Problem vermehrter Studienabbrüche umgehen möchten. Die

Lehrenden sollten vielmehr begreifen, daß Professoren sich an jedem Ort bessere Studierende wünschen und trotzdem lernen müßten, mit den immatrikulierten Studierenden produktiv zu arbeiten und diese zu einem erfolgreichen Abschluß zu führen.

> The faculty members are really naive, they think all we have to do is get better students and we have solved our retention problem. They want just to get better students. And I say, well, your job is to teach the students you have, not the students you wish you have. Because when you are at the University of Texas you wish you have students that were like those at Berkeley. Or when you are at Harvard you wish you have students that like the ones that went to Yale. And when you are at Yale you wish you have students like those who went to Heidelberg. And so, what you have to do is teach the students you have.
>
> You have to find ways to have as high a population of those students who pass as possible without lowering the standards. Faculty have traditionally been told that the university is a place that we doubt in common, and that is not a very productive way to approach the situation. If that happens, well that's a sad thing that people need. But almost everybody who is admitted to this university, almost everybody, has the capability if the environment is right and the support is there to get some sort of a degree from here. I do wish our standards were a little higher because I think there is a point at which you reach an impossibility and that is not fair (Peter White, Interview Nr. 19).

Wie Interviewpartner Peter White betont, bildet die University of New Mexico andere Studierende aus als die großen US-amerikanischen Eliteuniversitäten, an denen eine Auswahl reicher und privilegierter Studierender eingeschrieben sei. Der große Studienerfolg an den Eliteeinrichtungen basiere deshalb auch weniger auf der Ausbildung selbst als vielmehr auf der strengen Vorauswahl für die Zulassung zum Studium.

> So, there is tension, you know, that we are supposed to have an upper level university experience that is rather a weak thing in some ways, you know. But you have to make it available to the general man. You know, we have this desire to educate all these people and, I think, it is a noble one. I think it is actually the right one because, you know, we have all these schools for the rich and privileged and their students graduate at a rate of 95 percent, 92 percent, you take a look at the graduation rates of those exclusive schools, of those very high power state universities. The graduation rates are very high, 80 percent, 85 percent, 90 percent, 95 percent. But that is not the trick. It is not necessarily because the university is doing everything to help the students because the students were qualified and ready to go in the first place, they have been selected (Peter White, Interview Nr. 19).

Die große Mehrzahl der Lehrenden hat die universitäre Ausbildung außerhalb von New Mexico absolviert und neigt dazu, die eigenen Erfahrungen aus Studium und Lehre mehr oder weniger bewußt auf die Situation in New Mexico zu übertragen. Aus den Karten 16 und 17 geht hervor, daß die Universitäten an der US-amerikanischen Ostküste für die interviewten Professoren die wichtigsten Ausbildungs- und Karrierestationen waren (vgl. S. 175 und 176). Dies gilt sowohl für die zahlenmäßige Minderheit der in New Mexico gebürtigen als auch für die übrigen Professoren.

5.3 Die Universität als Institution angloamerikanischer Prägung

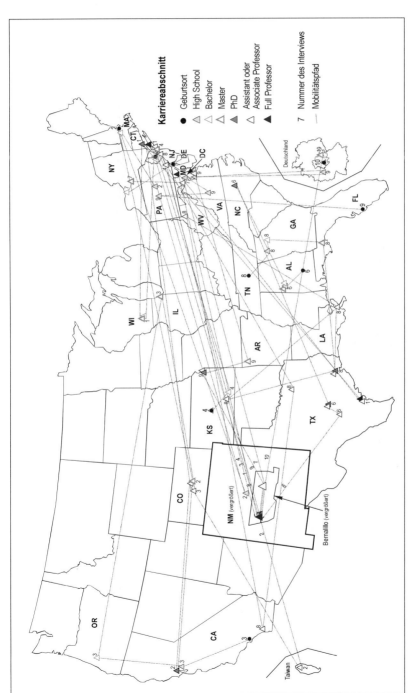

Karte 16: Karriereverläufe ausgewählter Professoren der University of New Mexico mit Geburtsort außerhalb von New Mexico
Quelle: Eigene Erhebungen.

176   5 Kulturelle Identität und Bildungsverhalten der *Hispanics*

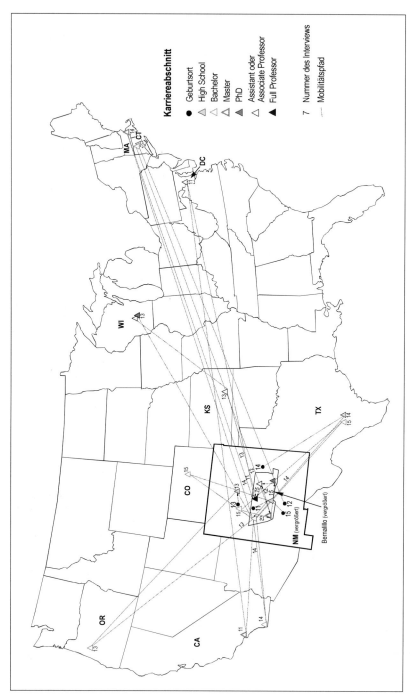

Karte 17: *Karriereverläufe ausgewählter Professoren der University of New Mexico mit Geburtsort in New Mexico*
Quelle: *Eigene Erhebungen.*

5.3 Die Universität als Institution angloamerikanischer Prägung 177

Den Anteil der Lehrenden, die vor ihrer Berufung nicht in New Mexico studiert oder gelehrt haben, beziffert Peter White mit etwa neunzig Prozent. Viele von diesen kämen von einer der renommierten US-amerikanischen Eliteuniversitäten, wie zum Beispiel Harvard, Yale, Princeton, Stanford oder Berkeley.

> About 90 percent of our faculty come from other institutions in the United States – much, much more selective institutions. They come from these institutions because those are the schools that produce most of the faculty and they are the best schools, you know. And it is everywhere from Harvard and Yale, Princeton to the very good, big schools in Indiana, Pennsylvania, Wisconsin, Michigan to very, very good private schools like Stanford or big powerful state universities like Berkeley, you know, and the problem is that those people not only don't understand the Southwest and don't understand the nature of the Hispanic culture, but they have very little in common with our students. Most likely they were not first-generation college students themselves, they most likely come from an upper middle-class Anglo white family, they were very intelligent from the very beginning, they usually didn't have trouble to get into college and got into graduate school, got into the best graduate schools. They actually come from another world, but because they have a job teaching in a state university they think, well, it should be the same. But it is not. Actually they don't come from the same world because so many of our students are minority students. And only 13 percent of our faculty is minority (Peter White, Interview Nr. 19).

Infolgedessen ist es kaum verwunderlich, daß es der Mehrzahl der Professoren an der University of New Mexico nicht leicht fällt, die dortigen Studierenden in ihrer Situation zu verstehen. Dies gilt sowohl in sozioökonomischer Hinsicht als auch umso mehr für die vorhandenen Unterschiede in einer ethnisch-kulturellen Dimension. Häufig gründen die Professoren ihre Erwartungen auf gewisse Standards, die aus ihrer Sicht eine nationale oder internationale Norm darstellen, von den Studierenden selbst aber vielfach als fremdartig empfunden werden. Besonders anschaulich sind die Ausführungen des ersten Interviewpartners, der sich bei der Mehrzahl seiner Studierenden ein weitaus größeres Maß von Eifer und Leistungsbereitschaft wünscht. Er führt aus, daß sein eigenes Arbeitsethos eigentlich fast nur von ausländischen, meist asiatischen Studierenden geteilt wird und daß er diese deshalb besonders gern und häufig in seine Arbeitsgruppe integriert.

> [...] the motivation of students to work hard and to be successful has severely decreased over the years. And one seldom sees the same types of work ethic in undergraduate students and graduate students in the United States that one saw back in the 1960s and 1970s. I think this is particularly true in graduate education where American students come to places like the University of Maryland, the University of New Mexico and are not motivated at all. My own personal preference nowadays is to take students from foreign countries into my research group, whoever they are. The foreign students share the same work ethics that I had when I was younger and so I find it much easier to work with them (Interview Nr. 1).

Die dritte Interviewpartnerin war mehrere Jahre lang an der Syracuse University in New York beschäftigt und betont die Unterschiede zwischen den dortigen Studierenden und denen an der University of New Mexico. In New York hätten die Studierenden einen sehr viel aufwendigeren Lebensstil und entsprechend hohe

Erwartungen an ihre spätere berufliche Position. Dies bedeute aber nicht, daß die Studierenden an der University of New Mexico schwächer sind, denn diese zeigten mehr Bereitschaft zu künstlerischer Kreativität.

> [...] it is a very different kind of atmosphere. This is a state school of one of the poorest states in the country and it has the third lowest tuition of any university, so, the facilities are among the worst I have ever seen. The students don't have any money, and therefore everything about the situation is different. The students here, the photography graduate program has a reputation that goes back 30 years and it is rated among the top three of photography graduate schools in our country and therefore we get the best applicants still. And even though we don't have good facilities, the faculty are good, but most important, the students are amazing and one really good thing about working with people who don't have a lot of money is that they don't expect to have a lot of money. So, there are more students here who want to be artists than in Syracuse, where the students had a higher standard of living and they did not have the luxury of wanting to be an artist because if you are going to be an artist, you are not going to have any money at all. So, a lot of them wanted to be commercial photographers, which revolted to me, you know, that they wanted to be, they needed to be because they were supposed to make money. Here I don't have, you know, the students feel great, they really want to be artists and therefore they are really good (Interview Nr. 3).

Aus Sicht der Studierenden wird die Universität oft als eine andere, ihnen fremde Welt empfunden. Die sechste Interviewpartnerin argumentiert, daß indianische Studierende, die häufig schon an den Schulen des *Bureau of Indian Affairs* eine weniger fundierte Ausbildung erhalten haben, an der Universität mit zusätzlichen Schwierigkeiten konfrontiert sind. Losgelöst von ihrer ursprünglichen kulturellen Umgebung bedürfen sie im Studium besonderer Hilfe und Unterstützung.

> Sometimes if [our Native American students] went to BIA schools before they come to college, their background is not as solid as it could be when they go to college and so, the education they have had prior to coming here sometimes is limited. Most are ready to work hard, and they have to work harder. Sometimes I just think it is too hard, you know. If you are trying to raise a family and you are in a different cultural environment and there are a lot of struggles – we have a long way to go here in figuring out a support system for students who are from different cultures, and I would say particularly for Native Americans (Interview Nr. 6).

In entsprechender Weise erleben auch die hispanischen Studierenden die nach angloamerikanischen Vorstellungen gestaltete Universität als eine ihnen fremde Welt. Sie werden von den Professoren durch eine kulturelle Kluft getrennt, die noch größer wird, wenn die Studierenden aus einem bildungsfernen Milieu stammen und in einer anderen sozioökonomischen Umgebung aufgewachsen sind als ihre Professoren. Doch auch der achte Interviewpartner, der selbst in wirtschaftlich sehr begrenzten Familienverhältnissen aufgewachsen ist und dessen Eltern keinen höheren Bildungsabschluß besaßen, charakterisiert die Studierenden in New Mexico als ausgesprochen provinziell und in vielerlei Hinsicht abgekoppelt vom Weltgeschehen außerhalb ihres eigenen Bundesstaates.

5.3 Die Universität als Institution angloamerikanischer Prägung

> [Our students] don't quite know, particularly the ones from first-generation, what's expected in a college education and in a broader perspective, what they will face in a larger world. They tend to be very parochial, you know, they tend to be from New Mexico – and in New Mexico they simply haven't been exposed to a lot of other experiences. They don't know what else is out there in the rest of the world. So, part of the challenge of teaching is trying to expose them to that. There are places in which the world doesn't operate like it does in New Mexico [...]. And this is a state where education has not always been highly valued (Interview Nr. 8).

In den beispielhaft angeführten Schilderungen der interviewten Professoren kommt zum Ausdruck, daß die Universität eine stark angloamerikanisch geprägte Institution ist und die Mehrzahl der dort tätigen Professoren ihre Vorstellungen über die Aufgaben und Ansprüche einer Universität, ihrer Lehrenden und Studierenden an Universitätsstandorten entwickelt hat, die außerhalb von New Mexico und besonders häufig an der US-amerikanischen Ostküste liegen. Trotz der intensiven Bemühungen, die Universitäten im Zuge einer Politik der *Affirmative Action* für die hispanische Kultur zu öffnen, den Lehrplan entsprechend umzugestalten und die Anteile hispanischer Studierender und Lehrender an die jeweiligen Anteile der Gesamtbevölkerung von New Mexico anzunähern, zeigt sich, daß die Realität sehr weit von diesen Zielen entfernt ist. Es läßt sich festhalten, daß die University of New Mexico nach wie vor gewissermaßen als Exklave angloamerikanischer Kultur fungiert und von der hispanischen und indianischen Bevölkerung des Bundesstaates deshalb – im Unterschied zu den Schulen mit einem bedeutenden Anteil von in New Mexico aufgewachsenen Lehrkräften unterschiedlicher Ethnizität – als eine fremde Welt empfunden wird.

Dieser Zwiespalt ist im primären und sekundären Bildungsbereich sehr viel schwächer ausgeprägt als auf universitärer Ebene. Dies ist vor allem darauf zurückzuführen, daß die überwiegende Zahl der Lehrer und Schulleiter in New Mexico aufgewachsen ist, während ein Großteil der Professoren von außerhalb stammt. Im Unterschied zur Situation an den Universitäten kommt im primären und im sekundären Bildungsbereich die ethnizitätsbezogene Struktur der Lehrer derjenigen ihrer Schüler recht nahe. Wie im Rahmen der Hospitation von Schulen in Albuquerque, Deming und El Paso im Jahr 2001 beobachtet werden konnte (vgl. Quellenverzeichnis S. 234), hängt es vor allem von den Fähigkeiten der verantwortlichen Lehrer ab, ob es gelingt, eine kulturell integrierende Atmosphäre in den Klassenräumen herzustellen (vgl. S. 140).

5.4 Bildungsteilnehmer in New Mexico als Pendler zwischen zwei Welten

Die angloamerikanische Prägung der Universitäten führt *Hispanics* und anderen zu den ethnischen Minderheiten zählenden Studierenden sehr deutlich vor Augen, daß sie nicht denselben familiären und kulturellen Hintergrund besitzen wie die Mehrzahl ihrer Kommilitonen. Die Muttersprache, die eigene Weltsicht und die zugrundeliegenden kulturellen Wertvorstellungen der indianischen wie auch der hispanischen Studierenden bewirken, wie die vierzehnte Interviewpartnerin argumentiert, eine klare Benachteiligung im Studium. Die Folge ist häufig eine Anpassung oder Assimilierung in dem Umfang, wie es den betreffenden Studierenden erforderlich erscheint.

> Some of the native students have been reared in another non-European language, so it's neither Spanish nor English and they really don't share the world view of either the Mestizo population, the Chicano population or the white population. And this is definitely a world that is bounded by worldview. This is definitely: you are better-off, you know, when you are comfortable within the white world – even the Chicanos assimilate into the dominant culture to the extent they have to (Interview Nr. 14).

Verónica Méndez Cruz, die siebzehnte Interviewpartnerin, beobachtet eben diesen Anpassungsprozeß unter hispanischen Studierenden. Als Leiterin des *Centro de la Raza* möchte sie den Studierenden helfen, sich in ihrem Verhalten dem anzunähern, was Professoren von ihnen erwarten.

> What our students are struggling to do is become more like the norm, being more like what the professor is expecting of them, leaving them a bit confused. And so, I see our students struggle a lot with that. And they come here to get empowered [...]. We try to teach them skills to get through it (Verónica Méndez Cruz, Interview Nr. 17).

Die anhaltende Konfrontation mit angloamerikanischen Normen im Studienalltag ist für hispanische Studierende mit der Gefahr einer Vereinsamung verbunden. Wenn die eigene Familie nicht versteht, was dem Studierenden an der Universität widerfährt, muß sich dieser auf das Gefühl von Alleinsein und Einsamkeit einstellen. Rudolfo Anaya berichtet, wie er selbst diese Erfahrung gemacht hat, und möchte hispanische Studienanfänger aus den ländlichen Gegenden von New Mexico, in denen die Familie nach wie vor einen besonders hohen Stellenwert besitzt, auf diese Situation vorbereiten.

> I talked, last year, to the graduating class at Santa Rosa, my home town. And I told them, you know, you have a lot of benefits that I didn't have when I went to university and a lot of people that care about you succeeding. You are still going to be lonely, you know, because it is different when you take yourself out of a culture that is very family-oriented. It is not only the family, it is the whole extended family around you, especially, when you come from a small town. If you come from Taos or Española or Santa Rosa or Socorro or Grants or Gallup the university setting is going to be very different. So, that part, I think, still remains the same

5.4 Bildungsteilnehmer als Pendler zwischen zwei Welten 181

> in the sense that the students who come from rural environments, where perhaps the family has been very important, will have difficulties in adjusting to university life (Rudolfo Anaya, Interview Nr. 18).

Aus der Zeit seiner Kindheit berichtet Anaya, daß er sich selbst als Pendler zwischen der Welt seiner Familie und der Welt seiner Schule fühlte. Seine Identität als Pendler beschreibt Anaya mit einem Bild, das er die Geographie seiner Kindheit nennt und literarisch in seinem Roman *Bless me, Ultima* verarbeitet hat (vgl. S. 1-2). Antonio, der sechsjährige Protagonist dieses Romans, lebt mit seiner Familie in einer kleinen Siedlung, die durch einen Fluß von der Stadt getrennt ist, in der er die Schule besucht. Täglich verläßt Antonio die heimatliche Siedlung, überquert auf einer Brücke den Fluß und geht in die Kleinstadt Santa Rosa im nordöstlichen New Mexico zur Schule.

> [When I was a child] it was like living in two worlds. The school was one world where I learned English, and to write in English and spelling and everything that goes along with that first grade, second grade, third grade, elementary grades. Then I would come home to another world which was my family [...].
>
> I crossed a bridge – as Antonio does in the novel *Bless me, Ultima*. The geography of the novel is very much the geography of my childhood. We lived on one side of the river where there were very few houses, very few homes that were established on that hill. I would daily walk all the way to the river, cross the bridge and then go into town, to the school. Yeah, it was like a commute between two worlds [...].
>
> Well, the most temporary world was the school. The real world was my home and the friends that I had in the little neighborhood where I grew up and the extended family. People came to visit, *tías* and *tíos*, grandfather and so on. Certainly for me that was the real world, and I don't believe I ever acquired a third world where both would come together. It was either one or the other (Rudolfo Anaya, Interview Nr. 18).

Für den heranwachsenden Anaya blieb die familiäre Umgebung stets die eigentliche Welt, während der Schulbesuch nur den temporären Charakter eines Ausflugs in eine andere Welt besaß. Anaya hebt hervor, daß er sich tatsächlich als Pendler sah und nicht in der Lage war, Familie und Schule in seiner Person zu einem Ganzen zu verbinden. Während des Studiums an der University of New Mexico setzte sich für Anaya das Leben als Pendler zwischen zwei Welten fort. Seiner Familie und den Freunden aus der Nachbarschaft war die Universität vollkommen fremd, und auch Anaya selbst mußte diese neue Welt erst kennenlernen. Er fühlte sich einsam an der Universität, wurde aber durch seine Begeisterung für das Lesen und Lernen angetrieben, das Bachelorstudium erfolgreich zu absolvieren.

> I don't believe that I had been prepared for the university. I went to business school for a couple of years, and then I got dissatisfied with business school [...] and in 1958 I went to the University of New Mexico and enrolled. I knew nothing about university life, I knew nothing about academic life. I was quite innocent. I looked back to my first grade and I say I don't know how I survived school because I didn't know anything about English-speaking schools. I look back at the university, my first year, and I don't know how I survived there because I didn't know anything about university life. But I loved to learn, you know, I loved to read. It

was a lonely time because again I was in another world, and my parents and my community didn't know anything about that world. My family weren't educated people. And so, I always had to come back to my family, into my community, to my friends but at the same time I loved learning so much that it kept me going for the next four and a half years and I completed my BA (Rudolfo Anaya, Interview Nr. 18).

Auch die vierzehnte Interviewpartnerin beobachtet, daß ihre Studierenden zum Teil zwischen der Welt ihrer Familie und der Welt der Universität pendeln. Am Beispiel eines Ranchersohns aus dem ländlichen New Mexico verdeutlicht sie, daß sich auch angloamerikanische Studierende an der Universität zunächst wie in einer fremden Welt fühlen können. Dies gilt umso mehr für Studierende unterschiedlicher ethnisch-kultureller Herkunft. Den mehr oder weniger stark ausgeprägten Anpassungsprozeß in Kleidung und Verhalten sowie das Pendeln zwischen den beiden Welten sieht die vierzehnte Interviewpartnerin als ein situatives Wechseln zwischen Identitäten.

> Well, for example, I have a student who is from rural New Mexico from a rancher, his family has a ranch and he continues to come in his cowboy boots and with a big hat. But he is an exception because most of the kids who come in, whatever their racial background is, undergo barriers and change their clothing. Somebody is not going to arrive in cowboy boots and cowboy hats. I think that moving in and out of identities is – in fact, for some students it can be psychologically painful. I think for some students it can be psychologically testing, and for others it is a skill. They can go home and then their family is their way and they come here and they are in another way, it is not – for some of the students it is not an easy divide to cross (Interview Nr. 14).

Der regelmäßige Wechsel von einer Identität oder einer Welt in die andere ist für manche Studierende problemlos möglich, für andere offensichtlich mit Schwierigkeiten verbunden, die sich als psychologischer Druck auswirken können. Ähnlich wie Anaya erachtet die vierzehnte Interviewpartnerin die Pendelbewegung und das Wechseln von einer Identität in eine andere nicht als Transformation von Identität, sondern als eine temporäre Bewegung.

Aus der Position heraus, sich selbst zwischen zwei Welten zu sehen, entsteht bei Studierenden bisweilen das Gefühl, sich für eine der beiden Welten entscheiden zu müssen. Verónica Méndez Cruz berichtet, daß Studierende ethnischer Minderheiten häufig fürchten, im Studium einen Teil ihrer Kultur und Tradition zu verlieren. Deshalb verbinden hispanische und indianische Studierende das Studium gelegentlich mit dem Vorsatz, nach Studienabschluß Albuquerque und der Universität sofort wieder den Rücken zuzukehren, um im eigenen Stammesverband oder in der eigenen Gemeinde aktiv zu werden und dort mit den erworbenen Qualifikationen zum Gemeinwohl beizutragen.

> And then students of color are afraid they are going to lose who they are, their tradition and culture if they come to college. And there are a lot of older generations that pretty much reinforce that. That's why you see a lot of American Indians saying *"yes, I'm coming to college to get my degree, but as soon as I get my degree I'm returning to the reservation to continue to help them out"*. Very much in our Hispanic population you see the same. You see

5.4 Bildungsteilnehmer als Pendler zwischen zwei Welten 183

> a lot of our Hispanic students saying *"once I complete my education I'm going right back into the community and enforce community activism and involve and so forth because that is a big fear that we have that when we choose to come to the university, when we choose to come to school we forget who we are"* (Verónica Méndez Cruz, Interview Nr. 17).

Aus der Sicht Anayas ist es letztlich die Entscheidung des Bildungsteilnehmers, ob er eine Entfremdung von der eigenen Kultur zulassen möchte oder nicht. Er räumt ein, daß einige *Hispanics* ihren kulturellen Hintergrund während des Bildungserwerbs verloren haben, betont aber, daß er sich selbst durch das Pendeln zwischen Campus und *Barrio* stets in beiden Welten zuhause fühlte und den Kontakt zu Familie und Freunden ohne weiteres aufrechtzuerhalten vermochte.

> [...] while I was getting my education at the university I was still in contact with my family, friends, and the place – the university is a very different place from the *barrio*. But it was easy for me to travel back and forth, I didn't have a problem. I think there are some people who get an education and lose their culture. But, I think, that is only if you allow that to happen. You can get a higher education and then separate yourself from your roots, so to speak (Rudolfo Anaya, Interview Nr. 18).

Diese Ausführungen zeichnen das optimistische Bild einer vollkommen freien Entscheidung des Bildungsteilnehmers, seinen kulturellen Hintergrund aufzugeben oder beizubehalten. Das entworfene Bild erscheint jedoch angesichts der im Bildungsbereich ausgetragenen politischen, aber auch kulturellen Interessenkonflikte nur wenig realistisch. Wie MEUSBURGER (2000) ausführt, ist die Darstellung von Kultur und Geschichte und damit auch das Definieren von Wissen und Wahrheit unmittelbar an politische und gesellschaftliche Macht geknüpft.

So ist es nicht weiter verwunderlich, daß die vierzehnte Interviewpartnerin bei ihren Studierenden beobachtet, wie diese während des Studiums einen Teil ihrer kulturellen Identität verlieren. Dies mag damit zusammenhängen, daß sie selbst als Studentin in Harvard zwar wichtige Aspekte ihrer kulturellen Identität hat bewahren können, aber dennoch durch den Einfluß der ihr ungewohnten Umgebung in ihrer eigenen Identität verändert wurde. Als Triumph empfand die vierzehnte Interviewpartnerin aber daraufhin, daß ihre Studienleistungen mit einem Reisestipendium honoriert wurden, welches sie für einen mehrmonatigen Aufenthalt in Indien nutzte. Auf diese Weise relativierte sich die angloamerikanische Prägung durch Harvard, und sie selbst nahm eine berufliche Position in Mexico City an.

> I think that many of my students do experience it as an unholy compromise and, in fact, in order to get through and do well here you have to trade off part of who you are. Much of my work has been to try and to create learning spaces for people to be who they are without compromises. But, in fact, I recognized that I am highly similar to them and that I understand what they trade off, I understand what it meant to go to Harvard. I think that I got through being able to assert some of this cultural heritage. I was less likely to dress in jeans and Mexican shirts when I graduated. But it was recovered. Part of what happened was that when I graduated I won a travel fellowship and that allowed me to travel to Asia and I spent six months in India, which is a very unusual outcome to a Harvard law education. So, I have the feeling that I have trumped them – they paid me, after all to travel another eleven months and be able to adjust what had happened to me in my professional education. And it meant that I

> came back to Mexico City, where I met my husband, lived in Mexico City, and eventually came back to New Mexico. I'm not sure that would have happened without that period (Interview Nr. 14).

Die Kluft zwischen Universität und Elternhaus ist für Studierende ethnischer Minderheiten aufgrund der kulturellen Dimension zwar besonders deutlich, kann aber in ähnlicher Form auch auftreten, wenn der Bildungsteilnehmer aus einem bildungsfernen Milieu stammt. Die vierzehnte Interviewpartnerin schildert, daß Studierende, welche die gleiche berufliche Karriere wie ihre Eltern anstreben, gegenüber ihren Kommilitonen deutlich im Vorteil sind, da sie bereits von Haus aus eine Form der Sozialisierung besitzen, mit der sich die anderen Studierenden erst mühsam vertraut machen müssen.

> I think that professional education that is law, medicine, engineering, architecture advantages those students who know something about the profession. And, in fact, I went to school with people whose fathers were judges, whose mothers were lawyers. Some of my students, their mothers and fathers are professionals there, and legal professionals. I think that's a tremendous advantage over those students who not only don't come from professional families but also don't have contact with legal professionals. So that their education must be supplemented by socialization (Interview Nr. 14).

Wie die vierzehnte Interviewpartnerin ausführt, muß ein Studierender als angehender Richter oder Anwalt erst lernen, mit der ihm übertragenen gesellschaftlichen Macht verantwortungsvoll umzugehen. Dies sei vielen Studierenden an der Juristischen Fakultät der University of New Mexico zunächst noch nicht bewußt, während in Harvard die Mehrzahl der Studierenden durch die berufliche und gesellschaftliche Position ihrer Eltern eine entsprechende Vorprägung erfahren hätte.

> What does it mean to be a professional, what does it mean to be a counselor to someone else, what does it mean to assume responsibility for someone's fortune or life. And there is definitely, I think, a disconnect between those who have that exposure and those who don't. I think that there is a difference between students who understand power and those who don't understand power. There is no question that this is a profession in which the currency of the profession is power. At Harvard it is explicit. That's what the education is about. It is that they have selected a few for whom power will be a reality, it is a given. And it is power along so many different dimensions. It is economic power, it is political power, it is the power of intellectual accomplishment. I mean, it is raw, it is there, it is manipulable, it is possible. Here [...] many of the students never translate their experience into what it means in terms of power that is related to social goods [...]. Harvard students are very much with the aspiration to get power [...]. As they start going through, they start saying *"What does it mean to be a judge? What does it mean to have that amount of discretion over people? And what does it mean in the realities of the way that resources are distributed in this state, but also outside of the state?"* (Interview Nr. 14).

Entscheidende Bedeutung für das Bildungsverhalten und den Bildungserfolg besitzt letztlich die Frage, in welchem Maße es dem Bildungsteilnehmer gelingt, die Welt der Universität mit der Welt seiner Familie in Einklang zu bringen. Wenn der Zwiespalt als zu groß empfunden wird, erscheint ein erfolgreiches Studium kaum

5.4 Bildungsteilnehmer als Pendler zwischen zwei Welten 185

möglich, da es immer wieder zu kontroversen Interessen der beiden Welten kommen wird. Familiäre Verpflichtungen behindern das Studium; zudem droht mit dem Studium ein teilweiser Verlust der kulturellen Identität des Bildungsteilnehmers. Ein Beispiel dafür, wie ein Studium und die berufliche Karriere als Professorin mit einer hispanischen Identität vereinbart werden können, liefert die fünfzehnte Interviewpartnerin. Sie berichtet, wie sie im Studium ihre Verbundenheit mit der spanischen Sprache erfahren hat und daraufhin selbst an der University of New Mexico tätig werden wollte, um es nicht länger den überwiegend angloamerikanischen Professoren zu überlassen, sich dort wissenschaftlich mit der spanischen Sprache und Literatur zu befassen und hispanische Studierende aus New Mexico im Spanischen zu schulen.

> I think, that once I started studying Spanish I realized I truly loved the language, I felt the love of my language and, I say this because I had lost – I did not speak Spanish growing up, I was a passive bilingual, I understood this language but I didn't speak it. When I started studying Spanish at the University of New Mexico I had one teacher who was from New Mexico, and he inspired me. But, I think, it was more important that I was really surprised how few New Mexicans, native New Mexicans, were professors here at this department. I remember thinking to myself I really one day wanted to be a professor in this department because I knew how difficult it was for me to interact with many of the professors mostly because we were recommended for the Spanish we spoke in New Mexico. I also remember thinking to myself why are Anglo-Saxon professors teaching me New Mexican or Chicano Spanish when it should be the other way round (Interview Nr. 15).

Das gleiche Argument verwendet Verónica Méndez Cruz, wenn sie gegenüber hispanischen Studierenden im *Centro de la Raza* erklärt, daß diese sich mit ihrer Kultur aktiv in die Universität einbringen sollten. Es sei wichtig, sich nicht nur an die Universität anzupassen, sondern auch umgekehrt einen Beitrag zu leisten, der die Universität prägt. Dies helfe letztlich dabei, im Studienalltag große Teile der eigenen kulturellen Identität zu bewahren.

> [...] we tell our students a university setting is a learning institution and it must be reciprocal. This university must continue to learn from us as we continue to learn from that system. We agree that a certain amount of acculturation must take place where we must learn the system here. You have to take some hours this and you have to pass it with a certain grade and got to listen to what the professor says because he is the one that is going to grade you, you know, all of that we need to learn definitely. We need to be opening up to take classes in the classics that – very, very important to me – maybe you were not raised with, but at the same time retain your language, retain your culture, retain your tradition and most definitely pass it down to the younger ones in our community. So I think that mentoring is extremely important for us here at the university because of the young generations that are coming up. Now I feel that we are becoming a much more educated population, formally educated population and I feel that the younger are doing a much better job of trying to look at our youth and support them but unfortunately we are losing our language and we are losing a lot of our culture and traditions because of that. It takes a very special person to try to put them both on that same level. It has to be one or the other. Either we push education and we lose our culture or we push our culture and we can't fit into education (Verónica Méndez Cruz, Interview Nr. 17).

Das Studium und die akademische Karriere sind für die interviewten Professorinnen und Professoren in aller Regel mit räumlichen und sozialen Veränderungen verbunden, deren Auswirkungen außer im Beruf auch in anderen Lebensbereichen zu spüren sind. So hebt zum Beispiel die elfte Interviewpartnerin hervor, daß ihre Bildungsbeteiligung ihr ganzes Leben verändert hat und sie durch das Studium in eine ihren Eltern fremde Welt geraten ist.

> Education for me was just transformative. [...] neither of my parents had an advanced degree, their parents didn't have an advanced degree. I think my grandparents went up to like third or fourth grade [...]. So, my difficulty was, when I made the law degree at UCLA – a very prestigious, you know, a beautiful thing – I told my father about it and he said *"Well, how much do they pay you?"*, and I said *"Well, you get paid of an honor"*. I think he didn't understand it (Interview Nr. 11).

An diesem Punkt stellt sich die Frage, ob oder in welchem Maß Bildungsbeteiligung und eine akademische Laufbahn die eigene kulturelle Identität verändern können. Ist das Pendeln zwischen den Welten der Familie und der Universität ein fortwährendes Schlüpfen von einer Identität in eine andere? Oder vollzieht sich dabei eine Transformation im Sinne der Ausbildung einer neuen Identität als Pendler? Auch wenn Anaya konstatiert, daß er Familie und Identität niemals in einer dritten Welt hat zusammenführen können (vgl. Zitat S. 181), so sind doch verschiedene Passagen der Interviewtranskripte ebenso wie die im folgenden beschriebenen außersprachlichen Beobachtungen während der Interviews als deutliche Hinweise auf Transformationserscheinungen zu bewerten.

Hinsichtlich der Ausgestaltung der Dienstzimmer der Professoren ist sehr auffällig, daß alle interviewten *Hispanics* einen in der Erscheinungsform beinahe altarähnlichen Bereich hergerichtet haben, in dem eine Sammlung von kleineren Gemälden, Schmuck, Handarbeiten oder anderen Dekorationsgegenständen aus ihrem Herkunftsbereich liebevoll zusammengestellt wurde. Die Ausstellung hispanischer Requisiten in einer sonst stark angloamerikanisch geprägten Arbeitsumgebung dient als offenes Bekenntnis der persönlichen Zugehörigkeit zu einer hispanischen Kultur. Da diese Form der Gestaltung jedoch kollektiv unter *Hispanics* und zugleich recht demonstrativ ausgeübt wird, entsteht letztlich der Eindruck, daß es sich dabei um Erinnerungsstücke einer früheren Welt und möglicherweise sogar um das Kompensieren eines Verlusts von kultureller Identität und hispanischer Authentizität handelt. In diesem Sinne erhalten die ausgestellten Requisiten hispanischer Kultur die doppelte Funktion, eine Entfremdung gegenüber der erweiterten Familie und Nachbarschaft zu kompensieren und den Eindruck zu erwecken, daß die eigene Hochschulkarriere in Einklang mit einer traditionellen hispanischen Identität verfolgt werden kann.

Eine ähnliche Beobachtung kann in der Verwendung der spanischen Sprache unter hispanischen Professoren an der Universität gemacht werden. So vollzieht sich, auch wenn hispanische Professoren unter sich sind, der überwiegende Teil der Kommunikation in englischer Sprache, ein kleinerer Teil jedoch auf spanisch. Das

Englische dient als Fachsprache, unterstreicht den beruflichen Charakter der Konversation und ist meist ohnehin die Sprache, welche die in den Vereinigten Staaten aufgewachsenen hispanischen Professoren mit noch größerer Gewandtheit beherrschen als das Spanische (vgl. MONTOYA 1994). Gleichwohl wird die Kommunikation, sowohl in der gesprochenen Sprache als auch beim Verfassen von *E-Mails*, in Teilen bewußt mit spanischen Passagen gestaltet. Besondere Bedeutung kommt hier den Gruß- und Abschiedsformeln zu, deren spanische Formulierung die gemeinsame Zugehörigkeit zur hispanischen Kultur unterstreichen soll.

Die Mehrzahl der interviewten hispanischen Professorinnen und Professoren betont, daß sie sich gegenüber ihren Studierenden als ein *Role Model* sehen. Eine wichtige Aufgabe besteht für diese Professoren darin, den nachfolgenden hispanischen Studierenden zu helfen und ihnen als Beispiel und Vorbild für den Bildungsweg und die berufliche Karriere zu dienen. So berichtet etwa die vierzehnte Interviewpartnerin, daß sie sich selbst ununterbrochen als *Role Model* empfindet und daß sich sowohl *Chicanas* als auch andere Minderheiten mit ihr identifizieren könnten.

> I tell my students when you are a role model it is not that you can say I am a role model in this moment but not in that moment. The difficulty is that you are a role model in every moment. And what I tell my students, I am a role model for Chicanas, for all of those students who are like me, but I am also a role model for anyone who has never been – who has never had contact with Chicanas. For them I may even be a stronger role model. Role modeling is easier here because, in fact, there are more people of color, so, it is not just one of us who is an actor for everyone else (Interview Nr. 14).

Auch das Selbstverständnis als *Role Model* kann als Ausdruck eines Verlusts hispanischer Identität gewertet werden, der durch die Rolle als Helfer und Vertrauensperson der hispanischen Studierenden kompensiert werden soll. Die eigene Karriere wird mit dem Argument legitimiert, daß es aus der erreichten beruflichen Position heraus möglich sei, auch andere *Hispanics* im Hochschulbereich zu unterstützen.

Hispanische Professoren fühlen sich ebenso wie hispanische Studierende in zwei verschiedenen kulturellen Welten heimisch. Während die Studierenden aufgrund ihrer kulturellen Identität im Kontext einer angloamerikanisch geprägten Hochschule bisweilen auf Schwierigkeiten stoßen, liegt das Problem für Professoren eher darin, ihre hispanische Identität im Kontext der Hochschule zu bewahren. Neben der beschriebenen dekorativen Gestaltung der Dienstzimmer und dem gezielten Einsatz spanischer Sprache oder Sprachformeln ist das Selbstverständnis als *Role Model* eine weit verbreitete Praxis, mit deren Hilfe versucht wird, einer eigenen Identität als Pendler oder Mittler zwischen zwei Welten Ausdruck zu verleihen.

5.5 Kulturelle Identität und Bereitschaft zu Karrieremobilität

Wie die Beispiele der interviewten Professoren verdeutlichen, ist eine Karriere im Hochschulbereich in aller Regel mit räumlicher Mobilität verbunden. Es ist nicht vorgesehen, daß ein Wissenschaftler an ein und demselben Hochschulstandort promoviert und danach ohne Ortswechsel sukzessiv vom *Assistant Professor* zum *Associate Professor* und schließlich zum *Full Professor* aufsteigt. Eine entsprechende berufliche Verbesserung an einem Standort ist zwar begrenzt möglich, aber es wird erwartet, daß ein Professor während seiner verschiedenen Karrierephasen an unterschiedlichen Hochschulen tätig ist. Nicht selten setzt diese Form einer räumlichen Mobilität bereits zum Beginn eines Master- oder Promotionsstudiums ein (vgl. Karten 16 und 17, S. 175 und 176).

Die ausgeprägte räumliche Dimension der Karrieremobilität im akademischen Bereich fördert Innovation und intensiviert den Austausch zwischen Wissenschaftlern an verschiedenen Standorten. Unter diesen Umständen wird räumliche Mobilität von Wissenschaftlern häufig als Qualifikationsmerkmal und Beleg für die Qualität ihrer Forschung erachtet. Die Mobilitätsentscheidung selbst erfolgt jedoch nicht aus rein wissenschaftlichem Entschluß, sondern ist als Ergebnis des Zusammenwirkens verschiedener Einflußfaktoren sowohl aus dem akademischen wie auch aus dem privaten Bereich zu verstehen (vgl. JÖNS 2002a). Dementsprechend vollzieht sich die berufliche Karrieremobilität der interviewten Professorinnen und Professoren sehr häufig in Abstimmung mit privaten Wünschen und Erwartungen in anderen Lebensbereichen und insbesondere unter Berücksichtigung möglicher Verpflichtungen gegenüber Partner oder Familie.

Am Beispiel des ersten Interviewpartners läßt sich erkennen, wie die Karrieremobilität in den verschiedenen Lebensphasen durch unterschiedliche Faktoren geprägt wurde. So war er als junger Wissenschaftler vor allem vom Wunsch getrieben, in einer Zeit von aus seiner Sicht schwierigen Arbeitsmarktbedingungen eine feste Anstellung zu finden. Auf der Grundlage seines wissenschaftlichen Erfolgs gelang es ihm später, an eine renommiertere Universität in der Umgebung von Washington D.C. zu wechseln. Besonders glücklich erscheint der Umstand, daß auch seine Frau, ebenfalls Professorin, von auswärts nun an dieselbe Universität berufen wurde. Der anschließende Wechsel an die University of New Mexico, wo beide jetzt als Professoren tätig sind, war vor allem durch ihre Kinder motiviert, denen sie in Albuquerque ein sicheres und aufgrund der hohen Lebensqualität von ihnen als ideal empfundenes Umfeld für Heranwachsende bieten können.

> When I was first looking for a job, that was a very difficult time to find an academic job in chemistry. The market in academics in the United States goes up and down, up and down, can sometimes be fantastic like right now and can sometimes be very poor. In the late 1960s, early 1970s the academic market was poor, under normal circumstances I would not have taken a job in Texas being from the East Coast of the United States and, especially, not at

5.5 Kulturelle Identität und Bereitschaft zu Karrieremobilität 189

> Texas A&M because it is a very conservative institution and my views are very liberal. I took it because it was a very good university, a very good department to get started. And I stayed there long enough, only long enough to be successful, and that I could get a good job by myself. And then I moved to the University of Maryland, a very strong department, a very large department, very large university, nice location in the suburbs of Washington D.C., culturally it was outstanding.
>
> Later in my academic career my wife and I decided to have children and after that, after we had both children, we decided also that the Washington D.C. area was probably not the best to raise children because of the cost of living, safety issues and also the quality of the people, very aggressive people, and we then looked, both of us for an ideal place to raise our children and not an ideal place to pursue an academic career. We probably had reached the level on which we wanted to be in our professions. So, we looked at a number of different places and then the opportunity rose here in Albuquerque and, finally, we decided that this is an ideal place to raise children from all the perspectives. We love living here ourselves and we'll raise our children here and remain here the rest of our lives (Interview Nr. 1).

Die Verquickung beruflicher und privater Motive für Karrieremobilität kommt auch im Fall der sechsten Interviewpartnerin zum Ausdruck. Ihre berufliche Mobilität ist stark an die Wohnorte ihrer wechselnden Lebenspartner gebunden und zudem vor dem Hintergrund ihrer Rolle als erziehende Mutter zweier Kinder zu verstehen.

> I went to the University of North Carolina at Greensboro to do a PhD in child development and family relations. I only stayed there for six months because I got married again, unfortunately, to a professor at the University of Texas at Austin where I had been before. So, I left the University of North Carolina at Greensboro, got married and moved back to Austin, Texas, with my then husband. But within a year, I started a PhD program at the University of Texas at Austin because I had given up the program in North Carolina. So, when I started the PhD program there I was married to my then second husband. I finished my PhD in January of 1974 with an interdisciplinary major in child development and early childhood education. After doing my PhD at Texas, of course, I knew I would not be hired back as a faculty member [...]. Well, just when I was about to get my PhD I experienced a second divorce. And so, I stayed in Austin for another three years until 1977 and commuted 35 miles to Southwest Texas State University in San Marcos, Texas. I wasn't ready to leave Austin. I owned a house and I had my children, you know, I couldn't think of making a move at that time. So, I stayed there three years. I was an assistant professor, and I was also the director of the laboratory program for children for that three-year period.
>
> Then, in 1977, I came to the University of New Mexico. Basically, I made the change because Southwest Texas was – although I loved the job I was doing – it was strictly an undergraduate institution. There were no Master's or PhD programs there. And I felt I really wanted to go to a bigger university and work with graduate students. So, I came here to the University of New Mexico in 1977, and I have been here since then, twenty-four, twenty-five years now (Interview Nr. 6).

Aus den Professoreninterviews geht hervor, daß *Hispanics* meist ein anderes Verhältnis zu räumlicher Mobilität haben als ihre angloamerikanischen Kollegen. Dies liegt vor allem im starken Verbundenheitsgefühl der hispanischen Bevölkerung mit dem Bundesstaat New Mexico begründet (vgl. S. 157–161). Die interviewten angloamerikanischen Professoren sind sehr viel weniger stark auf New

Mexico fixiert und treffen ihre Mobilitätsentscheidungen primär nach Kriterien des beruflichen Prestiges und der finanziellen Attraktivität einer angebotenen Professur sowie der an einem Hochschulstandort zu erwartenden Lebensqualität.

Die bereits beschriebene räumliche Verbundenheit mit New Mexico ist für die dort lebende hispanische Bevölkerung ebenso wie deren kulturelle Identität ein entscheidender Faktor für raumbezogene Bildungs- und Karriereentscheidungen. Schon die Wahl eines Studienortes wird unter diesen Umständen getroffen. Auch während des Studiums ist der enge Bezug zum eigenen Bundesstaat ein Grund, weshalb qualifizierte Studierende attraktive Stipendienangebote renommierter Universitäten in Kalifornien oder an der US-amerikanischen Ostküste ausschlagen und lieber in der Nähe ihrer Familie in New Mexico bleiben. Wie die neunte Interviewpartnerin betont, ist die Mobilitätsbereitschaft der Bevölkerung in anderen Teilen der Vereinigten Staaten sehr viel höher.

> [Our students] are primarily from New Mexico. When I was an undergraduate we were from all over the place. But I think that's a part of the University of New Mexico and the state of New Mexico more than it is a changing dynamic across the country. New Mexico students tend to stay, I think, relatively close to the Southwest. And many of them want to go to either UNM or New Mexico State because when they get their degrees they attempt to stay in New Mexico [...].
>
> Many of them have extended families in New Mexico, it is a very small town mentality here. Money? – No, I think it really does have to do with the family and extended family, especially as most of the towns are so small. I have one student, for example, who is getting multiple honors. She is going to go to law school and has been accepted to Michigan, Washington, University of California in Berkeley, and UNM. And she still thinks that UNM may be the place that she goes, where UNM's reputation as a law school is not even close to the other places. I'm trying to encourage her very much to go out of state but she keeps telling me *"all my family is here, and the job I want to get is here"*. I think that may be the case but I'm really not sure (Interview Nr. 9).

Auch nach dem Studium sind *Hispanics* in New Mexico, wie die fünfzehnte Interviewpartnerin berichtet, häufig nicht bereit, aus beruflichen Gründen mobil zu werden. Da in New Mexico als einem der ärmsten US-amerikanischen Bundesstaaten nur ein sehr begrenztes Arbeitsplatzangebot für Höherqualifizierte besteht, reduzieren sich die beruflichen Perspektiven für die Hochschulabsolventen damit ganz erheblich.

> New Mexico is the third poorest state in the United States. There is not a lot of industry or employment available for students and many of the students have to leave once they became educated. However, because students are very – their history and culture is very engrained and is very much a part of their identity, many of the students choose not to leave New Mexico, they prefer staying here (Interview Nr. 15).

5.5 Kulturelle Identität und Bereitschaft zu Karrieremobilität

Die Unterschiede zwischen der Mobilitätsbereitschaft der hispanischen und der angloamerikanischen Bevölkerung werden besonders deutlich am Institut des zehnten Interviewpartners, dessen Studierende im Bachelorstudium vorwiegend aus New Mexico stammen, während die Master- und Promotionsstudenten in der Mehrzahl aus anderen Teilen der USA und dem Ausland rekrutiert werden.

> Erstmal gibt es einen Unterschied zwischen *Undergraduate Students* und *Graduate Students*. Unsere *Undergraduates* kommen vorwiegend aus New Mexico. Die *Graduates* werden aus der ganzen Welt rekrutiert – und da ist eine Minderheit aus New Mexico, nicht ganz zehn Prozent.

> Von den *Undergraduates* bleiben große Teile in New Mexico. Viele haben hier schon gearbeitet. Ihre Motivation ist – sie wollen in ihrer gegenwärtigen Position einfach weiterkommen und brauchen dazu einen *Bachelor* oder *Master* und gehen dann zurück. Von den *Graduates* bleiben fast alle im Lande, wenn sie ihren Doktor haben. Aber nicht notwendigerweise in den Ingenieurwissenschaften – wir haben gute Verbindungen mit Los Alamos, Sandía und dem Airforce Research Lab, wo sie ein paar Jahre *Post-Doc* machen. Und dann gehen sie halt woanders hin – ja, die gehen überall hin. Ich habe gerade erst zwei Studenten „verloren". Die gehen dahin, wo die besten Angebote herkommen (Interview Nr. 10).

Der Schriftsteller Rudolfo Anaya räumt zwar ein, daß selbstverständlich auch *Hispanics* aus New Mexico beruflich motiviert nach Colorado, Kalifornien oder in andere Regionen abwandern. Aber er fügt hinzu, daß sich diese in der Regel auch weiterhin New Mexico zugehörig fühlen und in der Ferne trotz attraktiverer Löhne oft nicht heimisch werden können. Die Verbundenheit mit New Mexico stützt sich, wie bereits ausgeführt (vgl. S. 155–159), vor allem auf die mit der Landschaft assoziierten historischen und familiären Bezüge der Bevölkerung.

> We are very family oriented and place oriented. New Mexicans – and I am speaking of Hispanic New Mexicans that have gone to Colorado, California, and other places – they all speak about coming home, you know. A lot of those other places don't become home. They still speak about coming home to New Mexico – and some of them don't. The population has become more mobile.

> There is something special about the place, the history, the family, and the environment that makes it desirable to stay here. When you compare wages in New Mexico to other places, they are low. So, there is a reason to move away. And there are more opportunities, more choices (Rudolfo Anaya, Interview Nr. 18).

Abschließend läßt sich festhalten, daß die kulturelle Identität der hispanischen Bevölkerung einen bedeutenden Einfluß auf das Bildungsverhalten ausübt und sich zugleich die räumliche Verbundenheit der Bevölkerung mit New Mexico einschränkend auf deren Mobilitätsbereitschaft und damit letztlich auch auf deren berufliche Möglichkeiten auswirkt. Angesichts der begrenzten Beschäftigungsmöglichkeiten für Hochqualifizierte in New Mexico erscheint deshalb auch die Motivation der hispanischen Bevölkerung zum Erwerb eines Universitätsabschlusses vergleichsweise gering.

6   Zusammenfassende Schlußbetrachtung

Mit dem Ziel, die wichtigsten Ursachen für das im Vergleich zur Gesamtbevölkerung unterdurchschnittliche Ausbildungsniveau der *Hispanics* im US-amerikanischen Bundesstaat New Mexico aufzudecken, behandelt die vorliegende Arbeit drei thematische Schwerpunkte: 1) eine kritische Auseinandersetzung mit der Bildungsgeschichte des Staates; 2) eine differenzierte Analyse aktueller Daten zu Ausbildungsniveau und Bildungsverhalten der Bevölkerung; und 3) eine wahrnehmungsorientierte Untersuchung zur Beschaffenheit der Wechselbeziehungen zwischen Bildungswesen, Bildungsverhalten und kultureller Identität. Die Verschiedenartigkeit der zugrundeliegenden Quellen und der gewählten Auswertungsmethoden läßt ein facettenreiches Gesamtbild entstehen, innerhalb dessen sich zahlreiche interessante Querverbindungen herstellen lassen. Die Entscheidung für diese Art der Herangehensweise gründet sich letztlich auf die Überzeugung, daß sich ein tatsächliches Verstehen der Ursachen für das Ausbildungsniveau erst aus der Zusammenschau der drei Teilbereiche entwickeln kann. Zum Abschluß der Arbeit sollen die wichtigsten Ergebnisse zusammenfassend in ihrer Bedeutung für anknüpfende und über den geographischen Rahmen New Mexicos hinausgehende Fragestellungen präsentiert werden.

Aus der dargestellten historischen Entwicklung von Bildungswesen, Alphabetisierung und Ausbildungsniveau der Bevölkerung geht hervor, welche Bedeutung dem Bildungsbereich als Schauplatz gesellschaftlicher Transformations- und Modernisierungsprozesse zukommen kann. Das ansteigende Ausbildungsniveau der Bevölkerung ist aber nicht nur als fortschreitende Qualifizierung zu begreifen, sondern innerhalb dieses dynamischen Prozesses kann es auch zur Verfestigung oder sogar zur Verstärkung bestehender sozialer Disparitäten kommen. Dies war für die hispanische Bevölkerung in New Mexico während des zwanzigsten Jahrhunderts der Fall, da diese – trotz ihres kontinuierlich ansteigenden Ausbildungsniveaus – nicht in der Lage war, mit der ebenfalls nach höheren Bildungsabschlüssen strebenden angloamerikanischen weißen Bevölkerung Schritt zu halten. Das Ausbildungsniveau ist in diesem Sinne nicht als absolutes Qualitätsmaß, sondern als relatives Maß für bestehende Disparitäten zu begreifen.

Die Unterschiede hinsichtlich der Ausgestaltung des Bildungswesens unter spanischer Kolonialherrschaft und im modernen zwanzigsten Jahrhundert verdeutlichen die starke Einbindung des Bildungsbereiches in allgemeine gesellschaftliche und politische Strukturen. Die einem zeitlichen Wandel unterliegenden Inhalte und Organisationsformen institutionalisierter Bildung können somit als Ausdruck jeweils geltender machtpolitischer Interessen interpretiert werden. Es handelt sich also auch beim gegenwärtigen Bildungswesen in New Mexico nicht etwa um eine gesetzlich fixierte universelle Norm, sondern um ein momentanes Abbild historisch gewachsener Strukturen. Die gegebene Vorläufigkeit derartiger Regelungen wurde in den 1960er und 1970er Jahren besonders deutlich, als es in New Mexico im Zuge gewandelter politischer Kräfteverhältnisse und neuer gesellschaftlicher Vorstellungen zu einschneidenden Veränderungen in der Bildungsgesetzgebung kam.

Vor diesem Hintergrund wird es deutlich, daß Bildungsverhalten sehr viel mehr ist als der bloße Ausdruck von Motivation und Begabung beziehungsweise deren Verwirklichung im Rahmen der Zugangsmöglichkeiten zu einer gegebenen Bildungsinfrastruktur. Tatsächlich ist das Bildungsverhalten unmittelbar geknüpft an die spezifischen Einstellungen und Erwartungen des Bildungsteilnehmers gegenüber dem Bildungswesen und dessen Einrichtungen. Eine sehr wichtige Rolle spielen dabei der familiäre Hintergrund des Bildungsteilnehmers und das meist damit verbundene Aspirationsniveau. Unter Berücksichtigung dieser Aspekte erhält die persönliche Bildungsentscheidung den Charakter einer Selbstpositionierung innerhalb eines vorhandenen Bildungsangebots und des damit verbundenen sozialen Prestiges. In Anlehnung an das Habituskonzept von Bourdieu läßt sich Bildungsverhalten damit als eine Praxis der eigenen Verortung innerhalb eines allgemeinen gesellschaftlichen Systems fassen, das den unterschiedlichen Bildungsabschlüssen jeweils unterschiedliche soziale Bedeutung zuweist.

Im Unterschied zu Bourdieu betont die vorliegende Arbeit weniger die sozioökonomischen Aspekte als vielmehr das spannungsreiche Nebeneinander verschiedener kulturell geprägter Wertesysteme. Diese in der Arbeit als kulturelle Identität bezeichneten Wertesysteme sind der wichtigste Grund für die unterschiedlichen Einstellungen gegenüber dem Bildungswesen in New Mexico und die daraus resultierenden Disparitäten im Ausbildungsniveau der Bevölkerung. Wie in der Arbeit belegt wird, ist die kulturelle Identität der hispanischen Bevölkerung sozial und räumlich stark auf New Mexico fixiert. Daher wird keineswegs der Anspruch erhoben, mit der kulturellen Identität einen universell gültigen Einflußfaktor des Bildungsverhaltens aufgedeckt zu haben. Es ist vielmehr anzunehmen, daß die Bedeutung der kulturellen Identität in anderen raumzeitlichen Untersuchungskontexten zugunsten anderer identitätsstiftender Merkmale – wie etwa Geschlecht, soziale Schichtzugehörigkeit oder politische Orientierung – als Einflußfaktor des Bildungsverhaltens zurücktritt.

Gleichwohl eröffnet die Beschäftigung mit den Wechselbeziehungen zwischen Kultur, Bildung und Identität ein attraktives und bislang noch weitgehend unbeachtetes Forschungsfeld im Bereich einer *New Cultural Geography*. Mit inhaltlichem Schwerpunkt auf dem Zusammenspiel von Bildungswesen, Bildungsverhalten und kultureller Identität konnten in der vorliegenden Arbeit nur einzelne von zahlreichen interessanten Aspekten ausführlicher behandelt werden. So wurde etwa die Frage nach der Ethnizität des Lehrpersonals und den damit verbundenen Auswirkungen auf die Schüler-Lehrer-Beziehungen vor allem im universitären Kontext, aber nur randlich im schulischen Bereich erörtert. Ebenso lassen sich die Konflikte um das Definieren der Lerninhalte und die Organisation des Bildungswesens sicherlich noch eingehender vor dem Hintergrund konkurrierender Machtinteressen untersuchen. Ein weiteres attraktives Themenfeld ist die Bildungslandschaft entlang der Grenze zwischen Mexiko und den USA. Vor dem Hintergrund einer zunehmenden wirtschaftlichen Verflechtung und politischen Annäherung der beiden Staaten erscheint es interessant, die Rolle des Bildungswesens näher zu betrachten und beispielsweise institutionelle Kontakte und Kooperationen oder das grenzüberschreitende Bildungsverhalten der Bevölkerung zu untersuchen. Doch auch in anderen regionalen Kontexten ergeben sich aus den Wechselbeziehungen zwischen Bildung, Kultur und Identität attraktive Forschungsfelder. Denkbar wäre eine kritische Auseinandersetzung mit den in den europäischen Ländern recht unterschiedlichen Vorstellungen und Modellen für eine angemessene Integration und Förderung von Kindern ausländischer Eltern im öffentlichen Schulwesen.

7   Literaturverzeichnis

ACKERMAN, R. E. (1933): Trends in illiteracy in New Mexico. Unveröffentlichte Dissertation. Albuquerque: University of New Mexico.

ACUÑA, R. (1988): Occupied America. A history of Chicanos. 2. Aufl. New York: Harper & Row.

ADAMS, E. B. (1944): Two colonial New Mexico libraries – 1704, 1776. In: New Mexico Historical Review 19 (2), 135–167.

ADAMS, E. B. / CHÁVEZ, F. A. (1956): The missions of New Mexico, 1776. A description by Fray Francisco Atanasio Dominguez with other contemporary documents. Albuquerque: University of New Mexico Press.

ADAMS, E. B. / SCHOLES, F. V. (1942): Books in New Mexico, 1598–1680. In: New Mexico Historical Review 17 (3), 226–270.

ALBRECHT, V. (1990a): Nationale Einheit und kulturelle Vielfalt in den USA. Aufgezeigt am Beispiel der Hispanics im Südwesten. In: Geographische Rundschau 42 (9), 488–496.

ALBRECHT, V. (1990b): Sozialräumliche Segregation, Schulentwicklungsplanung und Stadtentwicklung in Tucson, Arizona. In: WINDHORST, H.-W. (Hg.): Arbeiten zur Kulturgeographie der USA. Vechta. (= Vechtaer Arbeiten zur Geographie und Regionalwissenschaft 10), 45–58.

ALBRECHT, V. (1991): Die Raumwirksamkeit politischer Handlungen und die Rechtsprechung in den USA. Aufgezeigt am Spannungsfeld von politischen Leitzielen der ‚Equal Opportunity in Education' und den sozialräumlichen Realitäten der Segregation. In: Nordamerika. Staatshandeln und räumliche Entwicklungen. Frankfurt a.M. (= Frankfurter Wirtschafts- und Sozialgeographische Schriften 55), 49–62.

ALBRECHT, V. (1996): Multiculturalism and pluralism in the United States. Perspectives from the Mexican American experiences. In: FRANTZ, K. (ed.): Human Geography in North America. New perspectives and trends in research. Innsbruck: Selbstverlag des Instituts für Geographie. (= Innsbrucker Geographische Studien 26), 41–63.

ANAYA, R. (1972): Bless Me, Ultima. Berkeley: TQS.

ANDERSON, C. A. (1968): Education and society. In: SILLS, D. L. (ed.): International encyclopaedia of the social sciences. Vol. 4. New York: Macmillan, 517–525.

ANDERSON, K. / DOMOSH, M. / PILE, S. / THRIFT, N. (eds.) (2003): Handbook of cultural geography. London: Sage.

ANDERSON, L. W. (ed.) (1995): International encyclopedia of teaching and teacher education. 2. Aufl. New York: Pergamon Press.

APPLETON, N. (1983): Cultural pluralism in education. New York: Longman.

ARAGON, R. J. (1978): Padre Martinez and Bishop Lamy. Las Vegas: Pan American Publishing.

ARCHIBALD, R. (1978): Acculturation and assimilation in colonial New Mexico. In: New Mexico Historical Review 53 (3), 205–217.

ARIAS, M. B. (1986): The context of education for Hispanic students. An overview. In: American Journal of Education 95 (Nov.), 26–57.

ARREOLA, D. D. (1985): Mexican Americans. In: MCKEE, J. Q. (ed.): Ethnicity in contemporary America. Dubuque: Kendall/Hunt, 77–94.

ARREOLA, D. D. / HAVERLUK, T. W. (1996): Mexikanische Amerikaner. Vielfalt einer Minderheit im Südwesten und Westen der USA. In: Geographische Rundschau 48 (4), 213–219.

ATHEARN, F. J. (1974): Life and society in 18th century New Mexico 1692–1776. Unveröffentlichte Dissertation. Austin: University of Texas.

ATKINS, J. C. (1982): Who will educate. The schooling question in territorial New Mexico, 1846–1911. Unveröffentlichte Dissertation. Albuquerque: University of New Mexico.

BAILEY, C. H. / VILLASANA, H. J. (1942): Three New Mexico chronicles. The exposicion of Don Pedro Bautista Pino, 1812. The Ojeada of Lic. Antonio Barreiro, 1832; and the addittions [sic] by Don Jose Augustin de Escudero, 1849. Albuquerque: Quivira Society.

BALLANTINE, J. H. (1993): The sociology of education. A systematic analysis. 3. Aufl. Englewood Cliffs: Prentice-Hall.

BARON, D. (1990): The English-only question. An official language for America? New Haven: Yale University Press.

BARRERA, M. (1979): Race and class in the Southwest. A series of racial inequality. Notre Dame: University of Notre Dame Press.

BEAN, F. D. / TIENDA, M. (1987): The Hispanic population of the United States. New York: Russell Sage Foundation.

BECK, W. A. / HAASE, Y. D. (1969): Historical atlas of New Mexico. Norman: University of Oklahoma Press.

BENTLEY, J. (1982): Busing, the continuing controversy. New York: Franklin Watts.

BERNSTEIN, B. (1971): Class, codes, and control. Vol. 1, Theoretical studies towards a sociology of language. London.

BIEBEL, C. D. (1980): Cultural change on the southwest frontier. Albuquerque schooling, 1870–1895. In: New Mexico Historical Review 55 (3), 209–230.

BLOOM, J. P. (1959): New Mexico viewed by Anlgo-Americans, 1846–1849. In: New Mexico Historical Review 34 (July), 165–198.

BLOTEVOGEL, H. H. / HEINRITZ, G. / POPP, H. (1989): Regionalbewußtsein. Zum Stand der Diskussion um einen Stein des Anstoßes. In: Geographische Zeitschrift 77 (3), 65–88.

BOURDIEU, P. (1972): Esquisse d'une théorie de la pratique. Précédé de trois études d'ethnologie kabyle. Genf: Librairie Droz.

BOURDIEU, P. (1979): La distinction. Critique sociale du jugement. Paris: Éditions de Minuit.

BOURDIEU, P. (1980): Le sens pratique. Paris: Éditions de Minuit.

BOURDIEU, P. (1985): Sozialer Raum und Klassen. Leçon sur la leçon. Zwei Vorlesungen. Frankfurt a.M.: Suhrkamp.

BOURDIEU, P. (1993): La misère du monde. Paris: Éditions du Seuil.

BOURDIEU, P. / PASSERON, J.-C. (1970): La reproduction. Élements pour une théorie du système d'enseignement. Paris: Éditions de Minuit.

BOURDIEU, P. / PASSERON, J.-C. (1985): Les héritiers. Les étudiants de la culture. Paris: Éditions de Minuit.

BOWLES, S. / GINTIS, H. (1976): Schooling in capitalist America. Educational reform and the contradictions of economic life. New York: Basic Books.

BURMA, J. H. / WILLIAMS, D. E. (1961): An economic, social and educational survey of Rio Arriba and Taos counties. El Rito: Northern New Mexico College.

BURSTEIN, L. et al. (1994): Education indicators. In: HUSÉN, T. (ed.): The international encyclopaedia of education. 2. Aufl. Oxford, New York, Tokio: Pergamon, 409–418.

BUSTAMANTE, A. H. (1982): Los Hispanos. Ethnicity and social change in New Mexico. Unveröffentlichte Dissertation. Albuquerque: University of New Mexico.

CAMARILLO, A. (1979): Chicanos in a changing society. Cambridge: Harvard University Press.

CAMPA, A. L. (1979): Hispanic culture in the Southwest. Norman: University of Oklahoma Press.

CARDOSO, L. A. (1980): Mexican emigration to the United States 1897–1931. Tucson: University of Arizona Press.

CARLSON, A. W. (1969): New Mexico's sheep industry, 1850–1900. Its role in the history of the territory. In: New Mexico Historical Review 44 (January), 25–49.

CARLSON, A. W. (1990): The Spanish-American homeland. Four centuries in New Mexico's Río Arriba. Baltimore: The Johns Hopkins University Press.

CARLSON, A. W. (1996): Cultural persistence in New Mexico's Rio Arriba. The case for the designation of a rural historic cultural region. In: FRANTZ, K. / SAUDER, R. A. (eds.): Ethnic persistence and change in Europe and America. Traces in landscape and society. Innsbruck. (= Veröffentlichungen der Universität Innsbruck 213), 47–66.

CARTER, T. / SEGURA, R. (1979): Mexican Americans in school. A decade of change. New York: College Entrance Examination Board.

CHAVEZ, F. A. (1979): My penitente land, the soul story of Spanish New Mexico. Santa Fe: William Gannon Publisher.

CHÁVEZ, J. R. (1984): The lost land. The Chicano image of the Southwest. Albuquerque: University of New Mexico Press.

CLARK, B. R. / NEAVE, G. R. (eds.) (1992): The encyclopedia of higher education. New York: Pergamon Press.

CLIFTON, R. A. (1997): Race and ethnicity in education. In: SAHA, L. J. (ed.): International encyclopedia of the sociology of education. Oxford: Pergamon, 550–555.

CLINTON, W. (2000): Fiscal Year 2001. Speech from January 27, 2000. Washington D.C. [URL: http://www.ed.gov/offices/OUS/Budget01/BudgetSumm/ mit Zugriff am 14.2. 2000].

COCKCROFT, J. D. (1995): Latinos in the struggle for equal education. The Hispanic experience in the Americas. New York: Franklin Watts.

COLEMAN, J. S. (1975): Racial segregation in the schools. New research with new policy implications. In: Phi Delta Kappan 57, 75–78.

COLEMAN, J. S. / CAMPBELL, E. Q. / HOBSON, C. J. / MCPARTLAND, J. / MOOD, A. M. / WEINFELD, F. D. / YORK, R. L. (1966): Equality of educational opportunity. Washington, D.C.: U.S. Government Printing Office.

COLEMAN, J. S. / HOFFER, T. (1987): Public and private high schools. The impact of communities. New York: Basic Books.

COLLINS, J. / THOMPSON, F. (1997): Family, school and cultural capital. In: SAHA, L. J. (ed.): International encyclopedia of the sociology of education. Oxford: Pergamon, 618–623.

CÓRDOVA, G. B. (1979): Missionization and hispanicization of Santo Tomás Apostal de Abiquiu, 1750–1770. Unveröffentlichte Dissertation. Albuquerque: University of New Mexico.

CORTESE, A. J. (1992): Academic achievement in Mexican Americans. Socio-legal and cultural factors. In: SEDILLO LÓPEZ, A. (ed.) (1995): Latino language and education. Communication and the dream deferred. New York. (= Latinos in the United States - history, law and perspective 5), 305–321.

COSGROVE, D. / JACKSON, P. (1987): New directions in cultural geography. In: Area 19 (2), 95–101.

CRANG, M. (1998): Cultural geography. London: Routledge.

DE LA GARZA, R. O. (1984): 'And then there were some ...'. Chicanos as national political actors, 1967–1980. In: Aztlán 15 (Spring), 1–24.

DELGADO-GAITAN, C. (1986): Mexican adult literacy. New directions for immigrants. In: GOLDMAN, S. / TRUEBA, H. T. (eds.): Becoming literate in English as a second language. Norwood: Ablex, 9–32.

DELGADO-GAITAN, C. (1987): Traditions and transitions in the learning process of Mexican children. An ethnographic view. In: SPINDLER, G. / SPINDLER, L. (eds.): Interpretive ethnography of education. At home and abroad. Hillsdale: Lawrence Earlbaum, 333–359.

DELGADO-GAITAN, C. / TRUEBA, H. (1991): Crossing cultural borders. Education for immigrant families in America. London: Falmer Press.

DEMAINE, J. (1981): Contemporary theories in the sociology of education. London und Basingstoke: Macmillan.

DICKERSON, R. F. (1919): Some suggestive problems in the americanization of Mexicans. In: Pedagogical Seminary (September), 288–293.

DIMOND, P. R. (1985): Beyond busing. Inside the challenge to urban segregation. Ann Arbor: University of Michigan Press.

DODD, D. B. (1993): Historical statistics of the states of the United States. Two centuries of the census, 1790–1990. Westport: Greenwood Press.

DONATO, R. / MENCHACA, M. / VALENCIA, R. R. (1991): Segregation, desegregation, and integration of Chicano students. In: VALENCIA, R. R. (ed.): Chicano school failure and success. Research and policy agendas for the 1990s. London: Falmer Press, 27–63.

DOUGLAS, D. M. (ed.) (1994): School busing. Constitutional and political developments. New York: Garland.

DRENNON-GALA, D. (1995): Delinquency and high school dropouts. Reconsidering social correlates. Lanham: University Press of America.

DÜRR, E. (2002): Soziale Konstruktion und Repräsentation kultureller Identitäten in urbanem Raum. In: MAYR, A. / MEURER, M. / VOGT, J. (Hg.): Stadt und Region. Dynamik von Lebenswelten. Tagungsbericht und wissenschaftliche Abhandlungen. Deutsche Gesellschaft für Geographie, Leipzig, 329–338.

DURÁN, R. P. (ed.) (1981): Latino language and communicative behavior. Norwood: Ablex.

ECKERT, P. (1989): Jocks and burnouts. Social categories and identity in the high school. New York: Harper & Row.

ECKSTEIN, M. A. (1988): United States. In: POSTLETHWAITE, T. N. (ed.): The encyclopedia of comparative education and national systems of education. New York: Pergamon Press, 698–705.

EPSTEIN, E. H. (1991): Bildung und Erziehung in den Vereinigten Staaten in den neunziger Jahren. In: Bildung und Erziehung 44 (2), 151–166.

EPSTEIN, J. L. (1985): After the bus arrives. Resegregation in desegregated schools. In: Journal of Social Issues 41 (3), 23–43.

ERICKSON, F. (1997): Schools as sociocultural systems. In: SAHA, L. J. (ed.): International encyclopedia of the sociology of education. Oxford: Pergamon, 356–361.

EYLER, J. / COOK, V. J. / WARD, L. E. (1983): Resegregation. Segregation within desegregated schools. In: ROSSELL, C. H. / HAWLEY, W. D. (eds.): The consequences of school desegregation. Philadelphia: Temple University Press, 126–162.

FARNEN, R. F. / SUNKER, H. (1997): The politics, sociology, and economics of education. Interdisciplinary and comparative perspectives. Basingstoke: Macmillan.

FASSMANN, H. / MEUSBURGER, P. (1997): Arbeitsmarktgeographie. Erwerbstätigkeit und Arbeitslosigkeit im räumlichen Kontext. Stuttgart: Teubner.

FERNÁNDEZ, R. R. / GUSKIN, J. T. (1981): Hispanic students and school desegregation. In: HAWLEY, W. D. (ed.): Effective school desegregation. Beverly Hills: Sage. 107–140.

FERNÁNDEZ, R. R. / VÉLEZ, W. (1985): Race, color, and language in the changing public schools. In: MALDONADO, L. / MOORE, J. W. (eds.): Urban ethnicity in the United States. New immigrants and old minorities. Beverly Hills: Sage, 123–143.

FINE, M. (1991): Framing dropouts. Notes on the politics of an urban public high school. Albany: State University of New York Press.

FISHLOW, A. (1966): Levels of nineteenth-century American investment in education. In: Journal of Economic History 26, 418–436.

FISHMAN, J. A. / KELLER, G. D. (1982): Bilingual education for Hispanic students in the United States. New York: Teachers College Press.

FLORA, P. (1972): Historische Prozesse sozialer Mobilisierung, Urbanisierung und Alphabetisierung 1850–1965. In: Zeitschrift für Soziologie 1, 85–117.

FOLEY, D. (1991): Reconsidering anthropological explanations of ethnic school failure. In: Anthropology and Education Quarterly, 22 (1), 60–86.

FONSECA, J. W. / ANDREWS, A. C. (1989): The atlas of American higher education. New York: New York University Press.

FOSTER, C. R. (1979): Zweisprachige Erziehung in den Schulen der USA. In: Bildung und Erziehung 32 (6), 517–527.

FOX, G. (1997): Hispanic nation. Culture, politics, and the constructing of identity. Tucson: University of Arizona Press.

FRAAZ, K. (1992): Die Bedeutung der Community Colleges für die Aus- und Weiterbildung sowie für die Entwicklung der regionalen Wirtschaft in den USA. In: Beiträge zur Hochschulforschung, 61–76.

FRAGA, L. R. / MEIER, K. J. / ENGLAND, R. E. (1986): Hispanic Americans and educational policy. Limits to equal access. In: Journal of Politics 48 (November), 850–876.

FRANTZ, K. (1990): Counting the uncountable? Bevölkerungsstatistische Fragen im Zusammenhang mit den US-amerikanischen Indianern in den USA. In: Vechtaer Arbeiten zur Geographie und Regionalwissenschaft 10, 67–74.

FRANTZ, K. (1993): Die Indianerreservationen in den USA. Aspekte der territorialen Entwicklung und des sozio-ökonomischen Wandels. Stuttgart: Steiner. (= Erdkundliches Wissen 109).

FRANTZ, K. (1994): Washington Schools, Little White Man Schools und Indian Schools – bildungsgeographische Fragestellungen dargestellt am Beispiel der Navajo Indianerreservation. In: Die Erde 125, 299–314.

FRANTZ, K. (1996): Education on the Navajo Indian Reservation. Aspects of the maintenance of cultural identity as seen from a geographical point of view. In: FRANTZ, K. / SAUDER, R. A. (eds.): Ethnic persistence and change in Europe and America. Traces in landscape and society. Innsbruck. (= Veröffentlichungen der Universität Innsbruck 213), 223–245.

FREEMAN, R. B. (1975): The over-educated America. New York: Academic Press.

FREYTAG, T. (2001): Bildungsverhalten, Kultur und Identität. Eine Interpretation bildungsbezogener Disparitäten in New Mexico. In: Mitteilungsblatt des Arbeitskreises Nordamerika der Deutschen Gesellschaft für Geographie 28, 57–63.

FREYTAG, T. (2002): Identität. In: Lexikon der Geographie. Bd. 2, Gast bis Ökol. Heidelberg: Spektrum Akademischer Verlag, 145.

FREYTAG, T. (2003): Bildungswesen, Bildungsverhalten und kulturelle Identität. Ursachen für das unterdurchschnittliche Ausbildungsniveau der hispanischen Bevölkerung in New Mexico. Dissertation am Geographischen Institut der

Universität Heidelberg, Fakultät für Chemie und Geowissenschaften. Publiziert auf dem Dokumentenserver der Universitätsbibliothek Heidelberg. [URL: http://www.ub.uni-heidelberg.de/archiv/3675 mit Zugriff am 24.7. 2003].

FREYTAG, T. / MEUSBURGER, P. (2000): Bildungsinfrastruktur, Bildungsbeteiligung und Bildungserfolg der Hispanics im Südwesten der USA. Unveröffentlichter Arbeitsbericht über das Projekt ME 807/14–1 der Deutschen Forschungsgemeinschaft. Heidelberg.

GALLEGOS, B. P. (1992): Literacy, education, and society in New Mexico, 1693–1821. Albuquerque: University of New Mexico Press.

GAMERITH, W. (1996): Ausbildungs- und Qualifikationsstrukturen ethnischer Minderheiten in den USA. In: BARSCH, D. / FRICKE, W. / MEUSBURGER, P. (Hg.): 100 Jahre Geographie an der Ruprecht-Karls-Universität Heidelberg (1895–1995). Heidelberg: Selbstverlag des Geographischen Instituts der Universität Heidelberg. (= Heidelberger Geographische Arbeiten 100), 159–173.

GAMERITH, W. (1998a): Das US-amerikanische Bildungswesen. Räumlich-soziale Disparitäten im Spannungsfeld zwischen egalitären und elitären Prinzipien. In: Mitteilungen der Österreichischen Geographischen Gesellschaft 140, 161–196.

GAMERITH, W. (1998b): Education in the United States. How ethnic minorities are faring. In: KEMPER, F.-J. / GANS, P. (Hg.): Ethnische Minoritäten in Europa und Amerika. Geographische Perspektiven und empirische Fallstudien. Berlin. (= Berliner Geographische Arbeiten, 86), 89–104.

GAMERITH, W. (1998c): Money Matters. Räumliche Aspekte der Finanzierung des US-amerikanischen Hochschulwesens durch Studiengebühren. In: Journal der Heidelberger Geographischen Gesellschaft HGG 13, 216–229.

GAMERITH, W. (1998d): Sprachlicher Pluralismus und Konformismus in den USA. das Konfliktfeld "Schule". In: Mitteilungsblatt des Arbeitskreises USA der Deutschen Gesellschaft für Geographie 23, 19–47.

GAMERITH, W. (1999): Hochqualifizierte Personen aus ethnischen Minderheitengruppen in den USA. Räumliche Divergenzen und soziale Konfliktfelder. In: Mitteilungsblatt des Arbeitskreises USA der Deutschen Gesellschaft für Geographie 25, 20–32.

GAMERITH, W. (2002): Ethnizität und Schule. Eine Analyse regionaler und sozialer Disparitäten der Ausbildungs- und Qualifikationsstrukturen US-amerikanischer Minderheiten. Habilitationsschrift am Geographischen Institut der Universität Heidelberg.

GANDARA, P. (1982): Passing through the eye of the needle. High-achieving Chicanas. In: Hispanic Journal of Behavioral Sciences 4 (2), 167–179.

GARCIA, C. F. (ed.) (1988): Latinos and the political system. Notre Dame: University of Notre Dame Press.

GARCIA, E. E. (1991): Bilingualism, second language acquisition, and the education of Chicano language minority students. In: VALENCIA, R. R. (ed.): Chicano school failure and success. Research and policy agendas for the 1990s. London: Falmer Press, 93–118.

GARCÍA, M. T. (1989): Mexican Americans. Leadership, ideology, & identity, 1930–1960. New Haven: Yale University Press.

GEIPEL, R. (1968): Der Standort der Geographie des Bildungswesens innerhalb der Sozialgeographie. In: Zum Standort der Sozialgeographie. Wolfgang Hartke zum 60. Geburtstag. München. (= Münchener Studien zur Sozial- und Wirtschaftsgeographie 4), 155–161.

GEIPEL, R. (1969): Bildungsplanung und Raumordnung als Aufgaben moderner Geographie. In: Geographische Rundschau 23, 15–26.

GEIPEL, R. (1971a): Die räumliche Differenzierung des Bildungsverhaltens. In: Bildungsplanung und Raumordnung. Hannover. (= Veröffentlichungen der Akademie für Raumforschung und Landesplanung, Forschungs- und Sitzungsberichte 61), 47–61.

GEIPEL, R. (1971b): Die Universität als Gegenstand sozialgeographischer Forschung. In: Mitteilungen der Geographischen Gesellschaft in München 56, 17–31.

GEIPEL, R. (1976): Zur Entstehungsgeschichte des Forschungsansatzes ‚Geographie des Bildungsverhaltens'. In: Mitteilungen der Österreichischen Geographischen Gesellschaft 118, 3–8.

GEIPEL, R. (1995): Fünfundzwanzig Jahre im Dienst regionaler Bildungsforschung. In: Beiträge zur Regionalen Bildungsforschung. Münchener Geographische Hefte 72. Kallmünz: Laßleben, 19–40.

GELLERT, C. (1993): Wettbewerb und Leistungsorientierung im amerikanischen Universitätssystem. Frankfurt a.M.: Lang.

GETZ, L. M. (1992): Extending the helping hand to Hispanics. The role of the general education board in New Mexico in the 1930s. In: Teachers College Record 93 (3), 500–515.

GIBSON, M. A. / OGBU, J. U. (eds.) (1991): Minority status and schooling. A comparative study of immigrant and involuntary minorities. New York: Garland.

GIDDENS, A. (1984): The constitution of society. Outline of the theory of structuration. Cambridge: Polity Press.

GIDDENS, A. (1987): Social theory and modern sociology. Cambridge: Polity Press.

GIDDENS, A. (1991): Modernity and self-identity. Self and society in the late modern age. Cambridge: Polity Press.

GIESE, E. (1987): Hochschulen als Gegenstand regionalwissenschaftlicher Forschung. In: GIESE, E. (Hg.): Aktuelle Beiträge zur Hochschulforschung. Gießen. (= Gießener Geographische Schriften 62), 1–24.

GILMORE, P. / SMITH, D. (1989): Mario, Jesse and Joe. Contextualizing dropping out. In: TRUEBA, H. T. / SPINDLER, G. / SPINDLER, L. (eds.): What do anthropologists have to say about dropouts? The first centennial conference on children at risk. New York: Falmer Press, 79–92.

GOMEZ-QUINONES, J. (1990): Chicano politics. Reality and promise, 1940–1990. Albuquerque: University of New Mexico Press.

GONZALEZ, G. G. (1990): Chicano education in the era of segregation. London: Associated University Press.

GOODSON, I. F. / WALKER, R. (1991): Biography, identity & schooling. Episodes in educational research. London: Falmer Press.

GOODY, J. / WATT, I. (1968): The consequences of literacy. In: GOODY, J. (ed.): Literacy in traditional societies. Cambridge: Cambridge University Press, 27–68.

GOULD, W. T. S. (1993): People and education in the Third World. New York: Longman.

GRAFF, H. J. (1987a): The labyrinths of literacy. Reflections on literacy past and present. Philadelphia: Falmer Press.

GRAFF, H. J. (1987b): The legacies of literacy. Continuities and contradictions in Western culture and society. Bloomington: Indiana University Press.

GRAFF, H. J. (ed.) (1981): Literacy and social development in the West. A reader. Cambridge: Cambridge University Press.

GREENLEAF, R. E. (1985): The inquisition in eighteenth century New Mexico. In: New Mexico Historical Review 60 (1), 29–60.

GRISWOLD DEL CASTILLO, R. (1984): La Familia. Chicano families in the urban Southwest. South Bend: Notre Dame Press.

GRUBER, K. et al. (2002): Schools and staffing survey. 1999–2000. Overview of the data for public, private, public charter, and Bureau of Indian Affairs elementary and secondary schools. Washington D.C.: National Center for Education Statistics.

GRUGEL, A. (1997): Die Zuni-Indianer in New Mexico. Eine persistente Gesellschaft mit Perspektiven? Frankfurt am Main: IKO. (= Mosaik der Kulturen 1).

GRUGEL, A. (1998): 'Prepare Zuni children to meet with the demands of Zuni society and the world'. Kulturelle Identität, Bildung und sozioökonomische Möglichkeiten – der indianische Zuni-Schuldistrikt. In: GRUGEL, A. (Hg.): Grenzziehungen. Zur Konstruktion ethnischer Identitäten in der Arena soziopolitischer Konflikte. Frankfurt am Main: IKO. (= Mosaik der Kulturen 2), 99–124.

HALL, S. / DU GAY, P. (eds.) (1996): Questions of cultural identity. London: Sage.

HALL, T. D. (1989): Social change in the Southwest, 1350–1880. Lawrence: University of Kansas Press.

HANUSHEK, E. A. (1986): The economics of schooling. Production and efficiency in public schools. In: Journal of Economic Literature 24 (September), 1141–1177.

HARKER, R. (2000): Bourdieu. Education and reproduction. In: BALL, S. J. (ed.): Sociology of education. Vol. 2, Inequalities and oppressions. London: Routledge, 831–854.

HARO, C. M. (1983): Chicanos in higher education. A review of selected literature. In: Aztlán 14 (1), 35–77.

HARROP, S. A. (1984): Adult education and literacy. The importance of post-school education for literacy levels in the eighteenth and nineteenth centuries. In: History of Education 13, 191–205.

HARTMANN, P. H. (1995): Lebensstil und Erklärung. Zur methodologischen Kritik der Lebensstilforschung. In: Angewandte Sozialforschung 19 (1), 129–140.

HAVERLUK, T. W. (1997): The changing geography of U.S. Hispanics, 1850–1990. In: Journal of Geography 96 (3), 134–145.

HAVERLUK, T. W. (1998): Hispanic community types and assmilation in Mex-America. In: The Professional Geographer 50 (4), 465–480.

HAYES, E. J. (1981): Busing and desegregation. The real truth. Springfield.

HERNANDEZ, J. et al. (1973): Census data and the problem of conceptually defining the Mexican American population. In: Social Science Quarterly 53, 671–687.

HERRNSTEIN, R. / MURRAY, C. (1994): The bell curve. Intelligence and class structure in American life. New York: Free Press.

HINER, R. N. (1990): History of education for the 1990s and beyond. The case for academic imperialism. In: History of Education Quarterly 30 (2), 137–60.

HOCHSCHILD, J. L. (1984): The new American dilemma. Liberal democracy and school desegregation. New Haven: Stoughton.

HOFFER, T. B. (1988): Retention of Hispanic American high school youth. In: MCKENNA, T. / ORTIZ, F. I. (ed.): The broken web. The educational experience of Hispanic American women. Berkeley: Floricanto Press, 107–135.

HOFFMAN, A. (1974): Unwanted Mexican Americans in the Great Depression. Repatriation pressures, 1929–39. Tucson: University of Arizona Press.

HOFMEISTER, B. (1970): Nordamerika. Frankfurt a.M.: Fischer. (= Fischer Länderkunde 6).

HOFMEISTER, B. (1971): Stadt und Kulturraum Angloamerika. Braunschweig: Vieweg.

HOFMEISTER, B. (1995): USA. 2. Aufl. Dortmund: Harenberg.

HOFMEISTER, B. (1996): Die Stadtstruktur. Ihre Ausprägung in den verschiedenen Kulturräumen der Erde. 3. überarbeitete Aufl. Darmstadt: Wissenschaftliche Buchgesellschaft. (= Erträge der Forschung 132).

HORNBERGER, N. H. (1987): Bilingual education success, but policy failure. In: Language Society 16, 205–226.

HOUSTON, R. A. (1983): Literacy and society in the West. In: Social History 8, 269–293.

HOUSTON, R. A. (1988): Literacy in early modern Europe. Culture and education 1500–1800. London: Longman.

HOYLER, M. (1995): Räumliche und sozioökonomische Unterschiede des Analphabetismus zur Zeit der Industrialisierung. Das Beispiel der englischen Grafschaft Leicestershire 1754–1890. In: Beiträge zur Regionalen Bildungsforschung. Münchener Geographische Hefte 72. Kallmünz: Laßleben, 97–130.

HOYLER, M. (1996): Anglikanische Heiratsregister als Quellen historisch-geographischer Alphabetisierungsforschung. In: BARSCH, D. / FRICKE, W. / MEUSBURGER, P. (Hg.): 100 Jahre Geographie an der Ruprecht-Karls-Universität Heidelberg (1895–1995). Heidelberg: Selbstverlag des Geographischen Instituts der Universität Heidelberg. (= Heidelberger Geographische Arbeiten 100), 174–200.

HOYLER, M. (1998): Small town development and urban illiteracy. Comparative evidence from Leicestershire marriage registers 1754–1890. In: Historical Social Research 23, 202–230.

HOYLER, M. (2001): Alphabetisierung. In: Lexikon der Geographie. Bd. 1, A bis Gasg. Heidelberg: Spektrum Akademischer Verlag, 44–45.

HOYLER, M. / FREYTAG, T. / BAUMHOFF, R. (1997): Literaturdatenbank Regionale Bildungsforschung. Konzeption, Datenbankstrukturen in ACCESS und Einführung in die Recherche. Mit einem Verzeichnis ausgewählter Institutionen der Bildungsforschung und weiterführenden Recherchehinweisen. Heidelberg (= Heidelberger Geographische Bausteine 15).

HUGHES, L. W. / GORDON, W. M. / HILLMAN, L. W. (1980): Desegregating America's schools. New York: Longman.

HURTADO, A. / ARCE, C. H. (1986): Mexicans, Chicanos, Mexican Americans, or Pochos ... Que somos? The impact of language and nativity on ethnic labeling. In: Aztlán 17 (1), 103–130.

HURTADO, A. / GURIN, P. (1987): Ethnic identity and bilingualism attitudes. In: Hispanic Journal of Behavioral Sciences 9 (March), 1–18.

HUSÉN, T. / POSTLETHWAITE, T. N. (eds.) (1994): The international encyclopedia of education. 2. Aufl. New York: Pergamon Press.

INSTITUT FÜR LÄNDERKUNDE (Hg.) (2002): Nationalatlas Bundesrepublik Deutschland. Bd. 6, Bildung und Kultur. Heidelberg: Spektrum Akademischer Verlag.

JACKSON, P. (1989): Maps of meaning. An introduction to cultural geography. London: Unwin Hyman.

JACKSON, P. (1997): Geography and the cultural turn. In: Scottish Geographical Magazine 113 (3), 186–188.

JENCKS, C. / SMITH, M. / ACLAND, H. / BANE, M. J. / COHEN, D. / GINITS, H. / HEYNS, B. / MICHELSON, S. (1972): Inequality. A reassessment of the effect of family and schooling in America. New York: Basic Books.

JENKINS, M. E. (1977): Early education in New Mexico. In: National Education Association – New Mexico School Review 53 (1), 2–14.

JOHANSSON, E. (1977): The history of literacy in Sweden in comparison with some other countries. In: Educational Reports Umea, 12. Umea University and Umea School of Education. Nachdruck in: GRAFF, H. J. (ed.) (1981): Literacy and social development in the West. A reader. Cambridge: Cambridge University Press, 151–182.

JÖNS, H. (2002a): Grenzüberschreitende Mobilität und Kooperation in den Wissenschaften. Deutschlandaufenthalte US-amerikanischer Humboldt-Forschungspreisträger aus einer erweiterten Akteursnetzwerkperspektive. Dissertation am Geographischen Institut der Universität Heidelberg. [URL http://www.ub.uni-heidelberg.de/archiv/2125 mit Zugriff am 9. Mai 2003].

JÖNS, H. (2002b): Internationalität durch ausländische Gastwissenschaftler. In: Nationalatlas Bundesrepublik Deutschland. Bd. 6, Bildung und Kultur. Heidelberg: Spektrum Akademischer Verlag, 84–85.

JÖNS, H. (2002c): Karrieremobilität. In: Lexikon der Geographie. Bd. 2, Gast bis Ökol. Heidelberg: Spektrum Akademischer Verlag, 201.

KAESTLE, C. F. (1988): Literacy and diversity. Themes from a social history of the American reading public. In: History of Education Quarterly 28 (4), 524–49.

KATZ, M. B. (1977): Class, bureaucracy, and schools. The illusion of educational change in America. 2. Aufl. New York: Praeger.

KAUFMAN, P. / ALT, M. N. / CHAPMAN, C. (2001): Dropout rates in the United States. 2000. Washington D.C.: National Center for Education Statistics.

KAUFMAN, P. / KWON, J. Y. / KLEIN, S. / CHAPMAN, C. (2000): Dropout rates in the United States. 1999. Washington D.C.: National Center for Education Statistics.

KEEFE, S. E. / PADILLA, A. (1987): Chicano ethnicity. Albuquerque: University of New Mexico Press.

KEITH, M. / PILE, S. (eds.) (1993): Place and the politics of identity. London: Routledge.

KELLER, G. D. / VAN HOOFT, K. S. (1982): A chronology of bilingualism and bilingual education in the United States. In: FISHMAN, J. A. / KELLER, G. D. (eds.): Bilingual education for Hispanic students in the United States. New York: Teachers College Press, 3–19.

KELLY, D. M. (1997): School dropouts. In: SAHA, L. J. (ed.): International encyclopedia of the sociology of education. Oxford: Pergamon, 582–586.

KELLY, H. W. (1940): Franciscan missions of New Mexico, 1740–1760. In: New Mexico Historical Review 15 (4), 345–368.

KENNER, C. L. (1969): A history of New Mexican – Plains Indian relations. Norman: University of Oklahoma Press.

KICZA, J. E. (1983): Colonial entrepreneurs. Families and business in Bourbon Mexico City. Albuquerque. University of New Mexico Press.

KINDER, H. / HILGEMANN, W. (Hg.) (1984): dtv-Atlas zur Weltgeschichte. Karten und chronologischer Abriß. Bd. 1, Von den Anfängen bis zur Französischen Revolution. 19. Aufl. München: Deutscher Taschenbuchverlag.

KNIGHT, G. P. / BERNAL, M. E. / GARZA, C. A. / COTA, M. K. (1993): Family socialization and the ethnic identity of Mexican-American children In: Journal of Cross-Cultural Psychology 24 (1), 99–114.

KOZOL, J. (1985): Illiterate America. Plume Book. New York: New American Library.

KOZOL, J. (1991): Savage Inequalities. Children in America's Schools. New York: Crown.

KRAMER, C. (2002): Bildungsgerechtigkeit in Deutschland? In: Nationalatlas Bundesrepublik Deutschland. Bd. 6, Bildung und Kultur. Heidelberg: Spektrum Akademischer Verlag, 46–47.

LEE, S. J. (1996): Unraveling the 'model minority' stereotype. Listening to Asian American youth. New York: Teachers College Press.

LEVINE, K. (1986): The social context of literacy. London: Routledge.

LISS, P. K. (1975): Mexico under Spain, 1521–1556. Society and origins of nationality. Chicago: University of Chicago Press.

LOCKRIDGE, K. A. (1981): Literacy in Early America, 1650–1800. In: GRAFF, H. (ed.): Literacy and social development in the West. A reader. Cambridge: Cambridge University Press, 183–200.

LOPEZ, O. S. (1995): The effect of the relationship between classroom student diversity and teacher capacity on student performance. The strategic management of the classroom learning enterprise research series. Washington D.C. (= ERIC–ED386423).

LOWE E. Y. (1999): Promise and dilemma. Perspectives on racial diversity and higher education. Princeton: Princeton University Press.

MARSDEN, W. E. (1977): Historical geography and the history of education. In: History of education 6, 21–42.

MASSEY, D. (1999): Power-geometries and the politics of space-time. Heidelberg: Selbstverlag des Geographischen Instituts. (= Hettner-Lectures 2).

MATUTE-BIANCHI, M. E. (1991): Situational ethnicity and patterns of school performance among immigrant and nonimmigrant Mexican-descent students. In: GIBSON, M. A. / OGBU, J. U. (eds.): Minority status and schooling. A comparative study of immigrant and involuntary minorities. New York: Garland, 205–247.

MCCARTHY, C. / CRICHLOW, W. (eds.) (1993): Race, identity, and representation in education. New York: Routledge.

MCCLAIN, P. D. / STEWART, J. (1999): Can we all get along? Racial and ethnic minorities in American politics. 2. Aufl. Boulder: Westview Press.

MCCREADY, W. C. (ed.) (1983): Culture, ethnicity, and identity. Current issues in research. New York: Academic Press.

MCFADDEN, M. G. / WALKER, J. C. (1997): Resistance theory. In: SAHA, L. J. (ed.): International encyclopedia of the sociology of education. Oxford: Pergamon, 97–102.

MCINTYRE, A. (1997): Making meaning of whiteness. Exploring racial identity with white teachers (Suny Series, the Social Context of Education).

MCKAY, S. L. / WONG, S. C. (eds.) (1988): Language diversity, problem or resource. A social and educational perspective on language minorities in the United States. New York: Newbury House.

MCKEE, J. Q. (ed.) (1985): Ethnicity in contemporary America. Dubuque: Kendall/Hunt.

MCQUILLAN, P. J. (1997): Educational opportunity in an urban American high school. A cultural analysis. Albany: State University of New York Press.

MCWILLIAMS, C. (1968): North from Mexico. The Spanish-speaking people of the United States. New York: Greenwood Press.

MEHAN, H. (1987): Language and schooling. In: SPINDLER, G. / SPINDLER, L. (eds.): Interpretive ethnography of education. At home and abroad. Hillsdale: Lawrence Earlbaum Associates, 109–136.

MEHAN, H. (1992): Understanding inequality in schools. The contribution of interpretive studies. In: Sociology of Education 65, 1–20.

MEIER, K. J. / STEWART, J. (1991): The politics of Hispanic education. Un paso pa'lante y dos pa'tras. Albany: State University of New York Press.

MEIER, M. S. / RIBERA, F. (1993): Mexican Americans / American Mexicans. From Conquistadors to Chicanos. New York: Hill and Wang.

MEINIG, D. W. (1971): Southwest. Three peoples in geographical change, 1600–1970. New York: Oxford University Press.

MEINIG, D. W. (1986): The shaping of America. A geographical perspective on 500 years of history. Vol. 1, Atlantic America, 1492–1800. New Haven: Yale University Press.

MEINIG, D. W. (1993): The shaping of America. A geographical perspective on 500 years of history. Vol. 2, Continental America, 1800–1867. New Haven: Yale University Press.

MELVILLE, M. (1988): Hispanics. Race, class or ethnicity? In: Journal of Ethnic Studies 16 (1), 67–83.

MESSOW, E. (1999): Dropouts, ethnische Minderheiten und das öffentliche Schulsystem in New York City. Eine sozialgeographische Analyse des Bildungsverhaltens der Schülerinnen und Schüler an Public High Schools in New York City. Unveröffentlichte Diplomarbeit am Geographischen Institut der Universität Heidelberg.

MEUSBURGER, P. (1979): Ausbildungsniveau und schulische Situation der Slowenen in Kärnten von 1848–1978. In: Fragen geographischer Forschung. Festschrift des Instituts für Geographie zum 60. Geburtstag von Adolf Leidlmair. Innsbruck. (= Innsbrucker Geographische Studien 5), 229–264.

MEUSBURGER, P. (1990): Die regionale und soziale Herkunft der Heidelberger Professoren zwischen 1850 und 1932. In: MEUSBURGER, P. / SCHMUDE, J. (Hg.): Bildungsgeographische Arbeiten über Baden-Württemberg. Heidelberg. (= Heidelberger Geographische Arbeiten 88), 187–239.

MEUSBURGER, P. (1991): Ausbildungsniveau und regionale Disparitäten der Wirtschaftsstruktur. Neuere Forschungstrends in der Geographie des Bildungs- und Qualifikationswesens. In: Geographische Rundschau 43 (11), 652–657.

MEUSBURGER, P. (1995): Wissenschaftliche Fragestellungen und theoretische Grundlagen der Geographie des Bildungs- und Qualifikationswesens. In: Beiträge zur Regionalen Bildungsforschung. Münchener Geographische Hefte 72. Kallmünz: Laßleben, 53–95.

MEUSBURGER, P. (1996): Educational achievement, language of instruction, and school system as key elements of minority research. In: FRANTZ, K. / SAUDER, R. A. (eds.): Ethnic persistence and change in Europe and America. Innsbruck. (= Veröffentlichungen der Universität Innsbruck 213), 187–222.

MEUSBURGER, P. (1998): Bildungsgeographie. Wissen und Ausbildung in der räumlichen Dimension. Heidelberg: Spektrum Akademischer Verlag.

MEUSBURGER, P. (2000): The spatial concentration of knowledge. Some theoretical considerations. In: Erdkunde 54 (4), 352–364.

MEUSBURGER, P. (2001a): Geography of knowledge, education and skills. In: International Encyclopedia of the Social and Behavioral Science. Elsevier.

MEUSBURGER, P. (2001b): Booth, Charles. In: Lexikon der Geographie. Bd. 1, A bis Gasg. Heidelberg: Spektrum Akademischer Verlag, 197–198.

MEUSBURGER, P. (Hg.) (1999): Handlungszentrierte Sozialgeographie. Benno Werlens Entwurf in kritischer Diskussion. Stuttgart: Steiner. (= Erdkundliches Wissen 130).

MEYER, J. W. / TYACK, D. / NAGEL, J. / GORDON, A. (1979): Public education as nation-building in America. Enrollments and bureaucratization in the American States, 1870–1930. In: American Journal of Sociology 85 (3), 591–613.

MILLSAP, M. A. / MURASKIN, L. D. (1994): United States. Federal vocational education policy. In: HUSÉN, T. / POSTLETHWAITE, T. N. (eds.): The international encyclopedia of education. Vol. 11. 2. Aufl. New York: Pergamon Press, 6530–6538.

MITCHELL, D. (1995): There's no such thing as culture. Towards a reconceptualization of the idea of culture in geography. In: Transactions 20, 102–116.

MITCHELL, D. (2000): Cultural geography. A critical introduction. Oxford: Blackwell.

MONTOYA, E. M. (1994): Máscaras, trenzas y greñas. Un/masking the self while un/braiding latina stories and legal discourse. In: Chicano-Latino Law Review 15 (1), 1–37.

MOORE, H. A. (1983): Hispanic Women. Schooling for Conformity in Public Education. In: Hispanic Journal of Behavioral Sciences 5 (1), 43–63.

MOORE, J. (1989): Is there a Hispanic underclass? In: Social Science Quarterly 70 (June), 265–284.

MOORE, J. W. / PACHON, H. (1985): Hispanics in the United States. Englewood Cliffs: Prentice–Hall.

MORAN, R. F. (1987): Bilingual education as a status conflict. In: SEDILLO LÓPEZ, A. (ed.) (1995): Latino language and education. Communication and the dream deferred. New York. (= Latinos in the United States. History, law and perspective 5), 113–154.

MORROW, R. A. / TORRES, C. A. (1995): Social theory and education. A critique of theories of social and cultural reproduction. 1. Publ. SUNY series, teacher empowerment and school reform. New York: State Univ. of New York Press.

MOULDEN, M. / BRADFORD, M. G. (1984): Influence on educational attainment. The importance of the local residential environments. In: Environment and Planning A 16, 49–66.

MOYERS, R. A. (1941): A history of education in New Mexico. Unveröffentlichte Dissertation. Nashville: George Peabody College for Teachers.

MYRDAL, G. / STERNER, R. / ROSE, A. (1944): An American dilemma. The negro problem and modern democracy. New York: Harper.

NATIONAL CENTER FOR EDUCATION STATISTICS (1995): Common core of data. School years 1987/88 through 1992/93. CD-Rom-Paket. Washington D.C.

NATIONAL CENTER FOR EDUCATION STATISTICS (1996): Common core of data. School years 1988/89 through 1993/94. CD-Rom-Paket. Washington D.C.

NATIONAL CENTER FOR EDUCATION STATISTICS (1996): National education longitudinal study of 1988, NELS 88/94. Base year through third follow-up. CD-Rom-Paket. Washington D.C.

NATIONAL COMMISSION ON EXCELLENCE IN EDUCATION (ed.) (1983): A nation at risk. The imperative for educational reform. Washington D.C.: U.S. Government Printing Office.

NATIONAL EDUCATION GOALS PANEL (1990): Goals 2000. Washington D.C.

NATRIELLO, G. (1997): Dropouts, school leavers and truancy. In: SAHA, L. J. (ed.): International encyclopedia of the sociology of education. Oxford: Pergamon, 577–581.

NAVARRO, A. (1974): The Evolution of Chicano Politics. In: Aztlán 5 (Spring), 57–84.

NEIDERT, L. J. / FARLEY, R. (1985): Assimilation in the United States. An analysis of ethnic and generation differences in status and achievement. In: American Sociological Review 50, 841–851.

NEW MEXICO STATE RECORDS CENTER AND ARCHIVES (1987): Calendar to the Microfilm Edition of the Spanish Archives of New Mexico, Series II. Santa Fe: State Records Center.

NEW MEXICO STATE RECORDS CENTER AND ARCHIVES / SALAZAR, J. R. (1983): Calendar to the Microfilm Edition of the Spanish Archives of New Mexico, Series I. Santa Fe: State Records Center.

NICHOLAS, S. J. / NICHOLAS, J. M. (1992): Male literacy, 'deskilling', and the industrial revolution. In: Journal of Interdisciplinary History 23, 1–18.

NICHOLLS, J. G. (1989): The competitive ethos and democratic education. Cambridge: Harvard University Press.

NOSTRAND, R. L. (1970): The Hispanic-American borderland. Delimitation of an American culture region. In: Annals of the Association of American Geographers 60 (December), 638–661.

NOSTRAND, R. L. (1973): 'Mexican American' and 'Chicano'. Emerging terms for a people coming of age. In: Pacific Historical Review 42 (August), 389–406.

NOSTRAND, R. L. (1975): Mexican Americans circa 1850. In: Annals of the Association of American Geographers 65 (September), 378–390.

NOSTRAND, R. L. (1980): The Hispano homeland in 1900. In: Annals of the Association of American Geographers 70 (September), 382–396.

NOSTRAND, R. L. (1990): The Hispano homeland. Norman: University of Oklahoma Press.

NOSTRAND, R. L. (1993): The New Mexico-centered Hispano homeland. In: Journal of Cultural Geography 13 (2), 47–59.

NOSTRAND, R. L. (1996): The Hispano homeland. In: Political Geography 15 (2), 221–223.

NUTZ, M. (1991): Räumliche Mobilität der Studierenden und Struktur des Hochschulwesens in der Bundesrepublik Deutschland. Eine Analyse des Entscheidungsverhaltens bei der Studienortwahl und der Einzugsgebiete der Universitäten. Köln. (= Kölner Geographische Arbeiten 54).

O´CONNOR, K. / EPSTEIN, L. (1984): A legal voice for the Chicano community. The activities of the Mexican American Legal Defense and Educational Fund, 1968–82. In: Social Science Quarterly 65 (June), 245–256.

OAKES, J. (1985): Keeping track. How schools structure inequality. New Haven: Yale University Press.

OAKES, J. (1997): Ability grouping and tracking in schools. In: SAHA, L. J. (ed.): International encyclopedia of the sociology of education. Oxford: Pergamon, 395–401.

OGBU, J. U. (1974): The next generation. An ethnography of education in an urban neighborhood. New York: Academic.

OGBU, J. U. (1978): Minority education and caste. The American system in cross-cultural perspective. New York: Academic.

OGBU, J. U. (1982): Cultural discontinuities and schooling. In: Anthropology and Education Quarterly 13 (4), 290–307.

OGBU, J. U. (1983): Minority status and schooling in plural societies. In: Comparative Education Review 27 (2), 168–190.

OGBU, J. U. (1987a): Variability in minority responses to schooling. Nonimmigrants vs. immigrants. In: SPINDLER, G. / SPINDLER, L. (eds.): Interpretive ethnography of education. At home and abroad. Hillsdale: Lawrence Earlbaum, 255–278.

OGBU, J. U. (1987b): Variability in minority school performance. A problem in search of an explanation. In: Anthropology and Education Quarterly 18, 312–334.

OLMSTEAD, V. (1975): Spanish and Mexican Colonial Census. Albuquerque: New Mexico Genealogical Society.

OMI, M. / WINANT, H. (1986): Racial formation in the United States. From the 1960s to the 1980s. New York: Routledge.

ORFIELD, G. / MONFORT, F. (1988): Are American schools resegregating in the Reagan Era? In: STANLEY, H. W. / NIEMI, R. G. (eds.): Vital Statistics on American Politics. Washington D.C.: CQ Press, 326–327.

ORFIELD, G. W. (1978): Must we bus? Washington D.C.: Brookings Institution.

ORFIELD, G. W. (1983): Public school desegregation in the United States, 1968–1980. Washington D.C.: Joint Center for Political Studies.

ORFIELD, G. W. (1986): Hispanic education. Challenges, research, and policies. In: American Journal of Education 95 (1), 1–25.

ORNSTEIN-GALICIA, J. (1981): Varieties of Southwest Spanish. Some neglected basic considerations. In: DURÁN, R. P. (ed.): Latino language and communicative behavior. Norwood: Ablex, 19–38.

ORTIZ, F. I. (1979): Bilingual education program practices and their effect upon students' performance and self-identity. In: Aztlán 8, 157–174.

ORUM, L. (1986): The education of Hispanics. Status and implications. Washington D.C.: National Council of La Raza.

ORUM, L. / VINCENT, A. (1984): Selected statistics in the education of Hispanics. Washington D.C.: National Council of La Raza.

PADILLA, A. M. (1982): Bilingual schools. Gateways to integration or roads to separation. In: FISHMAN, J. A. / KELLER, G. D. (eds.): Bilingual education for

Hispanic students in the United States. New York: Teachers College Press, 48–70.

PADILLA, F. V. / RAMIREZ, C. B. (1974): Patterns of Chicano representation in California, Colorado and Nuevo Mexico. In: Aztlán 5 (Spring), 189–233.

PADILLA, R. V. / MONTIEL, M. (1998): Debatable diversity. Critical dialogues on change in American Universities (Critical Perspectives Series).

PAGE, R. (1987): Lower-track classes at a college-preparatory high school. A caricature of educational encounters. In: SPINDLER, G. / SPINDLER, L. (eds.): Interpretive ethnography of education. At home and abroad. Hillsdale: Lawrence Earlbaum Associates, 447–472.

PAULSTON, C. B. (ed.) (1988): International handbook of bilingualism and bilingual education. Westport: Greenwood Press.

PENALOSA, F. (1970): Towards an operational definition of the Mexican American. In: Aztlán 1, 1–12.

PHELAN, P. / DAVIDSON, A. L. / CAO, H. (1991): Students' multiple worlds. Negotiating the boundaries of family, peer, and school cultures. In: Anthropology and Education Quarterly 22, 224–250.

PHELAN, P. / DAVIDSON, A. L. / YU, H. C. (1993): Students' mulitple worlds. Navigating the borders of family, peer and school cultures. In: DAVIDSON, A. L. / PHELAN, P. (eds.): Renegotiating cultural diversity in American schools. New York: Teachers College Press, 52–88.

PHILIPS, S. (1982): The invisible culture. Communication in classroom and community on the Warm Springs Indian reservation. New York: Longman.

PHILLIPS, H. M. (1970): Literacy and development. Paris: UNESCO.

PIFER, A. (1984): Bilingual education and the Hispanic challenge. In: BARNETT, M. R. / HARRINGTON, C. C. (eds.): Readings on equal education. Vol. 7. New York: AMS Press, 165–182.

PILE, S. / THRIFT, N. (eds.) (1995): Mapping the subject. Geographies of cultural transformations. London: Routledge.

POHL, J. (1993): Regionalbewußtsein als Thema der Sozialgeographie. Kallmünz.

POSTLETHWAITE, T. N. (ed.) (1988): The encyclopedia of comparative education and national systems of education. New York: Pergamon Press.

POSTLETHWAITE, T. N. (ed.) (1995): The encyclopedia of national systems of education. 2. Aufl. New York: Pergamon Press.

PSACHAROPOULOS, G. (ed.) (1987): Economics of education. Research and studies. New York: Pergamon Press.

RACHAL, J. B. (1987): Measuring English and American historical literacy. A review of methodological approaches. In: International Journal of Lifelong Education 6, 185–198.

READ, B. M. (1911): A history of education in New Mexico. Santa Fe: New Mexican Printing Company.

READ, B. M. (1912): Illustrated history of New Mexico. Santa Fe: New Mexican Printing Company.

REEVE, F. D. (1928): History of the University of New Mexico. Unveröffentlichte Magisterarbeit (Master of Arts and Sciences). Albuquerque: University of New Mexico.

REICH, P. L. (ed.) (1984): Statistical abstract of the United States-Mexico borderlands. Los Angeles: UCLA Latin American Center Publications, University of California.

REYES, P. / VALENCIA, R. R. (1993): Educational policy and the growing Latino student population. Problems and prospects. In: Hispanic Journal of Behavioral Sciences 15 (2), 258–83.

REYNOLDS, D. R. / SHELLEY, F. M. (1990): Local control in American public education. Myth and reality. In: KODRAS, J. E. / JONES, J. P. (eds.): Geographic dimensions of United States social policy. London: Edward Arnold, 107–133.

RIOS BUSTAMANTE, J. A. (1978): New Mexico in the eighteenth century. Life, labor and trade in la Villa de San Felipe de Albuquerque, 1706–1790. In: Aztlán 7 (3), 357–389.

RIST, R. C. (1970): Student social class and teacher expectation. The self-fulfilling prophecy in ghetto education. In: Harvard Educational Review 40 (3), 411–451.

ROBERTS, J. / AKINSANYA, S. (1976): Educational patterns and cultural configurations. The anthropology of education. New York: McKay.

ROBERTS, J. / AKINSANYA, S. (1976): Schooling in the cultural context. Anthropological studies of education. New York: McKay.

ROBINSON, W. S. (1979): The southern colonial frontier, 1607–1763. Albuquerque: University of New Mexico Press.

ROSSELL, C. / HAWLEY, W. D. (eds.) (1983): The consequences of school desegregation. Philadelphia: Temple University Press.

ROSTOW, W. W. (1960): The stages of economic growth. A non-communist manifesto. Cambridge: Cambridge University Press.

ROTHSTEIN, S. W. (1995): Schools and society. New perspectives in American education. Englewood Cliffs: Merrill.

RUIZ, R. (1988): Bilingualism and bilingual education in the United States. In: PAULSTON, C. B. (ed.): International handbook of bilingualism and bilingual education. New York: Greenwood Press, 539–560.

RUMBERGER, R. W. (1983): Dropping out of high school. The influence of race, sex and family background. In: American Educational Research Journal 20, 199–220.

RUMBERGER, R. W. (1991): Chicano dropouts. A review of research and policy issues. In: VALENCIA, R. R. (ed.): Chicano school failure and success. Research and policy agendas for the 1990s. London: Falmer Press, 64–89.

SAHA, L. J. (ed.) (1997): International encyclopedia of the sociology of education. Oxford: Pergamon.

SAHR, W.-D. (2002): New Cultural Geography. In: Lexikon der Geographie. Bd. 2, Gast bis Ökol. Heidelberg: Spektrum Akademischer Verlag, 439–440.

SAHR, W.-D. (2003): Zeichen und RaumWELTEN. Zur Geographie des Kulturellen. In: Petermanns Geographische Mitteilungen 147, 18–27.

SALINAS, G. (1973): Mexican-Americans and the desegregation of schools in the Southwest. In: FLAXMAN, E. (ed.): Educating the disadvantaged. New York: AMS Press, 455–478.

SAMUDA, R. J. / WOODS, S. L. (eds.) (1983): Perspectives in immigrant and minority education. Lanham: University Press of America.

SAN MIGUEL, G. (1987): Let all of them take heed. Mexican Americans and the campaign for educational equality in Texas, 1910–1981. Austin: University of Texas Press.

SÁNCHEZ, G. I. (1940): Forgotten people. A study of New Mexicans. Albuquerque: University of New Mexico Press.

SÁNCHEZ, G. I. (1941): New Mexicans and acculturation. In: New Mexico Quarterly Review 11 (February), 61–68.

SCHOLES, F. V. (1935): Civil government and society in New Mexico in the seventeenth century. In: New Mexico Historical Review 10 (2), 71–111.

SCOTT, R. (1987): Education and ethnicity. The U.S. experiment in school integration. Washington D.C.: Council for Social and Economic Studies.

SEYFRIED, J. E. (1934): Illiteracy trends in New Mexico. Albuquerque: University of New Mexico Press.

SHERIDAN, T. E. (1986): Los Tusconenses. The Mexican community in Tucson 1854–1941. Tucson: Arizona University Press.

SHOR, I. (1986): Culture wars. School and society in the conservative restoration, 1969–1984. Boston: Routledge & Kegan Paul.

SIMMONS, M. (1982): Albuquerque. A narrative history. Albuquerque: University of New Mexico Press.

SNYDER, T. D. / HOFFMAN, C. M. (2001): Digest of education statistics, 2000. Washington D.C.: National Center for Education Statistics.

SNYDER, T. D. / HOFFMAN, C. M. (2002): Digest of education statistics, 2001. Washington D.C.: National Center for Education Statistics.

SOLTOW, L. / STEVENS, E. (1981): Literacy and the rise of the common school. Chicago: University of Chicago Press.

SPINDLER, G. (ed.) (1974): Education and cultural process. Toward an anthropology of education. New York: Holt, Rinehart and Winston.

SPINDLER, G. (ed.) (1981): Doing the ethnography of schooling. New York: Holt, Rinehart and Winston.

SPINDLER, G. / SPINDLER, L. (1987): Teaching and learning how to do the ethnography of education. In: SPINDLER, G. / SPINDLER, L. (eds.): Interpretive ethnography of education. At home and abroad. Hillsdale: Lawrence Earlbaum Associates, 17–33.

SPINDLER, G. / SPINDLER, L. (eds.) (1987): Interpretive ethnography of education. At home and abroad. Hillsdale: Lawrence Earlbaum Associates.

STAVANS, I. (1995): The Hispanic condition. Reflections on culture and identity in America. New York: HarperCollins.

STEHR, N. (1994): Knowledge societies. London: Sage.

STEHR, N. / MEJA, V. (1981): Wissen und Gesellschaft. In: Kölner Zeitschrift für Soziologie und Sozialpsychologie, Sonderheft 22, 7–19.

STEINBERG, A. (1981): The ethnic myth. Race, ethnicity, and class in America. Boston: Beacon Press.

STEPHAN, W. G. / FEAGIN, J. R. (eds.) (1980): School desegregation. Past, present, and future. New York: Plenum.

STEPHENS, W. B. (1991): Sources for U.S. history. Nineteenth-century communities. Cambridge: Cambridge University Press.

STEVENS, E. (1987): The anatomy of mass literacy in nineteenth-century United States. In: ARNOVE, R. F. / GRAFF, H. J. (eds.): National literacy campaigns. Historical and comparative perspectives. New York: Plenum, 99–122.

STEVENS, E. / WOOD, G. H. (1995): Justice, ideology, and education. An introduction to the social foundations of education. New York: McGraw–Hill.

SUAREZ-OROZCO, M. M. (1989): Psychosocial aspects of achievement motivation among recent Hispanic immigrants. In: TRUEBA, H. T. / SPINDLER, G. / SPINDLER, L. (eds.): What do anthropologists have to say about dropouts? The first centennial conference on children at risk. New York: Falmer Press, 99–116.

SYNNOTT, M. (1979): The half-opened door. Discrimination and admissions at Harvard, Yale, and Princeton, 1900–1970. Westport: Greenwood Press.

TAKAKI, R. (1982): The myth of ethnicity. Scholarship of the anti-affirmative action backlash. In: Journal of Ethnic Studies 10 (1), 17–42.

TIENDA, M. (1981): The Mexican American population. In: HAWLEY, A. H. / MAZIE, S. M. (eds.): Nonmetropolitan America in transition. Chapel Hill: University of North Carolina Press: Institute for Research in Social Science, 502–548.

TITZE, H. (1981): Überfüllungskrisen in akademischen Karrieren. Eine Zyklustheorie. In: Zeitschrift für Pädagogik 27 (2), 187–224.

TITZE, H. (1990): Der Akademikerzyklus. Historische Untersuchungen über die Wiederkehr von Überfüllung und Mangel in akademischen Karrieren. Göttingen: Vandenhoeck & Ruprecht.

TJARKS, A. V. (1978): Demographic, ethnic and occupational structure of New Mexico, 1790. In: Americas 35 (July), 45–88.

TODD, E. (1987): The causes of progress. Culture, authority and change. Oxford: Blackwell.

TOMIAK, J. (ed.) (1991): Schooling, educational policy and ethnic identity. Comparative studies on governments and non-dominant ethnic groups in Europe, 1850–1940. Dartmouth: Aldershot.

TRUEBA, H. T. (1983): Adjustment problems of Mexican American children. An anthropological study. In: Learning Disabilities Quarterly 6 (4), 8–15.

TRUEBA, H. T. (1988): Culturally-based explanations of minority students' academic achievement. In: Anthropology and Education Quarterly 19 (3), 270–287.

TRUEBA, H. T. (1989): Raising silent voices. Educating linguistic minorities for the 21st century. New York: Newbury House.

TRUEBA, H. T. (1991): From failure to success. The roles of culture and cultural conflict in the academic achievement of Chicano students. In: VALENCIA, R. R. (ed.): Chicano school failure and success. Research and policy agendas for the 1990s. London: Routledge, 151–163.

TYACK, D. B. (1978): The spread of public schooling in Victorian America. In search of a reinterpretation. In: History of Education 7, 173–182.

U.S. BUREAU OF THE CENSUS (ed.) (1975): Historical statistics of the United States colonial times to 1970. Washington D.C.: U.S. Government Printing Office.

U.S. DEPARTMENT OF COMMERCE (ed.) (1993): Poverty in the United States. Changes between the censuses. Washington D.C. [URL http://www.census.gov/apsd/www/statbrief/sb93_15.pdf mit Zugriff am 17. Februar 2003].

UNESCO (ed.) (1990): Compendium of statistics on illiteracy. Paris: UNESCO.

UNESCO (ed.) (1995): World education report 1995. Oxford: UNESCO Publishing.

UNITED NATIONS DEVELOPMENT PROGRAMME (ed.) (2002): Human development report 2002. Deepening democracy in a fragmented world. New York: United Nations.

UNIVERSITY OF NEW MEXICO (2002): University of New Mexico presidents. Albuquerque. [URL http://www.unm.edu/~unmarchv/History/pres.html mit Zugriff am 30.11.2002].

VALENCIA, R. R. (ed.) (1991): Chicano school failure and success. Research and policy agendas for the 1990s. London: Falmer Press.

VALVERDE, G. A. (1994): United States. System of education. In: HUSÉN, T. / POSTLETHWAITE, T. N. (eds.): The international encyclopedia of education. Vol. 11. 2. Aufl. New York: Pergamon Press, 6538–6547.

VALVERDE, L. A. / CASTENELL, L. A. (1998): The multicultural campus. Strategies for transforming higher education. Walnut Creek: AltaMira Press.

VASALLO, P. (ed.) (1982): The magic of words. Rudolfo Anaya and his writings. Albuquerque: University of New Mexico Press.

VÁSQUEZ, M. J. T. / GONZALEZ, A. M. (1981): Sex roles among Chicanos. Stereotypes, challenges, and changes. In: BARON, A. (ed.): Explorations in Chicano psychology. New York: Praeger, 30–69.

VÁSQUEZ, M. J. T. (1982): Confronting barriers to the participation of Mexican American women in higher education. In: SEDILLO LÓPEZ, A. (ed.) (1995): Latino language and education. Communication and the dream deferred. New York. (= Latinos in the United States. History, law and perspective 5), 323–341.

VELEZ-IBAÑEZ, C. G. (1996): Border visions. Mexican cultures of the Southwest United States. Tucson: The University of Arizona Press.

VIGIL, J. D. (1988): The nexus of class, culture and gender in the education of Mexican American females. In: MCKENNA, T. / ORTIZ, F. I. (eds.): The broken web. The educational experience of Hispanic American women. Berkeley: Floricanto Press, 79–103.

VINOVSKIS, M. A. (1995): Education, society and economic opportunity. A historical perspective on persistent issues. New Haven: Yale University Press.

WAGGONER, D. (1991): Undereducation in America. The demography of high school dropouts. New York: Auburn House.

WAGNER, H. (1993): Bildung und Raum. Entwicklungen und Strategien in einer geographischen Forschungsrichtung. Osnabrück. (= Osnabrücker Studien zur Geographie 13).

WALBERG, H. J. / HAERTEL, G. D. (eds.) (1990): The international encyclopedia of educational evaluation. New York: Pergamon Press.

WALTER, P. / SAXTON, M. A. (1936): Social pathology of New Mexico. Albuquerque: University of New Mexico Press.

WALTER, P. A. F. (1927): First meeting of the New Mexico Educational Association. Address before the History and Social Sciences Section of the New Mexico Educational Association at Santa Fe, November 5, 1926. In: New Mexico Historical Review 2 (1), 67–82.

WARNER, W. L. / HAVIGHURST, R. J. / LOEB, M. B. (1944): Who shall be educated? The challenge of equal opportunity. New York: Harper & Brothers.

WARREN, D. (1974): To enforce education. A history of the founding years of the United States Office of Education. Detroit: Wayne State University Press.

WEBER, D. J. (1982): The Mexican frontier, 1821–1846. The American Southwest under Mexico. Albuquerque: University of New Mexico Press.

WEBER, D. J. (1988): Myth and the history of the Hispanic Southwest. Albuquerque: University of New Mexico Press.

WEBER, D. J. (1992): The Spanish frontier in North America. New Haven: Yale University Press.

WEBER, D. J. (ed.) (1973): Foreigners in their native land. Historical roots of the Mexican Americans. Albuquerque: University of New Mexico Press.

WEICK, C. (1995): Räumliche Mobilität und Karriere. Eine individualstatistische Analyse der baden-württembergischen Professoren unter besonderer Berücksichtigung demographischer Strukturen. Heidelberg: Selbstverlag des Geographischen Insituts der Universität Heidelberg. (= Heidelberger Geographische Arbeiten 101).

WEIS, L. (1990): Working class without work. High School students in a deindustrializing economy. New York: Routledge.

WEIS, L. (ed.) (1988): Class, race, and gender in American education. Albany: State University of New York Press.

WELSH, M. (1996): Often out of sight, rarely out of mind. Race and ethnicity at the University of New Mexico, 1889–1927. In: New Mexico Historical Review 71 (2), 105–133.

WENZEL, H.-J. / MAYR, A. (1994): Zehn Jahre Arbeitskreis Bildungsgeographie (1983–1993). Forschungsprojekte, Forschungsarbeiten, Arbeitskreisaktivitäten. Osnabrück.

WERLEN, B. (1993): Gibt es eine Geographie ohne Raum? Zum Verhältnis von traditioneller Geographie und zeitgenössischen Gesellschaften. In: Erdkunde 47 (4), 241–255.

WERLEN, B. (1995): Sozialgeographie alltäglicher Regionalisierungen. Bd. 1, Zur Ontologie von Gesellschaft und Raum. Stuttgart: Steiner. (= Erdkundliches Wissen 116).

WERLEN, B. (1997): Sozialgeographie alltäglicher Regionalisierungen. Bd. 2, Globalisierung, Region und Regionalisierung. Stuttgart: Steiner. (= Erdkundliches Wissen 119).

WESTPHALL, V. (1948): Albuquerque in the 1870's. In: New Mexico Historical Review 23 (October), 253–268.

WILLIAMS, J. L. / MCALLISTER, P. E. (1979): New Mexico in maps. Albuquerque: Technology Application Center of the University of New Mexico.

WOLLENBERG, C. M. (1978): All deliberate speed. Segregation and exclusion in California schools, 1855–1975. Berkeley: University of California Press.

WORSLEY, P. (1997): Knowledges. Culture, counterculture, subculture. London: Profile Books.

YEE, B. W. (1990): Gender and family issues in minority groups. In: Generations 14 (3), 39–42.

YOHN, S. M. (1991): An education in the validity of pluralism. The meeting between Presbyterian mission teachers and Hispanic catholics in New Mexico, 1870–1912. In: History of Education Quarterly 31 (3), 343–364.

ZELINSKY, W. (1973): The cultural geography of the United States. Englewood Cliffs: Prentice–Hall.

8 Quellenverzeichnis

8.1 Dokumente aus der spanischen Kolonialzeit

ARCHIVE OF THE ARCHDIOCESE OF NEW MEXICO (Santa Fe). Microfilm collection. Coronado Room, University of New Mexico Library.

SPANISH ARCHIVES OF NEW MEXICO, series II. Microfilm collection. Coronado Room, University of New Mexico Library.

Selected Spanish archives, translated. Volumes I, II, and III. Coronado Room, University of New Mexico Library.

8.2 Daten des *U.S. Census*

CensusCD 1980. CD-Rom. East Brunswick (NJ): GeoLytics.

CensusCD 1990 + maps. CD-Rom. East Brunswick (NJ): GeoLytics.

U.S. BUREAU OF THE CENSUS (1853): The seventh census of the United States. 1850. Washington: Robert Armstrong.

U.S. CENSUS OFFICE (1883): Statistics of the population of the United States a the tenth census, June 1, 1880. Washington: Government Printing Office.

U.S. CENSUS OFFICE (1895): Report on the population of the United States at the eleventh census. 1890. Bd. 1. Washington: Government Printing Office.

U.S. CENSUS OFFICE (1897): Report on the population of the United States at the eleventh census. 1890. Bd. 2. Washington: Government Printing Office.

U.S. BUREAU OF THE CENSUS (1913a): Thirteenth census of the United States taken in the year 1910. General report and analysis. Washington: Government Printing Office.

U.S. BUREAU OF THE CENSUS (1913b): Thirteenth census of the United States taken in the year 1910. General report and analysis. Washington: Government Printing Office.

U.S. BUREAU OF THE CENSUS (1913c): Thirteenth census of the United States taken in the year 1910. Bd. 3. Washington: Government Printing Office

U.S. BUREAU OF THE CENSUS (1942): Sixteenth census of the United States. 1940. Population. Bd. 1. Washington: Government Printing Office.

U.S. BUREAU OF THE CENSUS (1943): Sixteenth census of the United States. 1940. Population. Fourth series, characteristics by age, marital status, relationship, education, and citizenship. New Mexico. Washington: Government Printing Office.

U.S. BUREAU OF THE CENSUS (o. J.): 1990 Census of population and housing. Public use microdata samples, PUMS 5%. CD-Rom-Paket. Washington D.C.

U.S. BUREAU OF THE CENSUS (2001): Profile of general demographic characteristics. 2000 Census of population and housing, United States. Washington D.C. [URL: http://www.census.gov/prod/cen2000/dp1/2kh00.pdf mit Zugriff am 5. Dezember 2002].

U.S. BUREAU OF THE CENSUS (2002): New Mexico. Census 2000 profile. Washington D.C. [URL: http://www.census.gov/prod/2002pubs/c2kprof00-nm.pdf mit Zugriff am 5. Dezember 2002].

8.3 Daten zu New Mexico (Behörden und Universitäten)

NEW MEXICO COMMISSION ON HIGHER EDUCATION (ed.) (1997): The condition of higher education in New Mexico. Santa Fe: New Mexico Commission on Higher Education.

NEW MEXICO COMMISSION ON HIGHER EDUCATION (ed.) (2001): The condition of higher education in New Mexico 2001. New Mexico Commission on Higher Education. [URL: http://www.nmche.org/publications/RPTCVRboth2001.pdf mit Zugriff am 9. Dezember 2002].

8.3 Daten zu New Mexico (Behörden und Universitäten)

NEW MEXICO STATE DEPARTMENT OF EDUCATION (ed.) (1996a): Dropout study 1994–95. Santa Fe: New Mexico State Department of Education.

NEW MEXICO STATE DEPARTMENT OF EDUCATION (ed.) (1996b): The New Mexico 1995–96 accountability report. Indicators of the condition of public education in New Mexico. Santa Fe: New Mexico State Department of Education.

NEW MEXICO STATE DEPARTMENT OF EDUCATION (ed.) (1997): The New Mexico 1996–97 accountability report. Indicators of the condition of public education in New Mexico. Santa Fe: New Mexico State Department of Education.

NEW MEXICO STATE DEPARTMENT OF EDUCATION (ed.) (1998): The New Mexico 1997–98 accountability report. Indicators of the condition of public education in New Mexico. Santa Fe: New Mexico State Department of Education.

NEW MEXICO STATE DEPARTMENT OF EDUCATION (ed.) (1999): The New Mexico 1998–99 accountability report. Indicators of the condition of public education in New Mexico. Santa Fe: New Mexico State Department of Education.

NEW MEXICO STATE DEPARTMENT OF EDUCATION (ed.) (2002): Dropout study 2000–2001. Santa Fe: New Mexico State Department of Education.

NEW MEXICO STATE UNIVERSITY (ed.) (1996): Annual report of the Graduate School of New Mexico State University. Las Cruces: New Mexico State University.

UNIVERSITY OF NEW MEXICO (ed.) (1929): Biennial report of the University of New Mexico, 1927 to 1929. Albuquerque: University of New Mexico.

UNIVERSITY OF NEW MEXICO (ed.) (1931): Biennial report of the University of New Mexico, 1929 to 1931. Albuquerque: University of New Mexico.

UNIVERSITY OF NEW MEXICO (ed.) (1933): Biennial report of the University of New Mexico, 1931 to 1933. Albuquerque: University of New Mexico.

UNIVERSITY OF NEW MEXICO (ed.) (1935): Biennial report of the University of New Mexico, 1933 to 1935. Albuquerque: University of New Mexico.

UNIVERSITY OF NEW MEXICO (ed.) (1937): Biennial report of the University of New Mexico, 1935 to 1937. Albuquerque: University of New Mexico.

UNIVERSITY OF NEW MEXICO (ed.) (1939): Biennial report of the University of New Mexico, 1937 to 1939. Albuquerque: University of New Mexico.

UNIVERSITY OF NEW MEXICO (ed.) (1941): Biennial report of the University of New Mexico, 1939 to 1941. Albuquerque: University of New Mexico.

UNIVERSITY OF NEW MEXICO (ed.) (1943): Biennial report of the University of New Mexico, 1941 to 1943. Albuquerque: University of New Mexico.

UNIVERSITY OF NEW MEXICO (ed.) (1945): Biennial report of the University of New Mexico, 1943 to 1945. Albuquerque: University of New Mexico.

UNIVERSITY OF NEW MEXICO (ed.) (1947): Biennial report of the University of New Mexico, 1945 to 1947. Albuquerque: University of New Mexico.

UNIVERSITY OF NEW MEXICO (ed.) (1950): Annual report of the Office of Admissions and Records, 1949–50: For the 1949 summer session and semesters I and II, 1949–50. Albuquerque: University of New Mexico.

UNIVERSITY OF NEW MEXICO (ed.) (1960): Eleventh annual report of the Office of Admissions and Records, 1959–60. For the 1959 summer session – semesters I and II, 1959–60 – with comparative data 1950–51 through 1959–60. Albuquerque: University of New Mexico.

UNIVERSITY OF NEW MEXICO (ed.) (1969): Twentieth annual report of the Office of Admissions and Records, 1968–69. For the 1968 summer session and semesters I and II, 1968–69 with comparative data. Albuquerque: University of New Mexico.

UNIVERSITY OF NEW MEXICO (ed.) (1971): Twenty-second annual report of the Office of Admissions and Records, 1970–71. For the 1970 summer session and semesters I and II, 1970–71 with comparative data. Albuquerque: University of New Mexico.

UNIVERSITY OF NEW MEXICO (ed.) (1972): Twenty-third annual report of the Office of Admissions and Records, 1971–72. For the 1971 summer session and semesters I and II, 1971–72 with comparative data. Albuquerque: University of New Mexico.

UNIVERSITY OF NEW MEXICO (ed.) (1973): Twenty-fourth annual report of the Office of Admissions and Records, 1972–73. For the 1972 summer session and semesters I and II, 1972–73 with comparative data. Albuquerque: University of New Mexico.

UNIVERSITY OF NEW MEXICO (ed.) (1974): Twenty-fifth annual report of the Office of Admissions and Records, 1973–74. For the 1973 summer session and semesters I and II, 1973–74 with comparative data. Albuquerque: University of New Mexico.

UNIVERSITY OF NEW MEXICO (ed.) (1976): Biennial report of the Office of Admissions and Records, 1974–75, 1975–76. Albuquerque: University of New Mexico.

UNIVERSITY OF NEW MEXICO (ed.) (1979): Biennial report of the Office of Admissions and Records, 1976–77, 1977–78. Albuquerque: University of New Mexico.

8.3 Daten zu New Mexico (Behörden und Universitäten)

UNIVERSITY OF NEW MEXICO (ed.) (1980): Biennial report of the Office of Admissions and Records, 1978–79, 1979–80. Albuquerque: University of New Mexico.

UNIVERSITY OF NEW MEXICO (ed.) (1981): Annual report of the Office of Admissions and Records, 1980–81. Albuquerque: University of New Mexico.

UNIVERSITY OF NEW MEXICO (ed.) (1982): Annual report of the Office of Admissions and Records, 1981–82. Albuquerque: University of New Mexico.

UNIVERSITY OF NEW MEXICO (ed.) (1983): Annual report of the Office of Admissions and Records, 1982–83. For the 1982 summer session and semesters I and II, 1982–83 with comparative data. Albuquerque: University of New Mexico.

UNIVERSITY OF NEW MEXICO (ed.) (1985): Annual report of the Office of Admissions and Records, 1983–84. Albuquerque: University of New Mexico.

UNIVERSITY OF NEW MEXICO (ed.) (1986): Annual report of the Office of Admissions and Records, 1984–85. Albuquerque: University of New Mexico.

UNIVERSITY OF NEW MEXICO (ed.) (1990): The University of New Mexico fall 1990 official enrollment report. Albuquerque: University of New Mexico.

UNIVERSITY OF NEW MEXICO (ed.) (1993): Official enrollment report, fall 1993. Albuquerque: University of New Mexico.

UNIVERSITY OF NEW MEXICO (ed.) (1994): Official enrollment report, summer 1994. Albuquerque: University of New Mexico.

UNIVERSITY OF NEW MEXICO (ed.) (1996a): Official enrollment report, spring 1996. Albuquerque: University of New Mexico.

UNIVERSITY OF NEW MEXICO (ed.) (1996b): Official enrollment report, fall 1996. Albuquerque: University of New Mexico.

UNIVERSITY OF NEW MEXICO (ed.) (1997a): Fall 1997 official enrollment report. Albuquerque: University of New Mexico.

UNIVERSITY OF NEW MEXICO (ed.) (1997b): Spring 1997 official enrollment report. Albuquerque: University of New Mexico.

UNIVERSITY OF NEW MEXICO (ed.) (1998a): Fall 1998 official enrollment report. Albuquerque: University of New Mexico.

UNIVERSITY OF NEW MEXICO (ed.) (1998b): Spring 1998 official enrollment report. Albuquerque: University of New Mexico.

UNIVERSITY OF NEW MEXICO (ed.) (1999a): Fall 1999 official enrollment report. Albuquerque: University of New Mexico.

UNIVERSITY OF NEW MEXICO (ed.) (1999b): Spring 1999 official enrollment report. Albuquerque: University of New Mexico.

UNIVERSITY OF NEW MEXICO (ed.) (1999c): UNM Campus directory 1999–2000. Faculty – staff – students. Albuquerque: University of New Mexico.

UNIVERSITY OF NEW MEXICO (ed.) (2000a): Fall 2000 official enrollment report. Albuquerque: University of New Mexico.

UNIVERSITY OF NEW MEXICO (ed.) (2000b): Spring 2000 official enrollment report. Albuquerque: University of New Mexico.

UNIVERSITY OF NEW MEXICO (ed.) (2000c): UNM Campus directory 2000–2001. Faculty – staff – students. Albuquerque: University of New Mexico.

UNIVERSITY OF NEW MEXICO (ed.) (2000d): UNM Factbook. Faculty – staff – students. Albuquerque: University of New Mexico.

UNIVERSITY OF NEW MEXICO (ed.) (2001a): Fall 2001 official enrollment report. Albuquerque: University of New Mexico.

UNIVERSITY OF NEW MEXICO (ed.) (2001b): Spring 2001 official enrollment report. Albuquerque: University of New Mexico.

8.4 Interviews

Es wurden insgesamt neunzehn semistrukturierte Interviews geführt. Die Probanden konstituieren sich folgendermaßen:

- **sechzehn Professoren** der University of New Mexico (geschichtete Zufallsstichprobe)

- **Verónica Méndez Cruz** (M.A.), Direktorin des *Centro de la Raza* der University of New Mexico zur Rekrutierung hispanischer Studierender und zur Unterstützung von *Hispanics* im Studium

- **Rudolfo Anaya**, hispanischer Schriftsteller und emeritierter Professor der University of New Mexico

- **Peter White**, Professor für Anglistik und Dean des University College der University of New Mexico

8.4 Interviews

Thematisch gliedern sich die Interviews in zwei Teile: einen biographischen Teil mit Bezug zum familiären Hintergrund und zur Karrieremobilität der Probanden; einen bewertenden Teil, in dem die Probanden ihre Sichtweise auf die Studierenden an der University of New Mexico und auf Veränderungen im Hochschulbereich während der vergangenen zwanzig bis dreißig Jahre darlegen. Ergänzend wurden Verónica Méndez Cruz, Rudolfo Anaya und Peter White verschiedene Fragen zu deren individuellen Aufgabenfeldern gestellt.

Die Zufallsauswahl der Professoren basiert auf der im Fact Book 1999–2000 der University of New Mexico ausgewiesenen Grundgesamtheit beschäftigter Professoren (Full Professors). Anhand der angegebenen Vornamen und Familiennamen der Professoren wurden diese nach den Kriterien hispanisch vs. nichthispanisch und männlich vs. weiblich in vier Teilmengen untergliedert. Aus jeder der vier Teilmengen wurden per Zufallsauswahl acht Professoren ermittelt und mit der Bitte um einen Interviewtermin angeschrieben. Die vereinbarten Interviews wurden im März 2001 an der University of Albuquerque geführt.

8.5 Besuchte Schulen, Universitäten und Behörden

Schulbesuche mit Hospitation von Unterrichtsstunden (März und Dezember 2001):

- Deming High School, Deming, New Mexico
- El Paso High School, El Paso, Texas
- Truman Middle School, Albuquerque, New Mexico

Besuche von Universitäten (Oktober 1999, September 2000 und März 2001):

- Albuquerque Technical-Vocational Institute, Albuquerque, New Mexico
- Arizona State University in Tempe, Arizona
- El Paso Community College, El Paso, Texas
- New Mexico Highlands University in Las Vegas, New Mexico

- New Mexico State University in Las Cruces, New Mexico
- Universidad Autónoma de Ciudad Juárez, Ciudad Juárez, Chihuahua (Mexiko)
- University of Arizona in Tucson, Arizona
- University of New Mexico in Albuquerque, New Mexico
- University of Texas at El Paso, El Paso, Texas

Besuche von Bildungsbehörden (Oktober 1999, September 2000 und März 2001):

- Arizona State Department of Education, Phoenix, Arizona
- New Mexico Commission on Higher Education, Santa Fe, New Mexico
- New Mexico State Department of Education, Santa Fe, New Mexico
- Western Interstate Commission for Higher Education (WICHE), Phoenix, Arizona

9 Ergänzendes Datenmaterial

Tab. 10: Ausbildungsniveau in den US-amerikanischen Bundesstaaten (1990)

Tab. 11: Bevölkerung nach Ethnizität (USA, Staaten, 1990)

Karte 18: Anteil der Hispanics an der Gesamtbevölkerung (USA, *Counties*, 1990)

Karte 19: Durchschnittliche Jahreseinkünfte je Einwohner (USA, *Counties*, 1990)

Tab. 12: Einrichtungen des höheren Bildungswesens in New Mexico

Tab. 13: Dropout-Raten und Schülerzahlen (New Mexico, Schulbezirke und Schulen, 2000/01)

Abb. 27: Lehrpersonal im primären und sekundären Bildungsbereich nach Geschlecht und Ethnizität (New Mexico, 2000/01)

Abb. 28: Schulleiter im primären und sekundären Bildungsbereich nach Geschlecht und Ethnizität (New Mexico, 2000/01)

Abb. 29: Lehrpersonal im primären Bildungsbereich nach Geschlecht und Ethnizität (New Mexico, 2000/01)

Abb. 30: Schulleiter im primären Bildungsbereich nach Geschlecht und Ethnizität (New Mexico, 2000/01)

Tab. 10: Ausbildungsniveau in den US-amerikanischen Bundesstaaten (1990)

Bundesstaat	Bevölkerung ab 25 Jahren mit									
	abgeschlossener High School		Studienerfahrung		Teilstudium Associate Degree		Grundstudium Bachelor		höherem Studienabschluß	
	Anteil	Rang	Anteil	Rang	Anteil	Rang	Anteil	Rang	Anteil	Rang
Alabama	66,9	47	37,4	44	20,6	45	15,7	45	5,5	39
Alaska	86,6	1	57,9	3	30,3	12	23,0	12	8,0	12
Arizona	78,7	20	52,5	7	27,1	21	20,3	24	7,0	21
Arkansas	66,3	48	33,6	49	17,0	50	13,3	50	4,5	51
California	76,2	29	53,9	5	31,3	8	23,4	10	8,1	11
Colorado	84,4	3	57,9	2	33,9	3	27,0	4	9,0	7
Connecticut	79,2	17	49,7	14	33,8	4	27,2	3	11,0	2
Delaware	77,5	23	44,8	29	27,9	18	21,4	17	7,7	15
District of Columbia	73,1	39	51,9	8	36,4	1	33,3	1	17,2	1
Florida	74,4	37	44,3	31	24,9	31	18,3	30	6,3	28
Georgia	70,9	42	41,3	38	24,3	35	19,3	26	6,4	26
Hawaii	80,1	14	51,3	9	31,2	9	22,9	14	7,1	17
Idaho	79,7	16	49,3	16	25,2	30	17,7	36	5,3	44
Illinois	76,2	28	46,2	26	26,8	22	21,0	20	7,5	16
Indiana	75,6	31	37,4	43	20,9	44	15,6	46	6,4	27
Iowa	80,1	13	41,6	36	24,5	34	16,9	41	5,2	46
Kansas	81,3	10	48,4	19	26,5	23	21,1	19	7,0	19
Kentucky	64,6	50	32,9	50	17,7	49	13,6	49	5,5	40
Louisiana	68,3	44	36,6	47	19,4	48	16,1	43	5,6	38
Maine	78,8	18	41,7	35	25,7	26	18,8	29	6,1	31
Maryland	78,4	22	50,3	11	31,7	6	26,5	5	10,9	3
Massachusetts	80,0	15	50,3	12	34,5	2	27,2	2	10,6	4
Michigan	76,8	25	44,5	30	24,1	37	17,4	38	6,4	25
Minnesota	82,4	6	49,4	15	30,4	11	21,8	16	6,3	29
Mississippi	64,3	51	36,8	46	19,9	47	14,7	48	5,1	47
Missouri	73,9	38	40,8	40	22,3	41	17,8	33	6,1	30
Montana	81,0	11	47,5	20	25,4	29	19,8	25	5,7	36
Nebraska	81,8	8	47,1	22	26,0	24	18,9	27	5,9	34
Nevada	78,8	19	47,2	21	21,5	43	15,3	47	5,2	45
New Hampshire	82,2	7	50,5	10	32,4	5	24,4	8	7,9	13
New Jersey	76,7	27	45,6	27	30,1	13	24,9	6	8,8	9
New Mexico	75,1	33	46,4	24	25,5	28	20,4	22	8,3	10
New York	74,8	34	45,3	28	29,6	16	23,1	11	9,9	5
North Carolina	70,0	43	41,0	39	24,2	36	17,4	37	5,4	43
North Dakota	76,7	26	48,6	17	28,1	17	18,1	31	4,5	50
Ohio	75,7	30	39,3	41	22,3	42	17,0	40	5,9	33
Oklahoma	74,6	36	44,1	32	22,8	40	17,8	34	6,0	32
Oregon	81,5	9	52,6	6	27,5	20	20,6	21	7,0	20
Pennsylvania	74,7	35	36,1	48	23,2	38	17,9	32	6,6	23
Rhode Island	72,0	41	42,6	34	27,5	19	21,3	18	7,8	14
South Carolina	68,3	45	38,8	42	23,0	39	16,6	42	5,4	41
South Dakota	77,1	24	43,4	33	24,6	33	17,2	39	4,9	48
Tennessee	67,1	46	37,0	45	20,1	46	16,0	44	5,4	42
Texas	72,1	40	46,5	23	25,5	27	20,3	23	6,5	24
Utah	85,1	2	57,9	1	30,0	14	22,3	15	6,8	22
Vermont	80,8	12	46,2	25	31,5	7	24,3	9	8,9	8
Virginia	75,2	32	48,5	18	30,0	15	24,5	7	9,1	6
Washington	83,8	4	55,9	4	30,9	10	22,9	13	7,0	18
West Virginia	66,0	49	29,4	51	16,1	51	12,3	51	4,8	49
Wisconsin	78,6	21	41,5	37	24,9	32	17,7	35	5,6	37
Wyoming	83,0	5	49,9	13	25,7	25	18,8	28	5,7	35
USA (gesamt)	75,2		45,2		26,5		20,3		7,2	

Quelle: U.S. CENSUS 1990. Eigene Berechnungen.

Tab. 11: Bevölkerung nach Ethnizität (USA, Staaten, 1990); nach U.S. Census

Bundesstaat	Bevölkerung nach Ethnizität									
	Hispanic		White (Non-Hispanic)		Black (Non-Hispanic)		Native American (Non-Hispanic)		Asian (Non-Hispanic)		Other (Non-Hispanic)
	Anteil	Rang	Anteil	Rang	Anteil	Rang	Anteil	Rang	Anteil	Rang	Anteil	Rang
Alabama	0,6	47	73,3	39	25,2	6	0,4	25	0,5	44	0,0	48
Alaska	3,3	22	74,0	37	3,9	31	15,5	1	3,3	6	0,1	28
Arizona	18,6	4	71,8	40	2,9	37	5,2	6	1,4	20	0,1	11
Arkansas	0,8	41	82,2	28	15,8	12	0,6	22	0,5	46	0,0	50
California	25,4	2	57,4	48	7,1	25	0,7	20	9,2	2	0,2	5
Colorado	12,7	5	80,9	30	3,9	32	0,7	19	1,7	17	0,1	13
Connecticut	6,2	12	84,0	25	8,0	22	0,2	45	1,5	19	0,1	9
Delaware	2,3	26	79,4	31	16,6	10	0,3	32	1,3	21	0,1	18
District of Columbia	5,2	14	27,4	51	65,3	1	0,2	42	1,8	15	0,1	7
Florida	12,0	6	73,3	38	13,2	16	0,3	33	1,1	25	0,1	27
Georgia	1,6	33	70,2	41	26,8	5	0,2	41	1,1	24	0,0	37
Hawaii	7,1	11	31,4	50	2,3	38	0,4	27	58,5	1	0,3	3
Idaho	5,1	15	92,3	9	0,3	50	1,3	13	0,9	30	0,0	36
Illinois	7,7	10	75,0	35	14,7	13	0,2	46	2,4	10	0,1	17
Indiana	1,7	32	89,6	17	7,7	23	0,2	39	0,6	38	0,0	29
Iowa	1,1	38	96,1	4	1,7	41	0,3	36	0,9	31	0,0	38
Kansas	3,6	21	88,5	19	5,6	28	0,9	16	1,2	22	0,1	24
Kentucky	0,6	50	91,7	11	7,1	26	0,2	48	0,5	50	0,0	39
Louisiana	2,1	28	65,8	45	30,6	3	0,5	24	0,9	29	0,1	22
Maine	0,6	48	97,9	2	0,4	48	0,5	23	0,5	42	0,0	44
Maryland	2,5	25	69,6	42	24,6	7	0,3	34	2,8	8	0,1	15
Massachusetts	4,6	17	88,0	20	4,6	30	0,2	47	2,3	12	0,4	2
Michigan	2,0	29	82,4	27	13,8	15	0,6	21	1,1	26	0,1	21
Minnesota	1,1	37	93,9	7	2,1	39	1,1	15	1,7	16	0,1	25
Mississippi	0,6	49	63,1	46	35,5	2	0,3	31	0,5	47	0,0	51
Missouri	1,2	36	87,0	23	10,6	19	0,4	26	0,8	36	0,0	30
Montana	1,5	34	91,9	10	0,2	51	5,8	5	0,5	45	0,0	49
Nebraska	2,2	27	92,6	8	3,6	33	0,8	18	0,8	35	0,1	26
Nevada	10,1	8	78,8	32	6,4	27	1,5	10	3,1	7	0,1	12
New Hampshire	1,0	39	97,3	3	0,6	45	0,2	43	0,8	34	0,0	31
New Jersey	9,3	9	74,2	36	12,8	17	0,2	50	3,4	5	0,1	8
New Mexico	38,1	1	50,5	49	1,8	40	8,5	2	0,8	32	0,2	4
New York	12,0	7	69,4	43	14,4	14	0,3	35	3,7	4	0,2	6
North Carolina	1,0	40	75,1	34	21,9	8	1,2	14	0,7	37	0,0	40
North Dakota	0,7	44	94,3	6	0,5	46	3,9	7	0,5	48	0,0	43
Ohio	1,2	35	87,1	22	10,6	20	0,2	44	0,8	33	0,1	16
Oklahoma	2,7	23	81,1	29	7,3	24	7,9	3	1,0	28	0,0	33
Oregon	3,9	20	90,8	16	1,6	42	1,4	11	2,3	11	0,1	23
Pennsylvania	1,9	30	87,8	21	9,0	21	0,1	51	1,1	23	0,1	19
Rhode Island	4,4	18	89,5	18	3,4	34	0,4	28	1,7	18	0,6	1
South Carolina	0,8	42	68,6	44	29,7	4	0,3	38	0,6	40	0,0	46
South Dakota	0,8	43	91,2	14	0,4	47	7,1	4	0,5	49	0,0	45
Tennessee	0,6	46	82,6	26	15,9	11	0,2	40	0,6	39	0,0	41
Texas	25,3	3	60,8	47	11,7	18	0,3	30	1,8	14	0,1	10
Utah	4,8	16	91,3	13	0,6	44	1,3	12	1,9	13	0,0	32
Vermont	0,7	45	98,0	1	0,4	49	0,4	29	0,5	43	0,0	42
Virginia	2,5	24	76,0	33	18,7	9	0,3	37	2,5	9	0,1	20
Washington	4,2	19	86,9	24	2,9	36	1,6	9	4,2	3	0,1	14
West Virginia	0,4	51	95,9	5	3,1	35	0,2	49	0,4	51	0,0	47
Wisconsin	1,8	31	91,4	12	5,0	29	0,8	17	1,1	27	0,0	34
Wyoming	5,5	13	91,1	15	0,7	43	2,1	8	0,6	41	0,0	35
USA (gesamt)	8,8		75,8		11,8		0,8		2,8		0,1	

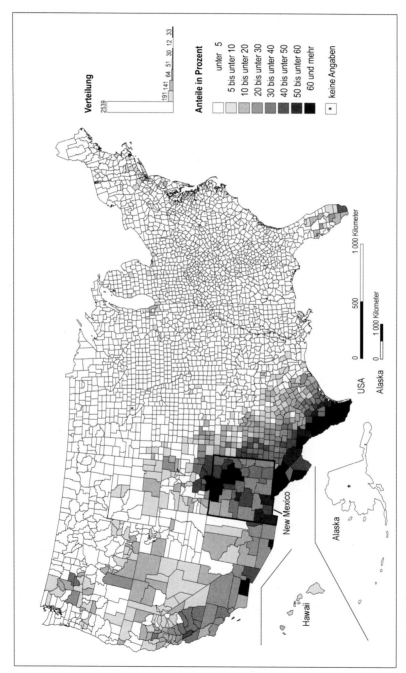

Karte 18: Anteil der Hispanics an der Gesamtbevölkerung (USA, Counties, 1990)
Quelle: Eigene Berechnungen auf Datengrundlage des U.S. Census 1990.

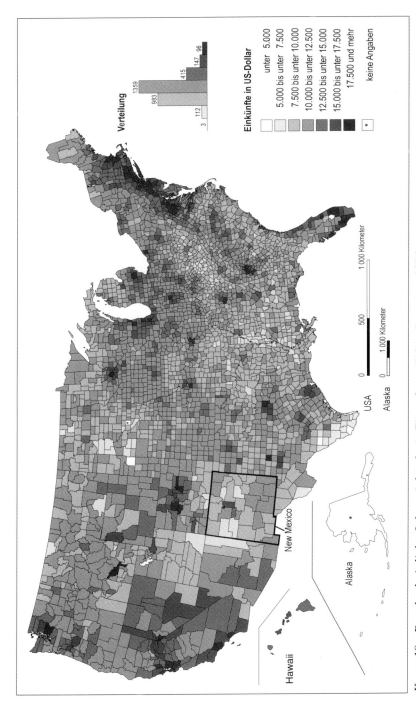

Karte 19: Durchschnittliche Jahreseinkünfte je Einwohner (USA, Counties, 1990)
Quelle: Eigene Berechnungen auf Datengrundlage des U.S. Census 1990.

Tab. 12:   Einrichtungen des höheren Bildungswesens in New Mexico

1. Höhere Bildungseinrichtungen in öffentlicher Trägerschaft	Standort	Gründung	Studierendenzahl im Herbst 2000
Research Universities			
New Mexico Institute of Mining and Technology	Socorro	1889	1 541
New Mexico State University	Las Cruces	1888	15 108
University of New Mexico	Albuquerque	1889	23 783
UNM Medical School	Albuquerque		298
Comprehensive Universities			
Eastern New Mexico University	Portales	1927	3 691
New Mexico Highlands University	Las Vegas	1893	3 117
Western New Mexico University	Silver City	1893	2 486
Branch Community Colleges and Instructional Centers			
ENMU Roswell Branch	Roswell	1958	2 668
ENMU Ruidoso Instructional Center	Ruidoso	1991	601
NMSU Alamogordo Branch	Alamogordo	1958	1 738
NMSU Carlsbad Branch	Carlsbad	1950	1 051
NMSU Dona Ana Branch	Dona Ana	1973	4 640
NMSU Grants Branch	Grants	1968	575
UNM Gallup Branch	Gallup	1968	2 638
UNM Los Alamos Branch	Los Alamos	1980	901
UNM Taos Instructional Center	Taos		457
UNM Valencia Branch	Valencia	1981	1 607
Independent Public Community Colleges			
Albuquerque Technical-Vocational Institute	Albuquerque	1965	17 266
davon Albuquerque TVI Montoya Campus	Albuquerque		4 803
davon Albuquerque TVI Rio Rancho Campus	Rio Rancho		759
davon Albuquerque TVI South Valley Campus	Albuquerque		545
Clovis Community College	Clovis	1990[1]	3 952
Luna Community College	Las Vegas	[2]	1 108
Mesalands Community College	Tucumcari	1979	464
New Mexico Junior College	Hobbs	1965	3 189
New Mexico Military Institute	Roswell	1891	521
Northern New Mexico Community College	Española / El Rito	1969	1 802
davon Northern New Mexico Community College	El Rito		k.A.
davon Northern New Mexico Community College	Española		k.A.
San Juan College	Farmington	1982[3]	5 468
Santa Fe Community College	Santa Fe	1983	4 480

[1]   1977 Gründung der Vorläuferinstitution ENMU Clovis.
[2]   1967 Gründung der Vorläuferinstitution Luna Vocational-Technical Institute.
[3]   1956 Gründung der Vorläuferinstitution NMSU Farmington.

2. Höhere Bildungseinrichtungen in privater Trägerschaft	Standort	Gründung	Studierendenzahl im Herbst 2000
Tribal Colleges			
Crownpoint Institute of Technology	Crownpoint		461
Institute of American Indian Arts	Santa Fe	1962	k.A.
Diné College Shiprock	Shiprock		315
Diné CollegeCrownpoint	Crownpoint		101
Southwestern Indian Polytechnic Institute	Albuquerque		724
Regionally Accredited Universities			
College of Santa Fe	Santa Fe	1947	1 543
College of the Southwest	Hobbs	1956	673
National American University	Albuquerque		k.A.
National American University	Rio Rancho	1997	k.A.
St. John's College	Santa Fe	1964	492
Southwestern College	Santa Fe		113
University of Phoenix	Albuquerque		k.A.
University of St. Francis	Albuquerque		22
Webster University	Albuquerque		210
Webster University	Santa Teresa		k.A.
Höhere Bildungseinrichtungen auf Militärgelände			
Embry-Riddle Aeronautical University	Kirtland AFB		k.A.
Embry-Riddle Aeronautical University	Cannon AFB		k.A.
Embry-Riddle Aeronautical University	Holloman AFB		k.A.
Troy State University	Holloman AFB		k.A.
Webster University	Holloman AFB		k.A.
Webster University	Kirtland AFB		k.A.
Satellite and Education Center			
Luna Springer Satellite	Springer	1977	k.A.
Luna Santa Rosa Satellite	Santa Rosa		k.A.
NMHU Center at Rio Rancho	Rio Rancho	1997	k.A.
White Sands Education Center	White Sands	1959	k.A.
Gadsden Education Center	Gadsden		k.A.
Sunland Park Education Center	Sunland Park		k.A.
College of Santa Fe at Albuquerque	Albuquerque	2002	k.A.

Quelle: Eigene Recherchen auf Internetseiten der betreffenden Institutionen, der New Mexico Commission of Higher Education und des New Mexico State Department of Education.

Tab. 13: *Dropout-Raten und Schülerzahlen (New Mexico, Schulbezirke und Schulen, 2000/01)*

Alamogordo

Name der Schule	Drop-outs	Zahl der Schüler	Dropout-Rate in Prozent
Chaparral Junior High	0	502	0,0
Holloman Middle	0	154	0,0
Mountain View Middle	0	516	0,0
Alamogordo High	18	2 078	0,9
Academy Del Sol Alternative	0	202	0,0
Transition Year Dropout	0	---	---
Schulbezirk	**18**	**3 452**	**0,5**

Albuquerque (I)

Name der Schule	Drop-outs	Zahl der Schüler	Dropout-Rate in Prozent
Adams Middle	12	481	2,5
Cleveland Middle	8	591	1,4
Desert Ridge Middle	4	557	0,7
Eisenhower Middle	0	686	0,0
Ernie Pyle Middle	2	654	0,3
Garfield Middle	15	423	3,5
Grant Middle	13	464	2,8
Harrison Middle	16	450	3,6
Hayes Middle	2	343	0,6
Hoover Middle	1	581	0,2
Jackson Middle	5	499	1,0
Jefferson Middle	0	534	0,0
Jimmy Carter Middle	29	449	6,5
Kennedy Middle	4	386	1,0
L.B. Johnson Middle	2	786	0,3
Madison Middle	2	640	0,3
McKinley Middle	26	532	4,9
Polk Middle	4	394	1,0
Roosevelt Middle	0	358	0,0
Taft Middle	6	439	1,4
Taylor Middle	7	743	0,9
Truman Middle	3	534	0,6
Van Buren Middle	0	446	0,0
Washington Middle	5	471	1,1
Wilson Middle	2	474	0,4
Albuquerque High	161	2 035	7,9

Albuquerque (II)

Name der Schule	Drop-outs	Zahl der Schüler	Dropout-Rate in Prozent
Cibola High	57	2 413	2,4
Del Norte High	70	1 681	4,2
Eldorado High	49	2 216	2,2
Highland High	173	1 992	8,7
La Cueva High	20	2 108	0,9
Manzano High	100	2 171	4,6
Rio Grande High	297	2 004	14,8
Sandia High	73	2 028	3,6
Valley High	114	2 227	5,1
West Mesa High	82	2 302	3,6
Amy Biehl Charter High	0	83	0,0
East Mt. Charter High	0	102	0,0
South Valley Charter	0	72	0,0
Albuquerque Evening	134	249	53,8
Bernalillo County JDC	356	132	269,7
Career Enrichment Center	4	182	2,2
County Detention Center	21	15	140,0
Diagnostic Center	0	128	0,0
Freedom High	93	224	41,5
Hogares	38	81	46,9
New Futures School	114	253	45,1
School On Wheels High	80	260	30,8
Sierra Alternative School	42	152	27,6
The Family School	0	66	0,0
Transition Year Dropout	159	---	---
Schulbezirk	**2 405**	**38 091**	**6,3**

Animas

Name der Schule	Drop-outs	Zahl der Schüler	Dropout-Rate in Prozent
Animas Middle	0	59	0,0
Animas High	1	126	0,8
Transition Year Dropout	0	---	---
Schulbezirk	**1**	**185**	**0,5**

Artesia

Name der Schule	Drop-outs	Zahl der Schüler	Dropout-Rate in Prozent
Artesia Intermediate	0	273	0,0
Penasco Elementary	0	2	0,0
Artesia Junior High	8	582	1,4
Artesia High	16	878	1,8
Transition Year Dropout	0	---	---
Schulbezirk	24	1 735	1,4

Aztec

Name der Schule	Drop-outs	Zahl der Schüler	Dropout-Rate in Prozent
CV Koogler Junior High	1	538	0,2
Aztec High	19	1 010	1,9
San Juan JDC	0	15	0,0
Vista Nueva Alternative	0	29	0,0
Transition Year Dropout	3	---	---
Schulbezirk	23	1 592	1,4

Belen

Name der Schule	Drop-outs	Zahl der Schüler	Dropout-Rate in Prozent
Belen Middle	21	782	2,7
Belen High	85	1 289	6,6
Transition Year Dropout	28	---	---
Schulbezirk	134	2 071	6,5

Bernalillo

Name der Schule	Drop-outs	Zahl der Schüler	Dropout-Rate in Prozent
Bernalillo Middle	2	364	0,5
Cochiti Middle	1	40	2,5
Santo Domingo Middle	0	105	0,0
Bernalillo High	45	915	4,9
Transition Year Dropout	0	---	---
Schulbezirk	48	1 424	3,4

Bloomfield

Name der Schule	Drop-outs	Zahl der Schüler	Dropout-Rate in Prozent
Blanco Elementary	0	30	0,0
Naaba Ani Elementary	0	1	0,0
Mesa Alta Junior High	4	525	0,8
Rio Vista Middle	0	204	0,0
Bloomfield High	22	654	3,4
Charlie Y. Brown	4	51	7,8
Transition Year Dropout	0	---	---
Schulbezirk	30	1 465	2,0

Capitan

Name der Schule	Drop-outs	Zahl der Schüler	Dropout-Rate in Prozent
Capitan Middle	0	92	0,0
Capitan High	3	193	1,6
Transition Year Dropout	0	---	---
Schulbezirk	3	285	1,1

Carlsbad

Name der Schule	Drop-outs	Zahl der Schüler	Dropout-Rate in Prozent
Alta Vista Middle	0	405	0,0
P.R. Leyva Middle	0	558	0,0
Carlsbad High	43	1 990	2,2
Transition Year Dropout	0	---	---
Schulbezirk	43	2 953	1,5

Carrizozo

Name der Schule	Drop-outs	Zahl der Schüler	Dropout-Rate in Prozent
Carrizozo Middle	0	33	0,0
Carrizozo High	6	66	9,1
Transition Year Dropout	0	---	---
Schulbezirk	6	99	6,1

Central

Name der Schule	Drop-outs	Zahl der Schüler	Dropout-Rate in Prozent
Kirtland Middle	0	552	0,0
Newcomb Middle	0	186	0,0
Tse'bit'ai Middle	15	440	3,4
Central High	70	990	7,1
Newcomb High	15	358	4,2
Shiprock High	16	958	1,7
Career Prep High	46	142	32,4
Transition Year Dropout	0	---	---
Schulbezirk	162	3 626	4,5

Chama Valley

Name der Schule	Drop-outs	Zahl der Schüler	Dropout-Rate in Prozent
Chama Middle	0	44	0,0
Tierra Amarilla Middle	0	50	0,0
Escalante High	0	184	0,0
Transition Year Dropout	0	---	---
Schulbezirk	0	278	0,0

Cimarron

Name der Schule	Drop-outs	Zahl der Schüler	Dropout-Rate in Prozent
Cimarron Middle	0	53	0,0
Eagle Nest Middle	0	54	0,0
Cimarron High	3	201	1,5
Transition Year Dropout	0	---	---
Schulbezirk	3	308	1,0

Clayton

Name der Schule	Drop-outs	Zahl der Schüler	Dropout-Rate in Prozent
Clayton Junior High	0	107	0,0
Clayton High	9	235	3,8
Transition Year Dropout	0	---	---
Schulbezirk	9	342	2,6

Cloudcroft

Name der Schule	Drop-outs	Zahl der Schüler	Dropout-Rate in Prozent
Cloudcroft Middle	0	102	0,0
Cloudcroft High	2	188	1,1
Transition Year Dropout	0	---	---
Schulbezirk	2	290	0,7

Clovis

Name der Schule	Drop-outs	Zahl der Schüler	Dropout-Rate in Prozent
Gattis Junior High	1	432	0,2
Marshall Junior High	0	656	0,0
Yucca Junior High	0	748	0,0
Clovis High	89	1 639	5,4
Clovis JDC	0	5	0,0
Transition Year Dropout	1	---	---
Schulbezirk	91	3 480	2,6

Cobre

Name der Schule	Drop-outs	Zahl der Schüler	Dropout-Rate in Prozent
Snell Middle	0	272	0,0
Cobre High	14	575	2,4
Transition Year Dropout	0	---	---
Schulbezirk	14	847	1,7

Corona

Name der Schule	Drop-outs	Zahl der Schüler	Dropout-Rate in Prozent
Corona High	0	40	0,0
Transition Year Dropout	0	---	---
Schulbezirk	0	40	0,0

Cuba

Name der Schule	Drop-outs	Zahl der Schüler	Dropout-Rate in Prozent
Cuba Middle	0	105	0,0
Cuba High	26	416	6,3
Transition Year Dropout	0	---	---
Schulbezirk	26	521	5,0

Deming

Name der Schule	Drop-outs	Zahl der Schüler	Dropout-Rate in Prozent
Deming Middle	1	384	0,3
Hofacket Middle	0	814	0,0
Deming High	24	1 084	2,2
Transition Year Dropout	0	---	---
Schulbezirk	25	2 282	1,1

Des Moines

Name der Schule	Drop-outs	Zahl der Schüler	Dropout-Rate in Prozent
Des Moines High	2	79	2,5
Transition Year Dropout	0	---	---
Schulbezirk	2	79	2,5

Dexter

Name der Schule	Drop-outs	Zahl der Schüler	Dropout-Rate in Prozent
Dexter Middle	0	172	0,0
Dexter High	3	378	0,8
Transition Year Dropout	0	---	---
Schulbezirk	3	550	0,5

Dora

Name der Schule	Drop-outs	Zahl der Schüler	Dropout-Rate in Prozent
Dora High	0	110	0,0
Transition Year Dropout	0	---	---
Schulbezirk	0	110	0,0

Dulce

Name der Schule	Drop-outs	Zahl der Schüler	Dropout-Rate in Prozent
Dulce Middle	0	111	0,0
Dulce High	1	183	0,5
Transition Year Dropout	0	---	---
Schulbezirk	1	294	0,3

Elida

Name der Schule	Drop-outs	Zahl der Schüler	Dropout-Rate in Prozent
Elida High	0	59	0,0
Transition Year Dropout	0	---	---
Schulbezirk	0	59	0,0

Espanola

Name der Schule	Drop-outs	Zahl der Schüler	Dropout-Rate in Prozent
Espanola Middle	0	383	0,0
Espanola Middle West	8	366	2,2
Espanola Valley High	109	1 105	9,9
Transition Year Dropout	1	---	---
Schulbezirk	118	1 854	6,4

Estancia

Name der Schule	Drop-outs	Zahl der Schüler	Dropout-Rate in Prozent
Estancia Middle	0	166	0,0
Estancia High	4	264	1,5
Transition Year Dropout	0	---	---
Schulbezirk	4	430	0,9

Eunice

Name der Schule	Drop-outs	Zahl der Schüler	Dropout-Rate in Prozent
Caton Middle	0	117	0,0
Eunice High	4	223	1,8
Transition Year Dropout	1	---	---
Schulbezirk	5	340	1,5

Farmington (I)

Name der Schule	Drop-outs	Zahl der Schüler	Dropout-Rate in Prozent
Heights Junior High	12	450	2,7
Hermosa Junior High	0	371	0,0
Mesa View Junior High	0	474	0,0
Tibbetts Junior High	0	332	0,0
Farmington High	41	1 895	2,2

Farmington (II)

Name der Schule	Drop-outs	Zahl der Schüler	Dropout-Rate in Prozent
Piedra Vista High	45	1 153	3,9
Rocinante High	84	187	44,9
Transition Year Dropout	2	---	---
Schulbezirk	184	4 862	3,8

Floyd

Name der Schule	Drop-outs	Zahl der Schüler	Dropout-Rate in Prozent
Floyd Middle	0	46	0,0
Floyd High	0	67	0,0
Transition Year Dropout	0	---	---
Schulbezirk	0	113	0,0

Fort Summer

Name der Schule	Drop-outs	Zahl der Schüler	Dropout-Rate in Prozent
Fort Summer Middle	0	63	0,0
Fort Summer High	0	124	0,0
Transition Year Dropout	0	---	---
Schulbezirk	0	187	0,0

Gadsden

Name der Schule	Drop-outs	Zahl der Schüler	Dropout-Rate in Prozent
Chaparral Middle	1	443	0,2
Gadsden Middle	12	928	1,3
Santa Teresa Middle	1	608	0,2
Gadsden High	118	2 433	4,8
Santa Teresa High	54	1 120	4,8
Transition Year Dropout	3	---	---
Schulbezirk	189	5 532	3,4

Gallup (I)

Name der Schule	Drop-outs	Zahl der Schüler	Dropout-Rate in Prozent
Gallup Junior High	18	1 282	1,4
Gallup Middle	1	403	0,2
Kennedy Middle	1	316	0,3

Gallup (II)

Name der Schule	Drop-outs	Zahl der Schüler	Dropout-Rate in Prozent
Thoreau Middle	0	286	0,0
Tohatchi Middle	0	204	0,0
Crownpoint High	13	572	2,3
Gallup Central High	30	342	8,8
Gallup High	51	1 560	3,3
Navajo Pine High	10	401	2,5
Ramah High	0	220	0,0
Thoreau High	6	517	1,2
Tohatchi High	5	504	1,0
Juvenile Detention Center	0	11	0,0
Transition Year Dropout	10	---	---
Schulbezirk	145	6 618	2,2

Grady

Name der Schule	Drop-outs	Zahl der Schüler	Dropout-Rate in Prozent
Grady High	0	59	0,0
Transition Year Dropout	0	---	---
Schulbezirk	0	59	0,0

Grants / Cibola

Name der Schule	Drop-outs	Zahl der Schüler	Dropout-Rate in Prozent
Laguna-Acoma Middle	0	74	0,0
Los Alamitos Middle	3	475	0,6
Grants High	42	890	4,7
Laguna Acoma High	12	313	3,8
Transition Year Dropout	10	---	---
Schulbezirk	67	1 752	3,8

Hagerman

Name der Schule	Drop-outs	Zahl der Schüler	Dropout-Rate in Prozent
Hagerman Middle	0	66	0,0
Hagerman High	1	157	0,6
Transition Year Dropout	0	---	---
Schulbezirk	1	223	0,4

Hatch

Name der Schule	Drop-outs	Zahl der Schüler	Dropout-Rate in Prozent
Hatch Valley Middle	7	258	2,7
Hatch Valley High	34	448	7,6
Transition Year Dropout	0	---	---
Schulbezirk	**41**	**706**	**5,8**

Hobbs

Name der Schule	Drop-outs	Zahl der Schüler	Dropout-Rate in Prozent
Heizer Junior High	5	500	1,0
Highland Junior High	4	673	0,6
Houston Junior High	4	626	0,6
Hobbs High	44	1 552	2,8
Alternative High	0	101	0,0
Transition Year Dropout	1	---	---
Schulbezirk	**58**	**3452**	**1,7**

Hondo Valley

Name der Schule	Drop-outs	Zahl der Schüler	Dropout-Rate in Prozent
Hondo High	2	58	3,4
Transition Year Dropout	0	---	---
Schulbezirk	**2**	**58**	**3,4**

House

Name der Schule	Drop-outs	Zahl der Schüler	Dropout-Rate in Prozent
House High	51	155	32,9
Transition Year Dropout	0	---	---
Schulbezirk	**51**	**155**	**32,9**

Jal

Name der Schule	Drop-outs	Zahl der Schüler	Dropout-Rate in Prozent
Jal Junior High	1	77	1,3
Jal High	3	159	1,9
Transition Year Dropout	0	---	---
Schulbezirk	**4**	**236**	**1,7**

Jemez Mountain

Name der Schule	Drop-outs	Zahl der Schüler	Dropout-Rate in Prozent
Gallina Middle	0	62	0,0
Coronado High	2	100	2,0
Transition Year Dropout	0	---	---
Schulbezirk	**2**	**162**	**1,2**

Jemez Valley

Name der Schule	Drop-outs	Zahl der Schüler	Dropout-Rate in Prozent
Jemez Valley Middle	0	84	0,0
Jemez Valley High	1	208	0,5
San Diego Riverside	0	37	0,0
Transition Year Dropout	0	---	---
Schulbezirk	**1**	**329**	**0,3**

Lake Arthur

Name der Schule	Drop-outs	Zahl der Schüler	Dropout-Rate in Prozent
Lake Arthur Middle	0	28	0,0
Lake Arthur High	1	75	1,3
Transition Year Dropout	0	---	---
Schulbezirk	**1**	**103**	**1,0**

Las Cruces (I)

Name der Schule	Drop-outs	Zahl der Schüler	Dropout-Rate in Prozent
Camino Real Middle	1	613	0,2
Lynn Middle	0	444	0,0
Picacho Middle	3	697	0,4
Sierra Middle	1	526	0,2
Vista Middle	1	433	0,2
White Sands Middle	1	60	1,7
Zia Middle	2	585	0,3
Las Cruces High	111	2 372	4,7
Mayfield High	94	2 323	4,0
Onate High	69	1 699	4,1
Dona Ana JDC	7	13	53,8
Mesilla Alt. Program	0	9	0,0
Mesilla Valley Rtc.	5	46	10,9
San Andreas High	68	182	37,4

Las Cruces (II)

Name der Schule	Drop-outs	Zahl der Schüler	Dropout-Rate in Prozent
Transition Year Dropout	8	---	---
Schulbezirk	371	10 002	3,7

Las Vegas City

Name der Schule	Drop-outs	Zahl der Schüler	Dropout-Rate in Prozent
Memorial Middle	0	379	0,0
Robertson High	8	767	1,0
Transition Year Dropout	0	---	---
Schulbezirk	8	1 146	0,7

Las Vegas West

Name der Schule	Drop-outs	Zahl der Schüler	Dropout-Rate in Prozent
Valley Middle	0	65	0,0
West Las Vegas Middle	6	245	2,4
West Las Vegas High	14	603	2,3
Family Partnership	1	29	3,4
Transition Year Dropout	0	---	---
Schulbezirk	21	942	2,2

Logan

Name der Schule	Drop-outs	Zahl der Schüler	Dropout-Rate in Prozent
Logan High	0	143	0,0
Transition Year Dropout	0	---	---
Schulbezirk	0	143	0,0

Lordsburg

Name der Schule	Drop-outs	Zahl der Schüler	Dropout-Rate in Prozent
Dugan-Tarango Middle	0	120	0,0
Lordsburg High	7	228	3,1
Transition Year Dropout	0	---	---
Schulbezirk	7	348	2,0

Los Alamos

Name der Schule	Drop-outs	Zahl der Schüler	Dropout-Rate in Prozent
Los Alamos Middle	6	611	1,0
Los Alamos High	7	1 201	0,6
Transition Year Dropout	0	---	---
Schulbezirk	13	1 812	0,7

Los Lunas

Name der Schule	Drop-outs	Zahl der Schüler	Dropout-Rate in Prozent
Los Lunas Middle	1	692	0,1
Manzano Vista Middle	7	705	1,0
Los Lunas High	49	2 283	2,1
Century Alternative	13	78	16,7
Transition Year Dropout	5	---	---
Schulbezirk	75	3 758	2,0

Loving

Name der Schule	Drop-outs	Zahl der Schüler	Dropout-Rate in Prozent
Loving Middle	1	116	0,9
Loving High	4	178	2,2
Transition Year Dropout	0	---	---
Schulbezirk	5	294	1,7

Lovington

Name der Schule	Drop-outs	Zahl der Schüler	Dropout-Rate in Prozent
Lovington Junior High	0	437	0,0
Taylor Middle	0	204	0,0
Lovington High	22	637	3,5
Alternative School	20	40	50,0
Lea County JDC	0	5	0,0
Transition Year Dropout	0	---	---
Schulbezirk	42	1 323	3,2

Magdalena

Name der Schule	Drop-outs	Zahl der Schüler	Dropout-Rate in Prozent
Magdalena Middle	0	61	0,0
Magdalena High	2	103	1,9
Transition Year Dropout	0	---	---
Schulbezirk	2	164	1,2

Maxwell

Name der Schule	Drop-outs	Zahl der Schüler	Dropout-Rate in Prozent
Maxwell Middle	0	22	0,0
Maxwell High	0	61	0,0
Transition Year Dropout	0	---	---
Schulbezirk	0	83	0,0

Melrose

Name der Schule	Drop-outs	Zahl der Schüler	Dropout-Rate in Prozent
Melrose High	0	150	0,0
Transition Year Dropout	0	---	---
Schulbezirk	0	150	0,0

Mesa Vista

Name der Schule	Drop-outs	Zahl der Schüler	Dropout-Rate in Prozent
Tres Piedras Elementary	0	2	0,0
Mesa Vista Middle	0	114	0,0
Mesa Vista High	6	200	3,0
Transition Year Dropout	0	---	---
Schulbezirk	6	316	1,9

Mora

Name der Schule	Drop-outs	Zahl der Schüler	Dropout-Rate in Prozent
Mora Middle	0	95	0,0
Mora High	0	202	0,0
Transition Year Dropout	0	---	---
Schulbezirk	0	297	0,0

Moriarty

Name der Schule	Drop-outs	Zahl der Schüler	Dropout-Rate in Prozent
Edgewood Middle	9	418	2,2
Moriarty Middle	0	356	0,0
Moriarty High	49	1 355	3,6
Transition Year Dropout	0	---	---
Schulbezirk	58	2 129	2,7

Mosquero

Name der Schule	Drop-outs	Zahl der Schüler	Dropout-Rate in Prozent
Mosquero High	0	26	0,0
Transition Year Dropout	0	---	---
Schulbezirk	0	26	0,0

Mountainair

Name der Schule	Drop-outs	Zahl der Schüler	Dropout-Rate in Prozent
Mountainair High	7	189	3,7
Transition Year Dropout	0	---	---
Schulbezirk	7	189	3,7

Pecos

Name der Schule	Drop-outs	Zahl der Schüler	Dropout-Rate in Prozent
Pecos Middle	0	140	0,0
Pecos High	0	257	0,0
Transition Year Dropout	0	---	---
Schulbezirk	0	397	0,0

Penasco

Name der Schule	Drop-outs	Zahl der Schüler	Dropout-Rate in Prozent
Penasco Junior High	0	98	0,0
Penasco High	4	185	2,2
Transition Year Dropout	0	---	---
Schulbezirk	4	283	1,4

Pojoaque

Name der Schule	Drop-outs	Zahl der Schüler	Dropout-Rate in Prozent
Pojoaque Middle	1	371	0,3
Pojoaque High	14	685	2,0
Transition Year Dropout	0	---	---
Schulbezirk	15	1 056	1,4

Portales

Name der Schule	Drop-outs	Zahl der Schüler	Dropout-Rate in Prozent
Portales Junior High	0	415	0,0
Portales High	3	699	0,4
Broad Horizons Alternative	21	141	14,9
Transition Year Dropout	0	---	---
Schulbezirk	24	1 255	1,9

Quemado

Name der Schule	Drop-outs	Zahl der Schüler	Dropout-Rate in Prozent
Quemado High	1	94	1,1
Transition Year Dropout	0	---	---
Schulbezirk	1	94	1,1

Questa

Name der Schule	Drop-outs	Zahl der Schüler	Dropout-Rate in Prozent
Questa Junior High	1	104	1,0
Questa High	3	182	1,6
Transition Year Dropout	0	---	---
Schulbezirk	4	286	1,4

Raton

Name der Schule	Drop-outs	Zahl der Schüler	Dropout-Rate in Prozent
Raton Middle	0	223	0,0
Raton High	19	404	4,7
Transition Year Dropout	1	---	---
Schulbezirk	20	627	3,2

Reserve

Name der Schule	Drop-outs	Zahl der Schüler	Dropout-Rate in Prozent
Reserve High	0	132	0,0
Transition Year Dropout	0	---	---
Schulbezirk	0	123	0,0

Rio Rancho

Name der Schule	Drop-outs	Zahl der Schüler	Dropout-Rate in Prozent
Eagle Ridge Middle	1	609	0,2
Lincoln Middle	0	551	0,0
Mountain View Middle	0	527	0,0
Rio Rancho High	65	2 878	2,3
Rio Rancho Alternative	69	243	28,4
Transition Year Dropout	37	---	---
Schulbezirk	172	4 808	3,6

Roswell

Name der Schule	Drop-outs	Zahl der Schüler	Dropout-Rate in Prozent
Bereendo Middle	0	420	0,0
Mesa Middle	0	359	0,0
Mountain View Middle	0	387	0,0
Sierra Middle	0	419	0,0
Goddard High	35	1 384	2,5
Roswell High	50	1 363	3,7
Chaves County JDC	0	4	0,0
University High	81	251	32,3
Transition Year Dropout	2	---	---
Schulbezirk	168	4 587	3,7

Roy

Name der Schule	Drop-outs	Zahl der Schüler	Dropout-Rate in Prozent
Roy High	0	68	0,0
Transition Year Dropout	0	---	---
Schulbezirk	0	68	0,0

Ruidoso

Name der Schule	Drop-outs	Zahl der Schüler	Dropout-Rate in Prozent
Gavilan Canyon	0	16	0,0
Ruidoso Middle	0	420	0,0
Ruidoso High	29	693	4,2
Transition Year Dropout	0	---	---
Schulbezirk	29	1 129	2,6

San Jon

Name der Schule	Drop-outs	Zahl der Schüler	Dropout-Rate in Prozent
San Jon High	0	89	0,0
Transition Year Dropout	0	---	---
Schulbezirk	0	89	0,0

Santa Fe

Name der Schule	Drop-outs	Zahl der Schüler	Dropout-Rate in Prozent
Alameda Middle	7	405	1,7
Capshaw Junior High	3	433	0,7
De Vargas Junior High	9	523	1,7
Ortiz Middle	6	406	1,5
Capital High	74	1 368	5,4
Santa Fe High	103	1 955	5,3
Monte Del Sol Charter	0	121	0,0
La Nueva Vida	15	40	37,5
Santa Fe County JDC	0	81	0,0
The Academy	77	175	44,0
Transition Year Dropout	2	---	---
Schulbezirk	296	5 507	5,4

Santa Rosa

Name der Schule	Drop-outs	Zahl der Schüler	Dropout-Rate in Prozent
Anton Chico Middle	0	25	0,0
Santa Rosa Middle	0	105	0,0
Santa Rosa High	5	272	1,8
Transition Year Dropout	0	---	---
Schulbezirk	5	402	1,2

Silver City

Name der Schule	Drop-outs	Zahl der Schüler	Dropout-Rate in Prozent
La Plata Middle	0	533	0,0
Cliff High	2	159	1,3
Silver High	54	1 103	4,9
Juvenile Detention Center	0	3	0,0
Transition Year Dropout	2	---	---
Schulbezirk	58	1 798	3,2

Socorro

Name der Schule	Drop-outs	Zahl der Schüler	Dropout-Rate in Prozent
R.S. Sarracino Middle	0	350	0,0
Socorro High	16	636	2,5
Transition Year Dropout	0	---	---
Schulbezirk	16	986	1,6

Springer

Name der Schule	Drop-outs	Zahl der Schüler	Dropout-Rate in Prozent
Springer High	3	116	2,6
Transition Year Dropout	0	---	---
Schulbezirk	3	116	2,6

Taos

Name der Schule	Drop-outs	Zahl der Schüler	Dropout-Rate in Prozent
Taos Middle	4	490	0,8
Taos High	49	1 115	4,4
Taos Charter School	0	45	0,0
Casa Corazon	0	35	0,0
Taos County JDC	0	6	0,0
Transition Year Dropout	0	---	---
Schulbezirk	53	1 691	3,1

Tatum

Name der Schule	Drop-outs	Zahl der Schüler	Dropout-Rate in Prozent
Tatum Junior High	0	52	0,0
Tatum High	0	121	0,0
Transition Year Dropout	0	---	---
Schulbezirk	**0**	**173**	**0,0**

Tularosa

Name der Schule	Drop-outs	Zahl der Schüler	Dropout-Rate in Prozent
Tularosa Middle	0	159	0,0
Tularosa High	11	344	3,2
Transition Year Dropout	4	---	---
Schulbezirk	**15**	**503**	**3,0**

Texico

Name der Schule	Drop-outs	Zahl der Schüler	Dropout-Rate in Prozent
Texico Middle	0	97	0,0
Texico High	1	187	0,5
Transition Year Dropout	0	---	---
Schulbezirk	**1**	**284**	**0,4**

Vaughn

Name der Schule	Drop-outs	Zahl der Schüler	Dropout-Rate in Prozent
Vaughn Elementary	0	1	0,0
Vaughn High	1	45	2,2
Transition Year Dropout	0	---	---
Schulbezirk	**1**	**46**	**2,2**

Truth or Consequences

Name der Schule	Drop-outs	Zahl der Schüler	Dropout-Rate in Prozent
T or C Middle	0	241	0,0
Hot Springs High	13	454	2,9
Geronimo Trails Alternative	31	67	46,3
Transition Year Dropout	0	---	---
Schulbezirk	**44**	**762**	**5,8**

Wagon Mound

Name der Schule	Drop-outs	Zahl der Schüler	Dropout-Rate in Prozent
Wagon Mound High	0	70	0,0
Valmora High	0	49	0,0
Transition Year Dropout	0	---	---
Schulbezirk	**0**	**119**	**0,0**

Tucumcari

Name der Schule	Drop-outs	Zahl der Schüler	Dropout-Rate in Prozent
Tucumcari Middle	0	188	0,0
Tucumcari High	11	341	3,2
Esperanza High School	2	60	3,3
Tucumcari JDC	0	11	0,0
Transition Year Dropout	0	---	---
Schulbezirk	**13**	**600**	**2,2**

Zuni

Name der Schule	Drop-outs	Zahl der Schüler	Dropout-Rate in Prozent
Zuni Middle	0	199	0,0
Twin Butts High	15	86	17,4
Zuni High	19	364	5,2
Transition Year Dropout	0	---	---
Schulbezirk	**34**	**649**	**5,2**

Quelle: NEW MEXICO STATE DEPARTMENT OF EDUCATION (2002).

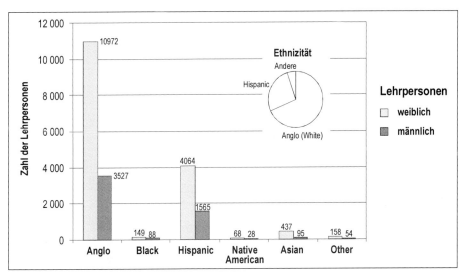

Abb. 27: Lehrpersonal im primären und sekundären Bildungsbereich nach Geschlecht und Ethnizität (New Mexico, 2000/01)
Quelle: Eigene Berechnungen auf Datengrundlage des NEW MEXICO STATE DEPARTMENT OF EDUCATION (2002).

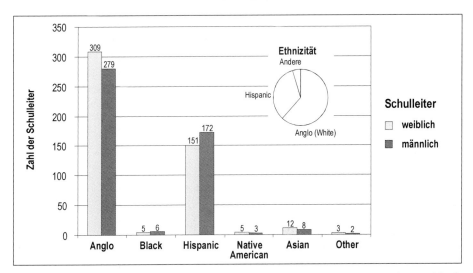

Abb. 28: Schulleiter im primären und sekundären Bildungsbereich nach Geschlecht und Ethnizität (New Mexico, 2000/01)
Quelle: Eigene Berechnungen auf Datengrundlage des NEW MEXICO STATE DEPARTMENT OF EDUCATION (2002).

256　　　　　　　　　　　　　　　　　　9 Ergänzendes Datenmaterial

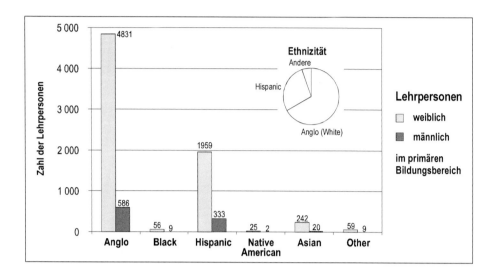

Abb. 29: Lehrpersonal im primären Bildungsbereich nach Geschlecht und Ethnizität (New Mexico, 2000/01)
Quelle: Eigene Berechnungen auf Datengrundlage des NEW MEXICO STATE DEPARTMENT OF EDUCATION (2002).

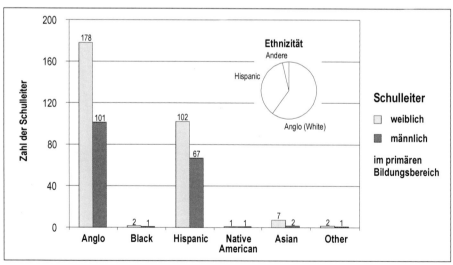

Abb. 30: Schulleiter im primären Bildungsbereich nach Geschlecht und Ethnizität (New Mexico, 2000/01)
Quelle: Eigene Berechnungen auf Datengrundlage des NEW MEXICO STATE DEPARTMENT OF EDUCATION (2002).

10 Ausgewählte Interviewtranskripte

Interview Nr. 1
My parents were first-generation Americans

Interview Nr. 6
If you can't be rich, you have to be educated

Interview Nr. 13
I was trying to work my way back

Interview Nr. 14
My grandfather was a self-educated man

Interview Nr. 16 (Verónica Méndez Cruz)
Either we push education or we push our culture

Interview Nr. 17 (Rudolfo Anaya)
I can participate in my own culture and in the mainstream culture

Interview Nr. 18 (Peter White)
Your job is to teach the students you have

10.1 My parents were first-generation Americans

> 'My parents were first-generation Americans,
> they knew that education would grow to financial success'

Interviewpartner Nr. 1, geboren 1942 in New Jersey nur unweit der Stadtgrenze von New York City, ist seit 1997 Professor für Chemie an der University of New Mexico in Albuquerque. Als Einwanderer sind seine Großeltern mütter- und väterlicherseits aus Italien in die Vereinigten Staaten gekommen. Im Unterschied zu seinen Eltern, die aufgrund der Wirtschaftskrise der 1930er Jahre nach einer kurzen Schulzeit gezwungen waren zu arbeiten, verwirklicht er ebenso wie seine Geschwister das Ziel einer beruflichen Karriere auf Grundlage einer akademischen Ausbildung. Interviewpartner Nr. 1 und seine Frau, die ebenfalls Professorin für Chemie ist, durchlaufen gemeinsam verschiedene Karrierestationen in den USA, bevor sie beide einen Ruf an die University of New Mexico erhalten. Die Entscheidung für Albuquerque fällt beiden um so leichter, da sie den Standort als geradezu ideal für ihre Familie mit zwei Kindern betrachten. Besonders wichtig ist den Eltern, daß ihre Kinder eine gute private Schule besuchen, die ihnen alle Voraussetzungen für ein erfolgreiches Hochschulstudium vermitteln soll.

To start with I would like you to talk about your education and professional career.

I was born in New Jersey, on the eastern coast of the United States in 1942. Actually, my home town where my parents lived was a heavily populated area just outside of New York City. So, for example, a bus ride into New York City would take only ten minutes, into Manhattan. I live now in Albuquerque, New Mexico. I'm married and I have two children, two boys, one age eight and one age fifteen and they go to private school in Albuquerque. I received my elementary school education and high school education at a public school in New Jersey. I received my high school diploma in 1960.

And then I went on to do my undergraduate work at Fairleigh Dickinson University in northern New Jersey. I got my BS degree in 1964 from Fairleigh Dickinson. After that I went to graduate school, graduate education in chemistry. I received my undergraduate degree in chemistry and my graduate degree in chemistry at the University of Wisconsin in Madison, and that degree was given to me in 1969. My studies were near organic chemistry. After that I spent two years doing postdoctoral work at Yale University, again in organic chemistry.

10.1 My parents were first-generation Americans

My first academic position was at Texas A&M University, College Station, Texas and I rose from the rank of an assistant professor as which I began in 1970 to an associate professor and then full professor. I left that university in 1979 and went to the University of Maryland in College Park and spent nineteen years on the faculty as professor of the University of Maryland and I moved to the University of New Mexico in 1997 taking up the position of a professor of chemistry here in the department. This is a private information: my wife who I married in College Station, Texas was an undergraduate student in a class I taught there. She got her undergraduate degree and PhD at Texas A&M in biochemistry and she did postdoctoral study at the University of Wisconsin. And in 1979 she took the position of assistant professor in chemistry at the University of Maryland, and we both moved here as professors in chemistry.

What is the educational background of your family like?

Well, my parents were first-generation Americans. Their parents moved from Italy both from the southern part of Italy, from the same geographical area, southern outskirts of Naples. And they moved, their parents moved to the United States in the late 1800s. They moved coming in through New York City to the United States and then settled in the northern part of New Jersey. My parents did not finish high school, so they began work, my father was just through elementary education and my mum has the first three years of education. They were forced to go into the labor force during the depression of the United States. They lived in northern New Jersey, outside the same town I was born in, for the whole of their lives, so they never moved away from there. My father was an operator in a chemical factory, a chemical pharmaceutics company.

Do you or your parents have family ties to Italy?

Not so. My parents never visited Italy in their whole lives. Of course, I've been to Italy because of professional connections but I have never gone to where their parents came from, I have never been in the Naples area, there is no motivation for that. That's an interesting question. Why not? I think it's because of wanting not to be connected with that part of life. They want to be American and not Italian. I'm not saying that all immigrants are like that, but I think at that time, yes. In the United States – I'm not a historian, I don't know exactly the conditions at that time, but like it is today – everyone wants to be treated well. And there is always this hierarchy of immigrants. The immigrants that came earlier thought they were better than the immigrants who came later, so in the United States the Irish immigration occurred before the Italian immigration and the eastern European immigration – so there are stripes, ethnic stripes of all kinds. So, you wanted to forget where you were from, so you wouldn't get into trouble.

And do you have brothers or sisters?

I have a sister who is two years younger than me and a brother who is two years older than me. My sister now lives in Florida and my brother lives in Alabama. My sister has a Master's degree in chemistry but her expertise now is with business. My brother has a PhD in mathematics and he is a professor in mathematics at Troy State University.

Was there a gender difference in the education your parents wanted you and your sister to have?

No. In our family that is not an issue, it was not sort of a tradition. My parents wanted my sister, myself, and my brother to get the same opportunity, so we went to the same private school and we were given the same opportunities throughout education. My sister's interest changed to making a lot of money, my brother and I turned to follow an academic career.

But there is quite a difference between your and your brother's and sister's educational background on the one hand and your parents' on the other.

Yes. Obviously, my parents did not have the opportunity to get a strong educational background because of the family situation. My mum was from a family of ten children. So it was a very large family and during the depression of the United States everybody, who could make a little bit of money, contributed to the survival of the family. So they did not have the opportunity to do that, and I can't tell you whether they had the interest – I think my mum had and my dad had not. But they were extremely interested in the success of their children, in the academic success of their children. So, they served as basically the push, a strong push, for success in school – elementary school, high school and beyond that. I think that our interest in the academic profession came from very early on. We liked to be teachers, we liked to communicate and see others learn. That was not something my parents initiated because my dad and my mum wanted me to become a medical doctor. I would think at that time that was the most successful profession in terms of money making, and money was a big issue when we were young. But I did not see it that way and neither did my sister nor my brother, we saw it in terms of our own natures.

I know also that my brother and I were very interested in sports, in athletics. I mention this with a smile because both of us had choices of going in that direction for career but we realized very quickly that it was a risky adventure making a professional baseball player – in my case it was not going to be realistic. I went to college, I could afford to go to college only because I had a baseball scholarship. I played baseball as a matter of working for the money so that I could then learn science and things like that.

10.1 My parents were first-generation Americans

What do you think were the driving forces in your mobility and the most important motivation in your academic career?

I think the specifics of where I moved to were done by my jobs basically. I should tell you why I'm interested in the science of chemistry. It was something that I selected by myself and it came almost automatically in high school. Basically, in high school I was wandering around in different kinds of interests and I was not early in my high school career a very good student and I was threatened many times by my parents like when grades were not getting better, I would not play baseball. That was for me too much of a motivation for I liked to play baseball. And until my junior year, that's the third year, when I took chemistry as my first course and I realized as soon as I took the course that this was fantastic, an interesting subject, something that made a lot of sense to me and that has remained.

What about the students with whom you went to high school? Do they have similar educational experiences and did they also start academic careers?

I can think of a few people who had parallel experiences. But from the high school I went to very few people went to college, not too many. It was not a very wealthy area – but I think this experience is shared by a large number of people who came from a not very wealthy background, who were encouraged to work hard by first-generation immigrants into this country wanting their children to be much more successful in life than they were, economically, and pushing them. They knew that education would grow to financial success. That's a very common thing for people of my age. The children of the first immigrants in this country – what they were confronted with and the embarrassment of having parents who did not speak English very well and the poverty associated with that and then their encouragement to really be successful. At that time in the United States, not necessarily today, but at that time people were pushed back and forth through education. And the parents of first-generation people did not get the education but they made sure that their children got it.

Now, what about Albuquerque? What made you come here and do you plan to stay?

Yes. I should tell you about the motivation of moving here. When I was first looking for a job, that was a very difficult time to find an academic job in chemistry. The market in academics in the United States goes up and down, up and down, can sometimes be fantastic like right now and can sometimes be very poor. In the late 1960s, early 1970s the academic market was poor, under normal circumstances I would not have taken a job in Texas being from the East Coast of the United States and, especially, not at Texas A&M because it is a very conservative institution and my views are very liberal. I took it because it was a very good university, a very good department to get started. And I stayed there long enough, only long enough to be successful, and that I could get a good job by myself. And then I moved to the University of Maryland, a very strong department, a very large department, very large university, nice location in the suburbs of Washington D.C., culturally it was outstanding.

Later in my academic career my wife and I decided to have children and after that, after we had both children, we decided also that the Washington D.C. area was probably not the best to raise children because of the cost of living, safety issues and also the quality of the people, very aggressive people, and we then looked, both of us for an ideal place to raise our children and not an ideal place to pursue an academic career. We probably had reached the level on which we wanted to be in our professions. So, we looked at a number of different places and then the opportunity rose here in Albuquerque and, finally, we decided that this is an ideal place to raise children from all the perspectives. We love living here ourselves and we'll raise our children here and remain here the rest of our lives.

How did you perceive general changes in higher education during the past years?

I can tell you what I have observed in the educational process at higher education level over the years since I began to teach here. Of course, it must be mentioned that it's an experience that has been made in many different geographical areas and many different types of institutions but all public institutions and all state institutions. Well, I've made some significant observations over the years and it has been, unfortunately, that the motivation of students to work hard and to be successful has severely decreased over the years. And one seldom sees the same types of work ethic in undergraduate students and graduate students in the United States that one saw back in the 1960s and 1970s. I think this is particularly true in graduate education where American students come to places like the University of Maryland, the University of New Mexico and are not motivated at all. My own personal preference nowadays is to take students from foreign countries into my research group, whoever they are. The foreign students share the same work ethics that I had when I was younger and so I find it much easier to work with them. So, that aspect of education has changed, the nature of teaching and the way in which we teach courses has not changed over the time from my perspective. While there have been some attempts of innovation in teaching chemistry at the undergraduate level, basically, all of those innovations that I have seen over the time have been abandoned. It moves back to the traditional way, lecturing, questioning and quizzes and tests and things – the traditional way seems the one that everyone comes back to. I'm not saying it's the best, but it's the one people draw back to.

And what about your own children? Will they go to university?

Yes, they definitely will go to university. What profession they will choose, how far they will go in their education, I will pretty much leave up to them. There isn't the same push for my children as there was for me. My children are spoiled, I was not spoiled. They are given almost everything they want because we have the resources to do that. The other thing is that we are investing pretty heavily in their education now. My oldest son, fifteen years old, is a freshman at a place called Albuquerque Academy, an excellent private school and judged from an international perspective. We are lucky that this school is available for him and we spend about 10 000 dollars a year for his education. My young son goes to another private school and we spend 9 000 dollars a year for his education.

We believe that the investment we are making now in education is more important than the investment we make later on. They will be able to get that type of money from us later on in life with their higher education but we believe strongly that the motivation to learn, knowing how to learn, is setting these kids up for an easier education later on. That's why we are investing. I think that my oldest son will become a scientist, I just look at how he has an interest in chemistry, for example, although he says he is going to be a musician. My young son, too early to say, but he says he is going to be a toy-maker. He is not going to be the person who makes it, he is going to be the manager, he says. So, he has a personality that will probably best fit with business – or politics.

Dieses Interview wurde am 5. März 2001 von 11 bis 12 Uhr mit einem Professor in dessen Dienstzimmer an der University of New Mexico in Albuquerque geführt.

10.2 If you can't be rich, you have to be educated

*'I heard my mother say
if you can't be rich, you have to be educated'*

Interviewpartnerin Nr. 6, geboren 1937 in Alabama, ist seit 1977 Professorin am College of Education der University of New Mexico in Albuquerque. Als jüngste von vier Schwestern wächst sie in eher ungünstigen finanziellen Verhältnissen auf. Ihr Vater ist Gelegenheitsarbeiter und stirbt, als sie dreizehn Jahre alt ist, ihre Mutter hat eine Anstellung als Lehrerin. Nach Abschluß der High School beginnt Interviewpartnerin Nr. 6 ein Studium an der University of Alabama in ihrer Heimatstadt Tuscaloosa. Sie heiratet ihren Jugendfreund, dem sie während dessen Ausbildung zum Mediziner an mehrere Universitätsstandorte folgt. Als Mutter von zwei kleinen Kindern läßt sie sich als 28-Jährige jedoch scheiden und kehrt nach Tuscaloosa zurück, um dort auf Anraten ihrer Schwester mit Unterstützung eines staatlichen Förderprogramms ein Masterstudium zu absolvieren. Daraufhin wird sie als Dozentin an der University of Texas in Austin eingestellt und beschließt zu promovieren. Nach der Scheidung ihrer nur kurzen zweiten Ehe lehrt sie als Assistant Professor an einer benachbarten Universität und bewältigt zugleich die Aufgabe als alleinerziehende Mutter. Als ausschlaggebend für ihre eigene Karriere und die ähnlich hohen akademischen Qualifikationen ihrer drei Schwestern erachtet Interviewpartnerin Nr. 6 den starken Einfluß ihrer Mutter.

To start with I would like you to talk about your education and professional career.

I was born in a rural area of the state of Alabama in the deep South. The town does have a name, but my mother used to tell me that I was born at the 'Coop place'. I thought for many years that I was born in a chicken coop because she said "You were born in the Coop place". It turned out that Coop was the name of the farmer who owned the house that my parents were renting. And it was referred to as the Coop place. I was born in Knoxville, Alabama in 1937. When I was three, we moved to a bigger town in Alabama, a town named Tuscaloosa, which is where the University of Alabama is located. And, of course, when I was growing up it was primarily a college town, a small town, but the university was there and there were a lot of educational and cultural activities associated with the university. I lived there in Tuscaloosa all through my elementary and high school experience, and I graduated from high school in 1955. It still now is kind of a small town, although it has grown a lot since I lived there. All of my family still lives there with the exception of some nieces and nephews.

I went to the University of Alabama primarily because my parents – well at that time my father was dead and my mother was supporting four children – couldn't afford to send me away to school. So, I went to the University of Alabama and lived at home the first three years. Then I lived on the campus the last year with National Defense Education loans and that sort of thing. But I pretty much worked to help subsidize our income from the time I was fifteen or sixteen. I worked all the way through college and helped support my college expenses, but I also had a lot of scholarships because I was a good student. So, I graduated from the University of Alabama. I got married to a high school sweetheart the summer after I graduated. We had been dating since I was sixteen. We got married, and he was not yet finished with college because he had taken some time off between his high school graduation and college to go to New Orleans and work on the oil rigs. We got married, and he had two more years in pre-med. Then we moved to Birmingham, Alabama, where the University of Alabama Medical School is located, which is just 60 miles from Tuscaloosa. I lived there for four years while he was getting his medical degree. During that time I had two children. One was born in Birmingham in 1962 and the other in 1964. In 1965, we moved to Columbus, Georgia, where my husband was doing his internship. Shortly after that we became divorced. When we divorced, our children were one and three and I was confronted with, you know, what did I need to do with my life? I had my degree in education; I was a certified teacher. I had taught in high school while he was getting his pre-med degree and for two of the four years when he was in medical school. I took a year off with each child and his parents helped support us during that time.

And so, I knew I could go back into teaching, but I wasn't really sure what I wanted to do. I guess, by being in the right place at the right time, I decided to go back to the University of Alabama for a Master's degree and moved back to Tuscaloosa, my home town. So I did that, and it was fortuitous because my sister was at that time an instructor at the University of Alabama, and she was instrumental in helping me get support for my Master's degree. I don't know if you know anything about the program in the United States called Head Start. It is an early childhood program for children who come from low-income families, a very big national program. It was just beginning in 1965 and the University of Alabama had some federal funds to help people to become educated and trained for this early childhood program. So, with help as a Head Start trainer, I got my Master's degree there and in 1967, when I had completed my Master's, I took a job at the University of Texas at Austin. Of course, I didn't have a PhD then; I was an instructor and I taught in the pre-school program. I taught three-year-olds and four-year-olds in what we call a laboratory demonstration program on campus where there were children, and the students used that program to learn about young children and child development. And so I taught pre-school in that program and I also taught one college course.

I should back up and say I received my Bachelor's degree from the University of Alabama in Tuscaloosa in 1959. I started there in 1955 when I graduated from high school. My Bachelor's degree at that time was in what was called home economics education, and I had a minor in English. And so, during the years that I taught in high school when I was married, I taught both home economics and English. Then, when I went back to the University of Alabama for my Master's degree, my major was in child development and family relations, which was a part of the old home economics program. So I specialized in child development and family relations at the Master's level, and then I went to the University of Texas. I decided that I wanted to get a PhD after being there for, I believe, three years.

Then, I went to the University of North Carolina at Greensboro to do a PhD in child development and family relations. I only stayed there for six months because I got married again, unfortunately, to a professor at the University of Texas at Austin where I had been before. So, I left the University of North Carolina at Greensboro, got married and moved back to Austin, Texas, with my then husband. But within a year, I started a PhD program at the University of Texas at Austin because I had given up the program in North Carolina. So, when I started the PhD program there I was married to my then second husband. I finished my PhD in January of 1974 with an interdisciplinary major in child development and early childhood education. After doing my PhD at Texas, of course, I knew I would not be hired back as a faculty member. I don't know if they do that in Germany, but here if you get your PhD at an institution most universities want you to go to another institution. However, I knew that when I got my PhD. Well, just when I was about to get my PhD I experienced a second divorce. And so, I stayed in Austin for another three years until 1977 and commuted 35 miles to Southwest Texas State University in San Marcos, Texas. I wasn't ready to leave Austin. I owned a house and I had my children, you know, I couldn't think of making a move at that time. So, I stayed there three years. I was an assistant professor, and I was also the director of the laboratory program for children for that three-year period.

Then, in 1977, I came to the University of New Mexico. Basically, I made the change because Southwest Texas was – although I loved the job I was doing – it was strictly an undergraduate institution. There were no Master's or PhD programs there. And I felt I really wanted to go to a bigger university and work with graduate students. So, I came here to the University of New Mexico in 1977, and I have been here since then, twenty-four, twenty-five years now.

So, now please tell me something more about your family background.

Okay. I'm the youngest of four girls, four women now. My mother was a teacher in public schools for something like forty-two years. She started teaching when she was seventeen. And in those days she had no education beyond high school. A short time later they established in this country what they called normal schools, which were for people who were going to be teachers. And it was really just like a year or two preparation. So, my mother then started with no preparation before she went to normal school. She subsequently went to the University of Alabama and got her Bachelor's degree; then she went to the University of Alabama and got her Master's degree; and finally she went to the University of Alabama and got the next thing between a Master's and a PhD, 30 credit hours beyond the Master's. It is more like an advanced teaching level, something you get beyond the Master's degree. Of course, my mother did this over a period of a number of years. My three sisters are still living, all in Tuscaloosa.

I should go back and say that my father died when I was thirteen. Despite my mother's great amount of education, my father dropped out of school in ninth grade and he was from a family of sixteen children. Three of them did not survive beyond the young years, so there were thirteen living children in his family. He had a number of different jobs when I was growing up. At one point he was the co-owner of a dry-cleaner's and when he died, actually, he was working for the state highway department. He was sort of supervising the building of roads and highways. He had a heart attack at the age of forty-seven. My mother – by the way she just had her ninety-sixth birthday in September – so she is still alive. My sisters, let's see, are seventy, sixty-eight, and sixty-six, and I'm sixty-three, so I'm the baby. My oldest sister has a Master's degree, my next oldest sister has a PhD, and the sister just next to me has a PhD. My oldest sister was for many years what they call a home economist with a utility company in Alabama. She actually moved into the marketing area, and she retired when she was probably sixty-two. My next oldest sister, as I said, was a professor at the University of Alabama, and she is now retired as well and in the same field that I am in. So, she was sort of instrumental in moving me into this direction. Finally, the other sister who has a PhD was an administrator with the city school system. She was the curriculum specialist, and she is also retired. All of my sisters stayed married to their first husbands, and one of the husbands now is dead; the other two are still living. They all live in Tuscaloosa.

Do you think your mother was the most important driving force for you and your sisters to get educated? And what kind of constraints did you experience in education?

Yes, my mother had a very strong influence on all of her daughters in terms of education and financially my mother – we were not really, really poor, but we were pretty strapped for funds. You can imagine that when my father died, my mother was supporting four children on a teacher's salary, which is pretty hard to do. So, we had some tight times, but in my family there was never a question that we would go to college and be educated. And I heard my mother say on many occasions, many more than one "If you can't be rich, you have to be educated."

I think that after my first divorce, although I had a Bachelor's degree, it was clear to me that I was going to be the person made primarily responsible for my children. So, I really needed to – I mean, it was a real impetus for me – to continue my education, so that I could support my children in ways I thought would be helpful.

And what about your children's education?

My children, both my children have Bachelor's degrees. One of them has his degree in computer science from New Mexico Tech, a very small engineering and computer science school in Socorro, New Mexico. He got his degree there, and he is what I call a computer nerd. Actually, I think his title is software engineer, and he works for Microsoft, for Bill Gates, the rich one, and he is doing quite well. My younger son stayed in school an awful long time and changed his major three different times. He finally got his degree in Latin American studies here at UNM. After spending three years at Georgia Tech University in Georgia in electrical engineering, he decided this was not the field for him, so he got his degree in Latin American studies. Interestingly enough, he taught himself to be a computer nerd, and now he runs a business, an internet business. He actually runs the business out of Albuquerque, and it is mostly internet sales and catalogue sales of political memorabilia. In other words, he has an office that is full of political bumper stickers, buttons, caps. I can't imagine how one can make a living doing that, but he does. My oldest son has been married for ten years, and they have no children. And my youngest son is now thirty-six, has just been married since September and they have no children either. The one is up in Washington and the younger one is here. Oh, by the way, I omitted my third marriage. I'm sorry, I didn't intend to do this, but I'm now thirdly married, and have been since 1985, to a retired professor of economics from the University of New Mexico.

Do you know about the professional life of the students with whom you went to high school? Are you still in touch?

Absolutely. I have been to all of our high school reunions and we just had our 45th in 2000. We have an e-mail list; everybody is not on it but it really is a pretty big group. The big majority of the people I went to high school with are still in Alabama. Of course, there are some that have gone because of jobs, but a lot of them are still there. But yes, we do keep in contact and, actually, I have two or three that I went to high school with, at least three, who are still good friends. One lives in Florida, one in Maryland and the third one in Alabama. We were all very good friends, all girls, and we see each other usually every year. We get together somewhere. They all have Bachelor's degrees, and two have Master's degrees.

Looking at your students now, what do you think, what kind of constraints do they experience?

Well, the students now from UNM are very different from the students I went to school with because, of course, I went to school in a southern university. There are definite regional differences in terms of values and the way to perceive things. Also the students I went to school with in the 1950s were all post-high school. I mean they went directly from high school to college, and we were all nineteen, twenty, twenty-one. You know, what we call the traditional kind of student. Here, of course, at the University of New Mexico the students are very, very different. First, they are different culturally; they have, many of them have very strong cultural ties and cultural heritage – those who come from Hispanic families from New Mexico, those who come from Native American tribes, and so on. They are also older. I think the average age at UNM for an undergraduate student is twenty-seven. It is not at all uncommon for me to have students who are older, as old as I am. Some people in class are grandmothers, you know, coming back and taking classes. It depends; when I teach a large class of undergraduate students, which I do frequently, I find the whole range. There are traditional students who are, you know, nineteen, twenty, twenty-one, but I will also have students who are in their 30s, in their 40s, in their 50s. The majority of those students will have jobs and are trying to combine their jobs with going to school. Many, many of them have families, are raising their families and are going to school. Maybe we have more in family studies and child development, which does attract people who have strong personal interests in family.

So, finances are definitely a constraint. I'm sure you know New Mexico generally is a poor state and, as I said, most of the students I know are trying to support themselves. They are not coming from big wealthy families, you know, who have a lot of money. So, they are trying to balance all these things to get an education. Many of them return to school after a long absence. Maybe they went to school when they were nineteen for a year and now they are thirty and they are coming back. So, I think, all those responsibilities that they have and to finance their education are real constraints. It takes PhD students a long time to finish. I'm working with four right now, and they are employed and trying to finish their dissertations and they just can't afford to go to school full time. And, unfortunately, we don't have a lot of resources to support full-time students. We have some, but, I mean, not a lot. So, I think, those are mostly the constraints.

The students who come from Native American tribes, I think, are particularly challenged because of the cultural differences, and they are often not opening up, speaking up, and asking questions. Then you don't know whether they don't understand something because many of them have been acculturated not to draw attention to themselves. I mean, that is part of their cultural values and beliefs. Before I came here, I spent ten years in Texas and I thought well, I would know a little bit about cultural diversity. Of course, growing up in Alabama there were mainly African-Americans, in Texas there were mainly Hispanics and then, of course, here there are Native Americans, Hispanics, some African-Americans, and the Asian population is growing as well. But it took me a number of years to try to be really alert and sensitive to students who have different cultural values and to be – to take the initiative to help them. And, of course, many have language difficulties. All Native Americans have their own language. Many of them are multi-lingual; they speak English, they speak Spanish, they speak their tribal language, but all of those things are really challenging, I think, for them. And the most poverty-stricken people in New Mexico are Native Americans. I mean, they come from really the poorest families here, so it is a financial issue. It's fascinating. I love it, I do love it. It is very, very rewarding and very challenging.

And looking at the students in your classes, do you see a kind of cultural segregation or do they rather try to learn from each other about their different cultures?

I think it depends – in a way the students from a particular cultural background do kind of stick together. I mean, I wouldn't necessarily call it segregation as much as I would say they do look for a support system with their peers or people from their own culture. And I don't think that the university as a whole, and that would include my own department, is doing a really good job of graduating students, especially Native American students. Even if we recruit them here, many of them don't finish. And there could be a lot of reasons for that. Sometimes if they went to BIA schools before they come to college, their background is not as solid as it could be when they go to college and so, the education they have had prior to coming here sometimes is limited. Most are ready to work hard, and they have to work harder. Sometimes I just think it is too hard, you know. If you are trying to raise a family and you are in a different cultural environment and there are a lot of struggles – we have a long way to go here in figuring out a support system for students who are from different cultures, and I would say particularly for Native Americans. At the undergraduate level also the African-American students are very tight. In my undergraduate classes sometimes I have athletes, and a lot of the athletes are African-American. Very often if you walk across here to the Student Union Building to have a cup of coffee, you see large groups of African-American students; that's where they gather and talk, you know. So I would say that the students themselves really do seek out an opportunity to receive some support from their peers and also from Chicano Students' Services and from African-American Students' Services. But, I think, it is not so much the segregation as it is really looking for some kind of support system. And we need to do better.

I had, this is kind of an aside, I just finished a three-year project that was funded by the Kellogg Foundation and, basically, this project was to make higher education more accessible in the rural parts of the state to people who want to work in early childhood programs like Head Start, which I mentioned, in child care, in kindergartens and that sort of thing. We had six institutions in the state that were part of this project and four of them were either on or near the Navajo reservation. And so, I was involved in helping get the program started and helping find support for these students in tuition. One of the things that we found in this project was that just providing tuition support isn't enough. You really have to have a mentoring system where somebody can say "I'm going to help you navigate the higher education system" because many, many times these are the first people in their extended family that had ever taken one college course. They don't know what college is about, they are scared to death, they want to succeed. This is particularly true when you go into the more rural areas of the state. So, that support system is really important.

And what about the branch campuses? They also support education in the more rural areas.

Yes, and we have UNM Gallup, which is a branch campus that was involved in my Kellogg project and they have done a magnificent job. The enrollment in their program has quadrupled since we started the Gallup project because they really have developed a mentoring system. They have each individual student to do their educational plan, and it is kind of like a contract. They provide support for them, and they help them to get ready to take the teacher exams, which are to be taken before you can be licensed.

So, they have done a tremendous job in providing that kind of support for students. The branch campus at Taos has done some of that as well. So, I work closely with those branch campuses, especially in this project.

What are the most important changes for the students you experienced since you started to teach?

That is an interesting question. UNM was different from the beginning, I mean, from the institutions I had been part of, like the University of Alabama, the University of Texas and Southwest Texas State University. I had been affiliated with three institutions. UNM was different when I came and, I think, I saw this primarily as the cultural diversity. It was different also because it was largely a commuter university. Also the University of Alabama was partly a commuter university, but it still had a lot of students who lived on campus and who were from away, that sort of thing. Over time I think our university has become more diverse than it was in 1977.

It has become, probably – the average age of students has increased a bit over time although there were older students here when I first came. I think there are more older students than then. And life is more complicated now than it was twenty-five years ago. I mean, the high rate of divorce, the economic situation in New Mexico, the continuing expectations in society for people to be educated – I mean, you can't do very much with just a high school diploma now. You could do more twenty-five years ago. I mean the average has been upped over time – about how much education you have to have to really be able to make a living. Therefore, I think we have more and more people going to college than we had twenty-five years ago, and that's good.

The quality of the students – you know, I truly believe that over all, the quality of students at this university is as good as in any state where I have been. There is a whole continuum – we have some students who leave and some who are exceedingly bright. And then you have others in between, but I believe this is a very good university. I have been very happy here. I have never wanted to leave; I have never been tempted to leave. It is wonderful living in this state. I think, our students are, as I said – and I don't know if you could compare our students to those that go to Harvard, Yale and Dartmouth – but if you compare our students to those at other state supported institutions, our students would stand up to others.

Dieses Interview wurde am 7. März 2001 von 14 bis 15 Uhr mit einer Professorin in deren Dienstzimmer an der University of New Mexico in Albuquerque geführt.

10.3 I was trying to work my way back

'I have always felt New Mexican. It was always like home was here, and I was trying to work my way back'

Interviewpartner Nr. 13, geboren 1946 in Los Alamos (New Mexico), ist seit 1990 Professor für spanischsprachige Literatur Lateinamerikas und Chicano Literature am Department of Spanish and Portuguese der University of New Mexico. Er ist in sehr begrenzten sozioökonomischen Verhältnissen mit mehreren Geschwistern in einer hispanischen Familie in Santa Fe aufgewachsen und hat dort eine katholische Schule besucht. Da die meisten seiner Familienmitglieder die High School nicht haben erfolgreich abschließen können, bezeichnet sich Interviewpartner Nr. 13 mit seiner akademischen Karriere bildhaft als „schwarzes Schaf". Das Studium führt ihn nach Oregon und später an die University of Wisconsin, wo er mit 28 Jahren promoviert. Er betont, wie sehr ihm das heimatliche New Mexico mit der ihm vertrauten landschaftlichen Umgebung in diesen Jahren fehlte und daß er mit der Berufung auf eine Professur in Kansas das Gefühl hatte, den halben Weg zurück nach New Mexico bewältigt zu haben. Seine Kinder aus mehreren Ehen streben ein Studium an und folgen damit dem väterlichen Aspirationsniveau.

To start with I would like you to talk about your education and professional career.

I was born in Los Alamos, New Mexico, in June 1946. I just happened to be born in Los Alamos because after the Second World War my mother worked in Los Alamos but I grew up in Santa Fe. I live in Albuquerque now, I am currently divorced, I have four children. I graduated from high school in Santa Fe, it was a Catholic seminary, that was in 1964. I was still in a Catholic seminary, I went the first two years to a college in Oregon. Then I finished my undergraduate work here at UNM in 1968 and got my undergraduate degree in Spanish and a minor in Psychology. Then I went to the University of Wisconsin in Madison and received my PhD there in Spanish with specialization in the Middle Ages.

After having received the PhD in 1974, I worked for the University of Wisconsin for one year as a Project Associate on a medieval Spanish dictionary project that was going on there, and then in 1975, I received an appointment at Wichita State University in Kansas and worked there from 1975 to May of 1990. And then in August of 1990, I came to the University of New Mexico and have been here since.

Now, please, tell me about your family background.

Okay. My father died in 1997. My stepmother is still alive. She lives in Santa Fe, my father lived in Santa Fe as well, and she will be seventy-two this year. And my mother died when I was five years old. I have an older sister, who is fifty-seven; she and I were both adopted and she is divorced and lives in Albuquerque. And then I have three step-siblings: The youngest one of these is my sister, who is fifty, and she is married. There are two step-brothers, one is fifty-three and he is married and lives in Santa Fe; and the other brother after him, who is fifty-two, he also is married and lives in Santa Fe. And then, finally, my father and my stepmother have two children: Two brothers, one will be forty-five and he is married; and the other one will be thirty-nine this year.

And as far as educational degrees, it is only the last three siblings, my sister and the two younger brothers who have finished high school. None of the others finished high school. As far as the professions are concerned my oldest sister works for a company that cleans houses. The one who is fifty-three, he works at a gas station. The one after him, who is fifty-two, he works in charge of the X-ray division in the hospital in Santa Fe; and then my younger sister is a housekeeper. And then my next brother, who is forty-five, he works – I don't know what his exact position is, but he is sort of a supervisor for maintaining National Guard armories throughout the state and he is in charge of making sure that they are maintained, cleaned and so on. And then the youngest one, I believe, now works as a clerk for a company that dispenses and sells automobile parts.

Why is your educational attainment so different from that of your brothers and sisters?

That is a good question – I am the black sheep of the family. As a child, I looked at education as a way to move myself out of my family's economic conditions. We were really very poor and it seemed to me that education was one way to overcome the poverty and to do something a little bit more satisfying and a bit more secure. And I was pretty much motivated to do it. One of the things that happened was that I had an affinity for education right from the very beginning, it was something I liked.

Did you get much support from your high school teachers?

I think probably what happened was that I went to a Catholic seminary high school and then three years of college in a Catholic seminary and, I suspect, that had a lot to do with my continuing college. I don't know what would have happened had I gone to a secular high school in the city and not to a Catholic high school in the city. Obviously, there wasn't a lot of information about college forthcoming from my family because they weren't aware of it. My dad – almost to his death – had no idea of what I was doing. But one of the things was that he always encouraged me. He said basically "Whatever you want to do, I'll support you". So, that was good.

And later in your educational career did you meet any significant constraints?

No, not at all. I was encouraged by teachers and by people I had no family relations with, just friends, employers – they were all very, very helpful. As a matter of fact, at one point in college I didn't have the money for tuition and when my employer became aware of that, she basically lent me the money to pay for tuition that semester and I paid her back out of my wages. So, I think, in many ways I was very, very lucky because I was encouraged all the way long. I never met any resistance at all to my education; doors were open for me. Advisors made a point to see that I got financial assistance in graduate school which made it possible to keep on studying and that again was very, very fortunate.

What did you feel when you had moved to Wisconsin? Was it a big change?

Oh, it was very, very interesting. At that time I thought it was in that part of the country called 'the East' – I thought it was in the East, but it is Midwest. But it had been the furthest east that I had been in my life. And so, the big difference was the climate, the difference between here and the northern climate where you get more snow for the winter, basically. And the university environment – I think in Madison at that time the graduate school was very different from many other graduate schools, it was better and more demanding.

And then you became a professor and moved to Kansas?

Yes. And in Kansas it always seemed to me, coming from New Mexico, that it was different, there was something different. I mean, this is said over and over again, but there is a strong association with the land here. I have always felt New Mexican, you know. When I was living in Wisconsin I never considered myself a Wisconsonian, when I was in Kansas I never considered myself a Kansan. It was always like home was here, home was in New Mexico. And the reason for coming – I mean, Kansas is almost midway between, Wichita is almost midway between Wisconsin and New Mexico, and I was trying to work my way back. And when I got to Wichita it took me fifteen years to leave. I didn't want to make a lateral move i.e., to a university like Wichita State; my aim was to move in a direction that was to a better university. And it just so happened that I waited my time, and when a position was offered here, the then chair heard of me being at Wichita State through a colleague in Kentucky, and they called me and asked me if I was interested in a position here. And I said yes, I came to the interview, and I got the job.

Do you think that New Mexicans have a particularly strong feeling of belonging to their state?

Yeah, I think part of it is that it is a Hispanic influence, you identify with that. You know, for example, I don't consider myself a Chicano, which is a term that came into use by the time I was twenty-one and I had already identified myself. I think a lot of the initial struggle with ethnicity is "What are they, are they Hispanic or are they American?" because it is really the strong cultures that come into play here.

And what I decided, what makes the most sense to me – actually, having gone to Mexico and getting on really well with Mexicans, I went to visit a friend and was incorporated into his family and met his friends and they all accepted me and he would go to some place and invite me. I mean, I was just part of the family. But one thing I noticed was that I felt I could never be a part of it. I would always be an outsider because of having been born in the United States and having been raised in the United States and having gone to school in the United States, I think like someone from this country. And I would say like about 70 percent of who I am is U.S. and 30 percent is Hispanic. So while from this country I am different from some people who grew up in the Southeast or Northwest or just other places in the country. Although I can identify with them, there is an additional element which is the Hispanic element. And so, I think, that's the thing that really identifies people who grew up in New Mexico, especially people of Hispanic descent, it's that Hispanic element. I realize that I have always been in the U.S. and my dominant language is English, but it is that Hispanic element, the culture that ties us to this area.

Is this feeling really bound in place – no matter if you want to call yourself a Chicano or Hispanic or Mexican-American, or whatever?

It is. Part of it is the weather, for example, the warmth in summer and the mildness in the winter. The light is very, very important. And also to me the landscape is extremely, extremely important. One of the things I missed in Kansas or even before Kansas was that, when I grew up in Santa Fe, I didn't know names of streets for I knew exactly where I was in the town by the way the mountains looked. I knew how close I was to a certain place by the way the mountains looked and how far away from home I was. I knew where I was and whether I was north or south of my house by the way the mountains looked. Yeah, it is just something that I grew up with, orienting myself by the mountains. For people from Hawaii there are only two directions for orientation, one is to the sea and one is inland. But growing up in New Mexico – I only realized this later on, in Kansas, where there are no mountains, all directions are given by north, south, east, west, and you have to know which way the sun rises, but that wasn't the problem. It was very interesting that one time I remember picking tomatoes in the garden that I had and the neighbor who was leaning over the fence said "you missed one six inches to the south". I mean, he said "six inches to the south", and I thought that statement to be very strange. But strange things like this made me realize what was really important were the mountains.

One more thing I say and I really believe is that the mountains are magical. For example, when you drive between Albuquerque and Santa Fe – I have driven there many, many times, 60 miles – you have the Sandía Mountains and you have the Jémez Mountains and the Sangre de Cristo Mountains, and what I consider is the way they shift positions. I can't explain the way the mountains dance with each other, the way they talk to each other, and to me it is almost mystical. People have asked me about the land and I say it is a very spiritual place. Not religious, but spiritual maybe. There is something about it, there is something about the light and the air. There is a lot of light and the land, the landscape, it almost looks barren, it almost looks like a moonscape till you start looking and realize that even in the high desert there is a lot of life. You just have to look for it. You have to change your expectations and as long as you have water it is a very friendly environment.

Water plays an important role?

Absolutely. Water, absolutely. One of the things I remember is that when I was a child whenever we saw a puddle of water we would have to get in it, you know. It is like there is such a lack of water that as children we just longed for it. You know, water is something that attracts me but it attracted me more when I was younger. But now it is the land that really calls me.

Once I have returned to New Mexico, it would take a tremendous offer for me to go to another university. I would need to teach one class a semester and get paid for it an exorbitant amount of 250 000 dollars a year, and this will never happen and that is why I am going to spend the rest of my time here.

How many children do you have and how old are they?

Well, the oldest one will be thirty years old this year. And then I have a daughter that lives in Texas, she is twenty-one. The next son is nineteen and he is in Kansas. And my youngest son is four years old; he is here in Albuquerque. So, I have been divorced more than once and my last ex lives here in Albuquerque and she lives about two miles away from where I do, so we have joint custody.

And your older children all graduated from high school?

Yeah, they did, all of them graduated from high school. Thank God! My oldest boy has got about two years of college, but he didn't finish it up. My daughter who is twenty-one, she is the first one to make me a grandfather. She decided to have children and she is trying to go back to college, but we will have to wait and see how it works. And the one who is nineteen, he is looking for himself. He is really very bright, but he is in a position where he has to be and must resolve before he can move on.

Now, what about your students? Do you see a difference between Kansas and Albuquerque?

Oh yeah, there are basic differences. The big difference I see, though there are other differences, is, for example, that people who grew up in New Mexico and take Spanish classes, which is what I teach, are much more advanced than in various states where people never hear Spanish when they grow up. And that is because here people are surrounded by Spanish names, Spanish radio stations, and so on.

The other big difference is that economically the people in Kansas, not all of them but the majority come from middle class, middle middle class and very stable environments whereas here in New Mexico you don't find that as much. I think, especially Hispanic students, not all of them but a lot of them are first-time college students – not all of them but a lot of them are. And a lot of them come from small communities in New Mexico and, I suppose, coming to a place like UNM is a very frightening experience. It is the only big city in New Mexico; there is one third of the state's population here. So, it is a very frightening experience and, I think, a lot of people don't come because of that and for financial reasons as well, and they go to New Mexico State University where it is all a bit smaller.

Do you have a majority of Hispanic students in the classes you teach?

Let's see. I would say that about – it depends on where, at the 300-level a fifty-fifty mix. Generally, it is in the 400-level – I try to think of last semester, yeah, the majority is Hispanic, it is about 90 percent Hispanic. But then again in the graduate level we have a whole variety, I think, I have eight students in the graduate class I am teaching this semester and two are Hispanic.

And I suppose they are bilingual.

Well, of the two Hispanics, one is from Honduras and the other one is from Venezuela, and so they are not New Mexicans.

And the classes are held in Spanish?

Yeah. One of the things we do is that we conduct these classes in Spanish. So if one does not have a certain proficiency he or she would benefit him in class.

What kind of constraints do your students have to struggle with?

I think, let's say, the biggest constraint is not knowing what is available to them, not knowing what doors are there for them to open as far as education is concerned. And a lot of Hispanic students who go to university think of that as a way to improve their economic status, which it can do and it does, rather than looking at it as an opportunity to sort of broaden the perspective and become educated. This is a key for allowing them to improve their situation because they learn to communicate better, they learn to read better, to analyze better, to think better, and so on. That always has an impact on the jobs later on. But they almost think of university as a vocational school, of something that will get them all a good job later on – and, obviously, it does.

Comparing the situation of your students today with the times when you were a student yourself, what has changed?

Well, okay, I guess, some of the big differences from an academic perspective are that there are fields of study now, that didn't exist when I was studying during the 1960s. Other changes would be that of affirmative action, as you know. And, for example, like now in the Spanish department we have Spanish as a heritage language, it is a special track. And Spanish as a heritage language is for people that grew up listening to Spanish; they may not speak it but they have heard a lot of it. That's a difference. When I was going to school there was no heritage language.

And there are technological differences, you know, that's one of the big differences between now and then. Then you went to the library and you had these little cards, you know. And today, I think, there are students who don't know what the library is because they use the internet, the search engines.

Do you think that students tend to work harder or study longer today?

No, I think that students are pretty much the same. I know that my colleagues, a lot of academics like to say "Oh, students are going to hell, you know, 30 years ago they were disciplined, today they are not". I suppose there are some impacts technology has had. For example, one of the things that you learn as a teacher, especially as a language teacher, is that to hold their interest you have to vary constantly and you have to watch them infinitely.

I think, too, that when I look at my development – it is easy to forget, you know, I could think that I have always taught Spanish as well but I haven't. I grew into more Spanish teaching over the last thirty years than I did before my doctorate. And one is constantly improving, and I look at my students now and some of them are just light-years ahead of where I was when I was at their level. – I think one of the differences between now and then is that when we went to class and the teachers gave us a grade that was the grade you got. And if you had a question whether you agreed with it or not, that was the grade you got. And nobody asked for a syllabus, you went to class and had to see what you were going to do in the next class and you did it. Now they want a syllabus and when they get a grade they don't like they come and ask – not so many but some of them want you to change the grade. And that was unheard of then – back in the sixties. So, I can't say they are more pampered but, I think, they are a little bit more willing to question.

And the economy is better now in the sense that students have more access to loans – and they can really get indebted that way, also. I think there were fewer scholarships or we just weren't aware of them. I worked, I was taking classes, and it was job – school – job – school – job – school, and so on. And I have few students like that now, but more students are able to enjoy campus life.

Dieses Interview wurde am 9. März 2001 von 8.30 bis 9.30 Uhr mit einem Professor in dessen Dienstzimmer an der University of New Mexico in Albuquerque geführt.

10.4 My grandfather was a self-educated man

*'My grandfather was a self-educated man,
he had a sense of the world, he had a sense of culture'*

Interviewpartnerin Nr. 14, geboren 1948 in Las Vegas (New Mexico), ist seit 1992 Professorin an der Juristischen Fakultät der University of New Mexico. Sie ist mit zwei Geschwistern in einer der einfachen Mittelschicht zuzurechnenden hispanischen Familie aufgewachsen und hat zunächst eine katholische Schule besucht. Aufgrund der Beschäftigung ihres Vaters, der einen Masterstudiengang absolviert hatte und bei der Armee angestellt war, ist sie in ihrer Kindheit mehrfach umgezogen, bevor sie in Albuquerque die High School absolviert hat. Interviewpartnerin Nr. 14 hebt hervor, daß Bildung in ihrem Elternhaus stets einen besonderen Stellenwert besaß. Das Studium führt sie an die San Diego State University und später mit einem Stipendium an die Harvard Law School. Mit dieser Karriere übertrifft Interviewpartnerin Nr. 14 ebenso wie ihre Schwester die auf ein gesichertes Auskommen als Lehrerin oder Verwaltungsangestellte zielenden elterlichen Erwartungen deutlich. Ausschlaggebend für diesen Bildungserfolg war das Zusammentreffen der bildungsorientierten Prägung im Elternhaus und des politischen Wandels mit der Einführung von Programmen der Affirmative Action an den Hochschulen. Interviewpartnerin Nr. 14 betrachtet weibliche Vertreter ethnischer Minderheiten unter den Lehrenden und Studierenden jedoch als nach wie vor stark unterrepräsentiert und sieht ihre eigene Funktion deshalb als eine Art „role model" mit Vorbildfunktion für nachfolgende Generationen.

To start with I would like you to talk about your education and professional career.

I was born in Las Vegas, New Mexico, in 1948. Let me say a bit about that place. The state of New Mexico historically and in contemporary terms can be divided into north and south with the metropolitan Albuquerque sort of situated at the boundaries of what is north and south, and Las Vegas is in the north. My mother and her family were from the north, and my father was from the south. The north and south are divided also by the labor and occupation of the people within these areas. So, in the north were sheep herders, then trains came to the north sooner than they came to the south, the ranches were much smaller in the north and the north is characterized by mountains. The south is more – the desert climate is more pronounced in the south and there is more mining in the south. And there is also – the crops that are grown are a little bit different. There is a greater variety of actual marketable crops that can be raised in the north. There is more water in the north than in the south because of the winter snows in the mountains. And so, the north is definitely characterized by its isolation, partly because of the mountainous terrain. And the language that is spoken in the north, the Spanish that is spoken in the north is distinctive because the southern Spanish is much more like Mexican Spanish, like what is now presently Mexican. Northern New Mexican Spanish is characterized by some of the terms that date back to the *conquistadores*.

I currently live in Albuquerque. I am married. I have two children, two daughters and an adult stepson. It is the second marriage for both of us. My daughters are twelve years old and eighteen years old. I went to three high schools. I went to ninth grade in San Antonio, Texas. Then we moved to Albuquerque and I went to one public high school and then they changed the boundaries and our house then was changed to another high school. So, I graduated from Highland High School. I went to five undergraduate schools, five colleges and universities. I began at a very small private school that was only in existence for four years. Then I went to the College of Santa Fe, I went to San Diego State University in California and I did a summer at the University of New Mexico.

The history of starting and stopping was largely – I think there are two things that contributed to it. My family's socioeconomic – there wasn't much money, I think that was part of it. But the other part of it was that there were very few Chicanas who were in post-graduate education, in post-high school education, at any place. So, my mother had gone to school, my mother had finished high school. My father had gone to college, but there was no woman in my family who had ever gone to college. And so, it was just, it wasn't only me, and I would say that it was a collective experience. For those of us who were trying to go there were a lot of barriers to stay in post-secondary education, which I'll come back to.

I graduated from San Diego State University in 1972 and I was accepted to Harvard Law School. I think that you don't need to know very much about education in the United States to know that there is a huge difference between state schools in California and the elite schools in the East. The differences are geographic, they are different in terms of the status connected with them, different in terms of the cost, different in terms of class distributions between those institutions. I was a beneficiary of the affirmative action programs that were begun in the late 1960s and early 1970s. But once having acknowledged that I was a beneficiary, I was an individual beneficiary of affirmative action. I am quick to add that Harvard was an institutional beneficiary of those programs, so that in the same way we individually were benefited, the institutions were benefited at the same time. I could talk more about that – affirmative action is probably one of my areas of expertise. So, I accepted that. It continues to be, first of all, important public policy but it is also an important educational intervention that has occurred over distinct periods and, I think, the GI bill after World War II was an affirmative action program. Although it was race-linked – if you consider that it basically benefited white males – that program also helped create an integrated middle class because the fact of the matter is that there were men of color. And there were a few women, but primarily men of color who had been in World War II. And so we see these interventions through post-secondary education. But in the 1960s and 1970s it is around race and gender. And the primary beneficiaries of those programs are white women, as it turns out. I mean, when you actually focus on the demographic side of it, there is no question that white women were the largest beneficiaries. And it becomes blurred because I think that many of them today would not acknowledge that in fact it was public policy intervention.

Now, please tell me more about your family background.

I have a brother and a sister. My brother is three years older than I am, and my sister is one and a half years younger. My mother is deceased, she died from cancer and my father is now eighty-six. My father has an undergraduate degree and a Master's degree in social work, which was very, very unusual for a man of his beginnings. His family was in copper mining, so it was a very working class blue-collar, and he was the only one in his family – he had nine brothers and sisters, and he was the only one to go beyond high school.

Was he the youngest?

No, he was in fact in the middle, but my father married my mother and I always have credited my mother's ambition and her – my mother came from a family in which there was not very much education, but there was a tremendous value of knowledge. My grandfather, my maternal grandfather had a third grade education and yet he had committed large parts of the Bible and Shakespeare to memory. He was a self-educated man, he was very proper, he was erudite although not educated.

Not educated in an institutionalized way?

Right, not in an institutionalized way. But he had a sense of the world, he had a sense of culture, he had a sense of the mind, there was a life of the mind. It is very much within my mother's family, there was a valuing of story-telling, he was a wonderful story-teller. There was a valuing of vocabulary, so that he loved crossword-puzzles, he loved word games, my mother loved word games and part of the play of the family was around word games, trivia – even before other people played trivia games, it was very much part of the dynamics of the family. The dynamics of the family was very much in terms of good grades, and really a competitive approach. We were paid for good grades and this is not a family where there was much money. And despite that my brother, my sister, and I were in private schools, we were in Catholic schools, which was – I have to tell you, I have no idea how my family did that. There was no money in the house, or very, very little money in the house. And yet, it was clear that education was *the* family priority. And it really meant there were books in the house, there were magazines in the house, no one in my neighborhood had books or magazines in the house.

And did they have contact to people from out of state?

Well, my father's family had moved to California during World War II. And so, when my parents established the family home they went to the north to my mother's family. And so, by that time my father had been in the war, so he had traveled to Europe, well I mean, he had traveled around in the United States just because of the military. And my mother had been to some places with him, they were in Texas together, they were in California together, so there was already some movement out of New Mexico, you know, from north to south.

And for my father it was – I thought that my father did very well in the military, he rose to master sergeant which in the non-officer ranks is a high rank. And I think that there was the competence that came from that, but it was cross-cultural. My mother and father grew up in a segregated city, I mean, in southern New Mexico facilities were segregated, rigidly segregated, the churches were segregated. So that to take this young man and move him into a mixed-race situation and that he was competent, he was a leader – I mean, he was certainly unsure, quite, you know, expanded his horizons, and matched my mother's ambition because my mother did want him to get ahead, to get an education. And so, my parents didn't envision – my brother graduated from high school and was accepted to a military academy, accepted to West Point, but then he failed because he had very bad asthma. But my brother then went to college for a year and then went to Vietnam. But I don't think my parents ever saw my sister and me as becoming professional women.

So, what did your parents expect?

I think it was probably that we would have a job. Oh yes, I mean, there is no question that we would be educated. But my parents didn't connect for us that we get educated in order to get rich, in order to have money, in order to have power. It was none of that. You go to school because it is the thing to do. And you have a good job, probably with the government or – I mean, my parents saw themselves as middle class people, sort of just above blue-collar, you know, government workers and, I think, they saw their children as rising to that. That we would have good steady jobs, that we would be teachers or we would be – yes, stay employed.

Well, my sister became an aeronautical engineer and I became a law professor. I mean, it really exceeded their vision. And my sister's education is directly related to mine because my sister had a child immediately out of high school and was married with two children by the time she was nineteen. So, then she did not go to school until she was in her mid-twenties. By that time I was admitted to Harvard Law School. Upon having been admitted to Harvard Law School she said to me *"if you can be at Harvard, I'm smart enough to be at UNM"*. And it worked out – I mean, there was never a question about her smartness, and so she enrolled at UNM as a by that time mother of two children and became a mechanical engineer and then went to work. I mean, my parents did not – this is not living out my parents' dreams. They could not have had those dreams.

Was it, to some extent, attending a Catholic school that encouraged you to go to college?

Yes, that's correct. I think we had very good basic education, we had very strong reading and writing and arithmetic skills, very strong because my parents did other things. When my brother who was athletic, in the summer time he would be out playing sports, baseball, swimming, my sister and I would be in school. So, we went to summer school. Because at that time there were no athletic programs for girls, there wasn't camps, there was no money, but they could have us in summer school. And so we went to school year-round. And I think we saw it as recreation. I mean, it was not hard for us, we did not feel punished by it. It is just what we did.

And to what extent did you benefit from the emerging affirmative action programs?

Well, there were two things that happened. It was the historical accident that in fact I happened to be in the cohort of people who were considered for the elite schools. But I also had gone to five undergraduate schools and I would guess that not very many people get into the elite schools with that kind of a record. Except that I had done well in all of those schools, done well academically, and my standardized scores, my test scores were high. So, I think that it was a very – maybe today a student with that record would get in – it is hard to say, it is very unusual to see someone with such a stop and start kind of record.

And for your educational success several things had to come together?

Yes, that's right. I don't think that there is anything as significant as the family context. I mean, because my cousins in California were as smart as we were, there was no question about the capability, they are very smart also. But they didn't have whatever that glue was to help them go to school, you know, make the other choices that my sister and I were making, or even my brother. I mean, for my brother, I think that the historical accident of the Vietnam war, really changed his life in a significant way. In a way that my sister and I were able to maneuver.

But it was not just the family because the fact of the matter is that the society was changing at that time because of the women's movement, the civil rights movement, the anti-war movement, the student movement. And all of those influenced me in the first instance in terms of my politics – I think that I am happy, but I had a very different educational experience than my daughters have. My daughter is at university right now, but there is not an external politics that has educated her in the way I was educated in and out of the classroom, just because of the social events that were going on, the war in Vietnam, the demonstrations against the war, the women's movement was much more active than it is today, and I was very affected by that social unrest. And I was a participant, I mean, college students were participants in that. But I was – I wanted to be a part of history being made. And so, I was in student government, I was organizing the demonstrations, I recognized that it was an important political moment and that we were making a difference, that we were changing society.

What do you feel looking at the present situation of higher education as a result of the past you have been actively engaged in?

Well, part of it is that history means that I am here. If history is this river that flows, this and other educational institutions have been remade out of historical events that happened thirty or more years ago. There is absolutely no question that whether it is in terms of the gender demographics, the racial demographics of schools, but also the relationship between the instructor and the students has changed. Just before I began in Harvard the gender make-up had changed. But the relationship between the faculty and the students changed right around 1970 and 1971. Before that men used to wear suits and ties in class. I was part of the generation – well, we arrived in Denim jeans. I mean, some of us were determined that, in fact, that learning space was going to be impacted by us.

I did arrive in jeans on which I had embroidered the woman symbol and the Chicano symbol of the *águila*, the eagle, that reminded me of the red and black flags of the United Farm Worker rallies. So, with an ethnic symbol and a gender symbol. I wore Mexican shirts. It was a costume, it was kind of a mask. We were there making multiple messages. And that restructure did we territorialize, and that was the result of what had happened in the streets. If we were oppositional to the society this was going to happen in the classroom also. It was a very exciting time. We knew we were remaking Harvard Law School when we arrived there.

And you felt that you were representing not only yourself, but at the same time many more people?

Yes, I definitely felt when I spoke that I was speaking for generations who had not the opportunity to speak. That was volitional but, in fact, that would happen. What was disconcerting was when I would speak and others would hear me as speaking for all women of color through all times – and I felt, well, this is an experience of just an individual, that is just me. Because almost anything I said was collected by me.

And I tell my students when you are a role model it is not that you can say I am a role model in this moment but not in that moment. The difficulty is that you are a role model in every moment. And what I tell my students, I am a role model for Chicanas, for all of those students who are like me, but I am also a role model for anyone who has never been – who has never had contact with Chicanas. For them I may even be a stronger role model. Role modeling is easier here because, in fact, there are more people of color, so, it is not just one of us who is an actor for everyone else.

What did it mean for you to be from New Mexico when studying at Harvard at that time?

Well, I was very conscious of the fact that I was bilingual, I was from a different region, from a different class, I mean, I was very aware of, that wasn't something that – I mean, it was made more evident as a result to be here. When I arrived, I was acutely aware of the dislocation. I could not find the food that I had grown up with, and food is very defining of each kind of culture. And part of having grown up in a fairly poor family was that we did not have a lot of food variety. We ate beans, chili, tortillas every day, and then we had potatoes and on Sundays we had chicken, sometimes pork chops. Every day we had beans, chili, and tortillas. I kid with my girls now and tell them I had my quota of beans, I don't ever have to eat beans because I have had my life-time quota. But it is interesting that today they get after me because I don't make beans, chili, and tortilla. So, it's likely to find sushi in the house.

And so, Harvard was a dislocation in terms of – the horizon, you know, when you grow up in open space, your eyes focus at a different – there is a different focus. When I was in Boston I had the sense I ever kept seeing, but I was seeing too much, you know, everything was on top of me. It wasn't so much that there were big buildings because Harvard had necessarily big buildings, everything seemed so close, you know. I don't think I could see the horizon. There wasn't a horizon because, in fact, everything was there, these buildings, these people. It is not a land-sky-horizon, it is something else. So, it was that. But there were the colors. I don't think I knew that there could be too much green, that my colors were a brown palette, a desert palette. And that there it was sometimes a vividly green palette. And it wasn't that I didn't like it, it is that it was unrelenting, it didn't stop being green, you know, it was always there. And the sky, the sky is so big. I mean, it is containable, whereas here it is an uncontained sky and more air and all of those things. The smells are different.

And you were sure that you wanted to go back to New Mexico?

I knew I belonged to some place. I knew I belonged in New Mexico, but I didn't know – because I thought by the time I was there and by the time it was possible to work in big law firms or in Washington D.C. or, my God, you could go abroad, suddenly it was *"Why not me?"*. But I knew I belonged to some place in the world. There was never any doubt. And there were people who didn't, who didn't feel that. I have always felt that all this Spanish here, this is my *tierra*, this is my land. No, I don't mean in ownership sense, this is what I belong to. And that is the result of my family. That's not, and that's what I give to my girls, I think they have a place where they belong to.

And this place could be anywhere in New Mexico?

Well, I have never lived in the south, so I don't know if I belonged there, to tell you the truth. I know I belong to the north. I know that – I mean, my family worked the mines in the south, so I feel that's my history also. But I have never lived there, so I don't know. I don't know – you got me.

What does it mean to you to be bilingual, or should I say bicultural?

Well, I grew up speaking both languages and the family home was definitely bicultural. I think we probably could have done a sort in terms of Mexican food / American food, Mexican music / American music, English / Spanish. A lot of our life was compartmentalized that way, I mean, I never thought that pork chops, for example, were Mexican food – well, Mexicans think that pork chops are Mexican, but in my classification system of life I would have said that's American food. Sliced bread, I would have said American food. And I think that we were very aware of what parts of our lives fit where.

It was not multi-cultural in the sense of being seamless, it was these influences that had come together. When I was seven years old I remember that for me television was American technology and, in fact, it was connecting me not to my *barrio*, my neighborhood, which was Mexican, it was connecting me to America. And we did not live in an integrated neighborhood. Everyone in my neighborhood, everyone except we had an African-American friend – I don't think there was any white person in my neighborhood. My neighbor was married to a white man, but he did not come very often.

So, Las Vegas was a rather segregated town at that time?

Yes, Las Vegas actually had East and West Las Vegas but we lived in East Las Vegas. In East Las Vegas there was the railroad track and east of the railroad track was Mexican. We lived one house from the railroad track. I mean, then it was a little place, maybe 10 000 people, and there were very much pockets by race. You could have drawn, you could have colored in what was Mexican and what was American.

Do your daughters experience these two cultures in a similar way?

No, in my house today it is very much seamless. For example, my husband is a white man, whom I met in Mexico, who is bilingual and bicultural – as bilingual and bicultural as white adults can become. I mean, he goes to Mexico as an adult and learns Spanish and stays ten years, more than ten years in Mexico. And so it is – so the house is an amalgamate, so, my daughters are much more blended than I was, their experience is much more blended and, I think, they are having some difficulties with their identity. But I never had, my identity was always clear. I was Chicana, or I was Mexican-American and then became Chicana as a political label. There was never any question what I was. But for them, in fact, there is some question in terms of the society. Are they mixed race, how would they identify themselves? For me there was no choice.

And what about your students?

Well, for some of my students I think it is perfectly clear, right, they are Chicanos and Chicanas. But there are others who are different about that, so they may be Mexican-American, which is different, it is a different identity. Or they may be Hispanic, or they may just be American. They really don't want to be ethnically and racially labeled. And for some of my students, they identify with indigenous roots, they say *"wait a minute, I'm not Chicana, I'm indigenous"*. That could be more difficult. So that all of those labels really do mean something different if what we talk about is assimilation.

This makes it rather problematic to split up student enrollment by ethnic categories, right?

Well, in fact it is very complex because what it collapses to are the labels of self-identification, which are really defined by the government. So, it becomes are you Hispanic by blood or by however you just yourself identify. It is, I mean, the native population that in fact stands in a different situation because of their enrollment procedures. But what does this mean for those persons of mixed race, who are

Japanese and African-American, who are, you know, Chicano and African-American? How do they identify? And how do they identify within a state in which there are these categories between the three cultures, between white people, Chicanos and native people. And that is the predominant classification system in the state.

Do you think that students can easily switch from one identity to another?

Well, for example, I have a student who is from rural New Mexico from a rancher, his family has a ranch and he continues to come in his cowboy boots and with a big hat. But he is an exception because most of the kids who come in, whatever their racial background is, undergo barriers and change their clothing. Somebody is not going to arrive in cowboy boots and cowboy hats. I think that moving in and out of identities is – in fact, for some students it can be psychologically painful. I think for some students it can be psychologically testing, and for others it is a skill. They can go home and then their family is their way and they come here and they are in another way, it is not – for some of the students it is not an easy divide to cross.

And aren't these students afraid of losing part of their culture when studying?

Well, I think that many of my students do experience it as an unholy compromise and, in fact, in order to get through and do well here you have to trade off part of who you are. Much of my work has been to try and to create learning spaces for people to be who they are without compromises. But, in fact, I recognized that I am highly similar to them and that I understand what they trade off, I understand what it meant to go to Harvard. I think that I got through being able to be assert some of this cultural heritage. I was less likely to dress in jeans and Mexican shirts when I graduated. But it was recovered. Part of what happened was that when I graduated I won a travel fellowship and that allowed me to travel to Asia and I spent six months in India, which is a very unusual outcome to a Harvard law education. So, I have the feeling that I have trumped them – they paid me, after all to travel another eleven months and be able to adjust what had happened to me in my professional education. And it meant that I came back to Mexico City, where I met my husband, lived in Mexico City, and eventually came back to New Mexico. I'm not sure that would have happened without that period.

Now, what major difficulties do your students face today?

I think that professional education that is law, medicine, engineering, architecture advantages those students who know something about the profession. And, in fact, I went to school with people whose fathers were judges, whose mothers were lawyers. Some of my students, their mothers and fathers are professionals there, and legal professionals. I think that's a tremendous advantage over those students who not only don't come from professional families but also don't have contact with legal professionals. So that their education must be supplemented by socialization.

They have to become familiar with their future profession.

Right. What does it mean to be a professional, what does it mean to be a counselor to someone else, what does it mean to assume responsibility for someone's fortune or life. And there is definitely, I think, a disconnect between those who have that exposure and those who don't. I think that there is a difference between students who understand power and those who don't understand power. There is no question that this is a profession in which the currency of the profession is power. At Harvard it is explicit. That's what the education is about. It is that they have selected a few for whom power will be a reality, it is a given. And it is power along so many different dimensions. It is economic power, it is political power, it is the power of intellectual accomplishment. I mean, it is raw, it is there, it is manipulable, it is possible. Here it is much more blurred in terms of who has it and who will have it. And many of the students never translate their experience into what it means in terms of power that is related to social goods. So they know that lawyers have a disproportional amount of maneuverability to this device.

But it is not the same here. Harvard students are very much with the aspiration to get power, but there are many students here, who are not. As they start going through, they start saying *"What does it mean to be a judge? What does it mean to have that amount of discretion over people? And what does it mean in the realities of the way that resources are distributed in this state, but also outside of the state?"* And so, some students in fact do stand up to the fact that this is about power. But, I mean, some of my students have poor preparation, so that they arrive with poor language skills. Some of the native students have been reared in another non-European language, so it's neither Spanish nor English and they really don't share the world view of either the Mestizo population, the Chicano population or the white population. And this is definitely a world that is bounded by worldview. This is definitely: you are better-off, you know, when you are comfortable within the white world – even the Chicanos assimilate into the dominant culture to the extent they have to.

Do you think that law school is in a different situation than many other faculties at UNM?

Yes, one thing is that we are better paid than the rest of the faculty. And that's true in all universities that medical schools and law schools are better paid. But we also have better working conditions here. Our teaching involves us less than on the main campus, the demographics of the student body are different than on main campus, the demographics of the faculty. So, this is an island, it is very much an island of privilege in many different types. I have a great deal of autonomy, more autonomy than my colleagues have. No one asks, you know, no one asks me what I am doing, when I am doing it, and I can come and go with a great deal of freedom.

Do you think that the law school is a particularly powerful institution?

Yes, there is no question that our voices are magnified. We have after all educated a significant number of the legislators, of graduates of the law school, so we have contacts not only with the legislature but with our senators, much more than the rest of the university. I mean, many of them came through here, we have much more contact with the judges, we have educated them. It is true, we do make the laws, we do understand the justice system, I acknowledge that.

Dieses Interview wurde am 9. März 2001 von 11 bis 12 Uhr mit einer Professorin in deren Dienstzimmer an der University of New Mexico in Albuquerque geführt.

10.5 Either we push education or we push our culture

> *'Either we push education and we lose our culture*
> *or we push our culture and we can't fit into education'*

Verónica Méndez Cruz ist Leiterin des Centro de la Raza an der University of New Mexico. Diese Einrichtung hat das Ziel, hispanische Studierende während des Studiums in fachlicher und sozialer Hinsicht zu unterstützen und ihnen an der Universität eine Anlaufstelle zu bieten. Méndez Cruz ist im südlichen New Mexico unweit der mexikanischen Grenze in einer stark hispanisch geprägten Umgebung aufgewachsen. Als sie zum Bachelorstudium an die New Mexico State University in Las Cruces kam, geriet sie erstmals in Kontakt mit nichthispanischen Studierenden. Nach eineinhalb Jahren Berufstätigkeit an einer Schule beginnt sie ein Masterstudium an der University of Albuquerque, das sie im Alter von 25 Jahren abschließt. Seitdem arbeitet sie an der University of New Mexico in der Funktion einer Studienberaterin, die sich gezielt um die Belange der hispanischen Studierenden kümmert. Durch ihren biographischen Hintergrund besitzt Méndez Cruz eine ausgeprägte Sensibilität für mögliche Schwierigkeiten hispanischer Studierender im Studienalltag. Wie sie betont, sehen sich hispanische Studierende häufig in einem Zwiespalt zwischen den Erwartungen ihrer Familie und den Anforderungen in der neuen Umgebung der Universität.

To start with I would like you to talk about your education and professional career.

I was educated in the southern part of New Mexico and if you are familiar with our state, we have a very rural state. When you look at the different ethnicities it was 90 percent Hispanic and I don't even think one percent Black and I don't even know if we had any American Indians, I don't remember that. But primarily our Hispanic population had Indian blood but to say that we recognized they were Pueblo or Navajo, we never did that, and then there was 10 percent Anglo students.

I graduated seventeen years old, I went to New Mexico State University, which is about 20 or 30 miles north of where I grew up. And I found a whole new world. I found – I will have to say that this was my first experience with people of different ethnicities, there were more of the black students, more of the American Indians and more of the white students and international students. So, not only did I receive an education that was typical for, well, you know, your classes that you have to take but also interrelating and working closely with and having good friends out of different backgrounds unlike yours. I received a Bachelor's degree in social work with a minor in sociology four years later. So, I was able to complete my Bachelor's degree and I hate to say this but I really feel that it is appropriate four years later since now you don't hear of students receiving their Bachelor's degrees within four years. Now the norm is like six, eight and so on. So, I was very fortunate to have completed my Bachelor's degree. Granted, I did not finish it with the General Point Average (GPA) which I would have loved because I was more anxious to graduate than I was to complete a reasonable GPA. But nonetheless. So, I'm very proud to say that I had my Bachelor's degree by twenty-one.

I later worked in a kind of alternative high school. And I did that for about a year and a half when I felt that – if I did all the jobs, all the types of work that I really wanted to do, that I really felt I could do, I couldn't do it unless I got my Master's degree and enrolled in a graduate program. So, I only worked about a year after graduating and then approached UNM for my Master's degree. Again, I applied very loosely, not very seriously because I did not understand then that graduate schools are very competitive and very selective. I felt like how could anybody turn me down – you are offering to pay them, I felt it was very much a business and, well, it is. It was not until I had turned in all my credentials that folks around me were saying *"Realize that they only accept a certain number of students"*, and by that time it was too late, I had already sent my information. But I was lucky. I got accepted into my Master's program and received a Master's degree in counseling from the college of education here at UNM. And I completed that in two and a half years, so by twenty-five I had my Master's degree. I have always felt very proud of that because I see now our students and it's a bit more of a struggle. Was it easier then than it is now, I don't know. Was it different then than it is now? Yes, it was very different.

Once I received my Master's in counseling I had a job working for children who need a supervision program. It was a state job but it was very, very complex because I had to deal with the dynamics in family therapy and I knew that my heart and soul was working on the university campus. I had a job when I was getting my Bachelor's degree that I truly loved and that was supporting incoming students. And I really, really enjoyed it, I learned a lot from them and so when I completed my Master's degree I knew the environment which I wanted to work in was the university environment. And because being in New Mexico we have four top, four-year research institutions and all pretty much scattered around. So, we don't have a whole lot of community colleges that most states would have and what we have are the branch colleges, and so this was my target area. I knew I wanted to work in this setting and I knew I wanted it to be here. And so, I was very fortunate again that the director of career services at that time was looking for a career advisor and their minimums was a Master's in counseling and guiding, so I was very fortunate and I received that position. And in that job I had students select a major, select a career path, so we have to explore with our students why were they in education, why were they interested in getting a math degree, had they thought about once they'll have completed that math degree what kind of work they wanted. And so I did that

10.5 Either we push education or we push our culture

for eight years, trying to help our students select a direction and that involved using different instruments, that involved doing different career explorations and so forth. It was during my last year there that one of the things we had to do as advisors was document that kind of student that we were seeing in our office. And what I was seeing coming out of the resources was that the greatest population of students that we were seeing there were our white students. We were not seeing a whole lot of students of color. We were not seeing a whole lot of Hispanics, American Indians and African-Americans. So, we decided to do some outreach. We decided that I would come to these centers then and spend several hours here, several hours at African-American Students' Services and several hours at American Indian Students' Services. So, in that way I had an opportunity to feel to be there available to the students because I knew the reason why I was not seeing the students over there was not that they knew everything about careers and jobs and so forth. I knew that the reason they were not coming up there was because – culturally, a lot of our students are colored and don't necessarily have this assertive or aggressive type of personality that would go out and search out what service is available for them. And so, that was the reason for working in this arena. While working in this arena the director here sublet and I was able to come here. And so I think that what I brought to El Centro was my experience in working and supporting students ever since I was receiving my Bachelor's degree. And so, when I got the job here I made sure that we did what we could to put a hand on the pulse of our students coming to this university. What were they lacking? What were they needing?

One of the things that I found with our Hispanic population here is that they are desperately looking for ownership. They are needing to feel connected, they are needing to feel that this university is very much theirs. You know, for many, many years the university has been and, I think, still is to this day seen as only available to the affluent student. So, socio-economic classes also play in to whether or not they would come to university. But I'm afraid that to many of our Hispanic students or students of color, if they are first-generation college students – the issue of money is amazing. And they feel like they can't come to college because they can't afford it. And then students of color are afraid they are going to lose who they are, their tradition and culture if they come to college. And there are a lot of older generations that pretty much reinforce that. That's why you see a lot of American Indians saying *"yes, I'm coming to college to get my degree, but as soon as I get my degree I'm returning to the reservation to continue to help them out"*. Very much in our Hispanic population you see the same. You see a lot of our Hispanic students saying *"once I complete my education I'm going right back into the community and enforce community activism and involve and so forth because that is a big fear that we have that when we choose to come to the university, when we choose to come to school we forget who we are"*.

And here at university, you find yourself in between two cultural systems, two different worlds.

Exactly. And so, with our students what we have tried to really enforce and why El Centro is extremely popular is the fact that we tell our students a university setting is a learning institution and it must be reciprocal. This university must continue to learn from us as we continue to learn from that system. We agree that a certain amount of acculturation must take place where we must learn the system here. You have to take some hours this and you have to pass it with a certain grade and got to listen to what the professor says because he is the one that is going to grade you, you know, all of that we need to learn definitely. We need to be opening up to take classes in the classics that – very, very important to me – maybe you were not raised with, but at the same time retain your language, retain your culture, retain your tradition and most definitely pass it down to the younger ones in our community. So I think that mentoring is extremely important for us here at the university because of the young generations that are coming up. Now I feel that we are becoming a much more educated population, formally educated population and I feel that the younger are doing a much better job of trying to look at our youth and support them but unfortunately we are losing our language and we are losing a lot of our culture and traditions because of that. It takes a very special person to try to put them both on that same level. It has to be one or the other. Either we push education and we lose our culture or we push our culture and we can't fit into education. For a lot of us we are right there. We are trying to figure out – I have two little boys right now, thirteen and ten years old. Have I pushed college or have I pushed it to no end? They know they are going to come to school, they know the language. They were not raised around a purely Spanish speaking community like I was. My husband was not. And so in raising our two sons we have lost that. So, we were trying to balance the two. But when I got the job here in the center it was very, very important for me to continue to come out that mentoring, the importance of keeping our culture, never forgetting what that is, reminding students that when they come they are not expected to lose who they are. They are expected to bring that with them and educate this campus. And at the same time we will support them with their academic endeavors and tutoring and support in understanding what the whole system is. And I think that's kind of giving it all to you in a nut-shell.

What about the parents of the students? And especially first-generation students, how do you support them?

We encourage them, we encourage them very much because the family union is critical. The family union is extremely important for our students to basically feel that they are reinforcing their parents' concern and interest in their education but also helping them in the whole process. So, we invite families when we do orientations, there is a part there for families to be orientated as well. And we keep our doors open for any families coming in. But we try to teach our students how to better communicate with their families. When a student comes home and he just got a bad grade and he feels that he is in the process of losing a scholarship and his family doesn't understand what's going on, they don't get what all those numbers are and so forth. So, how do the students try to communicate with their families that they are running into some problems and not feel – because it is not so much that the parents don't care – they care very much, but they don't understand a system that is very complicated, that is very, very complicated. I know that when I came to college, it was up to me to get myself registered, it was up to me to pick my classes, it was up to me – and for as much as my parents wanted to help, they don't understand the system. And it is funny because I tease my sons, I can help them with their math all the way up to algebra but once we get geometry and calculating that's when they're going to have to find somebody to help them because that's when I draw the line. And so, I think, it is the same when one comes to college, when they choose to come to college there is a lot that a parent can try to support them with and others that they don't understand. So, our students struggle with how do I get my father to understand that I can't go to a family outing because I have to study. And yet for the family you come from it is extremely important. You have to go to baptisms and you have got to go to all the rosaries and funerals – and, so, your family can't understand.

So, what do you tell a high school graduate or his parents if he says, well, he might be interested to go to UNM, but he is still hesitating because he doesn't want to lose his culture, he doesn't want to go away from his family, and he prefers to have a job in his place?

One of the things that I try to tell our students who are caught in that, is that it is hard to make that decision if you were never given the chance. If you have never given it an opportunity how do you know you are not going to like it? How do you know it is not as good as finding a job in your home town? So, because I am going to battle with this with my own sons. My feeling is that decisions that you make are never engraved in stone. It is all full of choices, we make choices. But the more you have to pick from, the more you have information on, the better decisions and the better choices you will make. So, when you look into going to university or pursuing the military or going into the spiritual stand you have to base it on something. So, if you don't have anything to base you not wanting to come to college – then maybe a good opportunity would be to give it a chance. Maybe you don't want to take nine hours, maybe you just want to take one class, maybe you don't want to take it at UNM, maybe TVI would offer you a better experience. I agree that school is not for everyone. School is not for everyone. But I also feel that students think and I thought as soon as I am done with this formal education I won't ever have to study again. And I think that the philosophy and learning is a life-long process. You never ever, ever stop studying, you never stop learning. So, there is different forms of that.

So, what I try to present to students is pretty much give me a chance. All I am asking for is an opportunity to give you more information on which to base your decision on. And so I encourage the folks. If it is financial then it is my job to find out how I can help them financially. If I am able to remove any obstacle that they put into the way – I can't go because of money, then I take care of this. Or I can't go because I don't have a right, and I take care about that. I eliminate many variables, and they still choose not to come to UNM or not to come to college, then I will back off, definitely, because it must be your choice. A lot of individuals – we are all different, we are developed differently and maybe we are not ready for school right after graduation. But they may decide to go to college two years into the job and realize *"I am not getting anywhere with this"*, and so, hopefully, at that time they may be able to take a class here and a class there and then we will eventually see them coming to university for full time. But I really try to convince people – if, for example, they have come here for a full year, they come to UNM, they have come to a college for a year and it was totally disappointing for them. They don't have to pursue that. But what I try to teach them is there is some need to take some responsibility as to what they are going to do with the rest of their lives and be okay with that, as long as they feel it was their choice. I don't want a Hispanic student to feel that I have done or this university has done everything in our power to keep him from coming to school. I won't let that happen. If I get a phone call from a Hispanic student saying *"I want to come, I turned in my admission application and they refused it"*, then it is my responsibility to find out why it was refused, what they were lacking, establish a contract with this university, the student and my center, and promise them the student will do okay, just let me have a chance with him, an opportunity for him. So, there is no reason – I don't want a Hispanic student anywhere who wants to come to UNM to feel that he is pushed away from this university – and this is not going to happen. So, that is our basic role. But I don't know that if they don't come. I don't know that if populations of students do not come and so that won't be an excuse. We will do whatever we can to try to encourage them.

And here your mentoring program comes into place, right?

Yes. If they are brand-new students, we have a mentoring program. And so, I want our students who are mentors to be able to say *"Tell me what you want or you feel, you need to be connected to this university"*. And so, they will be able to tell the mentors *"I want to know more about your sports." "I want to know more about your spirituality that goes on here on campus." "I want to know more about whatever, whatever, whatever."* And I'm not going to say *"No, because we as Hispanic students don't agree to that."* Our job is to say definitely let me introduce you, let me hopefully get you interested in this because the whole idea is that the student is connected to the campus. Now, if El Centro is the only means that connects a student to campus then so be it. And we can't and won't be pushing students away – quite the contrary. We love it because the students when they

10.5 Either we push education or we push our culture

graduate they graduate feeling good because they remember all the other students that they have met. So, students again, we present them with the amount of choices available to them and we support them and encourage them throughout that whole process of whatever the direction is they choose to go into.

Do you think that UNM students and especially Hispanic students have a strong feeling of belonging to their state? And does it make a difference if a student is coming from out of state or from New Mexico?

Oh, it makes a big difference. Our students that were born and raised in the state – I don't know how to explain it – I'm one of those that don't ever intend to leave the state. There is a certain amount of spiritualness, of connection that this is my place and if you grew up in a Hispanic home it is that one feels with the warmth, the caring, the nurturing, I think, the nurturing that comes from not only a lot of good food and music and conversation and lessons from the grandparents but it is such a connected feeling – and a lot of our New Mexican, our native New Mexican students receiving their teaching degrees want to teach here. They are not interested in teaching on the East or West Coast, they want to teach in this state and so, *"once a New Mexican, always a New Mexican"* is that connection here.

When we have encountered situations in classrooms here where our students are struggling with – how things are taught, I think, what is expected of them. Students can end up being very confused – I think, more our younger students. Our older students, our juniors and seniors are a little bit more steady, they have learnt how to even cope or deal with it and lose it. But, I think, our young ones are caught between – we were raised with obviously everybody older than we, we respected him, and we gave him that respect. And so, teachers were always right, professors are always right. Having talked back to a professor here you wouldn't dare even tell your folks *"I don't agree with this professor"* because then your folks would say *"Don't ever speak like that. That's a PhD you are talking to, that's a doctor you are talking to. They know it, you don't."* And it was just built on that respect that you never question that authority. I think, we get a little bit more steady. However, we still have that – we respect tremendously the positions of power and that just takes us back to where we were raised and what culture is here. And so, for a professor in the classroom to demand a certain conversation or to demand a certain debate or to demand *"You look me into the eyes"*, and so on, and so on – he has no idea what this culture is about. If a professor who chooses to teach at this university took a look at the intense diversity or lived with a Hispanic, American Indian, black family in this area, he might react differently while teaching classes.

What our students are struggling to do is become more like the norm, being more like what the professor is expecting of them, leaving them a bit confused. And so, I see our students struggle a lot with that. And they come here to get empowered. I have been cheated like this, this is right. *"Am I supposed to feel like crap at the end of a class? – And why?"* We are talking about it. We try to teach them skills to get through it. That's it.

When there is a new professor to be appointed, does it make a difference if a candidate comes from New Mexico or from out of state? And who is involved in decision making?

I think that every department stands all alone and makes its own decisions, it is not a university-wide decision. I know, for example, that strong Hispanic community organizations have come to the campus and said *"Explain to us why you only have 10 percent Hispanics, when you look at there is 23 percent Hispanic students attending this university, and we don't see the same percentage of faculty teaching. What are you doing to recruit more faculty of color?"* And so I think that the conversation has been brought to the university, but because of the fact that every college – you have American studies, you have arts and fine arts, you have engineering – because they are pretty much their own bosses and because they do their own hiring and tenure review and everything else – I don't know what the provosts intend to do to try to change that. What we have tried to do out of our ethnic centers is to get more involved into new faculty hires. When faculty get hired they have to go through an orientation process, and it is during that orientation that we try to go in there and say *"The complexion of your classes are going to look like this. If you know that a good majority of students comes from rural New Mexico, what do you know about rural New Mexico?"* – but that wasn't to come out, so we did it for a year and then it was turned down.

I got the impression that in law school, for example, there is a higher proportion of Hispanic faculty than in some other departments at UNM.

Yes, law school has done an excellent job in recruiting more students and faculty of color – law school has been great.

What major changes did you experience during the past twenty or thirty years for the students and in general for higher education in New Mexico?

Well, thirty years ago, during the late sixties the population of Hispanics was extremely political, very active. We were out there fighting, you know, the riots, we were a very aggressive population because we had enough. And so, civil rights was at its height, definitely. The folks, the strong leaders that we had then enforced what we have today, I personally would not be here, the center, I think, would not be here. It was established in the late sixties for a reason. And so now, what I am

10.5 Either we push education or we push our culture

seeing is their children and grandchildren and nieces and nephews are now here completing their degrees.

To say if that's good enough or that we should have been further along, oh yeah, right now this university should have the same complexion of the state. This state is almost a minority-majority state, there are 48 percent Hispanics in this state. And might you see 48 percent Hispanics on campus? No! And might you see 48 percent in our faculty? No! Have I seen 48 percent of our top administration, have I seen a Hispanic or a president of color at this university? No! And so, has this university done a good job of being what it should be? No! We are still not – we still have our ways to go, we still have battles. And the only way I know how to do it is to get them here, get them their degrees and encourage them to pursue higher degrees, get their Masters, get PhDs, become a professional faculty. Too many times our Hispanics are graduating from this university and they don't have anything else to do with this university. So, what is that doing for my alumni association? You know, it is not very helpful, so that is my little job in the faculty to be able to get our students to feel good when they graduate and help them and so, hopefully, they will encourage more students to come, more students to graduate. And so, we still have our ways to go. And the ideal I want to see is this university to make it more look like our state.

Dieses Interview wurde am 8. März 2001 von 11.30 bis 12.30 Uhr mit Verónica Méndez Cruz (M.A.), der Leiterin des Centro de la Raza in deren Dienstzimmer an der University of New Mexico in Albuquerque geführt.

10.6 I can participate in my own culture and in the mainstream culture

*'If I knew very little about the Anglo American mainstream culture
I would find it very difficult to live in it or to work in it. But since I know about it
I can participate in my own culture and in the mainstream culture'*

Rudolfo Anaya, geboren 1937 in Pastura (New Mexico), ist emeritierter Professor am English Department der University of New Mexico und lebt als einer der bedeutendsten hispanischen Schriftsteller der Gegenwart in Albuquerque. Er ist in einem kleinen Dorf im ländlichen Nordosten New Mexicos in den sozioökonomisch begrenzten Verhältnissen einer kinderreichen hispanischen Familie aufgewachsen, in der Bildung nur eine sehr untergeordnete Rolle spielte. Den täglichen Schulweg aus der vertrauten Umgebung über eine Brücke in die nächstgelegene Kleinstadt Santa Rosa bezeichnet er treffend als das Pendeln zwischen zwei Welten. Mit vierzehn oder fünfzehn Jahren zieht Anaya mit der Familie nach Albuquerque und besucht in der neuen städtischen Umgebung die High School, bevor er an der University of New Mexico zu studieren beginnt. Bildung erachtet er als Schlüssel zu einer ihm zunächst fremden angloamerikanischen Welt. Anaya betont, daß Bildungserwerb keineswegs zu einer Entfremdung gegenüber dem eigenen kulturellen Hintergrund oder zur Ausbildung einer hybriden kulturellen Identität führen muß. Gleichwohl sei es wichtig, auch Elemente hispanischer Kultur und Tradition als Lehrinhalte in die schulischen und universitären Curricula zu integrieren.

To start with I would like to ask you to tell me about your first years at school. To what extent did your family help you and encourage you to go to school at that time?

My brothers were already grown and away from home. And my older sisters were still in school, I don't remember them being much help. So, it was like living in two worlds. The school was one world where I learned English, and to write in English and spelling and everything that goes along with that first grade, second grade, third grade, elementary grades. Then I would come home to another world which was my family.

So, you felt you were commuting between those two worlds?

Yes, I crossed a bridge – as Antonio does in the novel *Bless me, Ultima*. The geography of the novel is very much the geography of my childhood. We lived on one side of the river where there were very few houses, very few homes that were established on that hill. I would daily walk all the way to the river, cross the bridge and then go into town, to the school. Yeah, it was like a commute between two worlds.

Going back and forth between school and family, did you end up in finding a way to combine those two as one world, forming your identity, or did you switch back and forth?

Well, the most temporary world was the school. The real world was my home and the friends that I had in the little neighborhood where I grew up and the extended family. People came to visit, *tías* and *tíos*, grandfather and so on. Certainly for me that was the real world, and I don't believe I ever acquired a third world where both would come together. It was either one or the other.

Before you finished high school your family moved to Albuquerque.

That was in 1952. My brothers had come back from World War II and they moved out of Santa Rosa to make their own living. They had married. It was also a time when people from small villages were moving to California. Soldiers who had served in World War II moved to California to work. Some moved up to Colorado, some moved in the state. It was always a search for work.

My family moved to Albuquerque in 1952, and that becomes another world for me. I grew up in a very small town. By the time I was fifteen I knew the school, I knew the church, I knew the children. I knew the main street, the bank, the courthouse. It was a very familiar world, a small town. And then, suddenly, I find myself in a bigger city in New Mexico, actually the biggest city in New Mexico. And I have to learn something about the urban; the landscape becomes urban. I attend middle school, which was Washington Junior High. I am in the ninth grade and it is very, very different because it is bigger and it is more threatening. There are gangs that basically have to do with the *Pachucos* and the kids that were cowboys. We called them *Stompers*. – I can survive at school, I can do the schoolwork, that is no problem, I do that very easily. It is more like making sure I can survive within the gangs. I live in the *barrio* and there are gangs there, too. So, the world is a lot more threatening at that time.

Did you belong to one of the gangs?

I am not in a gang. I am not a *Pachuco* and I am not a *Stomper*, these are the two main gangs. – I acquire some friends very quickly in the *barrio*. Most of them still live here in Albuquerque and we often get together. So, I have, you would say, my own gang, but we are not really into what's called gangs life-style. So, we are outside the gangs and have to be careful about being beaten up by the gang members.

When did you graduate from high school?

After Washington I go to Albuquerque High School in the tenth, eleventh, and twelfth grades. Well, in the 1950s, the only high schools in town were Albuquerque High and St. Mary's High School and Highland High School. So, there were not that many high schools. By this time I already know the urban landscape, so to speak. So, it is not as difficult. I graduated from Albuquerque High in 1956.

What did you do then?

I really didn't know quite what to do. I don't believe that I had been prepared for the university. I went to business school for a couple of years, and then I got dissatisfied with business school. I learned that I could work part-time, so that was good, I could work after school. But I was dissatisfied and in 1958 I went to the University of New Mexico and enrolled. I knew nothing about university life, I knew nothing about academic life. I was quite innocent. I looked back to my first grade and I say I don't know how I survived school because I didn't know anything about English-speaking schools. I look back at the university, my first year, and I don't know how I survived there because I didn't know anything about university life. But I loved to learn, you know, I loved to read. It was a lonely time because again I was in another world, and my parents and my community didn't know anything about that world. My family weren't educated people. And so, I always had to come back to my family, into my community, to my friends but at the same time I loved learning so much that it kept me going for the next four and a half years and I completed my BA.

Do you have a strong feeling of belonging to New Mexico, or could you have thought of going out of state in order to find a job?

When I got my degree I got a job in Albuquerque, so I didn't have to move. But, I think, at that time it was a lot easier for me than it was for other people of my age who had gone out of state to teach or to go to another school, to a graduate school. In my case I was lucky that I could get a teaching job and I didn't have to travel. We are very family oriented and place oriented. New Mexicans – and I am speaking of Hispanic New Mexicans that have gone to Colorado, California, and other places – they all speak about coming home, you know. A lot of those other places don't become home. They still speak about coming home to New Mexico – and some of them don't. The population has become more mobile.

10.6 I can participate in my own culture and in the mainstream culture

There is something special about the place, the history, the family, and the environment that makes it desirable to stay here. When you compare wages in New Mexico to other places, they are low. So, there is a reason to move away. And there are more opportunities, more choices.

Did you feel like getting away from your own culture during your studies?

No. It wasn't difficult for me because while I was getting my education at the university I was still in contact with my family, friends, and the place – the university is a very different place from the *barrio*. But it was easy for me to travel back and forth, I didn't have a problem. I think there are some people who get an education and lose their culture. But, I think, that is only if you allow that to happen. You can get a higher education and then separate yourself from your roots, so to speak.

I think that is the most important educational battle or struggle that we Chicanos have been involved in for the past twenty, thirty years is to make education – not only higher education – to make them aware of our history, our culture, our language, so that our children feel good about getting an education. Then, it was a question of survival because part of our culture is not in the educational system. Now, it is easier to get an education and to learn to move back and forth between our own culture and theirs. If I knew very little about the Anglo American mainstream culture I would find it very difficult to live in it or to work in it. But since I know about it I can participate in my own culture and in the mainstream culture.

Have their been important changes for the students at UNM since you did your studies?

I think so, in some ways. For example, now in high school they have more knowledge of preparation for university, more counseling, the students live in a new age of television and the internet, they know what universities are all about, and when they get to a university, the Hispanic or Chicano students, there are organizations on campus where they can go for tutoring. They have scholarships and grants. So, that has changed a bit, yes. I talked, last year, to the graduating class at Santa Rosa, my home town. And I told them, you know, you have a lot of benefits that I didn't have when I went to university and a lot of people that care about you succeeding. You are still going to be lonely, you know, because it is different when you take yourself out of a culture that is very family-oriented. It is not only the family, it is the whole extended family around you, especially, when you come from a small town. If you come from Taos or Española or Santa Rosa or Socorro or Grants or Gallup the university setting is going to be very different. So, that part, I think, still remains the same in the sense that the students who come from rural environments, where perhaps the family has been very important, will have difficulties in adjusting to university life.

Dieses Interview wurde am 12. März 2001 von 12 bis 13 Uhr mit dem Schriftsteller und emeritierten Professor Rudolfo Anaya im Wohnzimmer seines Hauses in Albuquerque geführt.

10.7 Your job is to teach the students you have

> *'The faculty members think all we have to do is get better students and we have solved our retention problem. But I say your job is to teach the students you have, not the students you wish you have.'*

Peter White ist seit 1977 an der University of New Mexico beschäftigt. Seine Tätigkeit als Professor am English Department hat er 1999 unterbrochen, um als Dean am University College zu wirken. White hat sein eigenes Studium in den Bundesstaaten New York, Ohio und Pennsylvania absolviert. Als Dean sieht er eine besondere Herausforderung in der Entwicklung geeigneter Programme, um die Zahl der Studienabbrecher im Grundstudium zu senken.

You have been professor at the English department for many years before you became dean of the UNM University College. Please, tell me why you became interested in developing strategies in order to prevent the students from dropping out.

Okay, two years ago the president of the university asked me if I would work on the retention of students in the undergraduate program. And at that time I had just finished doing the North Central Association accreditation of the university. So, I had a good knowledge of what was going on in the university and I have been a professor here for 24 years, so, I have a lot of experience in this institution and I know what our problems are and I know what our strengths are.

So, when he asked me to do that I did some initial analyses of how the University of New Mexico compared to other universities. And I was somewhat naive about my statistics but not really wrong, just maybe a little bit naive about some of the things. Anyway, I made a report to the board of regents at the university, our governing body, and the report was picked up by the newspapers and the report about our retention rates was not very positive about the University of New Mexico. If I made that same report today, I would not have been quite as critical as I was at that time but I was very critical of the university.

What I didn't really realize was the statistical affect of being a commuter school compared to a residential school. And what I also didn't quite understand was the combination of factors that our students face compared to students who attend other research universities. In other words, our students are much more likely to be first-generation students, low-income students, ethnic minority students and have a weak background in high school preparation for college. So, I should really have spent more time comparing our students to students from similar kinds of institutions. But I am not a statistician, I am in the English department, I study American literature, I don't study statistics. However, my conclusion was that the University of New Mexico does not engage its students in an academic career, we don't really engage our students. That was my conclusion. And I still think I am absolutely right about that. In the faculty you sort of have an agreement if the students do bother them, they will bother the students, sort of an agreement like that. And that's not a good agreement, you know, it should be exactly the opposite.

So, after I gave this negative report there was a lot of trouble that came out as a result of that. And the president of the university stood behind me, even though the regents were highly critical of my report because it made the university so bad. But I doubt that – I knew that I was personally more right than wrong, and so I wanted to note the changes that I thought were necessary to improve undergraduate education. So, the first thing was that I spoke to a lot of students and I had focus groups. And the students told me that the lower division education, the 100 level and 200 level classes rated two on a scale of ten. And the upper division classes rated eight on a scale of ten. So, there really wasn't any problem as far as the students were concerned in the upper division because there the classes are small, the students who get that far are survivors, in the first place, the classes are more interesting because they are more mature, the teachers are more engaged with the students and care more about the students because the subjects that they are teaching are more interesting to the faculty, if you are a research professor. So, I had that knowledge. That meant I had two jobs. I was associate provost and dean of the undergraduate studies. And with these two jobs I felt constantly torn by having too much to do and when you are an associate provost you don't have the respectability and the authority in a way that the dean has. An associate provost is a support person for the provost and the dean is his own boss and has much more authority. For example, the deans in American universities can get a lot more done than associate provosts. So, I decided this year to become a dean.

So, with some things I started last year and some things I am doing this year as dean I am much better equipped to face the problems and find solutions than I was just last year. So, what we have done basically is we wrote a lot of grants last year, we wrote grants for Hispanic serving institutions for 30 000 dollars and then we spent the year doing planning to write the 2.3 million dollars grant which we turned in today to the federal government, that's for Hispanic students. We wrote a grant to the Hewlett Packard Computer Foundation and that grant was to start learning communities in our general education core curriculum. We wrote a grant called Enlace grant which was – it is a Spanish word for community grant, it was 5 million dollars and we got that grant. So, we are working with the community and the local technical vocational institution. We got that grant from the PEW Foundation to improve the way we teach psychology, to use better technology in our psychology classes. And the president has an endowment of money that he got from fundraising which we are also using. And I got money from a person to run the Center for

Regional Studies at the university who is well acquainted with the state legislators, and this person gave me a lot of money to work with, too.

So with all this money what we are trying to do at the University of New Mexico is to take a large research institution and offer some things that make it much more like a small private school. We are trying to create learning communities and we are trying to find ways to support students and put them into an environment and a context of learning which provides the maximum support possible, which allows them to become more connected to the university, to feel connected, to feel that it is part of a community to which they belong. And the smaller classrooms of freshmen learning communities – let me tell you the different kinds of learning communities that we started here: A freshmen learning community is a contact class which has some core survival skills incorporated into it, linked to English 101 which is a special composition. So, the same twenty-three students who take the freshmen seminar are also in the English 101 class. And so they take two classes together and this is not the way college has worked in the United States for a long time. I mean, in high school students take classes together, but they do not in college, you know. So, it has changed. Then we wrote grants for linking three classes together in our general education requirements – and I am teaching in a learning community, a class which helps the students fulfill three of the required courses in English, American studies, and music, and the subject is literature and medicine and culture. So, music and medicine, literature and medicine, and American culture and medicine. So, it is for students who maybe think they want to go to health career and so they take all those three required core courses together, 75 students in each cluster, we call it clusters. And so, the 75 students go to class at 9 o'clock, 10 o'clock and 11 o'clock. There are three teachers for the same 75 students.

And this helps create a better learning environment?

Yes. It is like you go into a small college because that's what they do at the small private colleges. They know everybody, the classes are relatively small, 75 is a big class for a humanities class but it is small by comparison to sociology 101, or psychology 105, some of those classes have 400 to 600 students in it and this has only 75.

But its other advantage is that it shows the interrelationship among three classes. Students might not know why they have to take math, calculus, chemistry 121 and biology 121, they may not understand why they have to take these subjects but they understand much better if they take them together because the chemistry teacher can say you have to know this math to solve this chemical equation. And the biology teacher might say, well you can't work out the biology of this particular problem if you don't know the chemistry involved. In science the connections are pretty clear, but when you go from fine arts to English, to history, the connections are not always as clear. But I know you can't study the literature of the renaissance without studying the arts at the renaissance and the history at the renaissance. But students don't know that. And they don't know why they take these subjects, they don't know that. They think all of these are just obstacles that they have to take, but if they learn that learning something about one helps with learning about the other and that the obstacles go together as a piece, which theoretically they do, then they are more likely to see some positive connection, you know, some academic coherence rather than just dissidence, that is the idea.

I think when I was as far as a junior or senior in college I realized that these puzzles are all connected and I don't think I really understood that in my first two years. But in the third or fourth year I was saying *"Oh, so that philosophy makes that literature the way that literature is, and that's why these painters paint that way."* You know, the renaissance music, the renaissance art and literature, they did go together. The principles for one are like the principles for the other. And that's what we intend to show, and that is chronological.

Have you tried to quantify the effect of learning communities?

Yes, for the learning communities the effect was pretty profound. I'll give you some statistical evidence. We have a lottery scholarship in New Mexico and the lottery scholarship pays for students who go to university. But you have to get a 2.5 GPA after your first semester in order to qualify to get this scholarship. Students who were in professional learning communities got the scholarship at the rate of 72 percent. Students who were not in the learning communities got the scholarship at the rate of 59 percent. So, there was a considerable difference there.

In terms of retention, students who were in professional learning communities came back at mid-year 90 percent of them. 85 percent of the students came back who were not in learning communities. So, there is 5 percent difference, this is significant. Actually, our retention problem in the freshman year costs the university 26 million dollars a year. One percent of the freshmen class would give us 1.9 million dollars a year for this university, one percent of the freshmen class coming back for five years would be only 27 students. 1.9 million dollars for 27 students taking five years instead of just one, 1.9 million dollars more.

Do you see a difference between faculty from out of state and faculty born in New Mexico when interacting with the students at UNM?

Right. Well, that is why we wrote this 2.3 million dollars Title V grant for Hispanic serving institutions. About 90 percent of our faculty come from other institutions in the United States – much, much more selective institutions. They come from these institutions because those are the schools that produce most of the faculty and they are the best schools, you know. And it is everywhere from Harvard and Yale,

10.7 Your job is to teach the students you have

Princeton to the very good, big schools in Indiana, Pennsylvania, Wisconsin, Michigan to very, very good private schools like Stanford or big powerful state universities like Berkeley, you know, and the problem is that those people not only don't understand the Southwest and don't understand the nature of the Hispanic culture, but they have very little in common with our students. Most likely they were not first-generation college students themselves, they most likely come from an upper middle-class Anglo white family, they were very intelligent from the very beginning, they usually didn't have trouble to get into college and got into graduate school, got into the best graduate schools. They actually come from another world, but because they have a job teaching in a state university they think, well, it should be the same. But it is not. Actually they don't come from the same world because so many of our students are minority students. And only 13 percent of our faculty is minority.

But, I think, that a university is a place where those two worlds could come together and that faculty has to engage with New Mexico and to learn about minority students?

That is what they are trying to do. And that's what they should do. And that's what the people of New Mexico need to – those are the standards that they need to meet. But the question is without knowing the standards how can my job be, how can we get these people to meet these standards? And the faculty has some responsibility. What they often want to do is very wrong. The faculty members are really naive, they think all we have to do is get better students and we have solved our retention problem. They want just to get better students. And I say, well, your job is to teach the students you have, not the students you wish you have. Because when you are at the University of Texas you wish you have students that were like those at Berkeley. Or when you are at Harvard you wish you have students that like the ones that went to Yale. And when you are at Yale you wish you have students like those who went to Heidelberg. And so, what you have to do is teach the students you have.

You have to find ways to have as high a population of those students who pass as possible without lowering the standards. Faculty have traditionally been told that the university is a place that we doubt in common, and that is not a very productive way to approach the situation. If that happens, well that's a sad thing that people need. But almost everybody who is admitted to this university, almost everybody, has the capability if the environment is right and the support is there to get some sort of a degree from here. I do wish our standards were a little higher because I think there is a point at which you reach an impossibility and that is not fair.

So this is what you tell the faculty?

Right. I have to get the faculty to understand what their role in the students' failure is. It is not just like I am a perfect teacher and you get what I tell you and if you don't pass it is your fault. It is not exactly that simple, right? What they want to do, the faculty, they want to raise standards, right? But on the other side, I have our upper level administrators saying we can't raise standards for three reasons. It is not our mission to be a selective school, it is our mission to teach the people of New Mexico. Then, there would be huge political bombs if we tried to raise admission standards because, you know, it would be the minority students who would be excluded. And number three: we can't afford to do that because we need the money. We need that tuition dollars and the state money that comes in. So, the administration wants me to raise the retention rates, the faculty wants me to raise the standards but the upper administration won't allow that.

So, it is a difficult position to be in, but it is actually the only really, I think, the only really good position to take. I tell you why – because it is true. The mission is to educate democratically as many of those people as possible. That is the idea behind American democratic education. The idea is almost what causes an entitlement, if you know what I mean, you are entitled to go to college, everybody. Tracking in high school would predetermine that you would not be able to go to college, and that's what I mean. So, we have all these people who know they are not qualified to go to college, they are going to try anyway, and the remarkable thing about it is that some of them do pass and they do get through and they do get their degrees. It is a matter of fact that from this university graduate 4 000 people every year. And many of those people were predicted to never get degrees. And they do get them, in spite of all obstacles that they face. And if we had a tracking system in high school they might not be tracked to university.

So, there is tension, you know, that we are supposed to have an upper level university experience that is rather a weak thing in some ways, you know. But you have to make it available to the general man. You know, we have this desire to educate all these people and, I think, it is a noble one. I think it is actually the right one because, you know, we have all these schools for the rich and privileged and their students graduate at a rate of 95 percent, 92 percent, you take a look at the graduation rates of those exclusive schools, of those very high power state universities. The graduation rates are very high, 80 percent, 85 percent, 90 percent, 95 percent. But that is not the trick. It is not necessarily because the university is doing everything to help the students because the students were qualified and ready to go in the first place, they have been selected.

10.7 Your job is to teach the students you have

So, it's education for the well-educated.

Right. And, you know, in spite of what some people in Europe think, there are many Americans who are very bright and very capable and very, very ready to be intellectual, even at age 18. But who will provide a research university education to the less fortunate? And in spite of the fact that I think that some of our faculty members would rather be involved in the vocation of teaching the more fortunate, they are here.

And our faculty members are paid to teach the generally less fortunate people. Some of them really like that. I think it took me about 15 years to like that. It is a long time. It took me a long time to realize, you know, it is actually better to be here struggling with these people than it used to be in a place where there is everybody already there. What's the trick? There's no trick, they can already do that trick, you don't have to teach them. So, it makes it more rewarding when you see that these people actually get a degree, if you have not lowered the standards. That's the big thing. You cannot do that because then it's cheap to get a degree. But I couldn't make the faculty members to lower the standards if I wanted to. I couldn't do that.

I have heard that some of the students, especially Hispanic and Native American students, tend to stay in New Mexico – even if they get very attractive job offers or scholarships from out of state.

Yeah, that's true. And I think that's okay, if they want to do that, that's good. Just to stay here and help their own people. We have the 49th lowest per capita income in the United States. It's a very, very poor place with a very, very weak educational system. You know, socio-economic factors and education go hand in hand. You can see the statistical connection between those two things. The lower the income the higher the prison rate, the lower the amount of money that goes to the universities, it's all related, you know. Well, I mean, I think it's a good thing that we are doing but it is a difficult thing.

And you know, I have two sons going to school here, the oldest one was accepted at one of the most prestigious universities in the United States. He has taken some great classes in psychology and anthropology. He spent a year in Edinburgh, Scotland, at the University of Edinburgh and he got first in two of his three classes. His teachers told him that he could write better than privileged European students because Edinburgh is a place that attracts very intelligent and very privileged people. So, our students, the best of our students can compete with any students anywhere. And my son went to a public high school and I didn't tutor him or do anything special. You know, our students have to work a lot and I think that's probably the biggest thing that prevents them from having community on this campus, they live at home, they live in an apartment, they live with friends, they don't live in a dormitory. This college is very different from the residential colleges, you know.

What else makes the difference for students from a residential college?

Well, they are privileged, their parents pay for them, they didn't have to work first, they didn't have to go out to work, a lot of our students have to do that first. But now with our state lottery we have more students like that. And, if you went to a university of 25 000 students, let's say, the University of Nebraska, okay, that's in the city of Lincoln, Nebraska. It's not as big as Albuquerque. And it is a state university that draws its students from all over the state of Nebraska. They have one big university in this state, so everyone goes there. And they all live in a dormitory there. And everything they are involved in is football, fraternities and sororities and campus activities, the students eat together, sleep together – not literally. They go to classes differently, but their whole lives take place at university. They just have this life that's kind of intellectual and leisure, and they don't generally have to work. They are just college students, right. Well, that's very different from this situation here.

Is the New Mexico State University similar to UNM?

New Mexico State is sort of in between. But it's a little bit more – it's not a big city but it has all the problems of first-generation low-income students, too, because the students there aren't rich. Those that are go to schools like Ohio State, Penn State, Indiana, Nebraska, Missouri. It costs a lot of money, even if you live in that state. You know, the standards are much higher on the entrance exams, the admission rate is much more selective, the cost is two or three times what the cost of our school is, it costs 4 000 dollars, 5 000 dollars or 6 000 dollars to live in a dormitory, and our students don't have this kind of money despite they are all working. And when they are working, they are not in the classroom or studying or being connected with the university. That makes a huge difference.

So, that's why we are trying to do these learning communities and we make all these connections for our students because the only way you can create a sense of community in a commuter campus is in the classroom itself because the students are not going to stay after class for extra-curricular things. They are not going to hang around on campus to play football, to go to dances because that's not their life, they want to go home. So, you have to get them connected in the classroom itself. So, that's one time when they are here and when they are committed and devoted to what they are doing and when they are here we get them. And that's the thing, you

10.7 Your job is to teach the students you have

really have to grab their attention. You have to make them feel that somebody cares about them, cares about their individual welfare. And you have to have support systems.

The philosophy of what we are trying to do in UNM University College is to give to our students basic skills, effective instruction, provide support and what that means, basically, is we have all these programs to help the students. And it is a lot more than that, but this is the skeleton. You know, we try to have an intellectual framework for planning the student's life. The student enters a university which is a whole system and a whole structure of things and it has to do a lot of things for the student, you know. And if it is organized, the student is going to have a better chance to succeed. If it is disorganized and people work against other people it is not going to work. And we were disorganized and I am trying to bring some organization in here.

Now, what major changes do you see comparing the students' situation today at UNM to the situation twenty years ago?

Well, okay, it's a tricky question because twenty years ago maybe things were better for students here. Because twenty years ago we were not a research university. We had a lot of people here who were doing research and who were good researchers, but the amount of money that we generated in sponsored research was relatively small. And in the decade of the 1990s it tripled, more than tripled. Probably twenty years ago we did 20 million dollars research every year, that means companies and government paid us 20 million dollars to do that. And we had about the same number of students – well, no less students, and we had some research faculty, but now we have a lot more research faculty. We do 218 million dollars a year on sponsored research and we spend a lot of money to generate that research. And we don't, unfortunately, spend that much money on the students anymore because we spend it on offices for faculty, research faculty, some of them don't teach, secretaries for them, buildings for them, utilities for them, paper, supplies, travel, equipment for them. I mean, it is true, the university gets back 50 percent of the amount of money, but that's not enough to cover the costs.

But our students have gotten better, we have slightly raised tuition fees, we have some first-class faculty members here now. Our reputation as a university is great. Our library is very good now, we have a lot of programs that are highly ranged. But if the experience for so many of our students is so negative, there is some wrong and we have to do something. I mean – by negative what I mean is so many don't finish, only 37 percent of our students graduate in six years. And that's, you know, it's four out of ten, that means six people have lost their way. What happened? Now, maybe they have gone to some other place, you know, they get their degrees somewhere else. But if we spent more money on them and less on research, I think, we'd be doing ourselves a favor. But right now in America that's not really the direction that a lot of universities are taking. They want to be research universities.

And retention varies quite significantly from one program to another or from one university to another.

Yeah, that's true, too. You know, I would say that UNM is in the transition to become a real big and powerful research university, but it is a transition from being just a school that paid close attention to students to a major university. The problem is we don't have the money to be a major university and pay attention to students, too. Already well-established universities do have the money to do both but we don't because we are in the transition to become one and because we live in a poor state. At the University of Texas they can have 6 000 freshmen every year come in and they have all these offices and people and everything to take care of the students and they also can have very high admission standards because they have such a good reputation because they have been wealthy and they have established themselves as a research university so much longer before.

Certainly, Stuttgart is not what Heidelberg is, right. So, maybe there are also universities in Germany that are trying to achieve the standard of Heidelberg. And in Europe time is an important factor. Heidelberg has been there for a very long time, you know. In America time is not so important. The University of Texas, I mean, it was a cow-pasture a hundred years ago and now it is a big powerful university, great university – it simply bought professors. They have money, they have oil on campus in the ground, they have oil-wells on campus. And the oil comes out and then the money goes right back into the library and buying professors, Nobel prize winners. And if you went there you would find many from Germany who are teaching there, and from Czechoslovakia and Poland and France and England and everywhere. If you have money, you can do it. So, the heck with the traditions and the number of years, it is how much money you have. That's how all that works. You know, Harvard and Yale have tradition, that's for sure, they don't just have money. And we don't have that – so, in the meantime we are stuck in the middle.

But Albuquerque is a very attractive place, it has wonderful surroundings, a favorable climate, and nice people. Doesn't it attract a lot of first-class professors?

Right, despite the fact that they don't make as much money. Despite the fact that the students aren't as good as they were told. Despite the fact that UNM is not as powerful as other schools. It is a good place, though. So, that's why we are able to have a research university here and not pay people a fortune to come here and do it.

If we had to do that, then it would be a huge failure because then we would not be educating the average student, not doing research, then we would just be a mess. But we would just have a bunch of very poor people.

So, our climate has allowed us to attract very good people on faculty. And they stay here because they like it, too, that's the other thing. But we also do have a retention problem with faculty, we do lose a lot. They say, yeah, that's true, the sun is nice, the city is nice, the people are nice, the mountains are nice, but I cannot afford to live there. Because they are going to pay me twice as much if I go to Indiana or some other place. We lose a lot, we hire 70 to 90 new faculty a year, only some of that is retirement.

Do you see faculty with different eyes since you have become a dean?

Yes, definitely. You know, I was a faculty member for 20 years before I became the administrator. And when I was a faculty member I was there to think about my literature and teaching my students, that was my job. And consequently I didn't really know about the way the university works and what the realities of the university are. And since the last five years when I became an administrator I have learnt a lot about the realities.

So, when you talk to professors about what they think is going on you have to realize that in a sense they are part-time people. Because they only spend a very small part of their time thinking about institutional issues. The rest of their time they spend thinking about neutrons or literary texts or paintings or whatever, so they don't really know what the real facts are. They are often right, but that's sometimes because of intuition, a good guess and because of some reasonable intelligence that they have. But they operate kind of in the dark. And they think that every place should be like the place where they got their degrees. And every student should be like they were. But they are professors, they are 0.001 percent of the population. I mean, that's kind of weird, not everybody grew up in the same environment and culture they did.

And you also have to realize that the university, whether they like it or not, is, unfortunately, it is a corporation. And faculty members despise that fact, you know, they kind of wish that they were in Heidelberg in 1650. But it doesn't work that way any more. And the budget for this university is one billion dollars a year. This is a big corporation. And most of the 1500 faculty members are teachers, so somebody has to tell them you have to do this because it is for the good of the corporation. And they are people who are so used to being individualistic and working alone that they don't like administrators to tell them that. And what my job is, to make it better for lower division students, is a hard job because I have to tell the people how to do it. And, you know, you are teaching yourself, you know how that is, that's not – you don't like people telling you what to do, so that also makes it a hard job.

Fortunately, we have a lot of professors who would do something to help the underdog, you know what I mean, just because they want to. You know, the good of the heart. And we are trying to provide incentives for those people to lead the way. The real issue here is how to get the faculty involved with lower division students. If your whole training was in theoretical mathematics why would you want to teach pre-college algebra – unless, you thought you wanted to do something to help the students and the people of the state of New Mexico or help the institution to achieve its mission. But if you were only concerned with yourself, you were going to teach theoretical mathematics and not pre-college algebra.

And I was glad to get these people to feel a feeling of altruism. I don't think that this really always works. I have spent a year in Poland, when it was communist. Altruism doesn't work as well as money. So, I tried to offer them money. And when they got involved in these things, actually, they said it was a good experience, they liked to work with these students, they enjoyed it, they liked to work with their colleagues in this learning community situation. So, there is something in for them, too. But you have to use money to attract them, it's just to encourage them. And then you try to educate them about why their thinking may be different from the university's thinking, and you try to educate them when you get them into a context, and most of them accept it. But some people come here and they are going to teach theoretical mathematics only and that is all they are going to do.

Dieses Interview wurde am 12. März 2001 von 15 bis 16 Uhr mit Professor Peter White in seiner Funktion als Dean in dessen Dienstzimmer am University College der University of New Mexico in Albuquerque geführt.

HEIDELBERGER GEOGRAPHISCHE ARBEITEN*

Heft 1	Felix Monheim: Beiträge zur Klimatologie und Hydrologie des Titicacabeckens. 1956. 152 Seiten, 38 Tabellen, 13 Figuren, 4 Karten.	€ 6,--
Heft 4	Don E. Totten: Erdöl in Saudi-Arabien. 1959. 174 Seiten, 1 Tabelle, 11 Abbildungen, 16 Figuren.	€ 7,50
Heft 5	Felix Monheim: Die Agrargeographie des Neckarschwemmkegels. 1961. 118 Seiten, 50 Tabellen, 11 Abbildungen, 7 Figuren, 3 Karten.	€ 11,50
Heft 8	Franz Tichy: Die Wälder der Basilicata und die Entwaldung im 19. Jahrhundert. 1962. 175 Seiten, 15 Tabellen, 19 Figuren, 16 Abbildungen, 3 Karten.	€ 15,--
Heft 9	Hans Graul: Geomorphologische Studien zum Jungquartär des nördlichen Alpenvorlandes. Teil I: Das Schweizer Mittelland. 1962. 104 Seiten, 6 Figuren, 6 Falttafeln.	€ 12,50
Heft 10	Wendelin Klaer: Eine Landnutzungskarte von Libanon. 1962. 56 Seiten, 7 Figuren, 23 Abbildungen, 1 farbige Karte.	€ 10,--
Heft 11	Wendelin Klaer: Untersuchungen zur klimagenetischen Geomorphologie in den Hochgebirgen Vorderasiens. 1963. 135 Seiten, 11 Figuren, 51 Abbildungen, 4 Karten.	€ 15,50
Heft 12	Erdmann Gormsen: Barquisimeto, eine Handelsstadt in Venezuela. 1963. 143 Seiten, 26 Tabellen, 16 Abbildungen, 11 Karten.	€ 16,--
Heft 17	Hanna Bremer: Zur Morphologie von Zentralaustralien. 1967. 224 Seiten, 6 Karten, 21 Figuren, 48 Abbildungen.	€ 14,--
Heft 18	Gisbert Glaser: Der Sonderkulturanbau zu beiden Seiten des nördlichen Oberrheins zwischen Karlsruhe und Worms. Eine agrargeographische Untersuchung unter besonderer Berücksichtigung des Standortproblems. 1967. 302 Seiten, 116 Tabellen, 12 Karten.	€ 10,50
Heft 23	Gerd R. Zimmermann: Die bäuerliche Kulturlandschaft in Südgalicien. Beitrag zur Geographie eines Übergangsgebietes auf der Iberischen Halbinsel. 1969. 224 Seiten, 20 Karten, 19 Tabellen, 8 Abbildungen.	€ 10,50
Heft 24	Fritz Fezer: Tiefenverwitterung circumalpiner Pleistozänschotter. 1969. 144 Seiten, 90 Figuren, 4 Abbildungen, 1 Tabelle.	€ 8,--
Heft 25	Naji Abbas Ahmad: Die ländlichen Lebensformen und die Agrarentwicklung in Tripolitanien. 1969. 304 Seiten, 10 Karten, 5 Abbildungen.	€ 10,--
Heft 26	Ute Braun: Der Felsberg im Odenwald. Eine geomorphologische Monographie. 1969. 176 Seiten, 3 Karten, 14 Figuren, 4 Tabellen, 9 Abbildungen.	€ 7,50

* Nicht aufgeführte Hefte sind vergriffen.

Heft 27	Ernst Löffler: Untersuchungen zum eiszeitlichen und rezenten klimagenetischen Formenschatz in den Gebirgen Nordostanatoliens. 1970. 162 Seiten, 10 Figuren, 57 Abbildungen. € 10,--
Heft 29	Wilfried Heller: Der Fremdenverkehr im Salzkammergut – eine Studie aus geographischer Sicht. 1970. 224 Seiten, 15 Karten, 34 Tabellen. € 16,--
Heft 30	Horst Eichler: Das präwürmzeitliche Pleistozän zwischen Riss und oberer Rottum. Ein Beitrag zur Stratigraphie des nordöstlichen Rheingletschergebietes. 1970. 144 Seiten, 5 Karten, 2 Profile, 10 Figuren, 4 Tabellen, 4 Abbildungen. € 7,--
Heft 31	Dietrich M. Zimmer: Die Industrialisierung der Bluegrass Region von Kentucky. 1970. 196 Seiten, 16 Karten, 5 Figuren, 45 Tabellen, 11 Abbildungen. € 10,50
Heft 33	Jürgen Blenck: Die Insel Reichenau. Eine agrargeographische Untersuchung. 1971. 248 Seiten, 32 Diagramme, 22 Karten, 13 Abbildungen, 90 Tabellen. € 26,50
Heft 35	Brigitte Grohmann-Kerouach: Der Siedlungsraum der Ait Ouriaghel im östlichen Rif. 1971. 226 Seiten, 32 Karten, 16 Figuren, 17 Abbildungen. € 10,--
Heft 37	Peter Sinn: Zur Stratigraphie und Paläogeographie des Präwürm im mittleren und südlichen Illergletscher-Vorland. 1972. 159 Seiten, 5 Karten, 21 Figuren, 13 Abbildungen, 12 Längsprofile, 11 Tabellen. € 11,--
Heft 38	Sammlung quartärmorphologischer Studien I. Mit Beiträgen von K. Metzger, U. Herrmann, U. Kuhne, P. Imschweiler, H.-G. Prowald, M. Jauß†, P. Sinn, H.-J. Spitzner, D. Hiersemann, A. Zienert, R. Weinhardt, M. Geiger, H. Graul und H. Völk. 1973. 286 Seiten, 13 Karten, 39 Figuren, 3 Skizzen, 31 Tabellen, 16 Abbildungen. € 15,50
Heft 39	Udo Kuhne: Zur Stratifizierung und Gliederung quartärer Akkumulationen aus dem Bièvre-Valloire, einschließlich der Schotterkörper zwischen St.-Rambert-d'Albon und der Enge von Vienne. 1974. 94 Seiten, 11 Karten, 2 Profile, 6 Abbildungen, 15 Figuren, 5 Tabellen. € 12,--
Heft 42	Werner Fricke, Anneliese Illner und Marianne Fricke: Schrifttum zur Regionalplanung und Raumstruktur des Oberrheingebietes. 1974. 93 Seiten. € 5,--
Heft 43	Horst Georg Reinhold: Citruswirtschaft in Israel. 1975. 307 Seiten, 7 Karten, 7 Figuren, 8 Abbildungen, 25 Tabellen. € 15,--
Heft 44	Jürgen Strassel: Semiotische Aspekte der geographischen Erklärung. Gedanken zur Fixierung eines metatheoretischen Problems in der Geographie. 1975. 244 Seiten. € 15,--
Heft 45	Manfred Löscher: Die präwürmzeitlichen Schotterablagerungen in der nördlichen Iller-Lech-Platte. 1976. 157 Seiten, 4 Karten, 11 Längs- u. Querprofile, 26 Figuren, 8 Abbildungen, 3 Tabellen. € 15,--

Heft 49	Sammlung quartärmorphologischer Studien II. Mit Beiträgen von W. Essig, H. Graul, W. König, M. Löscher, K. Rögner, L. Scheuenpflug, A. Zienert u.a. 1979. 226 Seiten. € 17,90
Heft 51	Frank Ammann: Analyse der Nachfrageseite der motorisierten Naherholung im Rhein-Neckar-Raum. 1978. 163 Seiten, 22 Karten, 6 Abbildungen, 5 Figuren, 46 Tabellen. € 15,50
Heft 52	Werner Fricke: Cattle Husbandry in Nigeria. A study of its ecological conditions and social-geographical differentiations. 1993. 2nd Edition (Reprint with Subject Index). 344 pages, 33 maps, 20 figures, 52 tables, 47 plates. € 21,--
Heft 55	Hans-Jürgen Speichert: Gras-Ellenbach, Hammelbach, Litzelbach, Scharbach, Wahlen. Die Entwicklung ausgewählter Fremdenverkehrsorte im Odenwald. 1979. 184 Seiten, 8 Karten, 97 Tabellen. € 15,50
Heft 58	Hellmut R. Völk: Quartäre Reliefentwicklung in Südostspanien. Eine stratigraphische, sedimentologische und bodenkundliche Studie zur klimamorphologischen Entwicklung des mediterranen Quartärs im Becken von Vera. 1979. 143 Seiten, 1 Karte, 11 Figuren, 11 Tabellen, 28 Abbildungen. € 14,--
Heft 59	Christa Mahn: Periodische Märkte und zentrale Orte – Raumstrukturen und Verflechtungsbereiche in Nord-Ghana. 1980. 197 Seiten, 20 Karten, 22 Figuren, 50 Tabellen. € 14,--
Heft 60	Wolfgang Herden: Die rezente Bevölkerungs- und Bausubstanzentwicklung des westlichen Rhein-Neckar-Raumes. Eine quantitative und qualitative Analyse. 1983. 229 Seiten, 27 Karten, 43 Figuren, 34 Tabellen. € 19,90
Heft 62	Gudrun Schultz: Die nördliche Ortenau. Bevölkerung, Wirtschaft und Siedlung unter dem Einfluß der Industrialisierung in Baden. 1982. 350 Seiten, 96 Tabellen, 12 Figuren, 43 Karten. € 19,90
Heft 64	Jochen Schröder: Veränderungen in der Agrar- und Sozialstruktur im mittleren Nordengland seit dem Landwirtschaftsgesetz von 1947. Ein Beitrag zur regionalen Agrargeographie Großbritanniens, dargestellt anhand eines W-E-Profils von der Irischen See zur Nordsee. 1983. 206 Seiten, 14 Karten, 9 Figuren, 21 Abbildungen, 39 Tabellen. € 17,50
Heft 65	Otto Fränzle et al.: Legendenentwurf für die geomorphologische Karte 1:100.000 (GMK 100). 1979. 18 Seiten. € 1,50
Heft 66	Dietrich Barsch und Wolfgang-Albert Flügel (Hrsg.): Niederschlag, Grundwasser, Abfluß. Ergebnisse aus dem hydrologisch-geomorphologischen Versuchsgebiet "Hollmuth". Mit Beiträgen von D. Barsch, R. Dikau, W.-A. Flügel, M. Friedrich, J. Schaar, A. Schorb, O. Schwarz und H. Wimmer. 1988. 275 Seiten, 42 Tabellen, 106 Abbildungen. € 24,--
Heft 68	Robert König: Die Wohnflächenbestände der Gemeinden der Vorderpfalz. Bestandsaufnahme, Typisierung und zeitliche Begrenzung der Flächenverfüg-

barkeit raumfordernder Wohnfunktionsprozesse. 1980. 226 Seiten, 46 Karten, 16 Figuren, 17 Tabellen, 7 Tafeln. € 16,--

Heft 69 Dietrich Barsch und Lorenz King (Hrsg.): Ergebnisse der Heidelberg-Ellesmere Island-Expedition. Mit Beiträgen von D. Barsch, H. Eichler, W.-A. Flügel, G. Hell, L. King, R. Mäusbacher und H.R. Völk. 1981. 573 Seiten, 203 Abbildungen, 92 Tabellen, 2 Karten als Beilage. € 35,50

Heft 71 Stand der grenzüberschreitenden Raumordnung am Oberrhein. Kolloquium zwischen Politikern, Wissenschaftlern und Praktikern über Sach- und Organisationsprobleme bei der Einrichtung einer grenzüberschreitenden Raumordnung im Oberrheingebiet und Fallstudie: Straßburg und Kehl. 1981. 116 Seiten, 13 Abbildungen. € 7,50

Heft 72 Adolf Zienert: Die witterungsklimatische Gliederung der Kontinente und Ozeane. 1981. 20 Seiten, 3 Abbildungen; mit Farbkarte 1:50 Mill. € 6,--

Heft 73 American-German International Seminar. Geography and Regional Policy: Resource Management by Complex Political Systems. Eds.: John S. Adams, Werner Fricke and Wolfgang Herden. 1983. 387 pages, 23 maps, 47 figures, 45 tables. € 25,50

Heft 74 Ulrich Wagner: Tauberbischofsheim und Bad Mergentheim. Eine Analyse der Raumbeziehungen zweier Städte in der frühen Neuzeit. 1985. 326 Seiten, 43 Karten, 11 Abbildungen, 19 Tabellen. € 29,50

Heft 75 Kurt Hiehle-Festschrift. Mit Beiträgen von U. Gerdes, K. Goppold, E. Gormsen, U. Henrich, W. Lehmann, K. Lüll, R. Möhn, C. Niemeitz, D. Schmidt-Vogt, M. Schumacher und H.-J. Weiland. 1982. 256 Seiten, 37 Karten, 51 Figuren, 32 Tabellen, 4 Abbildungen. € 12,50

Heft 76 Lorenz King: Permafrost in Skandinavien – Untersuchungsergebnisse aus Lappland, Jotunheimen und Dovre/Rondane. 1984. 174 Seiten, 72 Abbildungen, 24 Tabellen. € 19,--

Heft 77 Ulrike Sailer: Untersuchungen zur Bedeutung der Flurbereinigung für agrarstrukturelle Veränderungen – dargestellt am Beispiel des Kraichgaus. 1984. 308 Seiten, 36 Karten, 58 Figuren, 116 Tabellen. € 22,50

Heft 78 Klaus-Dieter Roos: Die Zusammenhänge zwischen Bausubstanz und Bevölkerungsstruktur – dargestellt am Beispiel der südwestdeutschen Städte Eppingen und Mosbach. 1985. 154 Seiten, 27 Figuren, 48 Tabellen, 6 Abbildungen, 11 Karten. € 14,50

Heft 79 Klaus Peter Wiesner: Programme zur Erfassung von Landschaftsdaten, eine Bodenerosionsgleichung und ein Modell der Kaltluftentstehung. 1986. 83 Seiten, 23 Abbildungen, 20 Tabellen, 1 Karte. € 13,--

Heft 80	Achim Schorb: Untersuchungen zum Einfluß von Straßen auf Boden, Grund- und Oberflächenwässer am Beispiel eines Testgebietes im Kleinen Odenwald. 1988. 193 Seiten, 1 Karte, 176 Abbildungen, 60 Tabellen. € 18,50
Heft 81	Richard Dikau: Experimentelle Untersuchungen zu Oberflächenabfluß und Bodenabtrag von Meßparzellen und landwirtschaftlichen Nutzflächen. 1986. 195 Seiten, 70 Abbildungen, 50 Tabellen. € 19,--
Heft 82	Cornelia Niemeitz: Die Rolle des PKW im beruflichen Pendelverkehr in der Randzone des Verdichtungsraumes Rhein-Neckar. 1986. 203 Seiten, 13 Karten, 65 Figuren, 43 Tabellen. € 17,--
Heft 83	Werner Fricke und Erhard Hinz (Hrsg.): Räumliche Persistenz und Diffusion von Krankheiten. Vorträge des 5. geomedizinischen Symposiums in Reisenburg, 1984, und der Sitzung des Arbeitskreises Medizinische Geographie/Geomedizin in Berlin, 1985. 1987. 279 Seiten, 42 Abbildungen, 9 Figuren, 19 Tabellen, 13 Karten. € 29,50
Heft 84	Martin Karsten: Eine Analyse der phänologischen Methode in der Stadtklimatologie am Beispiel der Kartierung Mannheims. 1986. 136 Seiten, 19 Tabellen, 27 Figuren, 5 Abbildungen, 19 Karten. € 15,--
Heft 85	Reinhard Henkel und Wolfgang Herden (Hrsg.): Stadtforschung und Regionalplanung in Industrie- und Entwicklungsländern. Vorträge des Festkolloquiums zum 60. Geburtstag von Werner Fricke. 1989. 89 Seiten, 34 Abbildungen, 5 Tabellen. € 9,--
Heft 86	Jürgen Schaar: Untersuchungen zum Wasserhaushalt kleiner Einzugsgebiete im Elsenztal/Kraichgau. 1989. 169 Seiten, 48 Abbildungen, 29 Tabellen. € 16,--
Heft 87	Jürgen Schmude: Die Feminisierung des Lehrberufs an öffentlichen, allgemeinbildenden Schulen in Baden-Württemberg, eine raum-zeitliche Analyse. 1988. 159 Seiten, 10 Abbildungen, 13 Karten, 46 Tabellen. € 16,--
Heft 88	Peter Meusburger und Jürgen Schmude (Hrsg.): Bildungsgeographische Studien über Baden-Württemberg. Mit Beiträgen von M. Becht, J. Grabitz, A. Hüttermann, S. Köstlin, C. Kramer, P. Meusburger, S. Quick, J. Schmude und M. Votteler. 1990. 291 Seiten, 61 Abbildungen, 54 Tabellen. € 19,--
Heft 89	Roland Mäusbacher: Die jungquartäre Relief- und Klimageschichte im Bereich der Fildeshalbinsel Süd-Shetland-Inseln, Antarktis. 1991. 207 Seiten, 87 Abbildungen, 9 Tabellen. € 24,50
Heft 90	Dario Trombotto: Untersuchungen zum periglazialen Formenschatz und zu periglazialen Sedimenten in der "Lagunita del Plata", Mendoza, Argentinien. 1991. 171 Seiten, 42 Abbildungen, 24 Photos, 18 Tabellen und 76 Photos im Anhang. € 17,--

Heft 91	Matthias Achen: Untersuchungen über Nutzungsmöglichkeiten von Satellitenbilddaten für eine ökologisch orientierte Stadtplanung am Beispiel Heidelberg. 1993. 195 Seiten, 43 Abbildungen, 20 Tabellen, 16 Fotos. € 19,--
Heft 92	Jürgen Schweikart: Räumliche und soziale Faktoren bei der Annahme von Impfungen in der Nord-West Provinz Kameruns. Ein Beitrag zur Medizinischen Geographie in Entwicklungsländern. 1992. 134 Seiten, 7 Karten, 27 Abbildungen, 33 Tabellen. € 13,--
Heft 93	Caroline Kramer: Die Entwicklung des Standortnetzes von Grundschulen im ländlichen Raum. Vorarlberg und Baden-Württemberg im Vergleich. 1993. 263 Seiten, 50 Karten, 34 Abbildungen, 28 Tabellen. € 20,--
Heft 94	Lothar Schrott: Die Solarstrahlung als steuernder Faktor im Geosystem der subtropischen semiariden Hochanden (Agua Negra, San Juan, Argentinien). 1994. 199 Seiten, 83 Abbildungen, 16 Tabellen. € 15,50
Heft 95	Jussi Baade: Geländeexperiment zur Verminderung des Schwebstoffaufkommens in landwirtschaftlichen Einzugsgebieten. 1994. 215 Seiten, 56 Abbildungen, 60 Tabellen. € 14,--
Heft 96	Peter Hupfer: Der Energiehaushalt Heidelbergs unter besonderer Berücksichtigung der städtischen Wärmeinselstruktur. 1994. 213 Seiten, 36 Karten, 54 Abbildungen, 15 Tabellen. € 16,--
Heft 97	Werner Fricke und Ulrike Sailer-Fliege (Hrsg.): Untersuchungen zum Einzelhandel in Heidelberg. Mit Beiträgen von M. Achen, W. Fricke, J. Hahn, W. Kiehn, U. Sailer-Fliege, A. Scholle und J. Schweikart. 1995. 139 Seiten. € 12,50
Heft 98	Achim Schulte: Hochwasserabfluß, Sedimenttransport und Gerinnebettgestaltung an der Elsenz im Kraichgau. 1995. 202 Seiten, 68 Abbildungen, 6 Tabellen, 6 Fotos. € 16,--
Heft 99	Stefan Werner Kienzle: Untersuchungen zur Flußversalzung im Einzugsgebiet des Breede Flusses, Westliche Kapprovinz, Republik Südafrika. 1995. 139 Seiten, 55 Abbildungen, 28 Tabellen. € 12,50
Heft 100	Dietrich Barsch, Werner Fricke und Peter Meusburger (Hrsg.): 100 Jahre Geographie an der Ruprecht-Karls-Universität Heidelberg (1895-1995). 1996. € 18,--
Heft 101	Clemens Weick: Räumliche Mobilität und Karriere. Eine individualstatistische Analyse der baden-württembergischen Universitätsprofessoren unter besonderer Berücksichtigung demographischer Strukturen. 1995. 284 Seiten, 28 Karten, 47 Abbildungen und 23 Tabellen. € 17,--
Heft 102	Werner D. Spang: Die Eignung von Regenwürmern (Lumbricidae), Schnecken (Gastropoda) und Laufkäfern (Carabidae) als Indikatoren für auentypische Standortbedingungen. Eine Untersuchung im Oberrheintal. 1996. 236 Seiten, 16 Karten, 55 Abbildungen und 132 Tabellen. € 19,--

Heft 103	Andreas Lang: Die Infrarot-Stimulierte-Lumineszenz als Datierungsmethode für holozäne Lössderivate. Ein Beitrag zur Chronometrie kolluvialer, alluvialer und limnischer Sedimente in Südwestdeutschland. 1996. 137 Seiten, 39 Abbildungen und 21 Tabellen.	€ 12,50
Heft 104	Roland Mäusbacher und Achim Schulte (Hrsg.): Beiträge zur Physiogeographie. Festschrift für Dietrich Barsch. 1996. 542 Seiten.	€ 25,50
Heft 105	Michaela Braun: Subsistenzsicherung und Marktpartizipation. Eine agrargeographische Untersuchung zu kleinbäuerlichen Produktionsstrategien in der Province de la Comoé, Burkina Faso. 1996. 234 Seiten, 16 Karten, 6 Abbildungen und 27 Tabellen.	€ 16,--
Heft 106	Martin Litterst: Hochauflösende Emissionskataster und winterliche SO_2-Immissionen: Fallstudien zur Luftverunreinigung in Heidelberg. 1996. 171 Seiten, 29 Karten, 56 Abbildungen und 57 Tabellen.	€ 16,--
Heft 107	Eckart Würzner: Vergleichende Fallstudie über potentielle Einflüsse atmosphärischer Umweltnoxen auf die Mortalität in Agglomerationen. 1997. 256 Seiten, 32 Karten, 17 Abbildungen und 52 Tabellen.	€ 15,--
Heft 108	Stefan Jäger: Fallstudien von Massenbewegungen als geomorphologische Naturgefahr. Rheinhessen, Tully Valley (New York State), Yosemite Valley (Kalifornien). 1997. 176 Seiten, 53 Abbildungen und 26 Tabellen.	€ 14,50
Heft 109	Ulrike Tagscherer: Mobilität und Karriere in der VR China – Chinesische Führungskräfte im Transformationsprozess. Eine qualitativ-empirische Analyse chinesischer Führungskräfte im deutsch-chinesischen Joint-Ventures, 100% Tochtergesellschaften und Repräsentanzen. 1999. 254 Seiten, 8 Karten, 31 Abbildungen und 19 Tabellen.	€ 19,90
Heft 110	Martin Gude: Ereignissequenzen und Sedimenttransporte im fluvialen Milieu kleiner Einzugsgebiete auf Spitzbergen. 2000. 124 Seiten, 28 Abbildungen und 17 Tabellen.	€ 14,50
Heft 111	Günter Wolkersdorfer: Politische Geographie und Geopolitik zwischen Moderne und Postmoderne. 2001. 272 Seiten, 43 Abbildungen und 6 Tabellen.	€ 19,90
Heft 112	Paul Reuber und Günter Wolkersdorfer (Hrsg.): Politische Geographie. Handlungsorientierte Ansätze und Critical Geopolitics. 2001. 304 Seiten. Mit Beiträgen von Hans Gebhardt, Thomas Krings, Julia Lossau, Jürgen Oßenbrügge, Anssi Paasi, Paul Reuber, Dietrich Soyez, Ute Wardenga, Günter Wolkersdorfer u.a.	€ 19,90
Heft 113	Anke Väth: Erwerbsmöglichkeiten von Frauen in ländlichen und suburbanen Gemeinden Baden-Württembergs. Qualitative und quantitative Analyse der Wechselwirkungen zwischen Qualifikation, Haus-, Familien- und Erwerbsarbeit. 2001. 396 Seiten, 34 Abbildungen, 54 Tabellen und 1 Karte.	€ 21,50

Heft 114   Heiko Schmid: Der Wiederaufbau des Beiruter Stadtzentrums. Ein Beitrag zur handlungsorientierten politisch-geographischen Konfliktforschung. 2002. 296 Seiten, 61 Abbildungen und 6 Tabellen. € 19,90

Heft 115   Mario Günter: Kriterien und Indikatoren als Instrumentarium nachhaltiger Entwicklung. Eine Untersuchung sozialer Nachhaltigkeit am Beispiel von Interessengruppen der Forstbewirtschaftung auf Trinidad. 2002. 320 Seiten, 23 Abbildungen und 14 Tabellen. € 19,90

Heft 116   Heike Jöns: Grenzüberschreitende Mobilität und Kooperation in den Wissenschaften. Deutschlandaufenthalte US-amerikanischer Humboldt-Forschungspreisträger aus einer erweiterten Akteursnetzwerkperspektive. 2003. 512 Seiten, 38 Abbildungen, 11 Tabellen und 8 Karten. € 29,--

Heft 117   Hans Gebhardt und Bernd Jürgen Warneken (Hrsg.): Stadt – Land – Frau. Interdisziplinäre Genderforschung in Kulturwissenschaft und Geographie. 2003. 314 Seiten, 45 Abbildungen und 47 Tabellen. € 19,90

Heft 118   Tim Freytag: Bildungswesen, Bildungsverhalten und kulturelle Identität. Ursachen für das unterdurchschnittliche Ausbildungsniveau der hispanischen Bevölkerung in New Mexico. 2003. 352 Seiten, 30 Abbildungen, 13 Tabellen und 19 Karten. € 19,90

Bestellungen an:

Selbstverlag des Geographischen Instituts
Universität Heidelberg
Berliner Straße 48
D-69120 Heidelberg
Fax: ++49 (0)6221-545585
E-Mail: hga@urz.uni-heidelberg.de
http://www.geog.uni-heidelberg.de/hga/

HEIDELBERGER GEOGRAPHISCHE BAUSTEINE*

Heft 1	D. Barsch, R. Dikau, W. Schuster: Heidelberger Geomorphologisches Programmsystem. 1986. 60 Seiten. € 4,50
Heft 7	J. Schweikart, J. Schmude, G. Olbrich, U. Berger: Graphische Datenverarbeitung mit SAS/GRAPH - Eine Einführung. 1989. 76 Seiten. € 4,--
Heft 8	P. Hupfer: Rasterkarten mit SAS. Möglichkeiten zur Rasterdarstellung mit SAS/GRAPH unter Verwendung der SAS-Macro-Facility. 1990. 72 Seiten. € 4,--
Heft 9	M. Fasbender: Computergestützte Erstellung von komplexen Choroplethenkarten, Isolinienkarten und Gradnetzentwürfen mit dem Programmsystem SAS/GRAPH. 1991. 135 Seiten. € 7,50
Heft 10	J. Schmude, I. Keck, F. Schindelbeck, C. Weick: Computergestützte Datenverarbeitung. Eine Einführung in die Programme KEDIT, WORD, SAS und LARS. 1992. 96 Seiten. € 7,50
Heft 12	W. Mikus (Hrsg.): Umwelt und Tourismus. Analysen und Maßnahmen zu einer nachhaltigen Entwicklung am Beispiel von Tegernsee. 1994. 122 Seiten. € 10,--
Heft 14	W. Mikus (Hrsg.): Gewerbe und Umwelt. Determinaten, Probleme und Maßnahmen in den neuen Bundesländern am Beispiel von Döbeln / Sachsen. 1997. 86 Seiten. € 7,50
Heft 15	M. Hoyler, T. Freytag, R. Baumhoff: Literaturdatenbank Regionale Bildungsforschung: Konzeption, Datenbankstrukturen in ACCESS und Einführung in die Recherche. Mit einem Verzeichnis ausgewählter Institutionen der Bildungsforschung und weiterführenden Recherchehinweisen. 1997. 70 Seiten. € 6,--
Heft 16	H. Schmid, H. Köppe (Hrsg.): Virtuelle Welten, reale Anwendungen. Geographische Informationssysteme in Theorie und Praxis. 2003. 140 Seiten. € 10,--

Bestellungen an:

Selbstverlag des Geographischen Instituts
Universität Heidelberg
Berliner Straße 48
D-69120 Heidelberg
Fax: ++49 (0)6221-545585
E-Mail: hga@urz.uni-heidelberg.de
http://www.geog.uni-heidelberg.de/hga/

---

* Nicht aufgeführte Hefte sind vergriffen.

HETTNER-LECTURES

Heft 1   *Explorations in critical human geography.* Hettner-Lecture 1997 with Derek Gregory. Heidelberg. 1998. 122 Seiten.   € 12,50

Heft 2   *Power-geometries and the politics of space-time.* Hettner-Lecture 1998 with Doreen Massey. Heidelberg 1999. 112 Seiten.   € 12,50

Heft 3   *Struggles over geography: violence, freedom and development at the millennium.* Hettner-Lecture 1999 with Michael J. Watts. 2000. 142 Seiten.   € 12,50

Heft 4   *Reinventing geopolitics: geographies of modern statehood.* Hettner-Lecture 2000 with John A. Agnew. 2001. 84 Seiten.   € 12,50

Heft 5   *Science, space and hermeneutics.* Hettner-Lecture 2001 with David N. Livingstone. 2002. 116 Seiten.   € 15,--

Heft 6   *Geography, gender, and the workaday world.* Hettner-Lecture 2002 with Susan Hanson. 2003. 76 Seiten.   € 19,--

Bestellungen an:

Franz Steiner Verlag GmbH
Vertrieb: Brockhaus/Commission
Kreidlerstraße 9
D-70806 Kornwestheim
Tel.: ++49 (0)7154-1327-0
Fax: ++49 (0)7154-1327-13
E-Mail: bestell@brocom.de
http://www.steiner-verlag.de